Angela Misslbeck

AF627879

Entdeckertouren mit dem Wohnmobil

Trentino

und Gardasee

Die Anleitung für
einen Erlebnisurlaub

WOMO®
Der Wohnmobil-Verlag

MIX
Papier | Fördert gute Waldnutzung
FSC® C089473
www.fsc.org

7. vollständig neu und erstmals von Angela Misslbeck bearbeitete Auflage – 2024
ISBN 978-3-86903-427-0

Titelbild: Torbole – Tour 6
Bild in vorderer Klappe: Pale San Martino – Tour 1

Herzlicher Dank geht an Isabel Blume für die Fehlersuche, an Isabel Blume und Alexandra Schlaffer für die Überlassung von Fotos und an Heiner Newe für die Geduld mit Änderungswünschen!

Reihen-, Umschlaggestaltung und Layoutprinzip/Satzvorgaben: www.martinveicht.de
Karten: Heiner Newe
Fotos: siehe Bildnachweis auf Seite 356
Druck: Beltz Grafische Betriebe GmbH, 99947 Bad Langensalza
Vertrieb: GeoCenter GmbH, 70794 Filderstadt
Herausgeber: WOMO-Verlag, An der Liethe 4, 36452 Kaltennordheim
Telefon +49(0)36946 20691 · verlag@womo.de · www.womo.de
GPS: N 50°36'38.2" E 10°07'55.6"
Autoren-E-Mail: misslbeck@womo.de

Jede Tour und jeder Stellplatz sind von uns meist mehrfach überprüft worden, wir können jedoch inhaltliche Fehler nie ganz ausschließen. Bitte achten Sie selbst auf Hochwasser, Brandgefahr, Steinschlag und Erdrutsch.
Verlag und Autoren übernehmen keine Verantwortung für die Legalität der veröffentlichten Stellplätze und aller anderen Angaben. Unsere Haftung ist, soweit ein Schaden nicht an Leben, Körper oder Gesundheit eingetreten ist, ausgeschlossen, es sei denn, unsere Verantwortung beruht auf Vorsatz oder grober Fahrlässigkeit.

Einladung

Der Gardasee ist ein Tausendsassa in Sachen Freizeitgestaltung. Wasserratten haben dort ebenso viel Spaß wie Outdoorfreaks. Auch Weinliebhaber und Kulturinteressierte genießen Urlaub am größten See Italiens. Am schönsten ist der Lago di Garda im Norden, meine ich. Dort gehört er zum Trentino. Was der Gardasee als Urlaubsziel kann, hat sich herumgesprochen. Entsprechend voll ist es an manchen Orten in der Hochsaison.

Ganz anders im Trentino. Die seenreiche Bergregion zwischen Südtirol und Gardasee gilt im internationalen Tourismus noch als Geheimtipp. Italienische Urlauber freilich kennen und schätzen die Provinz Trient – und ihre Küche.

Das Trentino ist ein Paradies für Naturliebhaber und Genießer. Zwischen majestätische Dolomitengipfel betten sich idyllische Täler mit unzähligen schönen Seen, Wander- und Fahrradwegen. Bedeutende Burgen und Schlösser thronen auf Hügeln. Urige Dörfer und reizvolle Städtchen laden zum Bummeln und zum Dolce Vita ein. In der Provinzhauptstadt Trient und im nahegelegenen Rovereto pulsiert das urbane Leben, genau wie in Breschia und Verona, die wir auf unseren Entdeckertouren mit dem Wohnmobil im Trentino und am Gardasee ebenfalls besuchen.

Erkunden Sie die Region in ihrer ganzen Vielfalt! Natur oder Kultur, Berge oder Badeseen, Action oder Genuss, 5-Sterne-Campingresort oder freier Parkplatz – Sie haben die Wahl.

Viele schöne WOMO-Momente wünscht

Ihre

Angela Misslbeck

Inhaltsverzeichnis

Molvenosee und Brentadolomiten (Tour 10)

Unsere persönlichen Top Ten

Ciampedie

Auf der bunten Wiese servieren Almhütten Apfelkringel und die Natur Dolomitenpanorama für Genießer. Auch Outdoorsportler aller Art kommen auf ihre Kosten.

Tour 1, Seite 27

Caldonazzosee

Mit weißen Stränden und blauer Flagge bietet der größte See des Trentino genauso viel Wasserspaß wie der Gardasee – und dazu eine spannende Umgebung mit tollen Fahrradwegen.

Tour 2, Seite 65

Pyramiden von Segonzano

Schlank strecken sich die Erdsäulen der Sonne im stillen Val di Cembra entgegen. Diese Wunderwerke der Natur haben schon Albrecht Dürer beeindruckt.

Tour 3, Seite 90

Paradiso-Seilbahn

Erst zum Gletschersee und in einen Weltkriegstunnel, dann über den Gletscher hinauf auf 3000 Meter Höhe zu den höchsten Gipfeln des Trentino – mehr Panorama geht nicht.

Tour 4, Seite 128.

Idrosee

An den grünen Steilhängen rund um den türkisblauen Badesee ragen die größte napoleonische Festung und eines der schönsten Dörfer Italiens empor.

Tour 5, Seite 150

... das sollten Sie nicht verpassen!

Riva del Garda
Die Perle am Nordufer des Lago di Garda macht Badeurlauber, Wassersportler, Outdoorfreaks und Kulturinteressierte gleichermaßen glücklich!
Tour 6, Seite 171

Monte Baldo
Der Gardasee ist ein Urlaubstraum. Vom Monte Baldo zeigt er sich in seiner ganzen Naturschönheit. Ein Erlebnis ist die Auffahrt mit der Kübelseilbahn.
Tour 7, Seite 208

Brescia
Die lombardische Großstadt vereint eine charmante Altstadt und eine aussichtsreiche Burg mit reichen Kirchenkunstschätzen und Weltkulturerbe aus mehreren Epochen
Tour 8, Seite 241

Paganella
Auf dem Aussichtsgipfel liegt Ihnen das ganze Trentino mit der Hauptstadt Trient ganz vorne zu Füßen. Hinauf gehts bequem mit der Seilbahn, hinab auch mit dem Mountainbike.
Tour 10, Seite 291

MART Rovereto
Rund 20.000 Werke fasst die größte Sammlung moderner und zeitgenössischer Kunst Italiens in einem spektakulären Museumsbau und zwei Außenstellen zusammen.
Tour 11, Seite 322

Gebrauchsanleitung

Reisegebiet

Der Gardasee ist für viele Campingurlauber aus dem deutschsprachigen Raum ein lieb gewonnener alter Bekannter. Doch der größte See Italiens zeigt viele Gesichter. Im Norden Alpenfjord, im Süden Badesee hat der Lago di Garda – kurz: Lago – unzählige Fans. Manche meinen, es seien bereits zu viele. Wer dem Massenansturm entgehen will, reist möglichst in der Nebensaison.

Der Gardasee liegt in drei Provinzen. Verona, Brescia und das Trentino steuern Teile zu seiner Schönheit bei. Unsere WOMO-Touren führen uns auch in diese Provinzen und ihre Hauptstädte, vor allem aber ins Trentino.

Im Gegensatz zum Gardasee ist das Trentino für deutschsprachige Urlauber beinahe unbekanntes Land. Die Italiener wissen dagegen, was sie daran haben. Politisch bildet das Trentino gemeinsam mit Südtirol eine italienische Region. Doch sprachlich grenzt sich die autonome Provinz Trient von der Südtiroler Provinz Bozen ab. Im Trentino spricht man italienisch.

Das Trentino liegt zwischen Südtirol und Gardasee. In vieler Hinsicht vereint es *das Beste aus zwei Welten*: Landschaftlich bietet es mehr als 3000 Meter hohe Dolomitengipfel ebenso wie traumhaft schöne Badeseen. Was das Klima betrifft, haben Sie in unserem Reisegebiet die Wahl zwischen der Sommerfrische alpiner

Am Gardasee Westufer (Tour 9)

Bergregionen und den milden Frühlings- und Herbsttagen in den südlichen Hügellandschaften und am Gardasee. Kulturell lernen Sie bäuerliche Traditionen ebenso kennen wie hübsche historische Städtchen und vier spannende Großstädte.

Vier *Unesco-Welterbestätten* und zwölf der *Schönsten Dörfer Italiens (Borghi più belli d'Italia)* liegen auf Trentiner Gebiet. 125 Mittelalterliche Burgen und Renaissanceschlösser und 20 Weltkriegsfestungen legen Zeugnis von der wechselhaften Geschichte der Grenz- und Durchgangsregion ab. Kulinarisch haben Sie die Wahl zwischen Knödeln und Pasta und vielen regionalen Käse-, Salami-, Wein- und Bierspezialitäten. In der Region gedeihen Äpfel genau wie Kiwis, Mais oder Wein.

Große Teile des Trentino sind aber völlig naturbelassen. Mit 297 Seen zählt die Provinz zu den wasserreichsten Gebieten Italiens. Fast zwei Drittel der Fläche sind mit Wald bedeckt, knapp ein Drittel steht als Naturpark, Nationalpark oder *Unesco Biosphärenreservat* unter Schutz. Auf jeden der rund 550.000 Einwohner kommen 1000 Bäume. 125 Arten geschützter Tiere leben im Trentino. Adler und Bären sind auch dabei. Rund 2350 verschiedene Pflanzen hat man gezählt, darunter 35 geschützte Arten und 17 Arten, die nur im Trentino vorkommen.

Diese Naturvielfalt erschließen 1165 Wanderwege und Klettersteige mit einer Gesamtlänge von 5843 Kilometern. Sie führen vom Gardasee bis zum höchsten Gipfel Presanella (3556 m) und dem größten Gletscher Adamello. Hinzu kommen elf Rad- und Fußwege mit 19 Rad-Rastplätzen auf einer Gesamtlänge von 431 Kilometern.

Auf der Landkarte nimmt das Trentino die Form eines Schmetterlings an. Die Diagonalen vom Stilfser Joch im Nordwesten zum Vallagarina im Südosten und von den Dolomitenpässen im Nordosten bis zum Idrosee im Südwesten kreuzen sich ziemlich genau in der Provinzhauptstadt Trient. Die Entfernungen sind nie weit, und die Hauptstraßen durch die Täler meist gut ausgebaut. Doch in den Bergregionen kommen wir mit dem Wohnmobil oft eher langsam voran. Bei engen Ortsdurchfahrten und auf Gebirgspässen ist am Steuer Achtung angesagt.

So vielfältig wie unser Reisegebiet ist auch die Infrastruktur für Wohnmobilurlauber. Am Gardasee reiht sich teilweise ein Campingplatz an den nächsten, dafür haben Sie dort Parkplatzprobleme bei Tagesausflügen. Dagegen finden Sie in manchen Gebirgsregionen nur schwer einen offiziellen Stellplatz, geschweige denn einen Campingplatz, dafür aber tolle Übernachtungs-Parkplätze. Wer Vielfalt und Abwechslung liebt, ist im Trentino richtig.

Karten, Symbole und Kilometerangaben

Alle WOMO-Reiseführer gliedern sich nach Touren. Zu sehen ist das auf der **Übersichtskarte** mit den wichtigsten Ortschaften im hinteren Bucheinband. Einzelheiten zu den Touren und die empfohlenen Stell- und Campingplätze finden Sie in **Tourenkarten** am Beginn jeder Tour. Die **Kilometerangaben** neben den Tourenüberschriften dienen der ersten Orientierung. Sie nennen die

Auch das Weltnaturerbe Dolomiten liegt in unserem Reisegebiet (Tour 1)

Entfernung vom ersten bis zum letzten Ort einer Tour einschließlich aller Abstecher. Die **Symbole der Karten** sind auf der hinteren Einbandklappe erläutert.

Stellplätze, Parkplätze, Campingplätze

Stellplätze, Campingplätze und Parkplätze sind mit Symbolen markiert:

001	**Offizieller Stellplatz**	Von privater oder amtlicher Hand für Wohnmobile über ein Wohnmobilsymbol und / oder eine Preisangabe ausgewiesener Stellplatz.
003	**Parkplatz**	Für eine Übernachtung geeignet
P	**Parkplatz**	Übernachtung nicht möglich oder verboten
002	**Campingplatz**	

Die Symbole haben unterschiedliche Farben. Campingplätze sind immer olivgrün dargestellt. Stellplätze und Parkplätze unterscheiden sich wie folgt:

Blau	Bademöglichkeit in der Nähe
Grün	Ausgangspunkt zum Wandern und Radfahren
Hellgelb	Plätze bei Winzern, Bauernhöfen oder Gaststätten
Orangegelb	alle weiteren Plätze

Plätze, die eine **Nummer** tragen, eignen sich in der Regel zur Übernachtung. Diese Plätze werden in **Stellplatzkästen** mit den wichtigsten Informationen vorgestellt:

Stellplatzkästen

In Molveno (Tour 10)

GPS-Daten sind in Grad, Minuten und Sekunden angegeben. Sofern ein Platz über eine Homepage oder eine telefonische Kontakt-Möglichkeit verfügt, ist auch diese genannt.

Max. WOMOs: Diese Angabe nennt die Höchstzahl an Stellflächen für Wohnmobile. Bei Parkplätzen ist die Zahl geschätzt, die zumutbar erscheint. Wenn Plätze nur für kleine Wohnmobile und Campingbusse geeignet sind, ist

In Trient (Tour 11)

es angegeben. Das bedeutet aber nicht, dass Sie mit einem umgebauten LKW oder Linienbus alle anderen Plätze anfahren können. Bei Stell- und Campingplätzen wird auch die **saisonale Öffnungszeit** genannt.

Die Angaben zur **Ausstattung** unterscheiden sich nach der Art des Platzes: Für Parkplätze ist angegeben, ob sie beleuchtet sind und ob Müllentsorgung vor Ort möglich ist. Bei Stellplätzen ist das vorausgesetzt. Dort werden Ver- und Entsorgung, Strom, Toilette, Dusche und falls vorhanden weitere Einrichtungen genannt. All das ist bei Stell- und Campingplätzen in der Angabe *Alle Einrichtungen* zusammengefasst. Sie umfasst in der Regel auch Spülplätze und Wifi, bei Campingplätzen auch Wäschewaschplätze, fast immer Waschmaschinen und mitunter Trockner. Für Campingplätze ist auch angegeben, ob es vor Ort eine Einkaufsmöglichkeit, ein Restaurant, Pool, Spielplatz und weitere Annehmlichkeiten gibt.

Die **Beschreibung** versucht Ihnen einen groben Eindruck des Platzes zu vermitteln. Sie erfahren insbesondere, auf welchem Untergrund und in welcher Umgebung Ihr Fahrzeug parkt.

Die **Preise** gelten für ein normalgroßes WOMO mit zwei Erwachsenen in der preiswertesten und in der teuersten Zeit und / oder Kategorie. Wenn Strom nicht enthalten ist und Duschen extra kosten, ist das angegeben. Kurtaxe, Hunde, Extra-Zelte, Besucher und weiteres sind in den genannten Preisen nicht enthalten.

Die **Zufahrt**s-Beschreibung soll Ihnen die Orientierung bei der Anreise erleichtern.

Wanderungen, Fahrradtouren, Land und Leute

Neben den Stellplatzkästen gibt es weitere Kästen:

Grau hinterlegt sind Hintergrundinformationen zu Besonderheiten in Städten und Regionen des Reisegebiet.

Grüne Kästen machen Vorschläge für Wanderungen und Fahrradtouren. Neben Entfernung, Länge und Dauer einer Tour erfahren Sie auch, was Sie unterwegs erwartet und erhalten Hinweise zur Orientierung. Ein Verzeichnis aller Touren finden Sie auf Seite 352.

Trentiner Spezialitäten

Sehenswürdigkeiten, Essen und Trinken, Tipps und Infos

In den Tourenbeschreibungen finden Sie Informationen zu den **Sehenswürdigkeiten** entlang der Strecke. Die Adresse ist immer genannt. Öffnungszeiten wechseln leider häufig. Daher sollten Sie die aktuellen Öffnungszeiten vor einem Besuch selbst prüfen. Dazu sind Telefonnummern und Internetseiten angegeben. Wenn Preise genannt sind, handelt es sich um Normalpreise ohne Ermäßigungen.

Die **Tipps und Infos** am Ende des Buches versorgen Sie mit allen praktischen Informationen für Ihre Reise. Sie finden dort unter anderem Anreisewege, Spartipps und einen kleinen Camper-Wortschatz. Zugleich lernen Sie die Geschichte und die Besonderheiten der Reiseregion kennen, allen voran die regionalen Spezialitäten. Wo Sie diese kaufen und genießen können, erfahren Sie in den Tourenbeschreibungen.

Reiseführer und der Zahn der Zeit

Mit viel Liebe zur Reiseregion sind die Angaben in diesem WOMO-Reiseführer für Sie gründlich und sorgfältig recherchiert. Doch mitunter kommt es vor, dass Gegebenheiten sich schon verändert haben, wenn das Buch druckfrisch erscheint. Bei aller Sorgfalt können Verlag und Autorin daher nicht ausschließen, dass sich etwas anders verhält als hier angegeben.

Schauen Sie also am besten unmittelbar vor Ihrer Reise noch einmal ins Forum des WOMO-Verlages (*www.womo.de*). Dort erhalten Sie weitere aktuelle Informationen. Und wenn Sie unterwegs Veränderungen feststellen oder etwas Neues entdecken, können Sie im Forum Ihre Erfahrungen teilen. Wir freuen uns auch über Ihre Hinweise per Mail an

misslbeck@womo.de.

Buon Viaggio!

Tour 1

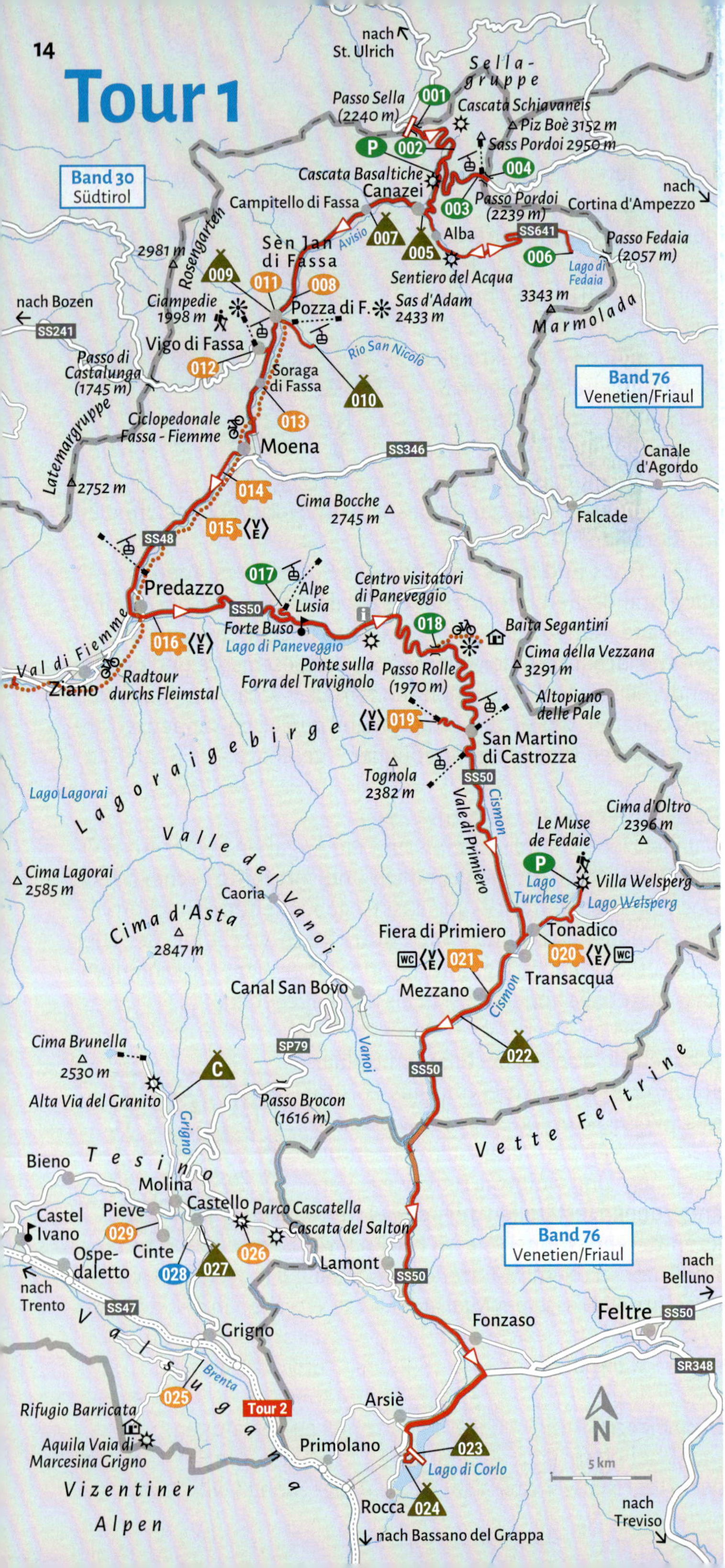

nach St. Ulrich
Sella-gruppe
Passo Sella (2240 m)
001
Cascata Schiavaneis
Piz Boè 3152 m
Sass Pordoi 2950 m
P
002
004
Cascata Basaltiche
Canazei
Passo Pordoi (2239 m)
003
nach Cortina d'Ampezzo
Band 30 Südtirol
Campitello di Fassa
Avisio
007
005
Alba
SS641
Passo Fedaia (2057 m)
006
Lago di Fedaia
Rosengarten
2981 m
Sèn Jan di Fassa
009
011
008
Sentiero del Acqua
3343 m
Marmolada
nach Bozen
SS241
Ciampedie 1998 m
Pozza di F.
Sas d'Adam 2433 m
Vigo di Fassa
Rio San Nicolò
Passo di Castalunga (1745 m)
012
Soraga di Fassa
010
Band 76 Venetien/Friaul
Latemargruppe
Ciclopedonale Fassa - Fiemme
013
Moena
SS346
Canale d'Agordo
2752 m
014
Cima Bocche 2745 m
Falcade
015
SS48
017
Alpe Lusia
Centro visitatori di Paneveggio
Predazzo
SS50
Forte Buso
018
Baita Segantini
Val di Fiemme
016
Lago di Paneveggio
Cima della Vezzana 3291 m
Ponte sulla Forra del Travignolo
Passo Rolle (1970 m)
Ziano
Radtour durchs Fleimstal
Altopiano delle Pale
019
Lagoraigebirge
San Martino di Castrozza
Tognola 2382 m
SS50
Lago Lagorai
Vale di Primiero
Cismon
Cima d'Oltro 2396 m
Le Muse de Fedaie
Valle del Vanoi
P
Cima Lagorai 2585 m
Lago Turchese
Villa Welsperg
Lago Welsperg
Caoria
Cima d'Asta 2847 m
Fiera di Primiero
Tonadico
021
020
Transacqua
Canal San Bovo
Mezzano
Cismon
SP79
022
Cima Brunella 2530 m
Vanoi
SS50
C
Alta Via del Granito
Passo Brocon (1616 m)
Grigno
Vette Feltrine
Bieno
Tesino
Molina
Castello
Parco Cascatella
Castel Ivano
Pieve
029
Cascata del Salton
Band 76 Venetien/Friaul
Ospedaletto
Cinte
026
028
027
Lamont
SS50
nach Trento
nach Belluno
SS47
Fonzaso
Feltre
SS50
Grigno
SR348
Brenta
025
Valsugana
Rifugio Barricata
Tour 2
Arsiè
Aquila Vaia di Marcesina Grigno
Primolano
023
Lago di Corlo
5 km
Vizentiner Alpen
Rocca
024
nach Treviso
nach Bassano del Grappa

Dolomitenstraße und Pässe im Osten
Vom Sellajoch zum Lago di Corlo
190 km

Bergfreunde werden diese Tour lieben, denn sie führt durch eine der schönsten Alpenregionen. Die östlichen Trentiner Dolomiten empfangen uns mit Sellagruppe, Rosengarten und Marmolada. Die Natur spielt die Hauptrolle, doch Kultur und Genuss kommen nicht zu kurz. Unsere Highlights:
- **Dolomitenpässe Sellajoch – Pordoijoch – Fedaiapass**
- **Radtour im Val di Fassa**
- **Naturpark Paneveggio – Pale San Martino**
- **Wandern am Passo Rolle**
- **Mezzano**

Unsere Touren durchs Trentino starten mit einem Höhepunkt. Das **Sellajoch** erreichen wir durch das Südtiroler Grödnertal von der Brenner-Autobahn auf einer bequemen Straße (siehe WOMO-Reihe Band 30). Oben an der Passhöhe (2218 hm) sind wir umgeben von Wiesen und Felsen. Das Wohnmobil parkt direkt hinter dem Souvenirgeschäft am Passo Sella.

001 Passo Sella

GPS: N 46°30'28" E 11°46'06", SS242. **Max. WOMOs**: 8. **Ausstattung**: Keine. **Beschreibung**: WOMOs parken hier mit weiter Aussicht ins Val di Fassa auf Kies direkt an der Passstraße. Tagsüber herrscht reger Betrieb. Ein Albergo liegt direkt gegenüber. Kein Nachtparkverbot. **Preis**: Kostenlos. **Zufahrt**: Direkt an der SS242.

Nach dem Erinnerungsfoto am reichlich beklebten Passschild, können Sie gleich zur ersten Bergwanderung starten. Die Umrundung des Langkofel mit Durchquerung der Steinernen Stadt zählt zu den Klassikern unter den Wanderwegen in der Sella-Region. Radfahrer nehmen die *Sellaronda* unter die Pedale. Die anspruchsvolle Tour führt über vier Pässe durch das Herz des *Unesco Weltnaturerbe Dolomiten*. MTB-Fahrer können an vielen Stellen Seilbahnen nutzen, um die Höhenmeter zu bewältigen.

Wer ohne sportliche Ambitionen einen näheren Eindruck von der artenreichen Natur der Dolomiten gewinnen will, stoppt auf dem kurvenreichen Weg hinab ins Fassatal am Rio Antermont. Wohnmobile finden nach der Brücke über den Wildbach einen Parkplatz links oberhalb der Passstraße.

002 Cascata Schivaneis

GPS: N 46°30'04" E 11°47'30", SS242. **Max. WOMOs**: Ca. 4. **Ausstattung**: Keine. **Beschreibung**: Geschützt aber einsam in waldiger Umgebung gelegener Kies-Parkplatz etwas oberhalb der Passstraße vom Sellajoch nach Canazei. Guter Ausgangspunkt für Wanderungen und die Sellaronda. Gebirgsfluss und Picknickplatz in der Nähe. **Preis**: Kostenlos. **Zufahrt**: Hinter der Brücke über den Rio Antermont auf der linken Seite.

Weitere Parkplätze bietet ein Picknickgelände rechts vor der Brücke über den Rio Antermont. Diese Parkplätze sind jedoch fast alle ziemlich uneben. Ein kurzer Spazierweg am Wildbach Rio Antermont führt durch urwüchsigen Bergwald. Lärchen und Fichten duften. Blendend weißes Dolomit-Gestein schimmert zwischen Wildblumen und Mooshügeln hervor und bildet das Flussbett des Rio Antermont. Dahinter erheben sich bewaldete Berghänge. Der mächtige **Wasserfall Cascata Schivaneis** ist nach etwa zehn Minuten oder 500 Metern in Sicht. Er springt nicht übermäßig breit, aber aus großer Höhe in mehreren Etappen

Am Rio Antermont

den Fels hinab. Wer ihn trockenen Fußes erreichen will, muss auf derjenigen Flussseite starten, auf der auch der Picknickplatz liegt – also vom Parkplatz zunächst über die Brücke zurück. Alle anderen genießen ein erfrischendes Fußbad beim Durchwaten des knöcheltiefen eiskalten Wassers.

Die Straße windet sich danach gut ausgebaut in Kehren bergab und trifft bald auf die *Strada Statale* SS48, die vom **Passo Pordoi** kommt. Der Abstecher zur zweiten Passhöhe der Sella-Gruppe verspricht ein *eindrucksvolles Bergerlebnis* ohne große sportliche Anstrengung (hin und zurück 13 km). Nicht umsonst trägt der Pordoisattel den italienischen Beinamen *Terrazza delle Dolomiti*.

Das Pordoijoch (2239 hm) markiert die Grenze zwischen dem Trentino und dem Veneto. Dahinter geht es weiter Richtung Cortina d'Ampezzo (siehe WOMO-Reihe Band 76). Zwei Parkplätze liegen auf der Passhöhe.

Blick ins Val di Fassa vom Sass Pordoi

003 Funivia Sass Pordoi

GPS: N 46°29'15" E 11°48'35", SS48. **Max. WOMOs**: ca. 40. **Ausstattung**: Keine, Restaurants in der Nähe. **Beschreibung**: Große asphaltierte Parkflächen an der Funivia Sass Pordoi mit extra Camper-Bereich, nachts ruhig, tagsüber betriebsam, kostenpflichtig mit separatem Schrankensystem und Automatenzahlung (auch Kreditkarte und PayPal). Die erste Reihe hat freie Sicht Richtung Val di Fassa. **Preise**: 7 - 21 Uhr je Stunde 1,50 €, Tagesticket 7 €. 21 – 7 Uhr 15 €. **Zufahrt**: Direkt gegenüber der Seilbahnstation.

004 Passo Pordoi – *Soldatendenkmal*

GPS: N 46°29'15" E 11°48'42". **Max. WOMOs**: 8. **Ausstattung**: Keine, Café / Restaurant nebenan. **Beschreibung**: Ebener Parkbereich ohne Markierungen auf Kies am Berghang zwischen zwei Hotels direkt auf der Passhöhe. Tagsüber viel Betrieb. **Preis**: Kostenlos. **Zufahrt**: Am Soldatendenkmal hinter dem Hotel *Col di Lana*.

Auf der Passhöhe stechen zwischen den Hotels und der Seilbahnstation zwei Denkmäler für die Radsportler ins Auge, die das Pordoijoch beim *Giro d'Italia* in Rekordzeit erklimmen. Eine kleine Kapelle ist über einen Pfad durch eine Bergblumenwiese schnell erreicht. Ein weiterer aussichtsreicher Spaziergang führt auf einem geteerten Weg über die baumlose Hochebene zum monumentalen Sacrario Germanico del Passo Pordoi, das den deutschen Standschützen im Ersten Weltkrieg gewidmet ist. Im Café / Restaurant des **Hotel *Col di Lana*** gibt es neben typischen Gerichten der *Trentiner Küche* wie Wildgulasch mit Pilzen und Polenta oder Carpaccio vom Carne Salada vor allem selbstgebackene Kuchen bei freundlichem schnellem Service und Wifi (*Strada del Pordoi 132, 38032 Canazei*).

Kleine Kapelle am Pordoijoch

Aussicht vom Sass Pordoi, der Terrasse der Dolomiten

Um neun Uhr morgens fährt in der Sommersaison die erste Kabinenbahn auf den gut 2900 Meter hohen **Sass Pordoi (Pordoisattel)**. Dort oben betritt man ein Reich aus Felsen. Wie eine Mondlandschaft liegt der Gebirgssattel zwischen den Bergketten der Sellagruppe. Ein paar einzelne Schneefelder finden sich auch im Hochsommer zwischen Felsplatten und Geröll. Wanderer füllen ein stählernes Gipfelkreuz mit glitzernden Dolomit-Steinen. Ganz in der Nähe zieht eine ganz besondere Felsformation die Aufmerksamkeit auf sich: Das Felsenfenster Occhio di Pordoi gibt den Blick hinab ins Fassatal frei.

Beim Spaziergang über die Hochebene hat man immer wieder fantastische Aussichten. Ganz nah ist die **Marmolada**. Die sogenannte *Königin der Dolomiten* liegt vom Pordoisattel gesehen im Südosten und beeindruckt mit ihrem gleisenden Gletscher. Im Südwesten sieht man etwas weiter entfernt den sagenumwobenen **Rosengarten** in seiner ganzen Ausdehnung. Im Norden erstreckt sich unmittelbar vor uns die **Sellagruppe** mit dem Langkofel und dem kleinen, aber außergewöhnlichen Pordoigipfel. Auf den höchsten Gipfel im Sellamassiv, den Piz Boè (3152 hm) führt ein relativ einfacher, nicht sehr langer, aber steiler Wanderweg hinauf. Wer die Höhe nicht gewöhnt ist, kommt jedoch schon beim weitgehend ebenen Spaziergang auf dem Felsenplateau des Sass Pordoi außer Atem. Die Gipfeltour sollten sich deshalb nur höhenangepasste Wanderer vornehmen. Am besten schon vor der Auffahrt mit der Seilbahn viel trinken. Das erleichtert die Höhenakklimatisierung. An der Gipfelstation gibt es auch eine Bar mit Restaurant.

Auf den knapp zwölf Kilometern vom Passo Pordoi bis zum Kreisverkehr in Canazei kurvt das Wohnmobil durch 26 Kehren. Etwa einen Kilometer nachdem die SS242 vom Sellajoch einmündet, gönnen wir den strapazierten Bremsen und uns eine Pause am kleinen Bergsee Laghetto Lupo Bianco. Vor dem gegenüber-

TOUR 1

liegenden gleichnamigen Hotel zweigen wir zum Parken in einem Linksbogen nach unten ab und treffen wieder auf den Rio Antermont. Das Wohnmobil parkt auf einer großen freien Fläche in der Nähe des Flusses (*N 46°29'31" E 11°46'56", Strada Dolomites 5, 38032 Canazei*). Eine kurze Wanderung führt zu einem beeindruckenden Basaltwasserfall.

Spaziergang zur Cascata di Basaltiche, Canazei

1,7 km, 50 hm, 45 min

Der kurze Weg zum Wasserfall ist gut zu finden und ohne große Kondition und Bergerfahrung machbar. Er führt zunächst auf einer breiten Schotterpiste gemeinsam mit der Mountainbikestrecke nach Canazei über eine Brücke und dann vorbei an der Talstation der Pradel-Seilbahn. Hinter zwei bewirtschafteten Hütten geht es in weitem Bogen sanft bergauf in den Bergwald. Dort biegt links ein schmaler Fußweg ab, der für Fahrräder ausdrücklich gesperrt ist.

Der Waldpfad führt über Wurzeln und Felsen teilweise mit Stufen aus Holz steil bergab. Dabei verläuft er weitgehend schattig bis zum Wasserfall mit seinen beeindruckenden senkrechten Basaltsäulen. Dort endet der Pfad. Der Rückweg erfolgt auf dem gleichen Weg, dann natürlich zunächst steil bergauf, am Ende aber bergab. Stärkung gibt es in den beiden Almhütten.

Der Ort **Canazei** (1900 Einwohner, 1465 hm) bildet das nördliche Tor zum Val di Fassa. Das Fassatal erstreckt sich von hier rund 25 Kilometer Richtung Südosten und geht bei Predazzo ins Val di Fiemme (Fleimstal) über. Es ist als Wintersportdestination bekannt. Im Sommer finden ein Zirkusfestival und die beiden Open-Air-Musikfestivals *I Suoni Dolomiti* und *Panorama Music* an verschiedenen Orten im Val di Fassa statt. Von der touristischen Infrastruktur profitieren Besucher auch dann.

Im gepflegten Canazei finden sich zwischen zahlreichen Hotels und Pensionen auch das **Erlebnisbad *Aquarena Dolaondes*** mit fünf verschiedenen Pools und das angegliederte ***Eghes* Wellness-Zentrum** mit Saunen. Touristisch attraktiv ist Canazei im Sommer zudem durch den **Fassa Bikepark** mit mehr als 15 Strecken an den Liftanlagen Col Rodella und Belvedere (Bikepass ab 34,50 €) und als Ausgangspunkt der 58 Kilometer langen legendären MTB-Tour Sellaronda. Camper finden einen großen Campingplatz.

005 Canazei – *Camping Marmolada*

GPS / Kontakt: N 46°28'22" E 11°46'32", Via di Parèda 60, 38032 Canazei, +39-0462-601660, campingmarmolada.com. **Max. WOMOs**: Ca. 150. **Öffnungszeit**: Anfang Juni bis Ende September, Anfang Dezember bis Skisaisonende. **Beschreibung**: Großer Campingplatz mit unterschiedlich großen, teils schattigen Wiesenplätzen am Ortsrand von Canazei. Am Platz läuft ein Wildbach vorbei. Reservierungen werden nicht vorgenommen. Check-In vor Ort 8 – 22 Uhr, Check-out bis 12 Uhr. Duschen etwas älter, aber sauber und kostenlos, einige Dauercamper. **Preise**: 28 – 44 €, Strom 5 – 8 € / Tag. **Zufahrt**: Die Einfahrt ist direkt am nördlichen Kreisverkehr.

In Canazei mündet auch die dritte Zufahrt ins nördliche Val di Fassa auf die SS48 ein, die sich durch das Tal zieht. Sie kommt vom zwölf Kilometer entfernten **Fedaiapass** aus dem Veneto. Auf der Passhöhe parkt unser sechs Meter langes Fahrzeug gerade noch so auf einem der Parkplätze, die rechtwinklig am Straßenrand angeordnet sind. Wir folgen ein kleines Stückchen dem Weg links nach oben und genießen dort den Ausblick über den türkisblauen Stausee zur Marmolada, die sich unmittelbar dahinter erhebt.

Über den Staudamm führt eine breite gepflasterte Straße zum privaten **Museo de la Grande Guerra** über den Ersten Weltkrieg. Ein Film zeigt Originalaufnahmen. Ausgestellt sind unzählige Ausrüstungs-Gegenstände und persönliche Dinge der Soldaten. 80 Prozent der Ausstellungsstücke hat der Museumsgründer bei Streifzügen an der Marmolada gefunden. Ihr langsam schmelzender Gletscher legt immer weitere Kriegsrelikte frei. In den vier Museumsräumen sehen wir Brillen, Petroleumlampen, Taschen,

Türkisblau liegt der Lago di Fedaia am Fuß der Marmolada

Am historischen Waschbrunnen von Alba

Bücher, Orden, Helme, Stiefel, Gasmasken, Kocher, Funkgeräte, Medizinausrüstung, Keulen, Eispickel, Gewehre, Pistolen und Granaten in allen Größen. Die Beschriftung ist immerhin teilweise dreisprachig (italienisch, englisch, deutsch). Eine Grotte soll das Leben in den Stollen unter dem Eis und im Fels veranschaulichen. Dumpf hört man dort Schüsse (*trentinograndeguerra.it, 6 €, Juli, August Mi. – So. 10 – 17.30 Uhr*).

Etwas oberhalb des Museums serviert die **Hütte *Cima Undici*** Süßes und Deftiges. Auf der großen freien Fläche oberhalb davon hat sich ein inoffizieller Wohnmobilstellplatz etabliert.

006 Lago di Fedaia

GPS: N 46°27'27" E 11°52'01", Via Passo Fedaia 24, 38032 Canazei.
Max. WOMOs: ca. 8. **Ausstattung**: Keine, Café / Restaurant in der Nähe.
Beschreibung: Der großzügige Camperparkplatz oberhalb des Lago Fedaia ist absolut eben und trotz der erschwerten Zufahrt beliebt. Es stehen etliche Mobile teilweise mit ausgefahrenen Markisen und Campingmöbeln auf dem aussichtsreichen Platz mit Wiesengrund, auf dem bislang auch mehrere Übernachtungen in Folge geduldet werden.
Preis: Kostenlos. **Zufahrt**: Über den Staudamm am Lago di Fedaia, dahinter der steilen Straße nach oben folgen und zuletzt über harte Schotterpiste weiter bergauf.

Vom Fedaiapass erreicht man im Val di Fassa zuerst den kleinen Ort **Alba**. Am historischen Waschbrunnen am Dorfplatz veranschaulichen Holzfiguren das frühere Dorfleben. Unseren Hunger stillen wir im **Café *Symphony***. Auf der Karte stehen kleine Gerichte, wie Hamburger oder Panini, aber auch Pasta, Pizza, Trentiner Klassiker wie etwa *Tris de Canerderli* (dreierlei Knödel) und Fisch- oder Fleischgerichte. Außerdem gibt es hausgemachten Apfelstrudel und Süßgebäck zu einem guten Preis-Leistungs-Verhältnis bei freundlichem, schnellem Service (*Via da Costa 262*). So gestärkt starten wir zum nächsten Spaziergang. Diesmal geht es lehrreich durch Bergwald am Wasser entlang.

Sentiero del Acqua – Ega te Cuna

3 km, 40 hm, 45 min

Unser Wanderweg startet am Busparkplatz an der SS641 und führt gut ausgebaut und schattig durch Wald am glasklaren Avisio entlang, der hier noch als kleines Flüsschen das Schmelzwasser der Marmolada ins Fassatal bringt. Die waldigen Berghänge sind dicht bewachsen. Mehrere Rinnsale fließen über die bemoosten Felsen.

Ein Themenweg informiert in anschaulichen, leider aber nur italienischen Schautafeln über den Wasserkreislauf, Gletscher, Gestein, Pflanzen und Tiere der Region. Wo der Weg nach einer Brücke über den Fluss kehrt macht, befinden sich ein Picknickplatz und ein Spielplatz auf einer Wiese. Dahinter zweigt ein eiskalter Mühlbach zu einer historischen venezianischen Sägemühle ab.

Auf dem Rückweg hat man die Wahl: Entweder nimmt man eine flache Furt durchs kalte Wasser oder man läuft einige 100 m an der Straße entlang zu einer Brücke. Dabei kommt man an einem schönen alten ladinischem Haus mit Außenfresko vorbei.

Val di Fassa (Fassatal)

Unsere Womo-Tour folgt nun der Dolomitenstraße (SS48) durchs Val di Fassa. Action in **Campitello di Fassa** bieten der **Kletterwald *Dolomiti Action Adventure Park*** (*dolomitiaction.com*), und der **Gleitschirmflug-Anbieter *Fassa Fly*** (*fassafly.com, beide Località Ischia, Campitello di Fassa*). Der örtliche Campingplatz hat viele Fans.

007 Campitello di Fassa – *Camping Miravalle*

GPS / Kontakt: N 46°28'29" E 11°44'28", Strèda de Greva 39, 38031 Campitello di Fassa, +39-0462-750502, campingmiravalle.it. **Max. WOMOs**: Ca. 150. **Öffnungszeit**: Juni bis September, Dezember bis März.
Ausstattung: Alle Einrichtungen, Bar / Restaurant / Pizzeria, Spielplatz, Grillplätze, Sitzbänke, Sonnenterrasse, Gemeinschaftsküche, Aufenthaltsraum, Privatbäder und Ferienwohnungen. Supermarkt nebenan.
Beschreibung: Der Drei-Sterne-Campingplatz mit Blick auf den Langkofel liegt zentrumsnah direkt am Fluss Avisio. Die meist schattigen Wiesenstellplätze sind offen gestaltet. Standard- und Superior-Stellplätze mit TV-Anschluss, Frischwasseranschluss und Grauwasserablass

im Sommer direkt an den Stellplätzen. Die Rezeption unterstützt Gäste auch bei der Buchung von Aktivitäten. Dazu kooperiert der Campingplatz mit einem benachbarten Sportcenter. Ein Aushängeschild sind die großzügigen Sanitäranlagen im ladinischen Design. **Preise**: 34 – 59 €. **Zufahrt**: Im Ortszentrum von Campitello di Fassa der Strèda de Greve bis zum Ende folgen.

Die **Dolomitenstraße** ist zwischen Canazei und Sèn Jan di Fassa (auch: San Giovanni di Fassa) in der Saison stark befahren. Sie verbindet Sella und Pordoi mit dem Passo di Castalunga (Karerpass), der nach Südtirol in Richtung Bozen und zum beliebten Lago di Carezza (Karersee) führt. Die zentrale Gemeinde des Fassatals Sèn Jan di Fassa besteht aus den Ortsteilen Pera di Fassa, Pozza di Fassa und Vigo di Fassa. Wer auf der Durchreise ist, findet zwischen Pera und Pozza einen offiziellen Camper-Parkplatz.

008 Sèn Jan di Fassa – *Strada Dolomites*

GPS: N 46°25'58" E 11°41'16", Strada Dolomites, 38036 Sèn Jan di Fassa. **Max. WOMOs**: 6. **Öffnungszeit**: Ganzjährig. **Ausstattung**: Keine. **Beschreibung**: Asphaltierter Parkplatz mit 6 gekennzeichneten Wohnmobil-Parkflächen hinter den Busparkplätzen am Radweg am Fluss Avisio. Nicht auf anderen Plätzen parken! Das wird sonst teuer. Morgens kontrolliert die Straßenpolizei. **Preis**: Kostenlos. **Zufahrt**: Direkt an der Dolomitenstraße.

Pozza di Fassa (2230 Einwohner, 1320 hm) ist ein zentral gelegener *Ausgangspunkt für Ausflüge im Val di Fassa*. Mehrere Seilbahnen führen auf die umliegenden Berge. Von der Bergstation des Sessellifts Col de Valvacin läuft man rund 30 Minuten zum Sass de Adam mit Dolomitenrundumblick.

In etwa der gleichen Zeit ist von der Buffaure Bergstation auf einem geologischen Themenpfad die *Baita Cuz* mit kleiner Aus-

Blick über den Avisio vom Wohnmobil-Parkplatz

stellung und gutem Restaurant erreicht. Auch für Radfahrer ist das Fassatal interessant, zieht sich doch der sogenannte Dolomiten-Radweg am Avisio entlang.

Fahrradtour auf dem Dolomiten-Radweg

15 km, 40 hm bergauf, 290 hm bergab, ca. 1 h

Offiziell heißt die meist autofreie und durchgehend geteerte Fahrradpiste *Ciclopedonale Fassa - Fiemme*. Sie verläuft knapp 50 Kilometer lang durch das Val di Fassa bis ins Val di Fiemme und verliert dabei fast 700 Höhenmeter. Wir folgen ihr für 13 Kilometer von Pozza di Fassa hinab nach Predazzo.

Der Einstieg ist am Camping Catinaccio Rosengarten schnell gefunden. Wer ihn anderswo sucht, fährt einfach zum Fluss Avisio. Denn abgesehen von Ortsdurchfahrten verläuft der Radweg meist direkt am Flussufer. Zwischen Pozza di Fassa und Soraga weicht er jedoch stellenweise vom Ufer ab, weil der wilde Avisio dort eine Schlucht durchläuft. Wir fahren durch einen urwüchsigen Bergwald mit Findlingen am östlichen Berghang entlang.

Bei Soraga durchqueren wir das Tal und müssen danach eine längere, heftige Steigung (10 %) auf schattenloser Strecke zwischen Almwiesen überwinden. Nach einem ebenso steilen Gefälle erreichen wir bald Moena. Dort bietet sich eine Ortsbesichtigung mit Kaffeepause an. Durch den Ort hindurch ist der Radweg gut beschildert. Am Ortsausgang biegt er von der Hauptstraße wieder an den Fluss ab. Dort befindet sich ein *Bicigrill*, der kleine Gerichte serviert und Radfahrer mit Rat und Tat unterstützt.

Hinter Moena fahren wir wieder am Fluss entlang durch die Gebirgslandschaft. Die Berghänge auf beiden Seiten rücken näher. Sie sind überwiegend mit Fichten bewaldet, die an manchen Stellen sichtlich unter den Trocken- und Hitzeperioden vergangener Jahre gelitten haben.

Wir beenden unsere Fahrradtour an der Seilbahnstation *Latemar 2200* kurz vor Predazzo. Zurück zum Ausgangspunkt kommen wir bequem mit dem *Bicibus*, der dreimal täglich Radfahrer und Räder entlang der *Ciclopedonale* transportiert und uns fast direkt am Campingplatz in Pozza absetzt. Weitere Haltestellen an der Strecke finden sich unter anderem am ***Bicigrill*** Moena und in Soraga. Die Mitnahme ist nur mit Reservierung garantiert (*www.fassa.com/de/dienstleistungen/fassa-fiemme-bike-express*).

Radfahren mit Dolomitenpanorama

TOUR 1

In Pozza di Fassa mündet der Rio San Nicolò aus dem gleichnamigen Seitental in den Avisio. Am Zusammenfluss lädt ein kleiner Park mit Ententeich zum Flanieren ein. Im *lebhaften historischen Ortszentrum* beeindruckt die Fassadenkunst nicht nur am Rathaus. Eisdielen, mehrere Restaurants und interessante Läden verleiten zum Schlemmen und Shoppen, darunter zum Beispiel ein Holzschnitzer, der regionale Feinkosthändler *L Malghèr* (*Casa del formaggio, Piazza del Malghèr 4*) oder der gut sortierte Haushaltswarenladen *Tutto per la Casa* (*Strèda di Bagnes 1*).

Abendstimmung in Pozza di Fassa

Hüttenatmosphäre und leckeres Essen zu vertretbaren Preisen gibt es auf der **Alm *Malga Aloch***. Die Küche verarbeitet die Produkte der Alm zu traditionellen Gerichten der Region. Genießen kann man dort nicht nur das frische regionale Essen und die Hüttenatmosphäre, sondern auch die fantastische Aussicht über das Fassatal auf den Rosengarten (*Località Aloch, Pozza di Fassa, tgl. 9.30 – 22.30 Uhr, außer Dienstagabend, +39-338-2317590, lavacanegra.it*). Aus dem Dorfzentrum ist die Alm, auf der auch Ziegen, Schafe, Hasen und ein Hofladen zu finden sind, auf einem etwa halbstündigen Spaziergang erreicht. Den Waldweg begleiten Holzskulpturen von ladinischen Sagengestalten. Zwei Campingplätze bedienen in Pozza di Fassa unterschiedliche Ansprüche.

009 Pozza di Fassa – *Catinaccio Rosengarten*

GPS / Kontakt: N 46°25'34" E 11°41'10", Strada De Pucia 4, 38036 Pozza di Fassa, +39-0462-763305, catinacciorosengarten.com. **Max. WOMOs**: Ca. 70. **Öffnungszeit**: Anfang Juni - Anfang Oktober und Anfang Dezember - Anfang April. **Ausstattung**: Alle Einrichtungen, Bar / Pizzeria, Spielplatz, Aufenthaltsraum, Wellnessbereich mit Sauna, auch Mietcaravans, Wohnungen, Chalets. **Beschreibung**: Der 3-Sterne-Campingplatz liegt direkt am Avisio mit Blick auf das namengebende Rosengarten-Massiv. Familie Rizzi führt ihn seit drei Generationen. Die Stellplätze auf der Wiese sind teilweise schattig, teilweise sonnig. Ein abgegrenzter Bereich ist Dauercampern vorbehalten. Ortszentrum, Bushaltestellen und die Therme sind zu Fuß sehr schnell erreicht. Brötchenservice, Frühstücksangebot, moderne Sanitäranlagen mit Föhn und Kindertoiletten und -duschen. In der Hochsaison dezente Kinderanimation. **Preise**: 34 – 46 €, Strom nach Verbrauch. **Zufahrt**: Hinter dem Ortszentrum von Pozza di Fassa erst links in die Strada de la Veisc abbiegen, dann rechts der Via Avisio bis zum Ende folgen.

010 Pozza di Fassa – *Vidor Family & Wellness Resort*

GPS / Kontakt: N 46°25'16" E 11°42'27", Strada Ruf de Ruacia 15, 38036 Pozza di Fassa, +39-0462-760022, campingvidor.it **Max. WOMOs**: Stellplatz: 36 (max. 48 h), Campingplatz: Ca. 110. **Öffnungszeit**: Mitte Mai bis Ende Oktober, Dezember bis Anfang April. **Ausstattung**: Alle Einrichtungen, Minimarkt, Restaurant, Spielplatz, Spiel- und Tobe-Raum, Aufenthaltsraum mit TV, Kletterwand, Kletterfelsen, Wasserpark, Saunawelt, Spa, Fitnessraum, auch Privatbäder. **Beschreibung**: Der 5-Sterne-Campingplatz mit angegliedertem Hotel und Hallen-Erlebnisbad liegt etwas außerhalb des Ortes Pozza di Fassa und abseits der Dolomitenstraße im San Nicolò-Tal. Die Skipiste Buffaure und die MTB-Strecke ins Val San Nicolò führen direkt am Platz vorbei. Mehrere Seilbahnen starten in fußläufiger Entfernung. Die Stellplätze beim Camping sind groß (80 – 160 qm), auf dem Stellplatz deutlich kleiner. Stellplatzgäste zahlen für Aquapark und Sauna extra. In der Saison Kinderbetreuung und Animation mit Ausflugsangeboten. **Preise**: 24 – 40 €, Strom und Gas nach Verbrauch. **Zufahrt**: Im Ortszentrum von Pozza di Fassa der Straße nach Osten Richtung Val San Nicolò folgen.

Wer in Pozza di Fassa nur auf der Durchreise ist, kann das Wohnmobil auch auf der großen Freifläche neben dem Campingplatz Catinaccio Rosengarten abstellen.

011 Pozza di Fassa – *Terme*

GPS: N 46°25'27" E 11°41'09". **Max. WOMOs**: Ca. 6. **Ausstattung**: Keine **Beschreibung**: Der Parkplatz ist nicht als solcher gekennzeichnet und wird auch als Holzplatz genutzt. Er liegt im Gewerbegebiet in Sichtweite des Camping Catinaccio Rosengarten. Viel Platz auf Schotter und Wiese. Kieswerk gegenüber. **Preis**: Kostenlos. **Zufahrt**: Wie zum Camping, aber vorher rechts über eine Schotterpiste.

Auf der Malga Aloch

Pozza und Vigo di Fassa gehen praktisch nahtlos ineinander über. Von Vigo di Fassa führt eine Seilbahn auf den **Ciampedie**. Als «Feld Gottes» wird der Name der Hochebene übersetzt. Göttlich ist das Panorama dort oben in der Tat. Schon bei der Auffahrt in der Kabinenbahn entfaltet sich vor uns die *atemberaubende Berglandschaft* von der Sella

TOUR 1

über das Marmoladamassiv bis zu den fernen Pale San Martino und dem Lagorai. Oben finden wir uns staunend in einem Amphitheater aus senkrechten Felswänden wieder. Die Dolomitengipfel im Rosengartenmassiv ragen in nächster Nähe vor uns auf. Unverkennbar ist König Laurins Wand. Sein Zwergenhaupt ist deutlich in der glatten Wand zu sehen. Links und rechts davon ragen viele weitere Felsspitzen auf und beim genaueren Hinsehen zeigen sich fantasievollen Betrachtern auch auf ihnen Zwergenköpfe. König Laurin hat sein Volk um sich versammelt. Das Schauspiel lässt sich genüsslich von der Almwiese vor dem **Rifugio *Belvedere*** beobachten. Dort gibt es neben Skiwasser, Espresso, Knödeln oder Apfelstrudel auch bequeme Liegestühle und einen Spielplatz. Wer mehr Action sucht, kann im Canopy mit der *Fly Line* durch den Bergwald fliegen oder zu diversen Wanderungen starten.

Rifugio Belvedere

Ciampedie-Rundweg

2 km, ca. 40 hm, 45 min

Der Ciampedie-Rundweg startet an der Seilbahnstation. Wer im Uhrzeigersinn geht, hat nach etwa zehn Minuten an einer Almhütte die Wahl zwischen vielen längeren Wanderwegen verschiedener Schwierigkeitsgrade. Diese biegen nach links ab. Wir bleiben rechts auf der Hochebene.

Die Wegweiser für die Ciampedie Runde sind nicht immer eindeutig. Wir wählen im Zweifelsfall den größeren Weg. So gelangen wir auf einen Waldpfad, der gleichzeitig auch ein Themenweg ist. Ein Eichhörnchen erzählt unter anderem von seinen Freunden im Wald und von seinem Lieblingsessen. Allerdings bietet der Waldweg nicht die wunderschöne Aussicht

auf die beeindruckenden Felswände des Rosengartens in nächster Nähe. Deshalb biegen wir nach der Hälfte des Weges nach oben auf die Skipiste ab, die sich im Sommer als bunte Almblumenwiese präsentiert. Dort genießen wir wieder das Dolomiten-Panorama des Rosengartenmassivs.

Zurück an der Talstation gehen wir kurz an der Seilbahn entlang nach oben. Nach rund 20 Metern Wiesenweg zweigt rechts ein kleinerer Weg ab. Über diesen schmalen Pfad gelangen wir zum **österreichisch-ungarischen Soldatenfriedhof**, von dem sich eine *tolle Aussicht* auf das südliche Val di Fassa bietet. Eine große **Friedensglocke** zeigt neben Erzengel Michael und Johannes dem Täufer die Wappen der Orte im Val di Fassa. Man darf sie auch läuten. Wenig oberhalb liegt die Wallfahrtskirche Santa Giuliana.

Sehenswert ist auch der Ortskern von **Vigo di Fassa** (1140 Einwohner, 1380 hm). Wegen seiner typischen Holzkruzifixe und der historischen Ladiner-Häuser zählt er zu den *Borghi più belli d'Italia*, den Schönsten Dörfern Italiens. Die **gotische Ortskirche** zieren mehrere beeindruckende Fresken im Altarraum und ein sehr altes Außenfresko. Um die Kirche gruppieren sich mehrere alte Häuser im ladinischen Baustil. Eines hat hölzerne Fensterkästen, ein weiteres die typischen Holzbalkons der Gegend, und beim dritten ist das gesamte Obergeschoß rundum mit Holz verkleidet. Darin ist das Ladinische Kulturinstitut untergebracht. Zu einer schattigen Pause laden zwei Picknicktische unter Kastanien auf dem Kirchplatz ein. Parken können Wohnmobile 30 Meter weiter.

012 Vigo di Fassa – *Ortszentrum*

GPS: N 46°25'19" E 11°40'51", Via della Chiesa 1902, 38039 Vigo di Fassa. **Max. WOMOs**: Ca. 3 . **Ausstattung**: Keine. **Beschreibung**: Großer asphaltierter Parkplatz mitten im Ort mit ca. 40 markierten Parkflächen, davon etwa 20 gerade und am Rand, so dass lange Fahrzeuge hinten auf die Wiese überstehen können. Wenig Schatten. **Preis**: Kostenlos. **Zufahrt**: Von der SS48 in die große Strèda de Sèn Jan Richtung Coop.

Göttlich ist das Panorama auf dem Ciampedie

Holzkunst in Vigo di Fassa - einem der Schönsten Dörfer Italiens

In Vigo di Fassa befindet sich auch das **Museo Ladin de Fascia**. Auf drei Etagen wird die Kulturgeschichte des Fassatals erzählt, beginnend mit der Frühgeschichte bis zur touristischen Erschließung der Dolomiten mit einem Schwerpunkt auf der ladinischen Kultur. Neben Alltagsgegenständen aus dem bäuerlichen Leben sind unter anderem Trachten, Kunsthandwerk und eine gute Stube zu sehen. Auch traditionelle Feste und Sagen lernen die Besucher kennen. Ein kleiner Raum widmet sich dem Ersten Weltkrieg aus der Perspektive eines Soldaten aus dem Tal (*Strèda de Sèn Jan 9, istladin.net*)

Bun Di in Ladinia!

Wissen Sie, warum das Dolomitgestein so weiß wie der Mond glänzt? Ein Prinz aus den Dolomiten hatte sich in eine Mondprinzessin verliebt und sie zu sich geholt. Doch sie vermisste ihre Heimat und wurde immer trauriger. Daraufhin schloss der Prinz einen Pakt mit den Zwergen. Er versprach ihnen, dass sie in den Bergen wohnen dürfen, wenn sie die Prinzessin wieder zum Lächeln bringen. In einer Vollmondnacht nahmen die Zwerge das Mondlicht und umwebten damit die Felsen. Die Prinzessin freute sich über den Anblick, lächelte und blieb bei ihrem Mann in den weiß glitzernden Dolomiten.

Das ist eine der vielen Sagen der ladinischen Bevölkerung in den Dolomiten. Ihre Legenden sind tief in der Natur verwurzelt. Sagenumwoben sind vor allem die rauen Berge. In den Mythen sind sie bevölkert von Geistern und anderen Wesen, von denen manche den Menschen wohlgesonnen

sind, andere jedoch nicht. Viele dieser Figuren treten auch in den Faschingstraditionen im Val di Fassa auf.

Zur ladinischen Kultur gehört auch die ladinische Sprache. Sie gilt als älteste Sprache im Alpenraum und zugleich als seltene Sprache. Nur etwa 30.000 Menschen sprechen sie in eng begrenzten Gebieten. Dazu zählt unter anderem das Val di Fassa. Aber auch in den Südtiroler Nachbartälern um Gröden, Gadertal, Buchenstein und Ampezzo hört man ladinisch. Außerhalb der Dolomiten ist diese rätoromanische Sprache im Friaul und im Schweizer Kanton Graubünden zuhause. Nun verstehen Sie auch, warum die Käseverkäuferin in Canazei Sie mit »Bun Di!« begrüßt.

Hinter Vigo di Fassa trennt sich die Dolomitenstraße, die über den Karerpass nach Südtirol abzweigt, von der SS48, der wir weiter nach Soraga di Fassa (ca. 700 Einwohner, 1210 hm) folgen. Den Ort mit seiner hübschen Kirche durchfahren wir mit einem Blick auf den großen Stausee. Wer hier stoppen will, findet am östlichen Ortsrand einen ausgewiesenen Wohnmobil-Parkplatz.

013 Soraga di Fassa – *Strada da Molin*

GPS: N 46°24'02" E 11°40'25", Strada da Molin 89, 38030 Soraga di Fassa. **Max. WOMOs**: 6. **Ausstattung**: Keine. **Beschreibung**: Weitgehend schattiger Parkplatz auf Kies am Ortsrand, Waldrand und in der Nähe von Handwerksbetrieben. **Preis**: Kostenlos. **Zufahrt**: Am Kreisverkehr nördlich von Soraga in die Strada da Molin.

Von Soraga ist es nicht weit bis ins geschäftige **Moena** (ca. 2600 Einwohner, 1160 hm). Viele Hotels und Pensionen haben sich rund um das historische Ortszentrum angesiedelt. Der Ortskern selbst präsentiert sich auf beiden Seiten des Avisio im Blumenschmuck und mit Häusern voller Außenfresken durchaus charmant.

Auf der **Piazza Ramon** finden Schleckermäuler mehrere Feinkosthändler, darunter eine Niederlassung des Familienbetriebs *Eder*, die mit Hauptsitz in Cavalese eine breite regionale Produktpalette von Grappa, Wein und Tee, über Risotto, Pasta, Knödel und Käse bis hin zu Bonbons verarbeitet und vertreibt. Eine Spezialität des Ortes ist *der kräftige Rohmilchkäse Puzzone*. Leckeres Brot und Gebäck gibt es auch mit Kaffee vor Ort in der *Panificio Zanoner* (*Strèda de Fachin* 2).

Grappa-Degustation in Moena

In den teils engen Seitengassen von Moena stehen viele historische Ladinerhäuser mit

Blumenschmuck an der Brücke über den Avisio in Moena

Natursteinfundament und Holzaufbau. Durch den Ort fährt auch ein Touristen-Bähnchen, der *Trenino di Moena*. Am südlichen Ortsausgang gibt es einen großen Wohnmobil-Stellplatz. Deutlich schöner ist aber der später folgende Stellplatz.

014 Moena – *Area Sosta Camper*

GPS: N 46°22'04" E 11°39'04", Strada de Prealon 48, 38035 Moena. **Max. WOMOs**: 26. **Öffnungszeit**: Ganzjährig. **Ausstattung**: Frischwasser. **Beschreibung**: Parkplatzartiger, schattenloser Schotterplatz mit Automatenzahlung am Sportplatz von Moena und direkt an der Durchfahrtsstraße. Bar in 100 Metern Entfernung. **Preise**: 15 € für einen Tag, 25 € für 2 Tage, Ver- und Entsorgung am Nachbarplatz Il Giardino innerhalb von 48 Stunden nach der Zahlung bei 2 Tagen Aufenthalt inklusive. **Zufahrt**: Nach der Ortsdurchfahrt durch Moena auf der linken Seite.

015 Moena – *Il Giardino*

GPS / Kontakt: N 46°21'07" E 11°37'52", Strèda de la Comunità de Fiem 43, 38035 Moena, +39-0462-573287, campergiardino.com. **Max. WOMOs**: Ca. 40. **Öffnungszeit**: Ganzjährig. **Ausstattung**: Ver- und Entsorgung, Strom, Spülen, Bar / Restaurant, Grillplätze, Fußballplatz. **Beschreibung**: Campingplatzähnlicher Stellplatz auf einem nicht sehr schattigen Wiesengelände am Fluss Avisio zwischen Moena und Predazzo beim Dorf Forno. Toiletten in der Bar 7–20 Uhr. Freundlicher, hilfsbereiter Betreiber. **Preise**: 18 €, Strom 4 €. **Zufahrt**: Direkt an der SS48 links.

Bei der Weiterfahrt nach Predazzo kommen wir an der Seilbahn Latemar 2000 vorbei. Dort stehen Camper auch nachts auf dem asphaltierten Parkplatz P3 (*N 46°19'36" E 11°36'00"*). Die Kabinenbahn bringt Besucher hoch auf das Latemar-Massiv, das vor allem als Skigebiet im Winter beliebt ist, da es mit drei Talorten verbunden ist. Der oben installierte Kunstpark RespirArt gilt als einer der höchsten Land Art Parks der Welt.

Val di Fiemme (Fleimstal)

Wenn man aus der Bergidylle des Fassatals nach **Predazzo** (4500 Einwohner, 1020 hm) kommt, ist der erste Eindruck der einer Industriestadt. Die Kleinstadt liegt günstig, um neben dem Val di Fassa auch das Val di Fiemme (Fleimstal) und den Naturpark Paneveggio zu erkunden.

Predazzo

Weithin sichtbar ragt im Stadtzentrum die **Kirche Santi Filippo e Giacomo** aus dem 19. Jahrhundert auf der gleichnamigen Piazza auf. Die bedeutendste Sehenswürdigkeit von Predazzo ist jedoch das **Geologiemuseum Museo Geologico delle Dolomiti.** Die in über 100 Jahren gewachsene paläontologische und mineralogische Sammlung umfasst viele besondere Gesteine und Fossilien, die wissenschaftlich interessant sind (*Piazza SS Filippo e Giacomo, Di. – So. 10 – 13 und 16 – 19 Uhr*).

An warmen Sommertagen verspricht ein recht neues **Natur-Schwimmbad** am südlichen Ortsrand Abkühlung (*Biolago Predazzo, Via Hallbergmoos, biolagopredazzo.it*). Radweg, Sport-, Skate- und Spielplatz liegen direkt nebenan. Zwei Campingplätze und einen Stellplatz gibt es östlich des Städtchens. Am nächsten dran ist der Stellplatz.

016 Predazzo – *Area Camper Fiemme*

GPS / Kontakt: N 46°18'40" E 11°36'52", SS50, Via Venezia 44, 38037 Predazzo, areacamperfiemme.com. **Öffnungszeit**: Ganzjährig. **Max. WOMOs**: Ca. 60. **Ausstattung**: Ver- und Entsorgung, Spülen, Kaffee- und Süßigkeiten-Automaten, Station für Fahrradreparaturen, Geldwechsler, einige Picknicktische. **Beschreibung**: Weitgehend schattenloser Stellplatz auf Kies mit Schrankensystem an der Straße von Predazzo zum Passo di Rolle, etwas außerhalb des Ortes. Bushaltestelle und Minigolfplatz nebenan. **Preise**: 1. Stunde inklusive Ver- und Entsorgung 6 €, jede zusätzliche Stunde 0,80 €, Strom 0,25 € / h. **Zufahrt**: Direkt hinter Predazzo an der SS50.

TOUR 1

Wir folgen der SS50 weiter Richtung Osten. Bis zum Passo Rolle geht es von Predazzo 21 Kilometer lang bergauf. Nach wenigen Kilometern zweigt links die Straße zur Seilbahn der **Alpe Lusia** ab. An der Seilbahnstation sind Camperparkplätze ausgewiesen.

017 Alpe Lusia – *Funivia*

GPS: N 46°18'45" E 11°41'15", Strada Provinciale Del Lusia, 38037 Predazzo. **Max. WOMOs**: Ca. 15. **Ausstattung**: Keine. **Beschreibung**: Auf dem großen Parkplatz der Seilbahn ist ein Bereich ganz unten am Waldrand für Camper vorgesehen. In den anderen Bereichen ist Parken für Camper ausdrücklich verboten. Das Wohnmobil steht ruhig auf Kies. Bis zur Seilbahnstation mit Bar / Restaurant sind es etwa 100 m. **Preis**: Kostenlos. **Zufahrt**: Der Ausschilderung zur Funivia Alpe Lusia folgen.

Die Auffahrt auf die Alpe Lusia ist vor allem für Familien interessant. An der Bergstation verspricht der **Wasserspielpark *Giro d'Ali Parco Giochi Acquatico*** großen Planschspaß. Unter den vielen Wanderwegen, die dort oben starten, befindet sich auch ein kinderwagentauglicher Naturlehrpfad.

Zurück auf der SS50 geht es mit dem Wohnmobil stetig bergauf. Auf der rechten Seite sehen wir bald die Festungsanlage Forte di Buso aus dem Ersten Weltkrieg und den dunklen, langen Stausee Lago di Paneveggio. Wir haben den **Naturpark Paneveggio – Pale San Martino** erreicht, der als Natura 2000-Region geschützt ist. Hier befinden wir uns im sogenannten *Geigenbauerwald*. Die hohen Fichten rundherum gelten als die weltbesten Klanghölzer. Schon Stradivari soll seine Instrumente aus diesem Holz gebaut haben. Es heißt, der berühmte Geigenbauer sei durch den Wald gewandert und habe die Bäume selbst ausgesucht. Bis heute erhalten die Geigenbauer der Region sogar Bestellungen aus Japan. Mehr über den Geigenbauerwald, das spezielle Holz und den Instrumentenbau erzählt das **Paneveggio Besucherzentrum** (*SS50 11, 38037 Paneveggio. 15. Jun. – 15. Sept. tgl. 9.30 – 12 und 14.30 – 17.30 Uhr. 3 €, parcopan.org*).

Travignolo-Wasserfall

Hirsch am Besucherzentrum des Paneveggio Naturparks

Vom Besucherzentrum erreicht man zu Fuß in fünf Minuten eine *spektakuläre Hängebrücke*. Sie überspannt die Travignolo-Schlucht. Der Wildbach Travignolo stürzt dort in mehreren Etagen die Felsen hinab. Der Wanderweg, der auf der anderen Seite der Schlucht startet, ist bei unserem Besuch gesperrt.

Nicht verpassen sollte man das **Hirschgehege**, das zum Besucherzentrum gehört. Es ist vom Parkplatz ausgeschildert. Im Sommer fährt zudem ein Shuttlebus vom Besucherzentrum in das streng geschützte **Val Venegia**. Dort gedeihen rund um die Flüsse Travignolo und Valazza etwa 500 verschiedene Alpenpflanzenarten. Als weitere Ziele für Wanderungen oder MTB-Touren empfehlen sich die Colbricon-Seen. Übrigens: Im gesamten Naturpark Paneveggio ist Parken nachts verboten. Zum Übernachten fahren wir deshalb mindestens bis zum Passo Rolle.

In vielen teils engen Kehren schraubt sich die Straße immer höher zum Pass hinauf und lässt dabei den Wald unter sich. Links ein Restaurant, rechts ein großer Parkplatz, dahinter weitere Restaurants, Hotels und ein Sessellift, der auch im Sommer in Betrieb ist: Der **Passo Rolle** (1980 hm) ist erreicht. Zum Parken gibt es mehrere Gelegenheiten.

018 Passo Rolle

GPS: N 46°17'46" E 11°47'02", Strada Statale 50, 38054 Passo Rolle. **Max. WOMOs**: Ca. 60. **Ausstattung**: Keine. **Beschreibung**: Schattenloser Großparkplatz auf unebenem Kies und Fels direkt auf der Passhöhe an der Durchfahrtsstraße. Lange Fahrzeuge müssen bei der unebenen Einfahrt aufpassen, dass sie nicht aufsetzen! Mehrere Restaurants nebenan. **Preis**: Kostenlos. **Zufahrt**: Direkt an der Passstraße.

Passo Rolle liegt umgeben von den zackigen Pale San Martino. Die östlichsten Dolomitengipfel des Trentino ziehen vor allem Bergsteiger an. Die Pala selbst ist bereits 1870 erstmals bestiegen worden. Schöne Routen gibt es aber auch für Wanderer und Mountainbiker. Lohnenswert ist der Ausflug zur aussichtsreichen Baita Segantini. Wer nicht laufen oder treten mag, nimmt den Shuttlebus.

Vom Passo Rolle zur Baita Segantini

5 km, 220 hm

Mit dem MTB nimmt man die breite Piste, die mitten in Passo Rolle nach Norden hinaufführt (6 km). Zu Fuß kann man vom großen Parkplatz aus schon früher in die Almwiesen aufsteigen. Beide Wege sind gut beschildert. Obwohl etliche Wanderer und Mountainbiker unterwegs sind, ist es auf den Almwiesen fast unglaublich still. Der Blick schweift in die Ferne. Nur vereinzelt wachsen niedrige Lärchen und einige Alpenrosen.

Der Wanderweg zweigt zweimal von der Fahrpiste ab und führt als schmaler Pfad über Bächlein und Felsen. Etwa auf halber Strecke kommen wir an einem bewirtschafteten Rifugio vorbei. Hier zweigt die MTB- und Wanderstrecke zum **Cristo Pensante** ab. Die monumentale Statue mitten in der einsamen Berglandschaft zeigt Jesus in einer sitzenden Denkerpose.

Wir halten uns aber rechts und gelangen nach einem weiteren steilen Anstieg auf eine Kuhweide. Schließlich erreichen wir die beiden Segantini-Seen. Der untere See ist trockengefallen und hat eine Hochmoorebene hinterlassen. Der obere See gibt dagegen den perfekten Spiegel für die beeindruckenden Dolomitengipfel ab, die nun deutlich näher gerückt sind.

Die **Hütte *Baita Segantini*** führt bei unserem Besuch leider nur Snacks. Kurz dahinter bieten mehrere Aussichtsbänke Platz für ein Picknick. Dazwischen verraten mehrere Infosäulen viel über die Geologie und Geschichte der Pale San Martino. Zurück geht es auf demselben Weg.

Valle di Primiero (Primörtal)

Unsere WOMO-Tour führt auf der SS 50 weiter steil bergab ins Valle di Primiero. Das Tal ist deutlich enger als die bisher durchfahrenen Täler. Das sieht man auch dem ersten Ort **San Martino di Castrozza** (500 Einwohner, 1487 hm) an. Fünfstöckig ragen die Hotel- und Pensionsbauten am steilen Hang empor. San Martino hat sich vom Bergbauerndorf zum Wintersportort entwickelt. Reizvoll ist vor allem die Lage des Ortes nahe der Dolomitengipfel. Mehrere Seilbahnen fahren auch im Sommer ins Lagoraigebirge und auf den Altopiano delle Pale. Vor allem Bergsteiger und Kletterer finden dann nach San Martino. Action für Familien bietet der **Hochseilgarten *Parco Avventura Agility Forest*** (*Via Laghetto*). Mountainbiker spricht die **San Martino Bike Arena** an. Sie ist 2022 um den neuen **Colbricon Bikepark** erweitert worden, der ebenfalls mit der Seilbahn erreichbar ist. In direkter Nähe der Seilbahnstation befindet sich ein Wohnmobilstellplatz.

019 San Martino – *Area Camper Malga Ces*

GPS / Kontakt: N 46°16'07" E 11°46'42", Località Ces, 38054 San Martino di Castrozza, malgaces.it. **Öffnungszeit**: Ganzjährig, (im Winter Schneekettenpflicht). **Max. WOMOs**: 24. **Ausstattung**: Ver- und Entsorgung, Strom, kostenloses Wifi, Picknicktische. In der Nähe E-Bike-Verleih, Restaurant. **Beschreibung**: Recht neu angelegter Wohnmobil-Stellplatz in der Nähe der bewirtschafteten Almhütte Malga Ces am Ausgangspunkt einiger Wanderwege und MTB-Trails oberhalb von San Martino di Castrozza. Automatenzahlung mit Karte. **Preis**: 20 € / Tag. **Zufahrt**: Von der SS50 in der Linkskurve am Ortsende von San Martino nach rechts abbiegen und der Straße für knapp 2,5 km folgen. Die Malga Ces und der Stellplatz sind ausgeschildert.

Von San Martino fahren wir weitere 700 Höhenmeter steil bergab bis wir schließlich die Talsohle des Valle di Primiero erreichen. Die bewaldeten Berghänge weichen auseinander und machen Platz für Weiden, Wiesen und die drei Orte Tonadico, Fiera di Primiero und Transacqua, die praktisch zusammengewachsen sind. Viele Häuser sind mit Außenfresken und Heiligenbildern geschmückt.

Sehenswert ist in **Tonadico** (1500 Einwohner, 765 hm) neben der **Kirche San Sebastiano** aus dem Jahr 1505 (Via Scoppoli 34) vor allem der **Palazzo Scoppoli**. Der frühere Adelspalast dient als Rathaus, Museum und Veranstaltungsort (*Piazzetta Marzollo 3,*

An der Baita Segantini

Bauerngärten in Tonadico

piccolimuseiaprimiero.it). Er liegt mitten im historischen Ortszentrum, das mit dem Wohnmobil nicht befahrbar ist. Dort schachteln sich die Häuser am Berghang übereinander. Die schönsten Ecken entdeckt man ohnehin nur zu Fuß, so etwa die *Sottoportici* genannten Torbögen, die unter den eng zusammengebauten Häusern hindurchführen. Einer von ihnen führt zu einer Reihe von **Bauerngärten**, darunter auch der ***Orto dei Semplici***, der antiken Klostergärten nachempfunden ist. Parken kann man in Tonadico zum Beispiel an der SS347 zum Passo Cereda (*N 46°10'51" E 11°50'26"*) nahe der Bushaltestelle. Zur Übernachtung empfehlen wir den gut ausgestatteten Stellplatz am Radweg zum Canalital.

020 Tonadico – *Area Sosta Camper*

GPS: N 46°10'55" E 11°50'36", Via Zocchet 4, 38054 Tonadico. **Öffnungszeit**: Ganzjährig. **Max. WOMOs**: 38. **Ausstattung**: Alle Einrichtungen, Dusche 50 Cent, Liegewiese, Brunnen. **Beschreibung**: Der gepflegte Wohnmobilstellplatz liegt an einer kaum befahrenen Seitenstraße am Fluss Canali. Er ist auf Pflaster rund um eine große Wiese angelegt. Die Zufahrt durch eine Schranke muss recht schnell nach dem Lösen des Tickets erfolgen. Platzverwalter John ist täglich vor Ort und notfalls telefonisch erreichbar (siehe Infotafel). Radweg, Bushaltestelle und sehr gutes Restaurant nebenan. Automatenzahlung (bar oder Karte. **Preis**: 20 € / 24 h. **Zufahrt**: In Tonadico Richtung Passo Cereda, rechts über die Brücke, links am Fluss entlang.

Sehr gut essen kann man in Tonadico in der **Pizzeria *Lanterna Verde***. Sie überzeugt mit großen Pizzen, hausgemachter Pasta und ebenso freundlichem wie schnellen Service bei sehr gutem Preis-Leistungs-Verhältnis. Auch Süßes und Kaffee schmecken auf der Terrasse oder im großen Garten, wo es auch einen Pool gibt (*Via Zocchet 10, lanternaverde.it*).

Von Tonadico bietet sich ein Ausflug in das bildschöne **Val Canali** an. Wer nicht ohnehin über den Passo di Cereda nach Agordo in die Belluneser Dolomiten weiter will (siehe WOMO-Reihe Band 76), sollte den öffentlichen Bus nehmen. Er hupt sich unerschrocken durch die steilen, engen Kehren der Passstraße, über die abwechselnd rechts und links Felsen hereinragen.

Der Bus fährt direkt ins Val Canali (Station Villa Welsperg). Das Tal war lange Zeit von der Außenwelt abgeschlossen und ist so ein Hort für Artenvielfalt geblieben. Besonders beeindruckend ist bei aller Pflanzenpracht aber der kleine **Lago Turchese**. Der Name ist Programm: Der See hat eine fast unnatürliche Türkisfärbung.

Wer mit dem Wohnmobil kommt, erreicht von der Villa Welsperg über eine Brücke am See vorbei einen Parkplatz mit Toiletten und Picknickbänken (*N 46°11'56" E 11°51'57"*). Unten ist ein Bereich für Wohnmobile reserviert. Nachts ist auf dem gesamten Areal das Parken verboten. Zum Übernachten im Val Canali gibt es hinter dem türkisfarbenen See den kleinen Campingplatz *Castelpietra (N 46°11'46" E 11°51'57", Via Castelpietra 1, 38054 Tonadico, 20 Plätze, 26–34 €, castelpietra.it)*.

Die **Villa Welsperg** wurde 1853 als Jagdschloss der Grafen Welsperg gebaut und beherbergt heute ein weiteres Besucherzentrum des Naturparks Paneveggio – Pale San Martino. Es ist der Pflanzenwelt der Region gewidmet. Während die Erwachsenen sich über die verschiedenen Etagen des Waldes informieren, der sie umgibt, können die Kinder auf einem Murmeltierpfad durch die Ausstellung krabbeln. Im Obergeschoss befindet sich eine große Bibliothek und eine sogenannte *Fisioteca*, in der Gestein, Hölzer, aber auch getrocknete Pflanzen gesammelt und systematisiert sind. In einem Nebengebäude folgt ein weiterer Ausstellungsteil über die Gewässer der Region.

Der Lago Turchese im Val Canali trägt seinen Namen zurecht

Umgeben ist die Villa von einem teils uralten Garten. Die Berlinerin Roswitha Asche legte dort schon vor mehr als 100 Jahren systematisch einen Medizinalkräutergarten an. Das Naturpark-Besucherzentrum hat ihn um einen traditionellen Bauerngarten mit Gemüse, Getreide und Blumen erweitert (*Via Castelpietra 2, 38054 Tonadico, 3,50 €, parcopan.org*).

Themenweg *Le Muse de Fedaie*

5 km, 50 hm, 75 min

Vom Parkplatz führt der Lehrpfad ***Le Muse de Fedaie*** am Fluss entlang. Er thematisiert die Artenvielfalt des Val Canali und läuft anfangs auf der gleichen Strecke wie die MTB-Routen 2264 und 2268 von San Martino di Castrozza. An verschiedenen Infosäulen erfahren wir mehr über die Region. So kommt etwa eine bestimmte Art von Libellen nur hier vor.

Der Wanderweg biegt bald in einen Fichtenwald ein. Am Wegrand wächst Ginster und Johanniskraut. Wir kommen zu einer Andachts- und Meditationsstätte. Dann geht es über Felsen und Wurzeln bergauf, so dass wir nun auf das breite Flussbett des Canali hinabsehen. Kurz vor einer Brücke gibt es einen idyllischen Picknickplatz. Ausdauerndere Wanderer erreichen von hier in etwa einer Stunde die Malga Canali. Wir treten den Rückweg an.

Der Themenweg biegt auf der anderen Seite des Flusses in eine Auffahrt zu einer Wiese hinauf ein. Dort kommen wir an einem kleinen Natursteinhaus und einem alten Stall vorbei auf eine weite Almwiese. Am Weg finden sich nun mehrere begehbare Holzplattformen mit Sitzgelegenheiten. Die erste Insel lädt mit einem kleinen Barfußpfad zum Barfußwandern ein. Das kann man auf dem bequemen Wiesenweg fortsetzen. Auf der nächsten Insel stehen hölzerne Pferde. Nach knapp 2,5 Kilometern erreichen wir wieder die Villa Welsperg. Der Weg und die Holzplattformen setzen sich noch etwa einen Kilometer weiter fort bis zum grünschimmernden Lago Welsperg, einem kleinen künstlich angelegten Weiher. Dort gibt es ein Café / Restaurant und eine Bushaltestelle.

Zurück im Valle Primiero erkunden wir **Fiera di Primiero** (Markt Primör, 470 Einwohner, 750 hm). Das Dorf ist so stolz auf seinen Bürger Luigi Negrelli (1799 – 1858), dass es ihm einen kleinen Park mit einem Treppenweg vom unteren in den oberen Ortsteil gewidmet hat. Der Ingenieur hat am Suezkanal mitgewirkt. Sein Lebensweg ist auf einer Infotafel auch auf deutsch beschrieben. Im **Giardino Negrelli** ziehen aber vor allem große, moderne Skulpturen die Aufmerksamkeit auf sich, darunter ein liegender männlicher Akt aus weißem Dolomitgestein vor Geäst aus schwarzem Marmor.

Sehenswert ist in Fiera di Primiero zudem die Piazzetta del Dazio mit dem **Palazzo delle Miniere**. Fiera war schon im 15. Jahrhundert ein Bergwerkszentrum mit unzähligen Stollen zum Abbau von Silber, Kupfer und Eisen. Das Museum im Palazzo delle Miniere thematisiert nicht nur die Bergbauvergangenheit, son-

Am Giardino Negreli in Fiera di Primiero

dern auch die Naturgeschichte der Region (*Piazzetta del Dazio 2, Di. – So. 10-12 und 16-19 Uhr, Eintritt frei*).

Auf der **Piazzetta del Dazio** befindet sich auch die kleine romanische Kapelle Chiesetta di San Martino mit mehreren Außenfresken. In der daneben gelegenen **Kirche Santa Maria Assunta** wetteifern fünf barocke Altäre um Aufmerksamkeit. Der rechte Seitenaltar zeigt Szenen aus dem Bergbau. Bemerkenswert ist auch der zentrale Altar mit dreiteiligen Holzreliefschnitzereien.

Eine weitere Kirche, die sogenannte **Neue Kirche Madonna dell'Aiuto** (Mariahilf) aus dem Jahr 1667 befindet sich mitten in der Fußgängerzone **Via Terrabugio** im unteren Ortsteil zwischen historischen Gebäuden mit Fassadenmalereien. Das Fresko an der Kirchenfassade zeigt die Muttergottes umgeben von Persönlichkeiten des Primör-Tals aus dem 18. Jahrhundert. Auf dem Hochaltar ist eine Kopie der Mariahilf-Darstellung von Lukas Cranach dem Älteren zu sehen.

In der Via Terrabugio

Neben der Kirche ragt der venezianisch anmutende Torre Civica (Stadtturm) aus dem Jahr 1910 empor. Auf der benachbarten **Piazza Cesare Battista** laden mehrere Cafés und Restaurants zu einer Pause und kleinen süßen und deftigen Speisen ein. Im ***Café Diana*** stimmen Service, Qualität und Preis-Leistungs-Verhältnis.

Mehrere überdachte hölzerne Fußgängerbrücken über den Fluss

Cismon verbinden Fiera di Primiero mit **Transacqua** (2100 Einwohner). Der Ort ist wegen seiner vielen Parks und Grünanlagen als *Comune fiorito* (blühende Gemeinde) ausgezeichnet. Im Parco Clarofonte, der zwischen den Flüssen Cismon und Canali liegt, sind zudem Skulpturen zu sehen.

Wenige Kilometer südlich der drei Primör-Orte lädt **Mezzano** (1600 Einwohner, 640hm) zum nächsten Stopp ein. Es zählt wegen seiner historischen bäuerlichen Architektur zu den *Borghi più belli d'Italia*, den Schönsten Dörfern Italiens. Dabei grenzt es fast an ein Wunder, dass der Ort überhaupt noch besteht. Denn im November 1966 wurde er zur Hälfte unter einer Schlammlawine begraben, die so überraschend kam, dass sie nicht nur das halbe Dorf, sondern auch viele Einwohner mit sich riss.

Im alten Ortskern weisen Schilder den Weg zu den bedeutendsten Gebäuden. Bemerkenswert sind die kleinen Gärten in den Gassen. Unsere Neugier wecken aber vor allem offene Scheunen und Ställe (*Tabie*), die zu Ausstellungsräumen umfunktioniert wurden. In einem ehemaligen Stall ist eine Miniaturwelt der winterlichen Dolomiten zu sehen – **Mezzano Romantica** genannt (*Via Roma 87*). Die **Tabia di Mari** wiederum wirkt mit einer Sammlung von Werkzeug und Alltagsgegenständen, einer historischen Schreinerwerkstatt, einer Stube, Trachten, aber auch Röhrenradios und frühen Fernsehern wie ein ganzes Volkskunde-Museum (*Via di Sopra 33*).

Holzbrücke in Transacqua

Zum Verpflegen finden Sie in Mezzano außer einem Supermarkt auch einen Direktverkauf der regionalen Käserei ***Caseificio Primiero*** (*Via Roma 179, caseificioprimiero.com*). Einen Besuch wert ist außerdem die kleine Craftbeer-Brauerei ***Birrificio Bionoc***. Die Braumeister brauen streng nach dem Reinheitsgebot mit Hopfen aus der Region. Ihre *birre de la tierra* zählen zu den seltenen Bieren und sind oft ausverkauft. Höchstes Lob und internationale Preise gibt es für das regionale Pale Ale Pale San Martino (*Via delle Giare 45, birrificiobionoc.com*). Wer über Nacht in Mezzano bleiben will, findet am Ortsrand einen Wohnmobilstellplatz und oberhalb des Ortes einen Campingplatz.

Traditionelle Tabia in Mezzano - einem der Schönsten Dörfer Italiens

021 Mezzano – *Area Sosta Camper L'Arca*

GPS: N 46°09'11" E 11°48'44", Via del Pian 31, 38050 Mezzano. **Öffnungszeit**: Ganzjährig. **Max. WOMOs**: 25. **Ausstattung**: Ver- und Entsorgung, Strom, Toiletten, Duschen mit Gettoni, Spülen, einige Picknicktische. **Beschreibung**: Etwas enger Wohnmobilstellplatz am Sportgelände am Ortsrand von Mezzano in der Nähe der Durchgangsstraße. Die Plätze auf Pflaster mit Rasen sind überwiegend schattig. **Preis**: 20 € von 12 Uhr bis 12 Uhr des Folgetages. **Zufahrt**: Um von der Durchgangsstraße direkt auf den Stellplatz zu kommen, muss man durch eine Unterführung, die nur für Fahrzeuge bis drei Meter Höhe freigegeben ist. Der andere Weg führt durch das Ortszentrum.

022 Mezzano – *Camping Calavise*

GPS / Kontakt: N 46°08'40" E 11°47'54", Villaggio Sass Maor 36, 38050 Pezze, +39-0439-67468, campingcalavise.it. **Max. WOMOs**: 30. **Öffnungszeit**: Ausstattung: Bar/Pizzeria, Frischwasser, keine Grauwasser-, aber Chemietoiletten-Entsorgung. **Beschreibung**: Großer Campingplatz am Berghang gegenüber den Orten Mezzano und Imer. Die wenigen Wiesen-Plätze für Wohnmobile befinden sich am unteren Rand des Platzes und verstreut zwischen sehr vielen Dauercampern, Mietcaravans, Bungalows und einigen Ferienwohnungen. Ältere, einfache Sanitärgebäude mit Mittelmeertoiletten. Der Poolbereich ist abgetrennt und die Benutzung kostet extra (6 € pro Tag). **Preise**: Ab 28,50 €. **Zufahrt**: Am Kreisverkehr hinter Mezzano links (ausgeschildert).

Von Mezzano führt die landschaftlich reizvolle SP79 über Canal San Bovo und den Passo Brocon im Lagorai-Gebirge ins Valsugana

Wasserfall am Wegesrand

(Tour 2). Da wir auf unserer Wohnmobiltour schon fünf Pässe erlebt haben, entscheiden wir uns für die ebenfalls schöne, aber ganz andere Strecke auf der SS50. Die Straße ist die Hauptzufahrt ins Valle Primiero aus den venezianischen Städten Feltre und Bassano di Grappa. Durch einige Tunnels folgt die oft rissige Straße stets dem Fluss Cismon Richtung Süden. Hinter der Osteria Ponte Serra bietet eine Brücke Aussicht auf den zwar künstlichen, aber dennoch mächtigen **Cismon-Wasserfall**, der hier weiß sprühend neben einer Talsperre in die Schlucht hinab donnert.

Nach einem weiteren Tunnel öffnet sich das Tal schließlich zu einer landwirtschaftlich genutzten Ebene. Links geht es nun weiter ins Veneto nach Feltre. Wir biegen rechts auf die SS50*bis* ein und freuen uns, am Ende unserer Bergtour eine bequeme, flache und breite Straße unter den Reifen zu haben.. Doch schon nach fünf Kilometern verlassen wir sie wieder, um ins Dorf Arsiè (2200 Einwohner, 271 hm) am **Stausee Lago di Corlo** abzubiegen. An dem fjordartigen Stausee, der bereits in Venetien liegt, gibt es zwei Campingplätze mit eigenen Seezugängen.

023 Lago di Corlo – *Lago Arsiè Camping Village*

GPS / Kontakt: N 45°57'49" E 11°45'36", Via Campagna 14, 32030 Arsiè, campinglago.com. **Öffnungszeit**: Ende April bis Ende September.

Max. WOMOs: 90. **Ausstattung**: Bar / Restaurant, Minimarkt, Spielplatz, Tischtennis, Pool, Bungalows und Glampingzelte. **Beschreibung**: Auf flachem Wiesengelände direkt am See gelegener parzellierter Drei-Sterne-Camping, der seit zehn Jahren im Besitz einer Gesellschaft ist. Moderne Sanitärs, viele sonnige Plätze, manche mit Frischwasserversorgung, einige mit Seeblick. Sehr schön – wenn auch etwas klein für Schwimmer – ist der leicht erhöht liegende topmoderne Pool, an dem Liegestühle, Sonnenschirme, Umkleidekabinen und Toiletten zur Verfügung stehen. **Preise**: 27 – 53 €. **Zufahrt**: Im Ort der Beschilderung folgen.

Gewitterstimmung am Lago di Corlo

024 Lago di Corlo - *Camping Gajole*

GPS / Kontakt: N 45°58'03" E 11°45' 55", Località Soravigo, 32030 Arsiè, info@campinggajole.it. **Max. WOMOs**: 60. **Öffnungszeit**: 1. April bis 30. September. **Ausstattung**: Alle Einrichtungen, Restaurant, Bar, Minimarkt, Spielplatz, Bootsverleih, Tennis, Tischtennis, Wifi kostenpflichtig, Glampingzelte und Bungalows. **Beschreibung**: Teilweise terrassenförmig angelegter, relativ naturbelassener, aber gepflegter Campingplatz auf Wiesengelände in Alleinlage direkt am Lago di Corlo. Moderne Sanitärs, extra Kindertoiletten. Im Sommer Animation. **Preise**: 24 – 42 €, Strom 5 € / Tag. **Zufahrt**: Geradeaus durch Arsiè bis ans Ende der Straße (ausgeschildert).

Am Lago di Corlo kann man paddeln, angeln und schwimmen. Man kann den zwischen bewaldeten Berghängen gelegenen See aber auch zu Fuß oder mit dem Fahrrad umrunden. Im fjordartigen südwestlichen Teil überspannen drei Brücken den See. Sehenswert ist die **historische Ponte della Vittoria**. Die brutalistischen Stützpfeiler aus Zement zieren abstrakt-realistische Gemälde. Bei einer Einkehr in der netten **Bar *Dall' Anna*** in Rocca genießt man von der Terrasse den Seeblick bei Cappuccino, hausgemachtem Apfelstrudel und heißer Schokolade (*Via Liberazione 51, 32030 Rocca*). So klingt unsere erste Tour entspannt aus.

Ein langer Tunnel verbindet den Lago di Corlo mit dem Brenta-Tal. Dort treffen wir auf die zweispurige Schnellstraße SS47, der wir in Tour 2 zu den nächsten Badeseen folgen.

Tour 2

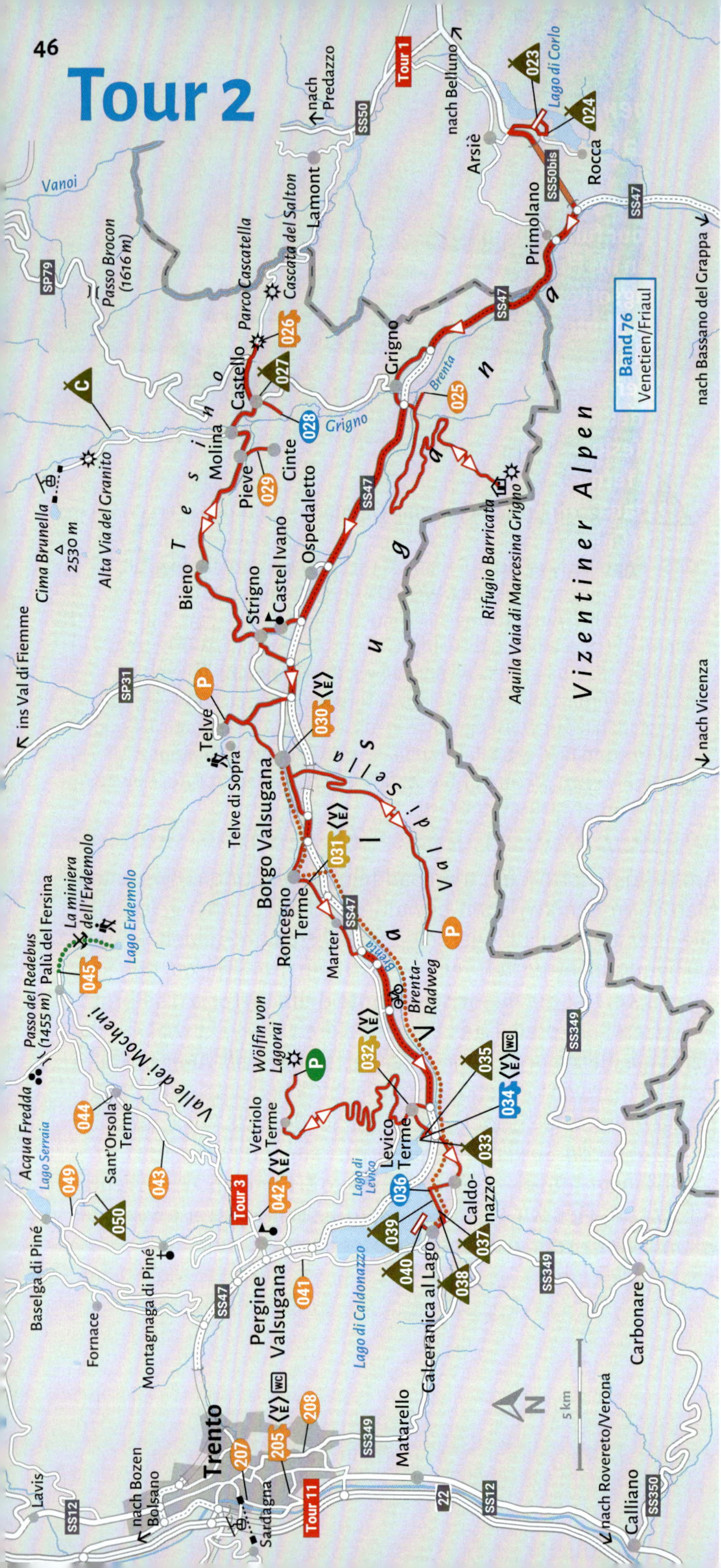

Tour 1
nach Predazzo
SS50
nach Belluno
Lago di Corlo
023
024
Arsiè
Rocca
SS50bis
Primolano
SS47
nach Bassano del Grappa
Vanoi
Passo Brocon (1616 m)
SP79
Lamont
Cascata del Salton
Parco Cascatella
026
027
Castello
Tesino
Grigno
Brenta
025
028
Molina
Cinte
Pieve
029
Ospedaletto
Rifugio Barricata
Aquila Vaia di Marcesina Grigno
Vizentiner Alpen
Band 76
Venetien/Friaul
Cima Brunella
2530 m
Alta Via del Granito
Bieno
Strigno
Castel Ivano
Valsugana
ins Val di Fiemme
SP31
Telve
Telve di Sopra
Borgo Valsugana
030
Val di Sella
031
Roncegno Terme
Marter
Brenta-Radweg
nach Vicenza
Passo del Redebus (1455 m)
Palù del Fersina
La miniera dell'Erdemolo
Lago Erdemolo
045
Valle dei Mòcheni
Wölfin von Lagorai
032
Acqua Fredda
Lago Serraia
044
Sant'Orsola Terme
043
049
050
Vetriolo Terme
042
Tour 3
Levico Terme
035
034
033
SS349
Lago di Levico
036
Caldonazzo
Baselga di Piné
Montagnaga di Piné
Fornace
Pergine Valsugana
041
039
040
037
038
Calceranica al Lago
Lago di Caldonazzo
SS47
Trento
205
207
208
Lavis
nach Bozen Bolsano
SS12
Sardagna
Tour 11
SS349
Mattarello
22
SS12
N
5 km
nach Rovereto/Verona
Calliano
SS350
Carbonare

Thermen und Seen im Valsugana
Vom Lago di Corlo zum Lago di Caldonazzo
150 km

Diese Tour führt auf überwiegend bequemen Straßen aus Venetien ins Herz des Trentino. Traditionsreiche Kur- und Erholungsorte, bequeme Rad- und Wanderwege, ein sonnenverwöhntes Hochtal und Kunst in der Natur bieten Abwechslung beim Urlaub an einem der klaren Badeseen. Die schönsten Orte und Erlebnisse:

- **Parco della Cascatella**
- **Pieve Tesino**
- **Levico Terme**
- **Valsugana-Radweg**
- **Lago di Caldonazzo**

Durch das Valsugana kommen wir bei dieser Tour aus Venetien zum größten See des Trentino. Das Valsugana begleitet als breites, fruchtbares Tal mit viel landwirtschaftlicher Nutzung den Fluss Brenta. Es verläuft von der Hauptstadt Trento rund 70 Kilometer in südöstliche Richtung bis nach Venetien. Im Norden wird es vom schwer zugänglichen Gebirgsstock Lagorai begrenzt, im Süden schließen sich die sogenannten Kleinen Dolomiten an, die zur Nachbarprovinz Venetien zählen.

Wir erreichen das Valsugana aus dem Südosten. **Primolano** (2800 Einwohner), das noch in Venetien liegt, lassen wir links liegen. Bei **Grigno** (2200 Einwohner) lockt die erste sportliche Herausforderung für Mountainbiker. Hoch über dem Ort breitet seit Juni 2023 ein riesiger hölzerner Adler beim Rifugio *Barricata* seine Schwingen aus. Der 6,5 Meter hohe und 1,3 Tonnen schwere **Aquila Vaia di Marcesina Grigno** ist das neueste Werk des Künstlers Marco Martalar. Er hat bereits mehrere überdimensionale Tier-Skulpturen aus dem Bruchholz zusammengezimmert, das der verheerende Orkan Vaia 2018 im Valsugana und den angrenzenden Gebirgsregionen zurückgelassen hat. Mehr als 20 Millionen Bäume hat der Sturm innerhalb weniger Tage entwurzelt. Die Folgen sind an vielen Stellen bis heute sichtbar. An drei dieser Orte hat Martalar seine Skulpturen errichtet. Sein neuestes Kunstwerk und das Rifugio sind allerdings ziemlich abgelegen. Am besten erreicht man es mit dem Mountainbike vom Parkplatz Selva di Grigno (16 km einfache Strecke, 1086 hm, *N 46°00'34" E 11°37'29"*).

Grigno ist zudem für seine Wasserhöhle Grote del Calgeron mit unterirdischen Seen und Flüssen bekannt. Besichtigungen müssen allerdings individuell gebucht werden und kosten inklusive Ausrüstung 120 Euro für bis zu sechs Personen.

Kurz hinter Grigno fließt die Brenta in einem breiten Kiesbett dahin und bietet *Gelegenheit zum Planschen und Angeln* (mit Angel-Erlaubnis). Der Valsugana-Radweg überquert hier die Brenta. Über die Brücke gelangen wir zu Fuß zu einem Relikt aus dem Ersten Weltkrieg. Unter der grünen Wiese liegen hier die italienischen Schützengräben La Trincea de Grigno.

025 Grigno – *Spiaggetta Brenta*

GPS: N 46°00'32" E 11°38'14", 249 hm, Ciclabile della Valsugana, 38055 Grigno. **Max. WOMOs**: 2. **Ausstattung**: Keine. **Beschreibung**: Ruhige und grüne Haltebucht am rechten Ufer der Brenta, die sich mangels Camping- und Stellplätzen in der Nähe bei trockenem Wetter auch für eine Übernachtung eignet. Der Sand- und Kies-Boden wird bei Regen sehr matschig. **Preis**: Kostenlos. **Zufahrt**: Im Industriegebiet von Grigno von der SS47 abbiegen, nach links unter der Straße und über die Brenta-Brücke, danach rechts. Der Parkplatz befindet sich links.

In **Castel Ivano** (3300 Einwohner) zieht es uns hoch ins Lagoraigebirge auf der nördlichen Seite des Valsugana. Das gleichnamige Schloss Castel Ivano ist schon von weitem zu sehen. Es liegt an der alten Handelsroute Via Claudia Augusta und geht bis in die Zeit der Langobarden (6. Jh.) zurück. Auch die Scaliger aus Verona herrschten zeitweise in der Burg. Der Komplex ist von einem Mauerring umgeben, der den Bergfried einschließt. Das Schloss befindet sich aber in Privatbesitz und kann nicht besichtigt werden. Ein Spaziergang lohnt sich an der **Oasi Faunistica di Castel Ivano** im Ortsteil Agnedo. Dort sind Rehe und Hirsche zu sehen und ein Wanderpfad führt hinauf zum Schloss (*Località Villa Agnedo, Via dei Molini 44*).

Kirche in Strigno

Im Zentrum des nächsten Ortsteiles **Strigno** sticht die **Kirche Beata Vergine Immacolata** ins Auge. Ihr gotisch anmutender Naturstein-Turm hebt sich deutlich vom neoklassizistischen Kirchenbau aus dem 19. Jahrhundert mit Heiligen-Fresken im Innern ab. Auf dem Kirchplatz, an dem kurze Fahrzeuge parken können, plätschert ein kleiner Springbrunnen unter Palmen. Umgeben ist er von historischen Villen, von denen eine leer steht und verfällt. Einem Schild zufolge gehörte sie einer Adelsfamilie, deren letzter Sprössling als Künstler im Alter von 23 Jahren in Florenz gestorben ist. Die gelbe **Villa Adelia** wird von zwei Frauenfiguren überragt. In ihrem Park breitet eine hundertjährige Zeder ihre Äste aus. Eine rote Villa ist mit Jugendstildekor versehen.

Ziel des Abstechers aus dem Valsugana ist die *malerische Hochebene Tesino* mit den Dörfern Castello, Molina, Pieve und Cinte. Sie liegt an der alten Römerstraße Via Claudia Augusta Altinate. Wir fahren meist bergauf zunächst durch all die Dörfer hindurch bis zum **Parco Cascatella**. Um einen tosenden Wasserfall ist auf der grünen Wiese in einem idyllischen Talkessel ein Picknick- und Freizeitgelände angelegt, das bewirtschaftet wird. Der Wasserfall ergießt sich aus rund 15 Metern Höhe in einen kleinen Teich. Wer sich und seinem Fahrzeug die 18 Prozent Gefälle bei der Zufahrt zutraut, kann an den Wochenenden auch hier campen. Einige 100 Meter weiter abwärts versteckt sich im dichten Mischwald ein weiterer Wasserfall (Cascata del Salton).

Im Parco Cascatella

026 Tesino – *Parco della Cascatella*

GPS / Kontakt: N 46°03'56" E 11°39'20", cascatellaracingcafe.it. **Max. WOMOs**: Ca. 10. **Öffnungszeit**: Nur samstags von Juni bis August. **Ausstattung**: Toilette, Dusche, Kiosk, Müll, Picknicktische, Grillplätze, Beachvolleyballfeld, Feuerstelle. **Beschreibung**: Der Wasserfallpark liegt auf einer Höhe von 836 Metern umgeben von Wald und Bergen. Das Gelände, ist im Juni und Juli am Wochenende und im August täglich geöffnet (außer bei schlechtem Wetter). Übernachten im Camper ist aber nur samstags möglich. **Preise**: Tageseintritt 5 €, Müll, Tische, Grillplätze etc. kosten extra, Übernachtung 15 €. **Zufahrt**: Auf der SP 79 Richtung Passo Brocon, ein kurzes Stück rechts in die SP40. Die steile Abfahrt zum Wasserfallpark befindet sich links in der ersten Kurve.

Die Dörfer im grünen Tesino-Hochtal sind so ursprünglich, wie man sie in touristischen Bergregionen selten findet. Das Parken gestaltet sich in den engen Straßen von **Castello Tesino** (1150 Einwohner, 905 hm) jedoch schwierig. Halten Sie am besten noch vor dem Ortsschild am rechten Straßenrand, wenn sie vom Wasserfallpark zurückkommen, wenn Sie den Ort mit seinem kleinen historischen Zentrum an der Kirche San Giorgio besichtigen oder eines der Restaurants besuchen möchten. Für einen längeren Aufenthalt gibt es einen Campingplatz mit angegliedertem Kurzzeitstellplatz, der sich gut als Ausgangspunkt für Wanderungen und Mountainbiketouren eignet.

027 Castello Tesino – *Casteltesino Camping*

GPS/Kontakt: N 46°04'04" E 11°37'58", Sottomolizza 1, 38053 Castello Tesino, +39 338 4490234, casteltesinocamping.it. **Max. WOMOs**: Keine Information. **Öffnungszeit**: Ganzjährig. **Ausstattung**: Alle Einrichtungen, Bar / Restaurant (auch Frühstück), Minimarkt, Spielplatz, Fußball- und Beachvolleyballplatz, Hallenbad, Whirlpool, Sauna, Dampfbad, Fitnessstudio, Fahrrad- und E-Bike-Verleih, Chalets. **Beschreibung**: Gepflegter und gut ausgestatteter Campingplatz in ruhiger grüner Berglage mit Gebäuden im Alpenstil. Ein Kurzzeit-Stellplatz ist angegliedert. **Preise**: 34 – 41 €, Stellplatz 32 – 38 €. **Zufahrt**: Gegenüber der Tankstelle zwischen Castello und Molina von der SP79 abbiegen, dann wie ausgeschildert der schmalen Straße nach rechts folgen.

Kunsthistorisch bemerkenswert ist in Castello Tesino die **Chiesa di Santi Ippolito e Cassiano**, genannt San Polo, etwas außerhalb des Ortszentrums, die im Inneren einen reichen Freskenschmuck aufweist. Der kleine Ort ist außerdem stolz auf sein Holzskulpturen- und Waldarbeits-Museum **Museo d'Arte Moderna di Scultura Lignea e Museo degli Attrezzi del Bosco**. Beide sind im Renaissancepalast **Palazzo Galli** untergebracht (*Via Municipio Vecchio 2, Juli, August Di. – So. 9 – 12 Uhr, +39-0461-727700*). Unterhalb von Castello Tesino bietet im Sommer ein **Naturschwimmbad** Gele-

Gämsen im Centro Flora e Fauna Alpina in Castello Tesino

genheit zum Baden. Der ***Biolago*** mit drei Becken für Babys, Kinder und zum Schwimmen ist allerdings schattenlos (*Località Parti*). Direkt daneben befindet sich das spannende **Centro Flora e Fauna Alpina**. Das Museum bringt großen und kleinen Besuchern die Tier- und Pflanzenwelt der Alpen in zahlreichen lebensgroßen Dioramen mit ausgestopften Tieren nahe. Vom Hirschkäfer über die im Valsugana verbreitete giftige Aspis-Viper bis zum Steinbock sind Tiere aller Größen und Gattungen vertreten. Unter anderem sieht man auch einen Bären und seine detailgetreu nachgebaute Höhle. Bei einem kurzen Außenrundgang lernt man die Bäume der Region und verschiedene Mineralien kennen (*SP78, Ende Juni bis Mitte September Di. – So. 10 – 12 und 14.30 – 18 Uhr*). Der große Parkplatz, den sich Biolago, Museum und der Sportplatz teilen, ist auch zum Übernachten geeignet.

028 Castello Tesino – *Biolago*

GPS: N 46°03'26" E 11°37'49", Località Parti, 38053 Castello Tesino. **Max. WOMOs**: 3. **Ausstattung**: Beleuchtung, Bar und Schwimmbad nebenan. **Beschreibung**: Rund 50 teilweise schattige Parkflächen auf Rasen-Pflaster außerhalb der Ortschaft. Toiletten in der Sportplatz-Bar. **Preis**: Kostenlos. **Zufahrt**: In Castello Tesino den Schildern zum Biolago folgen.

Pieve Tesino (650 Einwohner, 853 hm) ist eines der *Borghi più belli d'Italia*. Warum es in den Club der Schönsten Dörfer Italiens aufgenommen wurde, erschließt sich beim kurzen Rundgang an einem Samstag schnell: Auf dem kleinen Wochenmarkt sind Holzschnitzer am Werk. Das traditionelle Kunsthandwerk wird im Dorf gepflegt und von Generation zu Generation weitergegeben. Die Kunstwerke sind überall im Ort zu bewundern.

Den Dorfplatz **Piazza Maggiore** mit seinem achteckigen Brunnen umgeben Patrizierhäuser aus dem 19. Jahrhundert. Sehenswert sind auch die Kirchen Assunta und San Sebastiano und die

Aus dem Giardino d'Europa überblickt man Pieve di Tesino

architektonisch interessante private Villa Daziaro am Ortsrand. Die wichtigste Sehenswürdigkeit von Pieve Tesino ist jedoch mit Abstand das **Museo Alcide De Gasperi** (*Casa de Gasperi, Via Alcide Degasperi 1*). Italiens erster Ministerpräsident nach dem Zweiten Weltkrieg ist im Dorf geboren. Ihm zu Ehren hat der Ort auch den **Botanischen Garten Giardino d'Europa** im Arboretum des Tesino angelegt. Bei einem Spaziergang durch alten Baumbestand über grüne Wiesen genießt man einen herrlichen Ausblick auf den Ort und die Berglandschaft. Highlights der Anlage sind ein magisches Steinlabyrinth und die bunten Blumenbeete des Giardino d'Europa. Einen mit Einschränkungen übernachtungstauglichen Parkplatz gibt es auch.

029 Pieve Tesino – *Arboreto del Tesino*

GPS: N 46°03'49" E 11°36'35", SP114, Pieve Tesino. **Max. WOMOs**: 2. **Ausstattung**: Keine. **Beschreibung**: Leicht abschüssiger Schotterparkplatz außerhalb der Ortschaft gegenüber einer Fabrik. **Preis**: Kostenlos. **Zufahrt**: In Pieve Tesino auf die SP 114 Richtung Cinte Tesino.

Nördlich von Pieve startet die bei Bergsteigern und Alpinisten beliebte *Alta Via del Granito*. Der »Hohe Weg des Granits« führt hinauf ins Lagoraigebirge. Ein guter Ausgangspunkt für Wanderungen ist der sechs Kilometer außerhalb von Pieve mitten in den Bergen gelegene Campingplatz *Valmalene*. Die Anfahrt auf einer schmalen Straße erfordert allerdings Mut (*N 46°06'50" E 11°37'05"*).

In **Cinte Tesino** (460 Einwohner, 863 hm) ist neben der Pfarrkirche der einzige buddhistische Tempel im ganzen Trentino sehenswert. Der schlichte *Tempio del Lagorai Tenryuzanji* steht auch Nicht-Buddhisten offen (*Via per Grigno, tenryuzanji.org*). Die eigentliche Sensation des Ortes ist aber die Schlucht des Wildbachs Grigno mit der Teufelsbrücke (*Ponte del Diavolo*). Im Flusspark Parco Fluviale Torrente Grigno bestehen Möglichkeiten zum Planschen. Alle diese Ziele muss man sich erwandern. Das Wohnmobil kann währenddessen auf dem Gratisparkplatz am Friedhof stehen (*N 46°03'18" E 11°36'54"*).

Von Cinte fahren wir zurück nach Pieve und hinüber nach **Bieno**. Die Kirche San Biagio ist für ihre hölzernen Statuen aus dem 18. Jahrhundert und das Taufbecken aus dem 16. Jahrhundert bekannt. Der Ort thront hoch über dem Valsugana, das hier mit der Ebene von Telve ein breites Tal bildet. Doch die schmalen Sträßchen, die zu den Aussichtspunkten führen, sind mit dem Wohnmobil nicht befahrbar. Wir begnügen uns also mit den Ausblicken, die die SP78 freigibt, während sie sich größtenteils durch Wald hinab ins Valsugana schwingt.

Zurück im Haupttal wechseln wir in Castelnuovo die Talseite, um schließlich doch noch den Ausblick über das Valsugana an seiner weitesten Stelle zu genießen. Das Wohnmobil parkt auf dem schattenlosen Schotterparkplatz am ***Bicigrill Castelnuovo***. Wir könnten hier auch in den Brenta-Radweg einsteigen, der insge-

Panoramablick ins Valsugana vom Kirchlein Santa Margherita

Brunnen in Telve

samt 80 Kilometer lang durch das Tal führt und dabei meist dem Flussufer folgt. Räder gibt es am Bicigrill zu mieten (*N 46°03'02" E 11°29'32"*). Doch für den schönen Ausblick folgen wir zu Fuß oder mit Mountainbikes für gut einen Kilometer dem kleinen Sträßlein zur **Kirche Santa Margherita**, die das Valsugana überragt. Währenddessen spielt die Ortskirche San Leonardo mit ihrem hohen Zwiebelturm ein Glockenspiel.

Noch einmal wechseln wir mit dem Wohnmobil die Talseite und steuern nun **Telve** an (1900 Einwohner, 548 hm). Das Wohnmobil parkt auf einem Parkplatz ohne Verbotsschilder unterhalb der Hauptstraße gegenüber einer Bar (*N 46°04'12" E 11°28'59"*).

In Telve zeigt das regionale **ethnografische Museum Museo degli Usi e delle Tradizione Telvate**, wie die Leute hier in früheren Zeiten gelebt und gearbeitet haben. Unter anderem sind Scheune, Stall, Tischlerei und Molkerei nachgebildet (*Via S. Giustina 4*). Direkt daneben befindet sich die **Kirche Santa Maria Assunta**, die wesentlich im 16. und 18. Jahrhundert gestaltet wurde. Mehrere Barockaltare zieren sie im Inneren. Sehenswert ist auch das Rathaus (*Municipio*) mit seinem Bogengang. Fast noch schöner zeigt sich aber die direkt daneben liegende öffentliche Bibliothek, die mit Außenfresken reich bemalt ist (*Piazzale Fortunato Depero*). Ein Ortsrundgang verbindet die acht Brunnen in dem kleinen Ort. Auf unserer kurzen Wanderung folgen wir ihm ein Stück. Sie können für die Tour auch das Fahrrad nehmen.

Palazzo in Telve

Panoramarunde zwischen Wasser, Wein und Weilern

4 km, 130 hm

Eine abwechslungsreiche Kurzwanderung oder schnelle Radtour verbindet die beiden Ortsteile Telve und Telve Alto. Sie führt auf durchgehend asphaltierten Wegen durch die historischen Ortszentren, aber auch durch Weinberge und das Tal eines Wildbachs. Dabei sehen wir erst den steilen Berghang vor uns, auf dem die Ruine des Castello Alto die beiden Ortschaften überragt, und genießen später den weiten Blick über das Valsugana.

Unsere Tour startet im Ortszentrum von Telve und folgt zunächst der Via Cibini und dann der Via Grazie bergauf. Dabei kommen wir an einem Goldfisch-Brunnen und einer herrschaftlichen Villa mit wunderschönem Garten vorbei. Die wenig befahrene SP65 bringt uns oben aus dem Ort. Wir überqueren rechts auf der hohen Brücke die Schlucht des tief unten liegenden Torrente Ceggio und biegen nach rechts in die Via III Novembre ein.

Im Fels links oben sehen wir nun eine Mariengrotte, die der Grotte von Lourdes nachempfunden ist. Dieses schattige Plätzchen mit einer Picknickbank unter zwei riesigen Zedern bietet eine hervorragende Aussicht auf die sagenumwobene Burgruine. Vor uns liegt das historische Ortszentrum von Telve Sopra. Wir folgen aber nicht der Hauptstraße, sondern biegen rechts in die Via Pivan ein. Diese Seitenstraße gibt immer wieder den Blick auf das unter uns liegende Telve frei.

Stets am unteren Ortsrand entlang geht es nun bergab und wir gelangen in die Weinberge. Zwischen Wein und Mais traben wir auf dem Fahrweg bergab, bis wir in einem weiten Bogen die Talsohle erreichen. Hier überqueren wir den Wildbach Ceggio nun am Boden der Schlucht. Ein Sträßchen bringt uns wieder bergauf durch eine Siedlung mit Einfamilienhäusern ins Ortszentrum von Telve (links) oder zu unserem Parkplatz (geradeaus).

TOUR 2

Unsere Wohnmobiltour führt uns als nächstes in den Hauptort des Valsugana. **Borgo Valsugana** (7000 Einwohner, 378 hm) ist aber nicht nur das kulturelle und wirtschaftliche Zentrum der Region, sondern mit seinen malerischen Häusern am Flussufer und deutlichen venezianischen Einflüssen auch eines der *Borghi più belli d'Italia*, der Schönsten Dörfer Italiens.

Zu den Sehenswürdigkeiten zählt neben den Kirchen Santa Anna, San Rocco, San Francesco und dem Kloster San Damiano die **steinerne venezianische Brücke** aus dem 15. Jahrhundert. Sie führt über den Fluss Brenta, dessen zwei Arme im Ort zusammenfließen (*Ponte Veneziano, Piazza Martiri della Resistenza*). Die alten Häuser reichen hier direkt ans Flussufer heran. Deshalb nennt sich dieser Teil des Städtchens auch *Piccola Venezia* (Klein-Venedig). In der verkehrsberuhigten Altstadtstraße **Corso Ausugum** lässt sich hübsch zwischen kleinen Lädchen und historischen Palazzi bummeln. Wenn Sie dem Corso weiter nach Osten folgen, gelangen Sie auf den Sentiero dei Bersaglieri, der Sie bei einem Spaziergang von gut zwei Kilometern zu dem oberhalb der Stadt gelegenen Schloss Telvana (privat) mit tollem Blick über Borgo Valsugana und zurück in die Stadt führt.

Auf der anderen Seite der Brenta laden rund um die **Piazza Degasperi** mehrere Bars und Cafés dazu ein, die entspannte Atmosphäre zwischen Rathaus, Touristeninfo und der Kirche Santa Anna bei einem Cappuccino oder Aperitif zu genießen. Von dort gelangt man immer am Flussufer entlang vorbei an der Kirche Natività de Maria durch den Laubengang des Instituto Alcide Degasperi zum offiziellen Wohnmobilstellplatz der Stadt.

030 Borgo Valsugana – *Area Sosta Camper*

GPS: N 46°03'16" E 11°27'49", Via Temanza, 38051 Borgo Valsugana. **Max. WOMOs**: 18. **Öffnungszeit**: Ganzjährig. **Ausstattung**: Ver- und Entsorgung, Strom, Mülltonnen, Beleuchtung. **Beschreibung**: Zentral und dennoch ruhig zwischen Friedhof und Radweg am Ufer der Brenta gelegener Stellplatz in der Stadt. Zwischen den Stellflächen auf Rasenpflaster gibt es kleine Grünflächen. Der ganze Platz ist von Bäumen umstanden, so dass es einige schattige Stellflächen gibt. Die Sitzbänke waren 2023 abgebaut. Der Aufenthalt ist auf 48 Stunden begrenzt. Wer länger bleibt, zahlt danach 50 € pro Tag! Automatenzahlung auch mit Kreditkarte. **Preise**: 8 € / 12 h, 16 € / 24 h, 22 € / 36 h, 28 € / 48 h. **Zufahrt:** Von der SS47 in Castelnuovo auf die SP109 wechseln und Richtung Borgo Valsugana fahren, dort im zweiten Kreisverkehr die erste Ausfahrt nehmen.

In der Fußgängerzone von Borgo Valsugana

Als Nächstes nehmen wir das Val di Sella unter die Räder, das von Borgo Valsugana Richtung Süden in die Berge hinaufführt. Wer dort wandert, muss sich nicht mit dem Naturgenuss in der grünen, waldigen Berglandschaft begnügen. Bereits seit 1987 findet dort als Dauerausstellung mitten in der Natur die **Arte Sella** statt. Über 300 Künstler haben bereits Installationen beigetragen, die zumeist aus Naturmaterialien gestaltet sind. Zu sehen sind sie in zwei Ausstellungsbereichen und entlang eines Verbindungswanderwegs. Von Borgo Valsugana erreicht man zuerst nach rund neun Kilometern auf schmaler Bergstraße den Garten der Villa Strobele. 15 Kunstwerke sind in dem Berggarten ausgestellt. Für die Besichtigung sollten Sie rund eine halbe Stunde einplanen (*Valle di Sella 21, artesella.it*). Der zweite Ausstellungsbereich ist weitläufiger und erstreckt sich auf dem Gebiet der Malga Costa am Ende der Stichstraße ins Val di Sella. Das Wohnmobil parkt auf dem Parkplatz hinter dem *Ristorante Carlon*, denn ab hier ist das Alm-Sträßchen gesperrt. Nach einem Spaziergang von rund einer Viertelstunde erreicht man einen Rundweg von einem Kilometer Länge, der an etwa 30 Installationen vorbeiführt. Wer sich beide Ausstellungsbereiche zu Fuß erschließen will, wählt den Verbindungs-Wanderweg und legt dann inklusive der Besichtigungen rund elf Kilometer und 150 Höhenmeter zurück. **Achtung**: Die Straße ins Val di Sella ist eng. Um Stau zu vermeiden, ist die Zufahrt für Wohnmobile nur von 8 bis 13 Uhr und die Abfahrt erst ab 13 Uhr gestattet.

Arte Sella

Zurück im Haupttal gelangen wir schnell nach **Roncegno Terme** (2900 Einwohner, 535 hm). Das östlichste der Thermalbäder im Valsugana liegt am steilen Südausläufer des Lagoraigebirges umgeben von Apfelplantagen. Die große neugotische Kirche Santi Pietro e Paolo überragt den Ort.

Besonders schön ist der **historisch gewachsene Kurpark** mit dem Kurhaus Casa di Salute Raphael im Stil der Belle Epoche. Roncegno Terme ist kein Spaßbad, sondern für medizinische Anwendungen konzipiert. Neben dem Thermalwasser, das auch Levico Terme speist, gelten Tees aus den einheimischen Kräutern als heilsam.

Ein *günstiges und leckeres Mittagsmenü* bietet der **Agritur *Montibeller Valter***. Wir waren dort die einzigen Touristen unter vielen einheimischen Gästen. Ein Wohnmobilstellplatz ist angegliedert.

031 Roncegno Terme – *Agritur Montibeller Valter*

GPS / Kontakt: N 46°02'49" E 11°24'42", Via Prose 1, 38050 Roncegno Terme, +39-0461-764355, agriturmontibeller.it. Öffnungszeit: Ganzjährig. **Max. WOMOs**: 15. **Ausstattung**: Ver- und Entsorgung an den Plätzen, Spielplatz, überdachter Sitzbereich mit großer Grillstelle und Spüle, Aufenthaltsraum, Waschmaschine, Wäscheständer, auch Apartments. **Beschreibung**: Gut ausgestatteter Agricamping in ruhiger, sonniger Lage mit Blick auf das Valsugana. Die Stellflächen sind für extrem lange Fahrzeuge nicht groß genug. Gutes und günstiges Restaurant. **Preise**: 24 – 30 €. **Zufahrt**: Auf der SP65 nach Roncegno Terme, am Ortseingang links und hinter dem Kurpark wieder links (nach unten).

Entweder zu Fuß, mit dem Fahrrad, oder wenn wir Roncegno Terme mit dem Wohnmobil über die Via Roma verlassen, gelangen wir nach zwei Kilometern in den **Ortsteil Marter**. Das kleine Dorf

Kirche und Turm in Marter

Kirche und Kurpark von Levico Terme

an der altrömischen Handelsstraße Via Claudia Augusta ist aus mehreren Gründen einen Ausflug wert. In der hübschen alten Mühle am Fluss ist ein Vogelscheuchenmuseum untergebracht. Eine römische Brücke überspannt hier die Brenta. Daneben stehen die Überreste eines geheimnisumwitterten runden Natursteinturmes. Den sogenannten *Tor Tonda* (runder Turm) datieren Historiker auf das Spätmittelalter, während der Volksmund ihn auf die Römerzeit zurückführt. Ein Gegenstück, der *Tor Quadro* (viereckiger Turm) steht noch vor dem Nachbarort Novaledo, den wir links liegen lassen, um auf der SS47 nach Levico Terme und damit wieder in touristisch erschlossenere Zonen zu gelangen.

Levico Terme (8100 Einwohner, 520 hm) genießt aufgrund seines Thermalwassers bereits seit der Habsburger Zeit einen internationalen Ruf als Thermal- und Heilbad. Der **weitläufige Kurpark** – die Hauptattraktion des Ortes – geht tatsächlich auf die Habsburger zurück. Ursprünglich hat aber ein preußisches Unternehmen die Heilquellen 1898 mit einem Hotel in einem weiten Park erschlossen. Bis zum Ersten Weltkrieg gab sich hier die High Society aus ganz Europa einschließlich dem russischen Zarenreich ein Stelldichein. Ein Spaziergang zwischen *uralten, riesigen Zedern* und vielen anderen stattlichen Bäumen und seltenen Büschen macht jedoch auch heute noch Spaß. Mitten im Park steht die hübsche **Villa Paradiso**. Darin zeigt der sogenannte Spazio Colti eine Ausstellung über Garten- und Parkkultur.

Über dem Kurpark im Stil eines englischen Landschaftsgartens thront der Belle Epoche-Palast des **Grand Hotel Imperial** mit einem eigenen französischen Garten mit Springbrunnen. Am unteren Parkausgang finden archäologisch Interessierte einen steinernen Sarkophag, der bereits 1859 in einem Gräberareal aus römischer Zeit in der Nähe von Levico Terme entdeckt wurde. Er ist eines von vier nennenswerten Zeugnissen aus der Römerzeit in der Region. Dazu zählen auch ein Meilenstein an der ehemaligen Via Claudia Augusta beim Ortsteil Tenna von Levico Terme, der Altar der Kirche Sant' Ermete von Calceranica und eine frühchristliche Grabinschrift in der Kirche San Sisto von Caldonazzo.

Im **historischen Ortszentrum** von Levico Terme finden sich einige hübsche Winkel. Die Piazza Venezia ziert ein alter Brunnen (Vecchia Fontana), an dem Löwenköpfe Wasser speien. In der Via Marconi verkaufen viele kleine Geschäfte Schmuck und Kunsthandwerk. Die **Kirche Santissimo Redentore** stammt aus dem Jahr 1877. Der neoromanische Bau mit einem byzantinischen Mosaik über dem Portal ist einer der größten Kirchenbauten im ganzen Trentino. Beeindruckend ist schon die breite Freitreppe aus rosa Marmor, die aus der Via Regia zum Eingang führt. Auch im Inneren mit zwei Seitenschiffen, bunten Bleiglasfenstern, einem klassizistischen Hochaltar und einer hohen Kuppel mit Mosaiken in Blautönen vor dem Altarraum herrscht Weite. Zahlreiche Seitenaltäre mit Kunstwerken aus Barock und Renaissance machen den Kirchenbau auch kunsthistorisch interessant (*Via Monsignor D. Caproni 16*).

Weitere interessante ***historische Gebäude aus Jugendstil und Belle Epoche und prächtige Traditionshotels*** befinden sich in der Via Dante Alighieri und ihrer Fortsetzung, der Via Vittorio Emanuele. Dort ist auch die Touristeninformation von Levico Terme zuhause (*Via Vittorio Emanuele 3*). Die Straße selbst wird im Sommer

Kunstgenuss und kulinarischer Genuss in Levico Terme

regelmäßig zum Ausstellungszentrum für moderne Kunst. 2023 setzten die zerfließenden Figuren des einheimischen Bildhauers Bruno Lucchi dort Akzente.

Mit Blick auf die Kirche und die Kunstwerke serviert Ihnen die **Bar *Serena*** auf ihrer Terrasse einen sehr guten Cappuccino und hervorragende hausgemachte Törtchen (*Via Regia* 2). Etwas unterhalb des Kirchplatzes findet sich mitten im Ort ein privater Wohnmobilstellplatz.

032 Levico Terme – *La Vecchia Fattoria*

GPS / Kontakt: N 46°00'39" E 11°17'46", Via per Caldonazzo 27, 38056 Levico Terme, +39-0461-700242, vecchiafattorialevico.it. **Max. WOMOs**: 10. **Öffnungszeit**: Ganzjährig. **Ausstattung**: Ver- und Entsorgung, Strom, Restaurant nebenan. **Beschreibung**: Schattenloser Wohnmobilstellplatz auf Kies auf dem Gelände eines Restaurants an einer Seitenstraße zwischen dem Ortszentrum und dem öffentlichen Strand. Restaurant abends geöffnet (außer Januar und Februar). Keine Stellplatz-Reservierung. **Preise**: 15 – 20 €. **Zufahrt**: Von der SP 1 über die Via Brenta in die Via per Caldonazzo einbiegen. Der Platz befindet sich rechts.

Durch den Ort fließt ein kleiner Wildbach zum See. Der **Lago di Levico** ist seit dem Start am Lago di Corlo der erste Badesee auf dieser Wohnmobiltour, der zu einem längeren Erholungsurlaub einlädt. Im Unterschied zum Lago di Corlo handelt es sich beim Lago di Levico um einen *natürlichen Bergsee*, der eher zu den kleineren Seen zählt. Auf einem Rundweg von gut sieben Kilometern, der teilweise für Radfahrer gesperrt ist, lernt man ihn in etwa 2,5

Am Strand des Lago di Levico

TOUR 2

Stunden zu Fuß von allen Seiten kennen. Am Südufer verläuft der Weg teilweise identisch mit dem Friedensweg *Sentiero della Pace.* Dieser Weg biegt vom See hinauf ins Örtchen **Tenna**, das in Panoramalage zwischen Lago di Levico und Lago di Caldonazzo auf einem Hügel thront. Wer am Ufer unten bleibt, kommt am Ende durch das kleine Schilf- und Sumpfgebiet **Biotopo Canneto di Levico** zu den Campingplätzen und Stränden in Ortsnähe.

Am Ostufer befinden sich mehrere Strandzugänge zum Lago di Levico. Es gibt einen öffentlichen Strand mit einer großen Liegewiese im Parco Segantini, mehreren Spielplätzen, Open-Air-Gym, Café, Bar und Bootsverleih. Bei schönem Wetter herrscht dort im Sommer reger Badebetrieb. Ruhig ist es nur am angrenzenden Hundestrand. Weitere Strände gehören zu Campingplätzen.

033 Levico Terme – *Lago Levico Camping Village*

GPS / Kontakt: N 46°00'25" E 11°17'14", Località Pleina 5, 38056 Levico Terme, +39-0461-706491, campinglevico.com. **Öffnungszeit**: Mitte April bis Mitte Oktober. **Max. WOMOs**: 333. **Ausstattung**: Alle Einrichtungen, Minimarkt, Bar / Restaurant, Strandbar, privater Strand, großer Poolbereich, Spielplatz, Sportplätze, Tischtennis, Tennisplatz, Grillplätze, Fahrrad- und Bootsverleih, Animation, Geldautomat, Shuttlebus nach Levico Terme, auch Mietunterkünfte.

Beschreibung: Der mit eigenem Strand direkt am See gelegene 4-Sterne-Campingplatz ist der beliebteste am Ort und daher oft ausgebucht. Trotz seiner ruhigen Lage ist er dann entsprechend trubelig. Die Stellflächen sind in verschiedene Zonen aufgeteilt. Jede Zone hat ein Sanitärgebäude. Es gibt auch Stellplätze mit eigenen Sanitärs am Platz. **Preise**: 22 – 90 €. **Zufahrt**: Von der SP1 rechts in die SP16 nach Tenna einbiegen und gleich nochmals rechts.

034 Levico Terme – *Camperstop Area Lago Levico Village*

GPS / Kontakt: N 46°00'25" E 11°17'13", Località Pleina 5, 38056 Levico Terme, +39-0461-706491, campinglevico.com. **Öffnungszeit**: Ende März bis Anfang November. **Max. WOMOs**: Ca. 110. **Ausstattung**: Alle Einrichtungen, Videoüberwachung, Wifi. Minimarkt, Restaurant und Strandbar auf dem Campingplatz. **Beschreibung**: Weitgehend schattenloser Stellplatz mit Stellflächen auf ebenem Wiesengelände in Seenähe mit automatisierter Zufahrt und Zahlung (Schrankensystem). Der Platz gehört zum Campingplatz gegenüber und wird von diesem auch als Überlaufplatz genutzt. Gegen eine Tagesgebühr von 10 € dürfen Stellplatz-Gäste auch Strand, Pool und Spielplatz des Campingplatzes nutzen. **Preise**: 32 € / 24 h, 1,90 € jede weitere Stunde. **Zufahrt**: Gegenüber des gleichnamigen Campingplatzes.

035 Levico Terme – *Camping Due Laghi*

GPS / Kontakt: N 46°00'15" E 11°17'19", Località Costa 3, 38056 Levico Terme, Tel. +39-0461-706290, www.camping2laghi.it. **Öffnungszeit**: Mai bis Anfang September. **Max. WOMOs**: Ca. 200. **Ausstattung**: Alle Einrichtungen, Minimarkt, Bar/Restaurant, Pools, Kids Club, Spielplätze, Sportplätze, Tischtennis, Tennisplätze, Grillstellen, auch Mietunterkünfte, Hundeauslaufgelände. **Beschreibung**: Großer, überwiegend schattiger Campingplatz mit zentralem Sanitärgebäude an der Hauptzufahrtsstraße nach Levico Terme. Auch die SS47 durchs Valsugana ist auf vielen Stellflächen hörbar. Schön ist der Poolbereich mit insgesamt vier Becken und viel Platz für kleine Kinder und der ruhige kleine, private Strand, der allerdings rund 400 Meter entfernt ist. Wifi nicht flächendeckend. An der Einfahrt zum Campingplatz stehen 15 parkplatzähnliche Stellplätze als Camperstop zur Verfügung. **Preise**: 30 – 57 €. **Zufahrt**: Direkt an der SP1.

In der Umgebung von Levico Terme bieten sich Spaziergänge von rund 30 bis 45 Minuten zur freskengeschmückten **Kapelle San Biagio** und zur **Festung Forte delle Benne** an. Ein Abstecher mit dem Wohnmobil von rund 26 Kilometern hin und zurück führt in Kehren hinauf zum hoch gelegenen Ort **Vetriolo Terme**. Direkt an der Thermalanlage gibt es einen schattigen Parkplatz mit Picknickbänken unter duftenden Pinien. Die Therme war im Sommer 2023 jedoch geschlossen und der Ort wie ausgestorben. Wenig oberhalb bietet die kleine **Kirche Madonna della Nieve** mit Außenfresken und außergewöhnlichen Kunstschmiedearbeiten an den Toren und Fenstern einen schönen Ausblick.

Aussichtsreich ist auch der Spaziergang zur **Wölfin von Lagorai** – ein weiteres Werk des Holzskulpturenbauers Marco Martalar, das an den Sturm Vaia erinnert. Der Ausgangspunkt ist im Sommer auch mit einem Shuttlebus aus Levico Terme erreichbar. So spart man dem Wohnmobil etliche Kehren und Höhenmeter und kann die tolle Aussicht auf den Lago di Levico genießen, die

Ausblick von der Straße nach Vetriolo Terme auf Levico Terme und See

der Wald an der Strecke ab und zu freigibt. Im unteren Teil führt die breite, aber kurvige und steile Straße durch einen fast urwaldähnlichen Mischwald. Je weiter wir nach oben kommen, desto mehr dominieren die Nadelgehölze. An einigen Stellen reicht der Blick bei gutem Wetter im Westen bis zu den Brenta-Dolomiten.

Kurzwanderung zur Wölfin von Lagorai

2,5 km, 110 hm, 45 min.

Start und Ziel unserer kurzen Wanderung ist der Parkplatz am schicken ***Resort nif Alpine Taste***, der sich ab dem späten Vormittag zunehmend füllt (*N 46°2'31" E 11°19'01", Località Vetriolo 11, 38056 Levico Terme*). Direkt am Parkplatz starten viele Gleitschirmflieger, manche auch zu Tandemflügen. Doch wir wollen nach oben. Dazu biegen wir von der Asphaltstraße links in eine breite Schotterpiste ein, die stetig ansteigt.

Der Weg ist durchgehend sonnig, denn die Bäume, die hier links und rechts standen, hat der Sturm Vaia dahingerafft. Dadurch ist an manchen Stellen auch der Blick hinab ins Valsugana frei. Wir sehen den östlichen Teil des Lago di Caldonazzo parallel zum Lago di Levico im Tal liegen.

Bald taucht die riesige Wölfin links oben auf einem von Bäumen nahezu blank gefegten Plateau auf. Es sieht aus, als würde sie den letzten verbliebenen Baum anheulen. Die sechs Meter hohe Holzskulptur besteht aus mehr als 20.000 Baumteilen und Wurzeln.

Hinauf gelangt man in einem weiten Bogen, und zurück geht es auf demselben Weg. Wer mehr Zeit und Wanderlust hat, kann rund eine Stunde weiterwandern zum bewirtschafteten **Rifugio *Malga Masi*** (*malgamasi.com*) oder weiter hinauf zum Skigebiet Panarotta auf 1712 Metern Höhe. Dort fährt wieder der Shuttlebus.

Unsere Wohnmobilroute führt vom Lago di Levico nun weiter zum größeren Nachbarsee **Lago di Caldonazzo**. Das touristische Zentrum befindet sich am Südufer des Sees bei den Orten Calceranica al Lago und Caldonazzo. Der Caldonazzosee lässt bei Wassersportlern keine Wünsche offen. Von Kanu- über SUP-Board-Touren bis zum Surfen und Segeln ist alles möglich. Kurse und Ausrüstung werden in Calceranica an mehreren Orten am Seeufer angeboten. Motorboote fahren jedoch nicht.

Wie am Levicosee sind auch am Caldonazzosee die Strände mit der Blauen Flagge ausgezeichnet, so dass dem Badespaß nichts im Weg steht. Die Wassertemperatur ist im Sommer trotz der Höhenlage angenehm. Der *kalkweiße Steinstrand von Calceranica* fällt flach ins Wasser ab und ist damit auch gut für kleine Kinder geeignet.

Hinter dem öffentlichen Strand ist das südliche Seeufer von Campingplätzen gesäumt, die sich alle etwas unterscheiden und damit für jeden Geschmack etwas bieten. Wir haben uns auf dem Camping Punta Lago sehr wohlgefühlt. Für einen kurzen Stopp gibt es neben kostenpflichtigen Parkbuchten an der Uferstraße auch einen größeren Parkplatz in Strandnähe.

036 Caldonazzo – *Località Lungolago*

GPS: N 46°00'20" E 11°15'48", Via Lungolago 1, 38052 Caldonazzo. **Max. WOMOs**: 3. **Ausstattung**: Keine. **Beschreibung**: Kiesparkplatz ohne Höhenbeschränkung an der Uferstraße und der Zufahrt zu den Campingplätzen von Caldonazzo. Etwa 100 m zur Strandbar am Lido Caldonazzo. Wenige Schattenplätze. Vom 15. April bis 30. September zahlungspflichtig (Automatenzahlung). **Preis**: 2 € / h von 6 – 22 Uhr, 10 € Nachttarif von 22 – 6 Uhr. **Zufahrt**: In Caldonazzo rechts in die Via Brenta und dann direkt links in die Via al Lago einbiegen. Am Ende der Straße befindet sich der Parkplatz rechts.

TOUR 2

037 Calceranica – *Camping Punta Lago*

GPS / Kontakt: N 46°00'08" E 11°15'15", Via Lungolago 70, 38050 Calceranica al Lago, Tel. +39-0461-723229, campingpuntalago.com. **Max. WOMOs**: 100. **Öffnungszeit**: Ende April bis Ende September. **Ausstattung**: Alle Einrichtungen, Minimarkt, Café / Eisdiele, Spielplatz, Fußballplatz, Tischtennis, Fahrrad-, SUP- und Kanuverleih, im Hochsommer Kids Club und dezente Animation, auch Mobilheime. **Beschreibung**: Schattiger und ruhiger, familienbetriebener 3-Sterne-Campingplatz an der Uferstraße mit dezentralen Trinkwasserbrunnen und neuem, stets sauberen Sanitärgebäude. In der Hochsaison gibt es am Samstagabend Musik, die aber wie die Kinderanimation nicht auf den Stellflächen hörbar ist. Die sehr nette Betreiberfamilie ist gern bei der Ausflugsplanung behilflich. Umzäunter Zusatz-Bereich mit sonnigen Stellplätzen direkt am Strand. **Preise**: 25 – 66 €. **Zufahrt**: In Calceranica al Lago den Schildern zu den *Campeggios* durch die Via al Lago bis zum Ufer folgen, dann rechts.

038 Calceranica – *Camping Al Pescatore*

GPS / Kontakt: N 46°00'07" E 11°15'20", Via dei Pescatori 1, 38050 Calceranica al Lago, +39-0461-723062, campingpescatore.com. **Max. WOMOs**: ca. 250. **Öffnungszeit**: Mitte Mai bis Ende September. **Ausstattung**: Alle Einrichtungen, Minimarkt, Restaurant, Pools, Spielplatz, Sportplatz, Tischtennis, Animation. **Beschreibung**: Ähnlich wie der Nachbarplatz Punta Lago, nur dreimal so groß und mit Pool und Kinderpool. Ab und zu laute Durchsagen. Sehr beliebt und daher in der Saison schnell ausgebucht. **Preise**: 27 – 51,50 €. **Zufahrt**: Wie Camping Punta Lago.

039 Calceranica – *Camping Mario Village*

GPS / Kontakt: N 46°00'17" E 11°15'39", Via Lungolago 4, 38052 Caldonazzo, +39-0461-723341, campingmario.com. **Max. WOMOs**: Ca. 160. **Öffnungszeit**: Mitte Mai bis Mitte September. **Ausstattung**: Alle Einrichtungen, Minimarkt, Bar/Restaurant, Pool, Spielplatz, Sportplätze, Kletterwand, Fitnessstudio, Tischtennis, Grillplatz, Hundedusche, Fahrradvermietung, Wifi, auch Mobilheime. **Beschreibung**: 4-Sterne-Campingplatz mit Pool, Planschbecken, Kids Club und großer Animationsbühne. Zentrales, modernes Sanitärgebäude. Einige der Stellflächen sind sehr sonnig. Die Rezeption hilft bei der Ausflugsorganisation. **Preise**: 23 – 110 €. **Zufahrt**: Von Caldonazzo die Via al Lago Richtung *Campeggios* nehmen. Am Ende der Straße links.

Knödel mit Wiesenblumen im Agritur Del Perotin

Caldonazzo und Calceranica sind nette, aber unspektakuläre Orte. Die Hauptattraktion ist der See. In **Caldonazzo** (3900 Einwohner, 490 hm) zieht zudem das **Renaissance-Schloss Magnifica Corte Trapp** der österreichischen Adelsfamilie Trapp einige Besucher an (*Piazza Chiesa 7, nur zu Veranstaltungen geöffnet, www.cortetrapp.it*). Die Kirche San Sisto geht aufs 13. Jahrhundert zurück, wurde aber im 19. Jahrhundert komplett umgebaut. Ein intaktes Altstadtbild bietet die Via Roma. Freitags ist Markt auf der Viale Stazione. Ungewöhnliches Gebäck (unter anderem Croissants aus schwarzem Teig) verkauft die **Caffeteria *Monte Cimone*** (*Viale Trento 19 / 21*). Neu interpretierte Trentiner Küche mit Produkten aus eigener Herstellung serviert der **Agritur *Dal Perotin*** in schönem Ambiente auf einer Terrasse mitten in den Apfelfeldern von Caldonazzo. Die Kinder können dort Esel streicheln (*Via Brenta 70a, agriturismodalperotin.it*).

Das kleinere **Calceranica** (1390 Einwohner, 500 hm) liegt direkt am See und hat daher eine ausgeprägte touristische Infrastruktur. Leckere Pizza mit Blick auf den See gibt es sowohl in der

Am weißen Strand von Calceranica al Lago

Pizzeria *Europa* (*Viale Venezia 1, +39-0461-723329, ristorante-europa.it*), als auch in der **Pizzeria *Al Pescatore*** (*Via Lungo Lago 74, +39-0461-723425, alpescatore.restaurant*). Beide Restaurants liegen direkt bei den Campingplätzen und sind sehr beliebt. Daher empfiehlt es sich im Sommer zu reservieren. Das beste Eis am See haben wir im **Eiscafé *Punta Lago*** (*Via Lungolago 72*) gegessen.

In Calceranica ist im Sommer immer donnerstags Markt in der Via della Scuola. Die gotische **Kirche San Ermete** aus dem 16. Jahrhundert gilt als eine der ältesten in der Region. Interessant ist auch die Bergbau-Vergangenheit der Region. Ein **altes Bergwerk** ist im Sommer teilweise für Besucher geöffnet (*Via della Miniera, Infos in der Touristeninfo von Calceranica an der Piazza Municipio 1*). Der Parkplatz am Bergwerkseingang eignet sich auch für Wohnmobile (*N 46°00'08" E 11°14'26"*).

Apfelfeld bei Caldonazzo

Ein netter Spaziergang, der allerdings einige Höhenmeter überwindet, führt auf der *Passegiata Mulet* von der Piazza Graziadei oberhalb der Ortskirche am Wildbach Torrente Mandola entlang und dann über den Poetensteig (*Sentiero di Poeti*) hinauf zur Kirche Santa Maria Assunta. Unterwegs hat man einen herrlichen Ausblick auf den Ort und den See. Zurück geht es über die Ortsstraße. Wer einen der beiden Campingplätze auf der Halbinsel im Ort Calceranica selbst gewählt hat, kann den Spaziergang direkt dort starten und immer dem Bachlauf folgen. Meine Empfehlung:

040 Calceranica – *Camping Fleiola*

GPS / Kontakt: N 46°00'25" E 11°14'44", Viale Trento 42, Calceranica al Lago, +39-0461-723153, campingfleiola.it. **Max. WOMOs**: 80. **Öffnungszeit**: Anfang April bis Mitte September. **Ausstattung**: Alle Einrichtungen, Minimarkt, Bar, Spielplatz, privater Strand, 2 Whirlpools, Privatbäder. **Beschreibung**: Gepflegter, familienbetriebener Campingplatz mit eigenem Strand und teilweise schattigen Stellplätzen direkt am Seeufer. Ruhige Lage. Der Brenta-Radweg läuft direkt vor dem Eingang vorbei. **Preise**: 28 – 70 €. **Zufahrt**: Nur für Fahrzeuge unter 3,5 Meter Höhe! Im zentralen Kreisverkehr in Calceranica in die Via Trento einbiegen. Der Campingplatz liegt hinter der Unterführung am Ende der Straße.

Calceranica und Caldonazzo sind zudem *gute Ausgangspunkte für Fahrradtouren*. So kann man auf dem autofreien Brenta-Radweg direkt am Südufer des Lago di Caldonazzo entlangradeln und kommt so bis nach San Cristoforo am anderen Ende des Sees (ca. 6 km). Der Radweg verläuft teilweise auf Stegen über dem See. Wer nicht auf dem gleichen Weg zurück will, muss auf der Nordseite allerdings einige Höhenmeter in Kauf nehmen, um die für

Abendstimmung am Ufer des Lago di Caldonazzo in Calceranica

Radfahrer gesperrte SS47 zu umfahren. Man kann zum Beispiel am Lago di Levico zurückfahren. Ambitionierte Rennradfahrer nehmen von Caldonazzo aus die Kaiserjägerstraße (*Strada del Menador*) unter die Pedale. Sie teilen die spektakuläre Bergstrecke mit engen Tunnels allerdings mit Motorradfahrern. Wohnmobile kommen hier nicht durch. Wer lieber bequem radelt, wählt den Brenta-Radweg durchs Valsugana.

Auf dem Brenta-Radweg nach Borgo Valsugana

19,5 km, 150 hm, ca. 2 h

Aus Calceranica heraus fahren wir auf Nebenstraßen durch Apfelplantagen in Richtung Levico Terme. Vor der Brücke über die zweispurige SS47 überquert der Radweg die Hauptstraße nach Levico Terme und biegt auf der anderen Seite wieder in Apfelplantagen ein. Nun gelangen wir an die Brenta, die hier noch eher Bach als Fluss ist und folgen ihrem Lauf immer am rechten Ufer entlang. Jetzt sind wir wirklich abseits aller Straßen unterwegs auf einem Radweg zwischen Äpfeln und Mais. Ab und zu spenden Weiden am Wegrand Schatten.

Die Räder laufen wie von selbst, denn es geht stets unmerklich bergab, bis der Radweg in einem 90-Grad-Winkel vom Flüsschen weg und hinauf an den unteren Hang der sogenannten Kleinen Dolomiten führt, die das Valsugana im Süden begrenzen. Kurz müssen wir treten. Doch oben angekommen finden wir – bereits etwa auf halber Strecke – einen schattigen Picknickplatz mit Trinkwasserbrunnen und Aussichtsbänken. Wer sich die Höhenmeter sparen will, kann auch einfach am Flussufer entlang weiterfahren und gelangt noch vor dem hübschen Örtchen Marter wieder auf den offiziellen Radweg.

Wir fahren von Marter hinauf nach Roncegno Terme. Es geht rund zwei Kilometer steil bergauf auf kaum befahrenen Landwirtschaftswegen durch Apfelplantagen. Den Kurort erreichen wir am oberen Ortsende und durchqueren ihn mit einem Spaziergang durch den hübschen Kurpark und einer Einkehr im urigen **Agriturismo *Montibeller*** nach unten hin. Dort kommen wir beim Golfplatz wieder an die inzwischen deutlich breitere Brenta und auf den gut ausgebauten Radweg. Wenige Kilometer später erreichen wir unser Ziel Borgo Valsugana. Nach dem Stadtbummel steigen wir in den Zug nach Trento. Er führt im Sommer ein extra Fahrradabteil mit und bringt uns in rund 20 Minuten zurück nach Calceranica al Lago.

Calceranica und Caldonazzo liegen zudem direkt an der Bahnverbindung zwischen Venedig und Trient. Die Züge verkehren häufig, sodass Sie alle Orte des zentralen Valsugana, Trient, Bassano di Grappa und sogar Venedig bei Tagesausflügen erreichen können. Fahrradmitnahme ist möglich. Am Bahnhof von Caldonazzo kann das Wohnmobil auch über Nacht stehen bleiben. Es steht dort allerdings auch direkt an der Durchfahrtsstraße SP1 (*N 45° 59′ 50″ E 11° 15′ 53″*).

Für die Weiterfahrt mit dem Wohnmobil haben Sie nun mehrere Möglichkeiten. Rund zehn Kilometer sind es über die SS47 bis Pergine Valsugana nördlich des Caldonazzosees. Dort schließt Tour 3 an, die Sie durch stille Täler im Lagorai wieder in den Norden nach Südtirol bringt. Wollen Sie lieber weiter nach Süden, dann steigen Sie direkt in Calceranica in Tour 6 ein und kommen so über die Hochebene von Lavarone und Folgaria ins Etschtal bei Rovereto.

Tour 3

zum Passo Sella
2752 m
Tour 1
SS48
nach Bozen
Bolsano
Predazzo
016
Band 30
Südtirol
SS12
Ziano
054
Tesero
053
055
Auer
Ora
Cavalese
056
San Lugano
Radtour
durchs Fleimstal
Castello-
Cascata di
Cavalese
Alpe Cermis
Molina
di Fiemme
Paion del Cermis
2229 m
Lago Lagorai
Adige/Etsch
Cima Lagorai
2585 m
Fleimstaler
SS12
22
Sover
Passo Manghen
(2047 m)
Salorno
Salurn
Alpen
Avisio
Santuario Madonna dell'Aiuto
Erdpyramiden
Segonzano
052
046
Cascata del
Valle del Inferno
Bedollo
Cascata
del Lupo
045
Sevignano
Lago delle
Piazze
047
Passo del
Redebus
(1455 m)
La miniera
dell'Erdemolo
Palù del
Fersina
Acqua Fredda
Lago Erdemolo
Buche di Ghiaccio
048
Baselga
di Piné
Lago Serraia
Lases
044
049
Fersina
Sant'Orsola
Terme
051
Avisio
SP71
050
Valle dei Mòcheni
Fornace
043
Roncegno Terme
nach
Grigno
031
Montagnaga
di Piné
Wölfin von
Lagorai
Marter
SP8
Vetriolo
Terme
Tour 2
Val di Fiemme
042
P
Pergine
Valsugana
SS47
Brenta
Brenta-
Radweg
nach Bozen
Trento
041
Levico Terme
207
Lago di Caldonazzo
Lago di
Levico
032
036
039
208
035
Tour 11
Sardagna
040
033
034
205
Calceranica al Lago
22
Caldo-
nazzo
Adige/Etsch
038
037
Valsugana
N
SS12
5 km
SS349
nach Rovereto/Verona

Stille Täler im Lagorai
Die Valli Mòcheni, Pinè, Cembra und Fiemme
120 km

Diese Bergtour führt uns durch abgelegene Täler im Gebirgsstock Lagorai von Pergine Valsugana zum Passo San Lugano. Abseits der ausgetretenen Pfade entdecken wir ursprüngliche Dörfer, schöne Bergseen, eine deutsche Sprachinsel und beeindruckende Naturphänomene. Wenn Sie Ruhe und Natur genießen können, sind Sie hier richtig. Das erwartet Sie:
- **Fersental (Valle dei Mòcheni)**
- **Wasserfall Cascata del Lupo**
- **Stellplatz am Lago delle Piazze**
- **Erdpyramiden von Segonzano**
- **Cavalese**

Haben Sie schon vom Fersental, dem Altopiano di Pinè, Valle di Cembra und Val di Fiemme gehört? Vermutlich kennen Sie auch Pergine Valsugana, den Ausgangsort unserer Tour, nicht? Dabei ist Pergine mit rund 23.400 Einwohnern die größte Stadt im Trentino östlich von Trient. Das lebhafte Einkaufszentrum des Valsugana liegt rund 15 Kilometer von der Autobahnausfahrt Trento Nord entfernt. Auf einer gut ausgebauten Straße mit Tunneln ist das Städtchen schnell erreicht. Wohl auch aufgrund der Nähe und der guten Verkehrsverbindungen zur Provinzhauptstadt wächst die Einwohnerzahl ständig.

Auf unserer Tour werden wir zwischendurch nach Pergine zurückkehren. Denn die Stadt ist nicht nur das Tor ins Valsugana, sondern auch das Tor zu den Tälern im westlichen Lagorai und den Fleimstaler Alpen. Der Gebirgsstock ist kaum besiedelt. Auch in den engen Tälern, durch die wir auf unserer WOMO-Tour fahren, leben nicht viele Menschen. Die Natur spielt die Hauptrolle. In manchem Dorf scheint die Zeit stehen geblieben, und Traditionen werden groß geschrieben. So zum Beispiel die Dra-

Altstadtgasse in Pergine Valsugana

TOUR 3

chenbootrennen oder das Bersntolerisch. Der deutsche Dialekt hat im Fersental die Jahrhunderte überdauert.

Sehen wir uns zunächst in **Pergine** um. Durchreisenden zeigt sich die Kleinstadt nicht gerade von ihrer hübschesten Seite. Einkaufszentren, Gewerbe und Industrie siedeln am Stadtrand. Um einen Eindruck von Pergine zu bekommen, sollten Sie das Wohnmobil abstellen. Parken können Sie tagsüber zum Beispiel auf dem Parkdeck des Einkaufszentrums *Shop Center Valsugana* (*Via Tamarisi* 2) oder am Sportzentrum (*Via Al Ponte* 1A). Über Nacht stehen zwei Camper-Parkplätze zur Verfügung:

041 Pergine Valsugana – *Parcheggio Camper*

GPS: N 46°02'59" E 11°14'04", Via Margherita Hack, 38057 Pergine Valsugana. **Max. WOMOs**: 13. **Ausstattung**: Keine. **Beschreibung**: Schattenloser Parkplatz mit 13 kostenlosen Stellflächen außerhalb des Ortes zwischen der Durchfahrtsstraße SS47 und der Bahnlinie. Rund 800 m zur Altstadt. Aufgrund der Lautstärke ist der Parkplatz eher für eine Notübernachtung geeignet. **Preis**: Kostenlos. **Zufahrt**: Direkt an der SS47.

042 Pergine Valsugana – *Area Sosta Camper*

GPS: N 46°03'51" E 11°14'48", Via Luigi Senesi / Via San Pietro. **Max. WOMOs**: 4. **Ausstattung**: Ver- und Entsorgung (kostenlos), Strom geplant. **Beschreibung**: Neuer innerstädtischer Camper-Platz mit vier leicht versetzt angeordneten Stellflächen für Wohnmobile in einer ruhigen Seitenstraße etwa 600 Meter von der Altstadt und einen Kilometer vom Castel Pergine entfernt. Maximal 48 Stunden dürfen Sie bleiben. **Preis**: Kostenlos. **Zufahrt**: Von der SP8 Richtung Fersental rechts in die Via Chiesa und dann in die erste Straße links.

Durch den Parco del Fersina von Pergine Valsugana führt ein Radweg.

Kirche Natività di Maria in Pergine Valsugana

Pergine erweckt auf den ersten Blick den Eindruck, als habe es schon bessere Zeiten erlebt. Manche der durchaus hübschen Altbauten rund um die Altstadtgasse Vicolo delle Garberie wirken etwas heruntergekommen. Allerdings wird im Zentrum auch viel gebaut. Möglicherweise steht eine Neugestaltung bevor. Die Tourist-Info befindet sich an der Piazza Giovanni Serra. In der Via Maier bummeln Sie zwischen Renaissancebauten und Patrizierhäusern.

Der **Palazzo Hippoliti** aus dem 16. Jahrhundert ist ein weiteres Zeugnis früheren Wohlstands (*Via III Novembre*). Tatsächlich erlebte Pergine in dieser Epoche eine Blütezeit, die der Ort den reichen Erzvorkommen der Umgebung verdankt. Auch die mächtige **spätgotische Ortskirche Natività di Maria** wird auf den Beginn des 16. Jahrhunderts datiert. Die Glocke im 55 Meter hohen Glockenturm sollen die Bergleute zum Kirchenbau beigetragen haben.

Über dem Ort thront die mittelalterliche Burg **Castel Pergine**. Es heißt, sie sei auf den Mauern einer altrömischen Festungsanlage erbaut. Heute ist sie ein Hotel. In den herrschaftlichen Sälen im Herrenhaus servieren seit 2023 zwei junge Gourmetköche moderne Küche zu gehobenen Preisen. Im Burghof gibt es zudem ein Café / Bistro. Der Park der Burganlage steht Besuchern von März bis Oktober offen. Dort stellt jedes Jahr ein anderer Künstler Skulpturen oder Installationen aus. Außerdem können Führungen durch die Ausstellung und das Schloss gebucht werden (*fondazionecastelpergine.eu*). Einen Schotterparkplatz gibt es am Fuß des Burghügels (*N 46°03'28" E 11°14'50"*, Via al Castello). Dort ist zudem ein **Bike Park** angelegt. Das Gipfelkreuz des Colle del Tegazzo ist selbst zu Fuß nicht weit.

Charme haben die Parks von Pergine Valsugana. Im Park Ai Tre Castagni am Nordhang des Burghügels können Sie sich in einem Labyrinth verlaufen. Der Stadtpark nahe der Altstadt besticht mit stattlichen alten Bäumen. Der Parco Lungo Fersina Pergine bietet hübsche Wege direkt am Fluss mit einer Hundeauslaufzone und einem kleinen Teich. Der Fersental-Radweg läuft hier direkt durch (*Via Lungo Fersina*).

Eigentlich hat Pergine auch einige besondere Museen zu bieten, darunter das Museum des Wasserkraftwerkes von Serso (*Museo della Centrale idroelettrica, Frazione Serso, nach Voranmeldung, +39-0461-1611000*) und das Schulmuseum *Museo della Scuola* (*Piazza Garibaldi, Mi 9 – 12 Uhr, Eintritt frei*). Die Öffnungszeiten sind jedoch sehr eingeschränkt.

Die bergige Umgebung von Pergine lädt zu Wanderungen ein. Zudem liegt die Stadt am Kreuzungspunkt der zwei Flussradwege ins Valsugana und ins Valle dei Mòcheni. Schnell erreicht sind außerdem die beiden Badeseen Lago di Caldonazzo und Lago di Levico (siehe Tour 2).

Valle dei Mòcheni (Fersental)

Wir verlassen Pergine mit dem Wohnmobil auf der SP8, um die unbekannte Bergwelt des Lagorai zu erkunden. Hinter einem kurzen Tunnel heißt es: *Benvenuti in Valle Incantata!* Willkommen im verzauberten Tal! Die Straße schwingt sich schon bald in steilen Kehren den westlichen Hang hinauf. Nachdem wir zwei kleine Orte durchquert haben, tauchen wir ein in das stille Valle dei Mòcheni, auch Fersental oder Bersntol genannt. Die Hänge sind dicht bewaldet und am Hang gegenüber unterbricht kaum ein Haus das satte Grün. Genießen können wir das erstmals an einem Picknickplatz an der Straße.

043 Valle dei Mòcheni – *SP8*

GPS: N 46°05'40" E 11°17'11", SP8 (827 hm). **Max. WOMOs**: 2. **Ausstattung**: Wasser, Grillstelle, Sitzbänke. **Beschreibung**: Parkplatz an einem Picknickplatz mitten im Grünen. Es rauscht ein Wasserfall, aber es gibt keinen Wanderweg dorthin. **Preis**: Kostenlos. **Zufahrt**: Direkt an der SP8.

Bald erreichen wir **Sant'Orsola Terme**. Der Hauptort des Valle dei Mòcheni hat gerade mal 1100 Einwohner, aber zwei empfehlenswerte Restaurants direkt an der Hauptstraße. Am Ortseingang machen wir eine kleine Zeitreise. Links und rechts einer Lore mit einem riesigen glitzernden Edelstein stehen eine Frau mit einem großen, schweren Korb auf dem Rücken und ein Mann, der einen Felsbrocken mit Holzkeilen spaltet. Beide sind zwar aus Holz, aber so realistisch dargestellt, dass sie einen lebhaften Eindruck von der Anstrengung vermitteln, die das Leben in diesem abgelegenen Hochtal früher mit sich brachte.

Die Kirche von Sant'Orsola stammt aus dem Jahr 1408 und ist der heiligen Ursula gewidmet. Ein Bild zeigt die *Madonna della Fontana*, eine Muttergottes, die mit dem Jesuskind auf dem Arm an einer Quelle steht. Der arsen- und eisenhaltigen Quelle in der Nähe des Ortes verdankt Sant'Orsola den Beinamen Terme. Unterhalb der Kirche liegt hinter dem Friedhof ein großer Parkplatz, der sich auch für eine Übernachtung eignet.

Mauerkletterer im Park mit Blick auf Castel Pergine

TOUR 3

044 Sant'Orsola Terme – *Friedhof*

GPS: N 46°06'22" E 11°18'13", Località Pintarei, 38050 Sant'Orsola (916 hm). **Max. WOMOs**: 3. **Ausstattung:** Beleuchtung, Sitzbank. **Beschreibung:** Schattenloser Kiesparkplatz in ruhiger, aussichtsreicher Lage am Ortsrand. **Preis:** Kostenlos. **Zufahrt:** Hinter der Kirche den Berg hinunter, unten rechts.

Eine kleine Attraktion in Sant'Orsola ist das **Museum Pietra Viva**. Es befindet sich in einem historischen Gebäude aus dem 17. Jahrhundert, das mit Fresken verziert ist. Auf vier Etagen zeigt es ganz besondere Mineralien und 800 Jahre Bergbaugeschichte in der Region. Im Museumsgarten können Kinder mit Helm und Taschenlampe in eine nachgebildete Mine absteigen oder bei einem Workshop Steine im Bach suchen. Audioführungen sind auch auf Deutsch verfügbar (*Località Stefani 23, Reservierung empfohlen, Tel. +39-3312-319038, www.museopietraviva.it*).

Unsere Wohnmobiltour führt uns nun auf der kurvigen, einsamen Bergstraße immer weiter bergauf. Wir folgen ihr bis Palù del Fersina und halten uns dort links in Richtung „Gruab va Hardimbl / Mine de Erdemolo. Die **historische Mine von Erdemolo** kann man nach Voranmeldung bei einer halbstündigen Führung besichtigen (*Juni bis September, Tel. +39-346-3627221*). Der Bergbau in der Region reicht zurück bis in die Bronzezeit. Für den rund zwei Kilometer langen Wanderweg zur Mine sollten Sie mindestens 45 Minuten einplanen und Wanderschuhe tragen. Denn er überwindet 200 Höhenmeter und das im wahrsten Sinn des Wortes über Stock und Stein. Wir bewegen uns eben doch schon auf 1500 Höhenmetern.

Noch einmal 1,5 Kilometer und 300 Höhenmeter weiter liegt malerisch zwischen den Felsspitzen des westlichen Lagorai der türkisgrüne Bergsee **Lago de Erdemolo**. Er ist auch bei Einheimischen ein beliebtes Wanderziel. Das Wohnmobil parkt währenddessen auf einem einfachen, kostenlosen Stellplatz.

045 Bersntol – *Camperplotzn Hardimbl*

GPS: N 46°07'50" E 11°22'06", Località Frotten 8, 38050 Palù del Fersina (1496hm). **Max. WOMOs**: 5. **Ausstattung**: Keine, Imbiss mit großer Essensauswahl und Sitzbänken ca. 20 Meter, Brunnen ebenfalls ca. 20 Meter. **Beschreibung**: Mitten in der Natur gelegener, nicht besonders gepflegter Kiesparkplatz, der als Stellplatz dienen soll. Der Kiesgrund ist nicht ganz eben. Ausgangspunkt für viele Wanderungen. **Preis**: Kostenlos. **Zufahrt**: In Palù del Fersina der Ausschilderung zur Mine de Erdemolo / Gruab va Hardimbl folgen, vor dem Parkplatz rechts.

Vom Talende fahren wir mit dem Wohnmobil nun wieder zurück in den Hauptort des oberen Fersentals, **Palù del Fersina** (auch Palai, 170 Einwohner, 1370 hm). In der zentralen Bar können Sie ihren Kaffee auf Deutsch bestellen. Warum das so ist, erfahren Sie nebenan, im **Bersntoler Kulturinstitut.** Neben vielen Informationstafeln zur Kultur und Geschichte des Fersentals informiert ein zweiter Ausstellungsteil über die spezielle Sprache im Tal (siehe Seite 82). Das Kulturinstitut ist der zentrale Standort der regionalen Museen im Fersental (*Località Tolleri 67, 38050 Palù del Fersina, Juni bis September täglich, sonst Mo. – Fr. 8.30 – 12.30, 14 – 16 Uhr, 4 €, Kombi-Ticket für alle Museen 7 €, bersntol.it*). Wer mehr über das Leben in dem abgeschiedenen Tal erfahren will, kann auf dem rund 2,5 km entfernten **Filzerhof** aus dem 13. Jahrhundert sehen, wie die Landwirt-

Das Fersental bei Palù del Fersina

TOUR 3

Ausgrabungsstätte Acqua Fredda auf dem Passo Redebuss

schaft damals funktionierte (*km 10 auf der SP 135 Sinistra Fersina, 38050 Fierozzo/Vlarötz*). Mit der **Sog van Rindel** steht in Vlarötz zudem eine venezianische Säge zur Besichtigung (*Località Valcava / Balkof, 38050 Fierozzo/Vlarötz, Juli, August, So – Mo 15 – 17.30 Uhr*).

Deutsche Aussiedler im Trentino

Sie kommen aus Bayern? Dann verstehen Sie vielleicht die Einheimischen im Fersental, wenn sie in ihrer Heimatsprache Bersntolerisch miteinander reden. Denn das Fersental ist eine altdeutsche Sprachinsel in Norditalien. Schon im 13. Jahrhundert kamen die ersten »Teutonen«. Die Grafen von Tirol wollten das Fersental besiedeln und schenkten jedem Siedler ein rund 20 Hektor großes Stück Land, das er jedoch selbst urbar machen musste. Es kamen vor allem Menschen aus Mittel- und Oberbayern, wo Land zu dieser Zeit ein äußerst knappes Gut war.

Im abgeschiedenen Bersntol hat ein altbayerischer Dialekt überlebt.

Während die bayerischen Siedler im Fersental anfangs noch vor allem von der Landwirtschaft lebten, entdeckte man im 14. und 15. Jahrhundert den Bergbau wieder. Der Abbau von Kupfer und Silber brachte den Einwohnern eine neue Einnahmequelle. Er hielt bis 1971 an.

Doch allein davon konnten die Menschen in dem abgelegenen Tal nicht leben. Deshalb waren im 18. und 19. Jahrhundert viele der Männer als Fliegende Händler in ganz Mitteleuropa unterwegs. Als das Fersental nach dem Ersten Weltkrieg zu Italien kam, war der Handel bis Südtirol beschränkt, wurde aber weiter gepflegt - und das bis heute. Er spielt nicht nur wirtschaftlich eine wichtige Rolle, sondern auch für den kulturellen Austausch.

Ihre eigene Sprache haben sich die Bersntoler dennoch erhalten. Heute noch wird in den Gemeinden Vlarötz, Garait und Palai im oberen Fersental Bersntolerisch gesprochen. Nur noch 900 Menschen sind der seltenen Sprache mächtig – und das auch nur, weil sie seit rund 15 Jahren in den Schulen unterrichtet wird.

Wir verlassen das Fersental auf der SP224 über den bequem zu fahrenden Passo Redebus über das Pinè-Plateau. Wenige hundert Meter hinter der Passhöhe befindet sich die **archäologische Stätte *Acqua Fredda***. Als man 1979 versuchte, die Straße zu erweitern, stieß man zufällig auf die Funde aus dem 13. bis 11. Jahrhundert vor Christus. Es handelt sich um Schmelzöfen aus der späten Bronzezeit. Die Ausgrabungsstätte ist überdacht, mit lebensgroßen Figuren anschaulich gestaltet und mit vielen Informationstafeln beschildert. Sie beschreiben unter anderem, wie die Kupfergewinnung in der Bronzezeit funktionierte und erklären auch, welche Teile der Anlage auf der Ausgrabungsfläche zu sehen sind. Der Name *Acqua Fredda* (kaltes Wasser) stammt von einer Quelle, die rechts der Straße entspringt (*SP 224, 38043 Bedollo, frei zugänglich, Parkstreifen am Straßenrand*).

Altopiano di Pinè

Mit fast durchgehend 15 Prozent Gefälle rollen wir in Kehren hinab zum Altopiano di Pinè. Wer den Bremsen und sich selbst eine Pause gönnen will, kann bei Regnana eine Kurzwanderung zur *Cascata del Valle del Inferno* (Höllental-Wasserfall) einlegen (hin und zurück rund 2 km, 150 hm). Ein noch beeindruckenderer Wasserfall findet sich bei Bedollo. Das Wohnmobil parkt im Ort, notfalls auch über Nacht.

046 Bedollo – *Sportplatz*

GPS: N 46°09'45" E 11°18'15", Via Giuseppe Verdi, 38043 Bedollo. **Max. WOMOs**: 2. **Ausstattung**: Mülltonnen. **Beschreibung**: Asphaltierte Freifläche ohne Parkplatzmarkierungen, aber auch ohne Verbotsschilder zwischen der Müllstation und dem Sportplatz von Centrale di Bedollo unterhalb der Hauptstraße. Markierte, gepflasterte Parkflächen für kurze Fahrzeuge finden sich etwas oberhalb. Restaurant in 100m Entfernung. **Preis**: Kostenlos. **Zufahrt**: In Bedollo links in die Via Guiseppe Verdi, am markierten Parkplatz wieder links.

Blick auf Bedollo mit seiner hochgelegenen Kirche

Der Ort **Bedollo** (1470 Einwohner, 970 - 1070 hm) verteilt sich auf die Berghänge im Zentrum des Pinè-Tals. Weithin sichtbar thront die Ortskirche Sant'Osvaldo auf einem Hügel. Doch die bedeutendste Sehenswürdigkeit ist die fast unberührte Bergnatur ringsum, die man am besten bei Wanderungen erkundet. Einige Trails für Mountainbiker gibt es auch.

Kurzwanderung zur Cascata del Lupo

4 km, 190 hm, 1,5 h

Diese kurze Wanderung kombiniert einen Ortsspaziergang mit einer Bergwanderung. Ein Steilstück erfordert Wanderausrüstung, Trittsicherheit und etwas Bergerfahrung. Doch das Ziel ist wirklich lohnenswert.

Vom Parkplatz in Centrale di Bedollo nehmen wir zunächst die Ortsstraße zurück zur Brücke. Dort überqueren wir die Straße und wählen den Wanderweg oberhalb der Straße. So erreichen wir den Ortsteil Varda von Bedollo. An der Kapelle Don Pervoto biegen wir rechts ab und folgen dem Pflasterweg bergab in die idyllische Siedlung Varda, in der historische Höfe mit traditionellen Trentiner Holzbalkons und -scheunen zwischen Obst- und Gemüsegärten liegen. Danach macht die Straße eine Rechtskurve. An einer Rastbank ist der Wanderweg zur Cascata del Lupo mit 20 Minuten ausgeschrieben.

Nun geht es steil bergab. Hier sind Trittsicherheit und Bergerfahrung von Vorteil. Falls der Weg mal nicht so genau zu erkennen ist, halten Sie sich tendenziell rechts. Dieser Wegabschnitt ist abwärts ähnlich anstrengend wie auf dem Rückweg bergauf. Unten biegen wir auf einen ebenen Waldweg ein, der am Rio Regnana entlangführt. Auf Felsen im Wasser kann man die Füße mit Blick auf den mächtigen Wasserfall kühlen. Die Cascata del Lupo stürzt aus rund 30 Metern Höhe rauschend in einen Basaltkessel. Der feine Sprühnebel lässt in dem Felsenkessel Moose und Farne sprießen.

Zurück geht es auf demselben Weg, Ausdauernde Wanderer können vom Wasserfall weiter laufen zu den Erdpyramiden von Segonzano, die wir später ohne Tagesmarsch besuchen (siehe Seite 90).

Wer nach der Wanderung eine Stärkung braucht, findet in Centrale di Bedollo den Fleischer und **Feinkostladen *Macelleria Casagrande***, der zusätzlich zu Räucherspeck und *Lucanica*-Salami gelegentlich auch frische Grillgerichte anbietet (Via Cristoforo Colombo 3). Panini, Erfrischungsgetränke und Cappuccino serviert ein Haus weiter die **Pizzeria Bar *Centrale*** rund um die Uhr.

Boot am Lago delle Piazze

Von Bedollo aus können wir nun einen Abstecher zum malerischen **Lago di Buse** im Ortsteil Brusago unternehmen (3 km einfache Strecke). Dazu verlasen wir den Ort auf der SP83 oberhalb des Sportplatzes nach Nordosten und fahren zur Bar al Lago delle Busse mit großem Parkplatz (*N 46°10'49" E 11°19'24"*). Den kleinen See mit zwei Inseln mit Landverbindung hat man schnell umrundet.

Wenn Sie diese Wohnmobiltour abkürzen möchten, können Sie von hier aus direkt ins Valle di Cembra weiterfahren und kommen dann bei Sover heraus. Dann verpassen Sie allerdings schöne Seen und ein ganz besonderes Naturspektakel. Wir fahren deshalb zurück nach Bedollo und erreichen danach auf der SP83 in die andere Richtung schnell den **Lago delle Piazze** am Ostufer. Dort finden wir eine große Liegewiese mit einem Spielplatz, öffentlichen Toiletten und einem Bootsverleih und dahinter ein Hotel. Oberhalb des Hotels am See liegt ein kleiner Campingplatz.

047 Bedollo – *Camping Pineta*

GPS: N 46°09'15" E 11°17'10", Via Cavour 17, 38043 Bedollo, Tel. +39-0461-556642, infopineta.it/de. **Max. WOMOs**: 10. **Öffnungszeit**: 1. Mai bis 30. September. **Ausstattung**: Wasser, Toiletten und Duschen, Mülltonnen, E-Bike-Verleih. **Beschreibung**: Der in Terrassen angelegte Campingplatz Pineta gehört zum gleichnamigen Hotel. Die Stellplätze liegen auf Wiese und sind nicht schattig, was in dieser Höhenlage allerdings auch nicht stört. Er hat vor allem Dauergäste und kleine Holzhütten und nur wenige Stellplätze, die an Wochenenden schnell belegt sind. Daher unbedingt vorher anfragen! **Preise**: 33 – 39 €. **Zufahrt**: An der SP83 vor dem Lago di Piazze links in Sichtweite.

TOUR 3

Der Lago delle Piazze liegt auf rund 1000 Höhenmetern und hat auch im Sommer meist noch eine erfrischende Wassertemperatur. Er trägt aber auch die *Bandiera Blu*, die Blaue Flagge für gute Wasserqualität, und so ist an schönen Sommertagen am Strand und im und auf dem Wasser doch einiges los.

Den Lago delle Piazze können Sie zu Fuß und mit dem Mountainbike umrunden (ca. 3,5 km, weitgehend eben). Umgeben von Nadelmischwald und mit einer kleinen Felsenhalbinsel erinnert der kleine Stausee an Seen in Skandinavien.

Auch mit dem Wohnmobil fahren wir direkt an einem Ufer des Sees entlang. Am anderen Ende des Sees finden wir in der Siedlung Rizzolaga-Campolongo einen Parkplatz zum Übernachten.

048 Rizzolaga – *Strandbar Campolongo*

GPS: N 46°08'57" E 11°16'37", Località Campolongo 158, 38042 Rizzolaga-Campolongo. **Max. WOMOs**: 9. **Ausstattung**: Mülleimer, Strandbar 50 Meter, Strand 100 Meter, Fußballplatz nebenan. **Beschreibung**: Der sonnige Kiesparkplatz mit traumhafter Aussicht über den Lago delle Piazze gehört zur etwas unterhalb gelegenen Strandbar (*Bar alla Spiaggia*). Wer dort etwas trinkt oder isst, darf auch länger stehen. An Sommerwochenenden ist manchmal Party in der Strandbar. **Preis**: Kostenlos. **Zufahrt**: Von der SP87 vor dem Ortsende von Campolongo scharf nach links in die Via Campolongo abbiegen, an der Gabelung links halten. Die Zufahrt durch den Ort ist teilweise eng und steil. Aber auch sieben Meter lange Mobile haben es geschafft.

Vom Lago delle Piazze geht es direkt weiter zum größeren Nachbarsee **Lago di Serraia**. Am Parco del Lago di Serraia biegen wir scharf nach links unten zum See hin ab. Im Sommer kann es am späten Nachmittag schwierig werden, auf dem kleinen Parkplatz eine Parkfläche für das Wohnmobil zu finden. Denn hier ist ein ganzes Freizeitzentrum entstanden. Am Strand gibt es eine große Liegewiese mit Spielplatz und Volleyballfeld. Der Fahrrad- und Fußgängerweg um den See läuft direkt hier vorbei. Äußerst beliebt ist auch die **Agrigelateria *La Cà sul Lago***, die hier feinstes hausgemachtes Eis aus Milch und / oder Früchten direkt vom Bauernhof verkauft. Oder solls lieber ein Milkshake sein? Man kann sich dort auch mit Früchten, Quark und weiteren Bauernhof-Produkten eindecken und auf der Liegewiese dem bunten Treiben am See zusehen (*Via del Cagnòti 3*). Mit etwas Glück erleben Sie vielleicht ein Training der Drachenbootfahrer.

Drachenboote im Lagorai

Drachenboote sind eigentlich aus China bekannt. Doch die traditionellen Paddelboote haben auf unergründlichen Wegen schon vor langer Zeit ins Trentino gefunden, so dass der ungewöhnliche Mannschafts-Wassersport hier bereits Tradition hat. Die mehr als zwölf Meter langen und gut einen Meter breiten Holzboote werden in zwei Reihen gerudert. Trommeln geben den Takt vor, zu dem die Ruderer sich ins Zeug legen. Jedes Dorf im westlichen Lagorai, das Zugang zu einem See hat, stellt eine Drachenboot-Mannschaft auf. Und regelmäßig treten diese Mannschaften gegeneinander an. Ende August tragen sie auf mehreren Seen und Flüssen in der Region die regionale Meisterschaft aus. Der Serraiasee ist ein Zentrum des Sports. Auch der Nachwuchs ist dabei. Und sogar internationale Wettkämpfe finden statt.

Baselga di Pinè hat die Drachenboot-Meisterschaften wiederholt gewonnen. Einen Eindruck von den Wettbewerben vermitteln zahlreiche Informationstafeln, die im Park am See entlang des Uferwegs aufgestellt sind. Der Weg für Spaziergänger und Radfahrer führt in rund fünf Kilometern um den See. Unterwegs treffen Sie verschiedene Tiere, die kunstvoll aus Holz geschnitzt sind. Ein kurzes, ansteigendes Wegstück durch Wald, Wiesen und die Siedlung Campolongo verbindet den Rundweg um den Serraiasee am Nordende mit dem Rundweg um den Lago delle Piazze. Die gesamte Strecke ist dann gut neun Kilometer lang.

Baselga di Pinè (5100 Einwohner, 974 hm) ist die größte Gemeinde im Pinè-Tal. In der kleinen Fußgängerzone mit netten Läden versorgen wir uns für den Abend bei der ***Casa della Pasta*** mit frischen Tortellini, die mit der deftigen regionalen Wurst *Lucanica* gefüllt sind. (*Corso Roma 51, lacasadellapasta.it*). Einen offiziellen Camperparkplatz und einen Campingplatz gibt es auch.

Frische Pasta und sakrale Kunst im Pinè-Tal

049 Baselga di Pinè – *Eissporthalle*

GPS: N 46°07'36" E 11°15'14", Via della Prestalla, Frazione Miola, 38042 Baselga di Pinè. **Max. WOMOs**: 10. **Ausstattung**: Keine. **Beschreibung**: Der Parkplatz an der Eissporthalle im Ortsteil Miola am Südwestende des Lago di Serraia ist eben und teils schattig. Er liegt innerorts, aber ruhig. Nur auf den markierten Wohnmobil-Parkplätzen parken! Max. 24 h. **Preis**: Kostenlos. **Zufahrt**: Auf der SP 83 durch das Ortszentrum von Baselga di Pinè in Richtung Stadio dell Ghiaccio, dort links.

050 Baselga di Pinè – *Camping Parco Vacanze Canè in Fiore*

GPS: N 46°07'12" E 11°15'41", Via al Fiore 3, Località Miola, 38042 Baselga di Pinè, +39-0461-558270, caneinfiore.it. **Max. WOMOs**: Ca. 100. **Öffnungszeit**: Ganzjährig. **Ausstattung**: Alle Einrichtungen, Bar / Restaurant, Spielplatz, überdachtes Tischtennis, Sportplatz, Bocciaplatz, Grillstelle, WLAN, auch Bungalows. **Beschreibung**: Der einzige Campingplatz im Valle del Pinè liegt am Hang oberhalb von Baselga di Pinè eingebettet in lichten Mischwald. Die Wiesen-Stellflächen sind auf Terrassen angelegt. **Preise**: 21 – 34 €. **Zufahrt**: Zunächst wie zum Parkplatz, auf der SP83 Richtung Fiore. Hinter dem Ortsende von Baselga links nach oben auf schmaler Straße in Kehren zum Campingplatz.

Wir fahren weiter nach **Montagnaga di Pinè** (910 hm). Der Ort ist überregional bekannt für seine **Wallfahrtskirche Santuario della Madonna di Pinè**. Sie gilt als Zentrum der Marienverehrung im Trentino. Der Legende nach wurde sie an dem Ort errichtet, an dem die Madonna einem Hirtenmädchen mehrfach erschienen ist. Bronzefiguren im Freien und das Gemälde in der Kuppel veranschaulichen das Ereignis. Die Kirche selbst ist im spätbarocken Stil erbaut. Eine Besonderheit ist die steile, über und über mit Wandbildern geschmückte Treppe im Inneren, die sogenannte „heilige Stiege“. Parken können Sie direkt an der Kirche im Ortszentrum (*Via Targa 3, 38042 Montagnaga, santuariodipine.it*).

Die Straße führt nun durch einsamen Nadelmischwald steil bergab. Zwanzig Kilometer hinter Bedollo gelangen wir erneut nach Pergine Valsugana. Wir berühren die Stadt nur im westlichen Gewerbegebiet (Viale Industria) und verlassen sie über die Hauptstraße (Viale Dante) Richtung Trento auf der SS47. Direkt an der nächsten Ausfahrt Richtung Civezzano biegen wir rechts ins Valle di Cembra ein und nähern uns so dem dritten und vorletzten Tal unserer Tour. Links oben grüßt die Burg Castel Seregnano.

Valle di Cembra

Ins Valle di Cembra führen von Westen her drei verschiedene Straßen. Man kann von Lavis im Nordwesten in das (Hoch-)Tal hinauffahren. Diese Straße führt durch einige kleine Orte am Sonnenhang des tief eingeschnittenen Tals. Die beiden anderen Zufahrten münden bei Lases in eine Straße, die am etwas einsameren Südhang entlangläuft. Dazu zählt auch unsere Route auf der SP71 aus dem Süden. Sie führt zu Beginn mitten hinein in den Porphyrabbau, der im Valle di Cembra lange Tradition hat. Das rötliche Gestein wird im Trentino bis heute gern für Kacheln ebenso wie für Straßenpflaster verwendet. Wir sehen es nicht nur im Valle di Cembra in vielen Orten.

Kunsthistorisch Interessierte machen einen Abstecher nach Fornace. Mitten im Steinbruchgebiet liegt dort die **uralte Kirche *Santo Stefano*** aus dem 6. bis 7. Jahrhundert. Das Kircheninnere zieren Fresken und ein Mosaik mit einer Eidechse aus dem 11. Jahrhundert (*Località S. Stefano* 15).

Bald lassen wir die Steinbrüche mit ihren beeindruckenden Schutthalden hinter uns und tauchen in dichten Mischwald ein. Im grünen Wald liegt der Lago di Lases und dazu ein Parkplatz:

Lago di Lases mit Porphyrhalden im Hintergrund

051 Valle di Cembra - *Lago di Lases*

GPS: N 46°08'29" E 11°13'06", SP71 (639 hm). **Max. WOMOs**: 3. **Ausstattung**: Keine. **Beschreibung**: Großer Wanderparkplatz an der Durchfahrtsstraße gegenüber des Lago di Lases. Ein gepflasterter Bereich sieht 10 breite Parkplätze vor. **Preise**: 1,50 € / h oder 7 € / Tag vom 1. Juni bis 15. September, sonst kostenlos. **Zufahrt**: Links an der SP71.

Der Lago di Lases ist ein kleiner Tausendsassa. Die EU hat ihn und seine Umgebung zum Natura 2000 Gebiet erklärt. Man kann in dem Bergsee baden oder ihn umwandern. Auch Mountainbiketouren starten hier. Zudem ist er Bestandteil eines Biotops. Ein Feuchtgebiet mit Röhricht schließt sich an. Und wer etwas weiterwandert, gelangt zu einem besonderen Naturphänomen, dem **Val Fredda** (Kaltes Tal).

Wanderung um den Lago di Lases und zum Val Fredda

5 km, 160 hm, 2 h

Diese abwechslungsreiche Wanderung für die ganze Familie verbindet die Idylle des Lago di Lases mit dem Blick zurück in die Eiszeit. Viele Informationstafeln am Wegrand erklären die Flora und Fauna des Feuchtbiotops und die Geologie der Eislöcher.

Wir starten am Parkplatz und schlagen den Weg in Uhrzeigerrichtung um den See ein. Meistens weisen gelbe Pfeile den Weg. Der erste Pfad, der vom Rundweg um den See abbiegt, ist unserer. Er führt uns an den Ortsrand von Lases. Wir halten uns immer links und gelangen so durch Wald hinauf in das Biotop *Buche di Ghiaccio* (Eislöcher). Informationstafeln verraten, dass die Eislöcher früher von den Einheimischen als Kühlschränke verwendet wurden und man das Eis auch für Eiswürfel nahm. Wieder links entlang erreichen wir bald *Palù redont*, ein natürliches Amphitheater von knapp 150 Meter Durchmesser. Erneut links laufen wir auf die Landstraße zu, biegen aber kurz vorher rechts ab und wenig später wieder rechts auf den Forstweg ein. An der T-Kreuzung müssen wir nur kurz nach links, um bei nächster Gelegenheit rechts hinauf zu gehen. Dann halten wir uns wieder links und steigen in Kehren an. Den Weg zum *Doss Castel* lassen wir rechts liegen, nehmen aber nach der nächsten Rechtskurve den Abzweig nach rechts auf den Waldpfad ins *Val Fredda*.

Nun geht es durch das Kalte Tal bergab und vorbei an einem Porphyrsteinbruch. Der Weg macht eine Rechtskurve und wir biegen in den zweiten Pfad nach links ein (*Sentiero Circumlacuale*), um nun mit Ausblick zum See hinabzusteigen. Dabei müssen wir ein kurzes Steilstück hinab. Das ist die einzige technische Herausforderung auf dieser Wanderung. Dann folgen wir gemütlich dem Uferweg, der am Südende als Steg durchs Schilf führt und danach am anderen Seeufer neben der Straße zurück zum Ausgangspunkt.

Mit dem Wohnmobil fahren wir nun durch Lases und Lona weiter ins zentrale Valle di Cembra. Im Ortsteil Sevignano von Segonzano weicht der Wald zurück. Erstmals gibt die Straße den Blick auf das Tal frei – *ein großartiges Panorama*. Der Wildbach Avisio, der nach dem Val di Fassa (Tour 1) und dem Val di Fiemme (siehe unten) auch das Valle di Cembra durchfließt, verschwindet tief unten im Grün. Die mittleren Tallagen gehören voll und ganz dem Wein- und Obstanbau, bevor weiter oben wieder Wald anfängt.

Um die steilen Hänge zu erschließen, sind die Weinberge in Terrassen angelegt. Mehr als 700 Kilometer Trockenmauern haben die Winzer zur Befestigung errichtet. Auf dem porphyrhaltigen Boden gedeihen in sonniger Südostlage namhafte Rebsorten, wie Müller Thurgau und Chardonnay. Einheimisch ist die Schiava-Traube, die bereits seit dem 13. Jahrhundert im Tal angebaut wird. Die **Themenstraße Strada de Vino e dei Sapori** begleitet uns nun durch das Tal. Neben dem Wein hat auch der Grappa hier Tradition. Winzer und Brennereien bieten Verköstigungen und Direktverkauf an.

Hinter Sevignano zweigt die einzige Straße ab, die beide Seiten des Val di Cembra verbindet und unter anderem in den namensgebenden Winzerort Cembra führt. Genießer sind dort auf der anderen Seite des Avisio in Faver richtig. Die ***Distilleria Paolazzi*** verkauft sortenreine Grappas (*Via Vich 27, grappapaolazzi.com*). In der ***Macelleria Paolazzi*** finden sie neben einer Riesen-Auswahl verschiedener Salami-Sorten auch Grillfleisch und -wurst (*Via Perlaia 6, macelleriedimontagna.it*). Doch auf der SP71 steht uns nun ein Natur-Highlight bevor. Also bleiben wir auf der südlichen Talseite und erreichen die Erdpyramiden von Segonzano.

Das Valle di Cembra bei Sevignano

TOUR 3

052 Segonzano – *Piramidi*

GPS: N 46° 10' 51" E 11° 15' 51", SP71, 38047 Segonzano. **Max. WOMOs**: 3. **Ausstattung**: Restaurant. **Beschreibung**: Tagsüber sehr lebhafter Wanderparkplatz an einem beliebten Ausflugsziel. Nicht alle der geschotterten Parkflächen sind eben, die meisten ohne Schatten. Beim Restaurant und am Eingang zu den Pyramiden gibt es viele Broschüren der Tourismusvereinigung der Täler Pinè, Cembra und Fiemme. **Preis**: Kostenlos. **Zufahrt**: Direkt an der SP71.

Segonzano (1400 Einwohner, ca. 700 hm) ist bekannt für seinen Wein, sein Schloss, eine Marien-Kirche und den Dürer-Weg. Die größte Sehenswürdigkeit sind aber die **Erdpyramiden**. Bis zu 20 Meter hoch ragen die Säulen aus der Umgebung. Auf dem Kopf tragen sie einen Porphyrbrocken, dem sie ihre Existenz verdanken. Denn dieser Deckstein schützt die Säulen vor der Erosion durch Regen. Die klassische Pyramide gleicht einem Kegel. In Segonzano gibt es aber auch Kämme und Orgelpfeifen zu sehen.

Kurzwanderung zu den Erdpyramiden von Segonzano

3 km, 210 hm, 1 h

Diese kurze und beliebte Wanderung führt auf gut markierten und mit Treppen ausgestatteten Wegen zu den schönsten Aussichtspunkten auf die Erdpyramiden. Für die Pflege der Wege kassiert die Gemeinde Segonzano einen Eintritt von 3 €. Infotafeln verraten einiges über die Entstehung und die Geschichte des Naturphänomens. Geöffnet ist das ganz Jahr, sofern es nicht zu verschneit oder vereist ist.

Wir befinden uns wieder im Tal des Rio Regnana, dem wir schon bei der Wanderung zur *Cascata del Lupo* gefolgt sind. Hier ist das Tal jedoch sonnig und windstill. An heißen Tagen kann der Aufstieg zu den Pyramiden daher schweißtreibend sein. Direkt hinter dem Kassenhäuschen geht es auf einem Natursteinpflasterweg bergauf. Durch ein ausgetrocknetes Flussbett erreichen wir nach rechts die mit Holz befestigten Stufen zum ersten Aussichtspunkt. Der Weg verläuft hier schattig im Mischwald. Das erste Aussichtsplateau ist über Metalltreppen nach links erreichbar. Wir befinden uns nah an einer ganzen Reihe von Pyramiden auf gleicher Höhe mit ihren Kappen.

Folgt man dem Waldweg danach weiter nach rechts, gelangt man zu einem zweiten Aussichtspunkt. Die Pyramiden sind hier etwas weiter entfernt. Ein dritter, angezeigter Aussichtspunkt lohnt die letzte Steigung nicht. Unsere kurze Tour führt daher zurück zum Parkplatz.

Wer nach dem Abstieg noch Lust und Puste hat, kann sich nach der erneuten Durchquerung des trockenen Bachbetts einen weiteren Aussichtspunkt erschließen. Der Weg dorthin ist allerdings noch steiler.

Ausdauernde Wanderer können an den Erdpyramiden in den Dürer-Weg einsteigen. Er führt von Segonzano am Lago Santo bei Cembra vorbei über das Rifugio Malga Sauch nach Buchholz bei Salurn schließlich zum Klösterle St. Florian von Neumarkt (Egna) im Südtiroler Etschtal. Auf 28 Kilometern mit 2000 Höhenmeter durchquert er praktisch das gesamte nordwestliche Valle di Cembra. Der Weg ist dem Nürnberger Renaissance-Künstler und Universalgelehrtem Albrecht Dürer gewidmet, der als einer der ersten internationalen Gäste Zeichnungen aus dem Valle di Cembra angefertigt hat. Gezeichnet hat er 1494 nicht nur die bemerkenswerten Erdpyramiden, sondern auch das Schloss.

Das **Castello di Segonzano** liegt unterhalb des Hauptortes Segonzano im Ortsteil Piazzo. Von dem Schloss, das Dürer malte, sind nicht viel mehr als einige Mauern und der Hauptturm übrig. Im Krieg zwischen Napoleon und Tirol fiel es einem Feuer zum Opfer. Eine verheerende Überschwemmung riss in den 1880er Jahren weitere Teile des Schlosses mit sich. Heute ragt die überwucherte Ruine malerisch aus den Weinbergen bei Piazzo (*SP101*). Die Umgebung lädt zu Radtouren und Spaziergängen ein.

Ruine des Castello di Segonzano

Unsere WOMO-Route verläuft weiter auf der SP71 am steilen Berghang entlang und macht dabei einige Kehren. Bei Sover mündet die Straße aus dem Altopiano del Pinè ein. In Piscine strahlt schon von weitem die hübsche gelbe Kirche Santa Barbara mit ihrer gedrungenen Turmspitze. Noch einmal umfahren wir ein tief eingeschnittenes Seitental und erreichen dann das Val di Fiemme (Fleimstal). Wo sich die Straße dem Talboden nähert, leuchtet uns der türkisblaue Stausee Lago di Stramentizzo entgegen, der jedoch umzäunt und weder zum Schwimmen noch für Wassersport freigegeben ist.

Val di Fiemme (Fleimstal)

Wenig später mündet unsere Straße in die andere Straße aus dem Valle di Cembra und wir erreichen den Ortsteil Molina des Doppelortes **Castello-Molina di Fiemme** (2300 Einwohner). Der Bergort Castello (ca. 950 hm) hat ein hübsches altes Zentrum, wo mittwochs Markt abgehalten wird. Im Talort Molina (ca. 850 hm) ist montags Markttag. Im Winter zieht der Ort Langläufer an, im Sommer bietet der **Kletterwald *Parco Avventura Molina di Fiemme Acroparc*** Abwechslung zum Wandern und Radfahren für Familien (*SP31, adventuredolomiti.it*).

In Molina startet der **Dolomiten-Radweg**. Sportliche Radfahrer arbeiten sich auf den überwiegend autofreien Radwegen knapp 50 Kilometer nach oben bis an den Fuß der Sella-Gruppe nach Canazei (Tour 1). Wir fahren indes mit dem Wohnmobil auf der SP 232 einige Kilometer am Fluss entlang weiter bis zum großen Parkplatz an der Talstation der Seilbahn zur Alpe Cermis, der auch einen offiziellen Stellplatz bietet.

Kurzer Stopp am Straßenrand in Piscine

053 Cavalese – *Area Sosta Camper Cermis*

GPS: N 46°17'05" E 11°28'19", SP232, 38033 Cavalese (858 hm). **Max. WOMOs**: Ca. 40. **Öffnungszeit**: Ganzjährig. **Ausstattung**: Strom (mit Einschränkungen), Grauwasserentsorgung, Müll, Trinkwasserbrunnen nebenan. **Beschreibung**: Der sonnige Stellplatz auf Kies liegt zwischen dem Fluss Avisio und der Durchfahrtsstraße SP232. Zum Kassieren kommt im Normalfall täglich jemand vorbei. Nur dann gibt es Strom. Ein kostenloser Großparkplatz ohne Verbotsschilder grenzt an. **Preise**: 18 € / Nacht, 20 € mit Strom, von 9 - 17 Uhr kostenlos.

Direkt am Parkplatz liegt eine Bushaltestelle. Dort hält neben dem Linienbus durchs Val di Fiemme auch der reservierungs- und kostenpflichtige Fassa Fiemme Bike Express. Dieser Busservice bringt uns und die Fahrräder morgens nach Predazzo. Er hält hinter Predazzo am Parkplatz der Seilbahnstation zum Latemar (fassa.com/de/dienstleistungen/fassa-fiemme-bike-express). Von dort radeln wir auf dem idyllischen Radweg zurück.

Fahrradtour durch das untere Fleimstal

16 km, 260 hm bergab, 120 hm bergauf, ca. 2,5 h

Diese Radtour führt auf fast durchgehend autofreien und gut ausgebauten Radwegen durch das idyllische Fleimstal. Dabei bewegen wir uns meist mitten durch die Natur und durchqueren nur wenige Dörfer.

Der Start ist allerdings so städtisch, wie wir es auf dieser Wohnmobilroute seit Pergine nicht erlebt haben. Vom Parkplatz der Seilbahnstation Latemar 2200 gelangen wir durch ein Industriegebiet nach Predazzo. Dort biegt der Radweg nach links Richtung Zentrum ab und führt uns zu einer alten Eisenbrücke. Sie ist als Überrest der ehemaligen Bahnstrecke ein **Industriedenkmal**. Nachdem wir die Brücke überquert haben, halten wir uns rechts und dann links Richtung *Biolago*. Vorbei am Naturschwimmbad von Predazzo führt der Radweg nun in ein weites Tal.

Die Landschaft wirkt hier beinahe wie im Voralpenland. Links und rechts des Radweges liegen vereinzelte Bauernhöfe. Ein Picknickplatz mit

Trinkwasserbrunnen bietet Gelegenheit zu einer frühen Pause, allerdings keinen Schatten. Ein Agriturismo lädt zu Getränken und Eis ein. Nach einer kurzen Steigung bietet sich uns eine herrliche Aussicht ins Val di Fiemme. An der südlichen Talseite entlang geht es vorbei an vielen schönen Bauerngärten hinab ans Ufer des Avisio und dort weiter bis Ziano di Fiemme. Der Ortskern liegt auf der anderen Seite des Flusses.

Der Radweg führt indes durch ein hübsches kleines Dorf, das zur Gemeinde gehört. Am Waschbrunnen zwischen freskenbemalten Gehöften und Natursteinhäusern waschen zwei Frauen Wäsche. Der gut beschilderte Radweg macht einen Bogen um das Gewerbegebiet von Ziano und kommt erst beim nächsten Ort Pancìa wieder ans Flussufer zurück. Wenig weiter erreichen wir Lago di Tesero, den unteren Teil des Ortes Tesero. Der obere Ortsteil thront auf der Klippe über dem Avisio.

Direkt am Radweg liegt die **Kapelle Madonna delle Grazie**. Der Radweg folgt nun kurz der Straße, biegt dann aber wieder rechts zum Fluss hin ab. Knifflig wird er kurz auf dem letzten Stück durch Masi di Cavalese. Hier am besten Richtung Avisio halten. Nach einem kurzen Waldstück erreichen wir die Talstation der Seilbahn zur Alpe Cermis. Von hier müssen wir nur noch über die überdachte Fußgänger-Holzbrücke, um zum Parkplatz zurück zu kommen.

An der Seilbahnstation Cermis mit dem Wohnmobil-Stellplatz starten zwei Kabinenbahnen. Eine fährt zum Doss dei Laresi und weiter hinauf zur **Alpe Cermis** in die Fleimstaler Alpen. Ganz oben starten einige Wanderwege und zwei als leicht kategorisierte Mountainbiketrails. Sie können auf der Aussichtsplattform am Paion del Cermis in 2200 Metern Höhe aber auch einfach das Pa-

norama genießen und den Blick über die unbewohnte Bergwildnis schweifen lassen. Für Familien gibt es an der Mittelstation den großen Spielplatz Cermislandia mit Badeteich und den Kletterwald Parco Avventura Cermis (*alpecermis.it*).

Die andere Seilbahn schwebt über den Avisio und fährt dann mit Ausblick über das gesamte Fleimstal hoch in das sehenswerte Städtchen **Cavalese**. Nicht nur wegen dieses Erlebnisses empfehlen wir Ihnen, Cavalese mit der Seilbahn zu besuchen. Die Stadt hat zwar einen ausgewiesenen Wohnmobilparkplatz mit acht Stellflächen. Der ist jedoch nicht selten komplett mit Autos belegt, und die Aufenthaltsdauer ist ganztägig auf zwei Stunden begrenzt (*N 46°17'09" E 11°27'52", Via Cermis*).

Cavalese (Gablöss, 4000 Einwohner, 1000 hm) ist die Hauptstadt des Fleimstals. Wer von der Seilbahnstation direkt nach links in den Park geht, kann dort an zwei Aussichtspunkten nochmals die Ausblicke über das Tal des Avisio genießen. Der große Stadtpark hat einen **schönen alten Baumbestand**. Unter Kastanien und Linden finden sich ein Brunnen, ein Picknickareal, ein Spielplatz und einige Skulpturen.

Ein ummauertes Areal mitten im Park umschließt zwei Kirchen. Offen ist nur die **neoklassizistische Kirche *Santuario della Madonna Addolorata di Fiemme***. Der quadratische Kirchenbau aus dem Jahr 1829 mit einem massigen Säulenportal von 1829 beeindruckt vor allem mit seiner gewaltigen Kuppel. Kunsthistorisch interessant ist zudem ein Abendmahlsgemälde aus dem

Das Tal des Flusses Avisio bei Cavalese

In Cavalese: Ortszentrum und Kirche Santa Maria Assunta

14. Jahrhundert. Die benachbarte **gotische Kirche Santa Maria Assunta** entstand in ihrer heutigen Form im 15. Jahrhundert. Der hohe Glockenturm aus dem 17. Jahrhundert ist ein Wahrzeichen von Cavalese. Schön ist vor allem die Vorhalle mit ihrer Holzkassettendecke und mit Fresken. Einige der Wandmalereien wurden erst im Jahr 2003 entdeckt, als die Kirche nach einem Brand restauriert werden musste (*Via Ress 1*).

Die lebhafte Hauptstraße von Cavalese ist gesäumt von vielen *prächtigen Bürgerhäusern und Palazzi*, von denen viele auf die Renaissance zurückgehen. Besonders prachtvoll ist der **Palazzo della Magnifica Comunità di Fiemme**. Seine Fassade ist an der Stirnseite vom Boden bis zum Dach mit Fresken geschmückt. Im Innern ist der ehemalige Bischofssitz zum Museum umgestaltet, das die Geschichte der Fleimser Talgemeinschaft (*Magnifica Comunità di Fiemme*) dokumentiert. Bis heute verwaltet die Körperschaft die Weiden und Wälder des Val di Fiemme. Ein Archiv bewahrt wichtige Manuskripte, Statuten und Schriften der *Comunità* auf. Eine Gemäldegalerie versammelt Bilder der *Scuola Pittorica di Fiemme* (Malerschule des Fleimstals). Architektonisch bemerkenswert sind die Gefängniszellen im Untergeschoss und der prachtvolle holzgetäfelte *Salon Clesiano* mit einer Porträtsammlung bedeutender Persönlichkeiten des Fleimstals und einem Zyklus aus vierzehn Renaissance-Fresken (*Piazza Cesare Battisti 2, palazzomagnifica.eu*).

Moderne Kunst stellt indes im nicht weit entfernten **Palazzo Rizzoli** das **Museo Arte Contemporaneo Cavalese** aus (Piazzetta Rizzoli 1, artecavalese.it). Sehenswert sind außerdem das Rathaus (*Municipio*) und die Kirche *San Sebastiano* mit dem Stadtturm. Hübsch sind auch die Fassaden an der Schlucht des kleinen Wildbachs, der aus Cavalese in den Avisio hinabstürzt.

Nach so viel Sightseeing steht Ihnen der Sinn nach einem Eis? Dann reihen Sie sich in die Schlange an der beliebten **Gelateria artigianale *Tre Valli*** ein (*Piazza Giuseppe Verdi 9*). Sie mögen es lieber deftig? Dann besuchen Sie die lokale Käsereigenossenschaft ***Caseificio Cavalese*** um (*Via Nazionale 8, caseificiocavalese.it*). Bei Regen bietet das städtische **Hallenbad *Centro Acquatico Acqua Spa Cavalese*** mit Whirlpool und Außenbereich Abwechslung (*Via Gioacchino Rossini 3*). Hier hat auch der **Rafting-Tourenanbieter *Val Di Fiemme Rafting*** seinen Sitz (*valdifiemmerafting.com*).

Wer sich das untere Fleimstal mit dem Wohnmobil erschließen will, kommt vom Parkplatz an der Seilbahnstation auf der gut ausgebauten SP232 dank mehrerer Tunnels zügig voran. In Predazzo können Sie in Tour 1 einsteigen und so das hintere Val di Fiemme kennenlernen. Wir fahren nur eine kurze Schleife bis Ziano di Fiemme und wenden uns dann wieder nach Westen.

Das Zentrum von **Ziano di Fiemme** (1700 Einwohner, 950 hm) bildet die Piazza Italia mit der **Kirche Madonna di Loreta**. Oberhalb der *Piazza* liegt am Ortsrand der **Orto Botanico**, ein botanischer Garten mit Medizinalpflanzen, der rund um die Uhr geöffnet ist (*Via Coronella*). Schön anzusehen ist die **historische Villa Flora** mit ihrem Garten (*Via Nazionale*). Eine Ausstellung erinnert daran, dass in dem Gebäude im Ersten Weltkrieg Tiroler Kaiserjäger stationiert waren. Im Garten steht eine Kanone – und eine von 20 (leider nur italienischsprachigen) Informationstafeln, die gemeinsam einen etwa sechs Kilometer langen Rundweg über das Gemeindegebiet ergeben.

Ziano wird vor allem von Familien als Urlaubsort geschätzt. Der **Rafting- und Canyoning-Anbieter *Avisio Rafting*** unterhält am Ufer des Avisio einen kleinen Kletterpark und einen Elektro-Quad-Parcours (*Via Giuseppe Verdi 24, www.avisiorafting.it*).Die Ge-

Palazzo della Magnifica Comunità di Fiemme in Calavese

meinde liegt relativ zentral am Dolomitenradweg und bietet viele Möglichkeiten für Spaziergänge und kurze Wanderungen in der Umgebung. Ein sechs Kilometer langer Erlebnisweg erschließt das Naturreservat des Flusses Avisio. Vom Ortsteil Zanolin führen kurze Wanderwege zu Teichen und Wasserfällen im Lagorai-Gebirge. Parken können Sie auch über Nacht im Ortsteil Bosin.

054 Ziano di Fiemme – *Bosin*

GPS: N 46°17'02" E 11°33'50", Via Bosin, 38030 Ziano di Fiemme. **Max. WOMOs**: 4. **Ausstattung**: Keine. **Beschreibung**: Auf dem Parkplatz am Ortsrand sind vier Stellflächen ausdrücklich für Camper vorgesehen. Der Platz liegt ruhig und eben ohne Schatten am Fluss. **Preis**: Kostenlos. **Zufahrt**: Von der SS232 in die Via Roma abbiegen. Der Straße über die Brücke folgen, dann liegt der Parkplatz auf der linken Seite.

Ponte Vecchio Panchià

Zurück Richtung Westen erreichen wir nun auf der SS48 als nächstes das Dorf **Panchià** (Weißbach, 800 Einwohner). Sehenswert ist die **historische Brücke** *Ponte Vecchio Panchià*. Die überdachte Holzbrücke ersetzte in den 1880er Jahren eine Steinbrücke, die eine Flut weggerissen hatte. Sie gilt als einzige Brücke am Avisio, die seitdem alle Fluten überdauert hat. Direkt dahinter gibt es einen Parkplatz.

055 Panchià – *Ponte Vecchio*

GPS: N 46°16'56" E 11°32'44", Via Stazione, 38030 Panchià. **Max. WOMOs**: 2. **Ausstattung**: Picknickbank, Infotafel zur Brücke. **Beschreibung**: Der Picknick-Parkplatz liegt direkt am rauschenden Avisio. Er ist nicht ganz eben und bietet wenig Schatten. **Preis**: Kostenlos. **Zufahrt**: Am besten von der SP232. Die Ponte Vecchio ist für Fahrzeuge über 2,7 m Höhe gesperrt.

Tesero (2900 Einwohner, 1000 hm) bildet ein Tor in die Dolomiten. Hier zweigt die Straße ins Hochtal von Stava ab, wo Wanderwege in die Latemar-Region starten. Im Ortszentrum von Tesero ist die gotische Kirche *Sant'Eliseo* mit ihrem beeindruckenden Deckengewölbe sehenswert (*Piazza Chiesa*). Freitags ist Markttag. Der untere Ortsteil **Lago di Tesero** ist im Winter ein bekanntes Langlaufzentrum, in dem auch internationale Nordic Ski Meisterschaften zu Gast sind. Dort gibt es einen Stellplatz.

056 Lago di Tesero – *Area Sosta Camper*

GPS: N 46°16'59" E 11°31'32", Via Tresselume 11, 38038 Lago di Tesero. **Öffnungszeit**: Ganzjährig. **Max. WOMOs**: 20. **Ausstattung**: Ver- und Entsorgung, Mülltonnen und Toiletten im nahegelegenen *Tesero Cross Country Centro* (das große moderne Gebäude auf der anderen Seite des Kreisverkehrs). **Beschreibung**: Parkplatzähnlicher Stellplatz auf Rasenpflaster mit wenig Schatten. Durch die Lage am Ortsrand und am Fluss einigermaßen ruhig, abgesehen vom Rauschen des Flusses. Kassenautomat oft defekt. Dann ist der Aufenthalt kostenlos, sofern niemand zum Kassieren kommt. Max. 48h. **Preis**: 10 € / 24 h. **Zufahrt:** Von der SS48 am Ortseingang scharf links in die Via Stazione einbiegen. Geradeaus über den Kreisverkehr und die Brücke. Von der SP232 am Kreisverkehr von Tesero Richtung Lago. Hinter der Brücke links.

Scheune in Masi Cavalese

Hinter Tesero erreicht die SS48 bald Cavalese (siehe oben). Von dort schlängelt sich die Straße zum Lavazèjoch hinauf, die zur Bletterbachschlucht und ins Südtiroler Eggental führt. Wir bleiben aber auf der SS48 und nehmen die bequeme Passstraße zum Passo San Lugano. Der nicht übermäßig hohe Pass (1097 hm) liegt zwischen dem Naturpark Trudener Horn und der Bletterbachschlucht. Diese Regionen erreichen Sie aber besser aus den Südtiroler Orten Truden und Aldein (WOMO-Reihe Band 30).

Unsere Wohnmobiltour klingt mit steilen Schwüngen hinab ins Etschtal aus. Unten kommen wir bei Auer heraus und befinden uns in der Nähe des Kalterer Sees (Südtirol). Dort bietet Ihnen dieser Reiseführer zwei Anschlussmöglichkeiten: Über den steilen Mendelpass geht es hinauf zu Tour 4. Wenn Sie lieber im Tal bleiben, dann erkunden Sie auf Tour 11 das Etschtal.

Tour 4

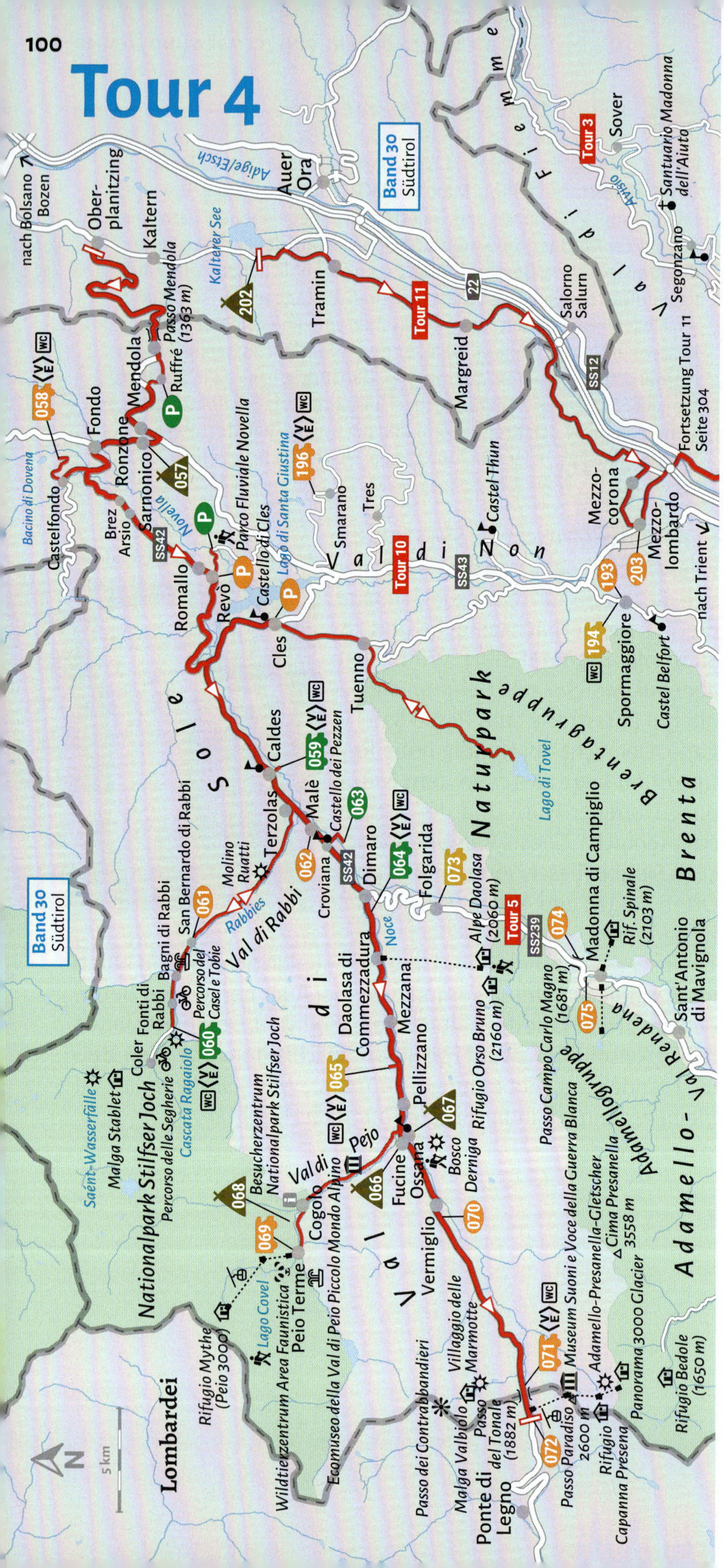

nach Bolsano Bozen
Ober-planitzing
Kaltern
Adige/Etsch
Auer Ora
Band 30 Südtirol
Kalterer See
202
Tramin
Tour 11
22
Margreid
Salorno Salurn
SS12
Val di Fiemme
Tour 3
Sover
Avisio
Santuario Madonna dell'Aiuto
Segonzano
Fortsetzung Tour 11 Seite 304
Passo Mendola (1363 m)
Mendola
Ruffré
058
Fondo
Ronzone
Sarnonico
057
Bacino di Dovena
Castelfondo
Brez
Arsio
SS42
Novella
Parco Fluviale Novella
196
Lago di Santa Giustina
Smarano
Tres
Castel Thun
Val di Non
Mezzo-corona
Mezzo-lombardo
Tour 10
SS43
193
203
nach Trient
Romallo
Revò
Castello di Cles
Cles
Tuenno
194
Spormaggiore
Castel Belfort
Naturpark
Brentagruppe
Lago di Tovel
Brenta
Val di Sole
Caldes
059
Malè
Castello dei Pezzen
063
Terzolas
Molino Ruatti
San Bernardo di Rabbi
061
Rabbies
Val di Rabbi
Band 30 Südtirol
062
Croviana
SS42
Dimaro
064
Folgarida
073
Noce
Alpe Daolasa (2060 m)
Tour 5
SS239
074
Madonna di Campiglio
Rif. Spinale (2103 m)
Sant'Antonio di Mavignola
Bagni di Rabbi
Percorso del Caseì e Tobie
Fonti di Rabbi
Coler
060
Cascata Ragaiolo
Daolasa di Commezzadura
Mezzana
Rifugio Orso Bruno (2160 m)
Passo Campo Carlo Magno (1681 m)
075
Val Rendena
Malga Stablet
Saent-Wasserfälle
Percorso delle Segherie
Nationalpark Stilfser Joch
Besucherzentrum Nationalpark Stilfser Joch
065
Pellizzano
067
Pejo
066
Fucine
Ossana
Bosco Derniga
Adamellogruppe
068
Val di Cogolo
Cogolo
069
Peio Terme
Lago Covel
Ecomuseo della Val di Peio Piccolo Mondo Alpino
Vermiglio
070
Museum Suoni e Voce della Guerra Bianca
Adamello-Presanella-Gletscher
Cima Presanella 3558 m
Glacier
Adamello-Val Rendena
Rifugio Mythe (Peio 3000)
Wildtierzentrum Area Faunistica
Lombardei
5 km
N
Villaggio delle Marmotte
071
Passo dei Contrabbandieri
Malga Valbiolo
Passo del Tonale (1882 m)
072
Passo Paradiso 2600 m
Rifugio Capanna Presena
Panorama 3000
Rifugio Bedole (1650 m)
Ponte di Legno

Durch den Nordwesten
Vom Mendelpass zum Tonalepass
150 km

Berge, Burgen oder Bunker, Äpfel oder Käse, Seen, Flüsse oder Schluchten – was hätten Sie gern? Zwischen den majestätischen Gipfeln von Brenta-Dolomiten, Adamello-Naturpark und Nationalpark Stilfser Joch wartet das nordwestliche Trentino mit vielfältigen Entdeckungen auf. Unsere Topp-Tipps:
- **Novellaschlucht**
- **Wandern und MTB-Tour im Val di Rabbi**
- **Peio 3000**
- **Forte Strino**
- **Paradiso-Gletscher**

Diese Tour startet mit einer Herausforderung an Fahrende und Wohnmobil: Der Passo di Mendola (Mendelpass) ist die kürzeste Verbindung von der Brenner-Autobahn ins Val di Non. Doch auf den knapp 15 Kilometern vom Südtiroler Oberplanitzing bis zum Trentiner Mendola (Mendel) überwinden wir in immer engeren Kehren mehr als 700 Höhenmeter (nur Fahrzeuge bis 9 m Länge). Die aussichtsreiche Strecke ist auch bei Motorrad- und Radfahrern beliebt und definitiv ein Erlebnis. Wer bequemere Straßen vorzieht, findet in Tour 10 zwei alternative Zufahrten.

Hinter den letzten Kehren rollen wir in eine kleine, traditionsreiche Touristen-Siedlung mit Restaurants, Souvenirläden und Hotels. Hier oben in **Mendola** (Mendel, 1363 hm) logierte schon der österreichische Kaiser Franz Josef I. mit Gattin Sissi. Die prachtvolle Belle-Epoche-Architektur des **Habsburger Palastes Villa Imperiale** zeugt bis heute davon. Direkt am zentralen, kostenlosen Parkplatz (nur für kurze Fahrzeuge und kurze Stopps) befindet sich die Touristinfo für das gesamte Val di Non. Dort erhalten wir kostenlose Wander-, Fahrrad- und MTB-Tourenkarten sowie viele weitere nützliche Infos (*Uficio Turistico, Via Mendola 39*)

Noch innerorts zweigen von der SS42 links zwei Straßen ab. Eine führt zum Monte Roen Sessellift, die andere zu einem aussichtsreichen Golfplatz. Kurz hin-

Hotelarchitektur in Mendola

Blick aus Ruffrè auf die Laghetti

ter der Pass-Siedlung führt links die SP19 in den Ortsteil Ruffrè (420 Einwohner, 1175 hm), der noch heute mit einer jährlichen Kaiserparade des Besuchs von Sissi und Franz Josef gedenkt. Durch das Ortszentrum gelangt man zu den zwei kleinen Weihern **Laghetti di Ruffrè**. Dort gibt es neben der **Bar *Ai Laghetti*** Parkplätze, die auch für Wohnmobile groß genug sind (*N 46°24'48" E 11°10'28"*). An den Weihern starten verschiedene Wanderungen und Spaziergänge, auch auf Sissis Spuren.

Die Hauptstraße SS42 umfährt das Dorf und führt durch Wald hinab ins obere Val di Non. Dann gehen die Orte Ronzone, Cavareno, Sarnonico und Fondo fast nahtlos ineinander über.

Val di Non

In **Ronzone** (460 Einwohner, 1085 hm) zu halten lohnt sich doppelt: Ein Grund für einen Stopp ist der große, aussichtsreiche **botanische Rosengarten** mit einer Vielzahl ungewöhnlicher Rosen (*Via Arturo Recla, www.giardinodellarosa.it*). Der dortige Parkplatz ist leider nur für kurze Fahrzeuge geeignet. Der zweite Grund für einen Halt ist das **Freizeitbad Aqualido** mit 25-Meter-Schwimmbecken und Kinderbecken (*Località Centro Sportivo, www.aqualido.it*).

Wenn wir uns hinter Ronzone am Kreisverkehr kurz Richtung Cavareno halten, finden wir hinter dem Friedhof einen ruhigen, einigermaßen ebenen, asphaltierten Parkplatz für kurze Fahrzeuge (*N 46°24'41" E 11°08'17", 968 hm*). Biegen wir im Kreisverkehr scharf nach rechts ab, erreichen wir Sarnonico. Dort befindet sich der einzige Campingplatz im gesamten Val di Non. Wir persönlich fanden den Empfang an der Rezeption und das Preis-Leistungs-Verhältnis in der Hochsaison nicht einladend, beschreiben ihn mangels Alternativen dennoch:

057 Sarnonico – *Campingpark Baita Dolomiti*

GPS / Kontakt: N 46°25'18" E 11°8'19", Via Cesare Battisti 18c, 38011 Sarnonico, baita-dolomiti.it. **Max. WOMOs**: Ca. 100. **Öffnungszeit**: Ende April bis Mitte September. **Ausstattung**: Bar, Kiosk, Spielplatz, Pool, Kinderpool, auch Apartments und Chalets. **Beschreibung**: Der weitläufige Campingplatz liegt mitten im Ort mit einigen Restaurants und Supermarkt in der Nähe, aber doch im Grünen. Der Platz wirkt zweigeteilt: Ein schattiges Areal gruppiert sich um den nicht mehr ganz neuen Sanitärblock, ein sonnigeres Gebiet findet sich am Pool. Fast alle Plätze sind schräg, so dass man Auffahrkeile braucht. **Preis**: 30 – 64 €. **Zufahrt:** Im Ortszentrum von Sarnonico links der Beschilderung folgen.

Der Fahrradweg (*Percorso Ciclopedonale del Alta Val di Non*) verläuft direkt hinter dem Platz. Der Dolomiti Golf Club und eine Reitschule liegen in der Nähe. Auch auf der weiteren Strecke entlang der SS48 fahren wir durch Siedlungsgebiete. Hinter dem hübschen Ort Fondo (Tour 10) queren wir eine Schlucht und erreichen auf der andere Hangseite das verschlafene Dorf Castelfondo. Dort steuern wir zum Übernachten den etwas abgelegenen, aber aussichtsreichen offiziellen Stellplatz an.

058 Dovena – *Area Sosta Camper Castelfondo*

GPS: N 46°27'29" E 11°07'53", Località Coai, 38020 Dovena di Castelfondo. **Max. WOMOs**: 16. **Öffnungszeit**: Frühling bis 1. November (wetterabhängig). **Ausstattung**: Alle Einrichtungen, Grillstelle, Picknicktische. **Beschreibung**: Schön angelegter, gut ausgestatteter und gepflegter kommunaler Wohnmobilstellplatz mitten in der Natur mit fantastischem Ausblick über das Val di Non zu den Brenta-Dolomiten. Das WOMO steht auf Wiesenpflaster. Zu jedem Platz gehört eine Picknickbank, teils aussichtsreich am Hang, teils geschützt am Waldrand. Max. 72 h. Direkt nebenan befindet sich ein Picknickgelände mit Fußballplatz und Spielplatz, wo aber vor Bären gewarnt wird. **Preis**: 15 € / 24 h. **Zufahrt**: In Castelfondo der Beschilderung *Area Sosta Camper* oder *Bacino Dovena* folgen. In Dovena scharf links, zuletzt über Schotter.

Casa Campia in Revo

Ein kurzer Spaziergang auf der Fortsetzung der Schotterpiste führt vom Stellplatz erst durch Apfelplantagen, dann durch krautreichen Nadelmischwald zum Wasserspeicher (*Bacino*) von Dovena. Zahlreiche weitere Wanderwege führen in verschiedene Richtungen.

Mit dem Wohnmobil erreichen wir am nächsten Tag durch scheinbar endlose Apfelplantagen den Ort **Brez** (470 Einwohner, 790 hm). Unsere Route folgt nun gleich zwei kulinarischen Themenstraßen. Die Schilder der **Strada delle Mele** (Apfelstraße) verraten uns regelmäßig, welche Apfelsorten links und rechts der Straße angebaut werden. Die **Strada dei Formaggi** informiert uns über die lokalen Käsespezialitäten. In der Käsereigenossenschaft ***Caseificio Sociale*** von Brez kaufen wir frischen Ricotta und den herkunftsgeschützten Trentingrana, der einem Parmesan ähnelt (*Via Libertà 10*).

Vorbei an der hübschen Kirche San Floriano erreichen wir den Ortsteil **Arsio** von Brez. Gleich *mehrere schöne Palazzi* stechen ins Auge. Oberhalb der Straße liegt der Palazzo de Manincor (auch bekannt als Casa Corrazzi) aus dem 17. Jahrhundert. Auf der anderen Straßenseite erstreckt sich das weitläufige Areal des beeindruckenden Palazzo Arzberg. Das gelbe Hauptgebäude und die riesigen rosa getünchten Nebengebäude können in den Sommermonaten sonntags von 13 bis 17 Uhr besichtigt werden (*Località Arsio 43*).

Die nächsten Orte **Romallo** und **Revo** (1200 Einwohner, 712hm) sind zusammengewachsen. Auf der zentralen Piazza Savoia von Revo steht ein riesiges Tor aus Stroh und Moos. Oberhalb befindet sich das Rathaus. Gegenüber liegt die **Casa Campia**, ein Adelspalast aus dem 17. Jahrhundert. An dem Gebäude aus der Spätrenaissance fällt vor allem der markante Seitenturm mit Sonnenuhr auf. Hinter der Casa Campia gibt es einen großen Parkplatz (*N 46°23'27" E 11°03'22", Via Guglielmo Marconi*). Darauf finden Fahrzeuge bis sechs Meter Länge Platz. Im angrenzenden kleinen Park mit Aussicht auf den Stausee Lago di Santa Giustina gibt es Tische und Bänke, Toiletten und ein Open Air Gym.

Palazzo in Arsio

Rund um Revo und Romallo wird statt Äpfeln Wein angebaut, und zwar eine ganz besondere alte Rebsorte. Der Ort hat sich dem Erhalt der Groppello-Traube verschrieben, die sonst fast nur noch am Westufer des Gardasees gedeiht.

Folgt man von Revo der SP74, erreicht man in einer Kurve den Eingang zum **Parco Fluviale Novella** (*parcofluvialenovella.it*). Der Parkplatz für Wohnmobile folgt etwa 30 Meter weiter am Straßenrand und ist laut Beschilderung den Besuchern der Klamm vorbehalten (*N 46°23'34" E 11°04'41"*). Gegenüber versteckt sich im Dickicht auf einem abgeschlossenen Privatgrundstück das romanische Kirchlein Eremo San Biagio aus dem 13. Jahrhundert, das zwar kunsthistorisch wertvoll, aber bis auf die Turmspitze nicht zu sehen ist. Die Straße führt weiter in die Gemeinde Dambel und von dort nach Sanzeno (Tour 10).

Klammwanderung durch die Novellaschlucht

3 km, 90 hm, 1 h

Am Empfangskiosk zum Parco Fluviale Novella zahlen wir 10 € pro Person und werden mit einem Helm und einem Haarnetz ausgestattet zunächst an der Straße entlang nach oben geschickt. In der nächsten Kurve zweigt ein geteerter Fahrweg rechts in die Apfelplantagen ab. Hier folgen wir dem Themenweg Melita von Romala und erfahren einiges über den Apfelanbau. Die Anpflanzungen ziehen sich an teilweise sehr steilen Hängen tief in die Schlucht hinunter.

An den Steilstücken des Weges passieren wir rote Felsen. Sie bilden die oberste Schicht des Gesteins hier in der Schlucht, das weiter unten in Dolomit übergeht. Dann erreichen wir die historisch bedeutsame Pozzenabrücke. Auf dieser Grenzlinie trafen sich im 13. Jahrhundert der Fürstbischof von Trient und der Graf von Tirol, um nach jahrhundertelangen Fehden Frieden zu schließen. Wenig später zweigt vom bequemen Weg ein Pfad ab. Dort erinnert ein Kontrollposten die Wanderer daran, ihre Helme aufzusetzen. Dann erst beginnt der eigentliche Klammweg. Er führt auf Stahlgitterstegen und -treppen hinab zwischen die himmelhohen, feuchten Felswände. Manchmal ist weder das obere noch das untere Ende der Schlucht zu sehen.

Die Schlucht hat der Wildbach Novella in den harten Dolomit gegraben. Die hohen Felswände, durch die er tief unten rauscht, bestehen aus einer Reihe dicker Dolomitschichten, aber auch aus Porphyr und Granit, die noch härter als der Dolomit sind. Einige *Marmitte dei Giganti* (Riesentöpfe), deuten darauf hin, dass die Schlucht während der letzten Eiszeit durch gewaltige Erosionsprozesse entstanden ist.

Der Weg durch die Schlucht erfordert etwas Schwindelfreiheit. Er führt stetig bergab und wird dabei immer dunkler. Zwischendurch geht man unter einem eingekeilten Felsen hindurch. Stellenweise muss man sich bücken. Der Weg ist so niedrig in den Fels geschlagen, dass man sich wie auf einer Höhlenerkundung fühlt. Dennoch kommt man dem rauschenden Wildbach erst am Ausgang der Schlucht näher. Dort befindet sich ein kleines historisches Wasserkraftwerk aus dem Jahr 1902, das bis heute in Betrieb ist und die umliegenden Dörfer mit Strom versorgt. Außerdem wachsen hier große Felder von Alpenveilchen, die das feuchte Klima lieben.

Nachdem wir die Schlucht verlassen haben, laufen wir noch kurz am breiten Flussbett entlang. Dann geht es bergauf zurück zum Eingangskiosk über eine sogenannte Gletscherkappe. Diese Ansammlung von Felsblöcken unterschiedlichster Gesteinsarten hat den Wildbach Novella zu einem Umweg gezwungen.

Der Novella fließt weiter in den **Lago di Santa Giustina**. Man kann ihn von dort ein Stück weit flussaufwärts mit dem Kanu befahren (Tour 10). Wir fahren mit dem Wohnmobil zurück nach Revò und weiter bis Cagno, wo wir nach rechts unten auf die SP139 abbiegen, um den Stausee zu überqueren. Nach dieser landschaftlich reizvollen Strecke erreichen wir **Cles** (6700 Einwohner, 650 hm). Der Hauptort des Val di Non hat einen schönen Aussichtspunkt. Vom **Doss de Pez** überblickt man hinter dem Lago di Santa Giustina das ganze obere Nonstal (*Via Doss di Pez 31*) und sieht in nächster Nähe das Schloss von Cles, das sich in Privatbesitz befindet.

Das Ortszentrum von Cles ist zwar geschäftig, aber wenig spektakulär. Ins Auge fällt der sehr alte **Palazzo Assessorile** aus dem 15. Jahrhundert (Via Enrico Bergamo). Auf der kleinen Piazza Primo Maggio dahinter serviert die **Bar *Al Pagi RistoPub*** gutes hausgemachtes Eis und Aperitifs.

Das Wohnmobil parkt in Cles auf dem großen innerstädtischen Parkplatz *Parcheggio Piazza Fiera* hinter dem Busbahnhof (*N 46°22'05" E 11°02'03"*). Ein Nachtparkverbot gibt es dort nicht. Aber der Parkplatz ist weder leise noch idyllisch und höchstens vier Plätze sind für Fahrzeuge über 5,50 Meter geeignet. Ein weiterer, etwas abschüssiger Parkplatz liegt ruhig zwischen Häusern hinter dem *Eurospar* Supermarkt (*N 46°22'03" E 11°02'01"*).

Cles haben wir nicht nur zum Einkaufen aufgesucht, sondern weil wir zum berühmten Lago di Tovel weiter wollen. Seit Castelfondo haben wir inklusive Abstecher zur Novellaschlucht knapp 20 Kilometer zurückgelegt – überwiegend bergab. Wieder bergauf fahren wir nun auf schmaler Straße drei Kilometer weiter nach Tuenno. Dort befinden wir uns schon an den Hängen der Brenta-Dolomiten. Das *Unesco Biosphärenreservat* wird wegen seiner rauen Schönheit oft mit Kanada verglichen.

Der bildschöne **Lago di Tovel** (1178 hm) hat sich mit seinem türkisfarbenen Wasser und der beeindruckenden Bergkulisse zum Instagram-Hotspot entwickelt und zieht an klaren Tagen viel Publikum an. Die Infrastruktur hält mit: Ein Busshuttle bringt Besucher aus Tuenno und von den Parkplätzen auf der Strecke zum Bergsee. Aber Achtung: Der Parkplatz inklusive Shuttle kostet 22 Euro, und dieser Preis gilt bis in den Oktober hinein. Sparfüchse nehmen entweder den öffentlichen Bus ab Cles, lösen dort schon ein Ticket bis zum Lago di Tovel (für etwa 3 Euro) und steigen in Tuenno um. Oder sie fahren abends nach 18 Uhr selbst mit dem Wohnmobil die schmale, steile Bergstraße hoch, die tagsüber für Mobile gesperrt ist. Widersprüchlich sind die Angaben, ob das Übernachten auf einem der einsamen Parkplätze ohne Handyempfang geduldet wird, wenn man morgens vor neun Uhr die Straße wieder verlassen hat. Da sowohl von Strafen als auch von Überfällen berichtet wird, haben wir es nicht ausprobiert. Mountainbiker haben eine dritte Alternative: Sie treten die elf Kilometer lange Strecke ab Tuenno 760 Höhenmeter hinauf.

Den Lago di Tovel hat man selbst auf den schmalen Trampelpfaden durchs Unterholz direkt am felsigen Ufer relativ schnell soweit umrundet, wie der Weg es zulässt. An einem Geröllhang ist eine Kehrtwende angesagt. Geht man vom Parkplatz im Uhrzeigersinn um den See, erreicht man schnell die weißen Dolomitstrände, die dem See seine karibische Farbe verleihen. Kaum zu glauben, dass er vor langer Zeit als roter See berühmt wurde: Bis in die 1960er Jahre hinein hat eine spezielle Alge den Lago di Tovel jeden Sommer rot ge-

Lago di Tovel

färbt. Wer zwei bis drei Stunden für den Besuch am Tovelsee einplant, findet sogar noch Zeit für ein sehr erfrischendes Bad oder für einen Cappuccino in der umliegenden Gastronomie. Passionierte Wanderer können von hier auch zu (Mehr-)Tagestouren in die Brenta-Dolomiten starten.

TOUR 4

Val di Sole

Nach diesem Abstecher kehren wir zurück nach Cles und folgen den Schildern zum Passo del Tonale. Die Brentahänge rücken mitunter nah an die gut ausgebaute Straße heran. Bald biegen wir rechts auf die SS42 ins Val di Sole ein. Das breite Tal folgt dem Lauf des wilden Gebirgsflusses Noce.. Nördlich befindet sich der **Nationalpark Stilfser Joch** (*Parco Nazionale dello Stelvio*), südlich der **Naturpark Adamello Brenta** (siehe Seite 134). Beide Gebirge ragen über 3000 Meter hoch auf. Erschließen kann man sie sich vor allem in den Seitentälern des Val di Sole und mit diversen Seilbahnen.

Zwölf Kilometer hinter Cles erreichen wir **Caldes** (1100 Einwohner, 682 hm). Der kleine Ort am Eingang zum Val di Sole ist für sein Schloss **Castel Caldes** aus dem 13. Jahrhundert berühmt, das bis ins 16. Jahrhundert immer wieder verändert wurde. Ein vollständig mit Fresken geschmückter Saal im Turm des Schlosses wird *Olindas Gefängnis* genannt. Der Legende nach hat der Vater die junge Gräfin Olinda dort eingesperrt, um ihre Beziehung mit dem Hofsänger zu beenden. Sie soll an unerfüllter Liebe gestorben sein (*Via IV Novembre, Mai bis September Di. – So. 10 – 18 Uhr*). Ein Blick lohnt sich auch ins freskengeschmückte Rathaus der Stadt (*Via al Castello 12*). Etwas außerhalb am Fluss liegt ein einfacher Stellplatz.

059 Caldes – *Area Sosta Camper Trentino Wild*

GPS / Kontakt: N 46°21'41" E 10°56'41", Località Còntre 2, 38022 Caldes, Tel. +39-0463-973278, trentinowild.it. **Max. WOMOs**: 13. **Öffnungszeit**: 15. April – 15. September. **Ausstattung**: Ver- und Entsorgung, Strom, Toiletten, Bar, Sport und Outdoorangebote. **Beschreibung**: Einfacher Stellplatz mit insgesamt 13 Stellflächen, von denen 8 mit Strom ausgestattet sind. Keine Reservierung möglich. Max. 48 h. Der Platz gehört zum **Outdoor-Anbieter *Trentino Wild*** mit Standort nebenan. Dort gibt es neben Bar / Chiosco mit kleinen Speisen auch einen Kletterwald, Paintball, Rafting und Hydrospeed – für Stellplatznutzer mit 10 % Rabatt. Außerdem können Sie ein Barbecue-Paket bestellen.

Preise: 20 – 25 €. **Zufahrt**: Auf der Via Sant'Apollonia am Friedhofsparkplatz vorbei, dann rechts in die Via alle Còntre, und nochmals rechts, um auf dieser Straße zu bleiben. Den Fluss überqueren, dann links.

Val di Rabbi

Kurz hinter Caldes zweigt die SP86 rechts ins **Val di Rabbi** ab. Nach 14 Kilometern Fahrt bergauf durch mehrere Dörfer finden wir fast am Ende des Tals auf einer großen flachen Wiese den kommunalen Stellplatz. Direkt gegenüber befindet sich das empfehlenswerte **Restaurant *Al Molin*** mit hausgemachter Pasta und typischen Trentiner Gerichten bei sehr gutem Preis-Leistungs-Verhältnis.

060 Fonti di Rabbi – *Area Sosta Camper Al Plan*

GPS / Kontakt: N 46°24'26" E 10°47'44", Fonti di Rabbi, Località Plan, 38020 Rabbi, areadisostavaldirabbi.it. **Max. WOMOs**: 150. **Öffnungszeit**: 1. Juni – 15. Oktober. **Ausstattung**: Ver- und Entsorgung, Strom, sehr einfache Toiletten und Duschen, Geschirrspül- und Waschplätze, Bar / Chiosco, Spielplatz. **Beschreibung**: Großzügige Stellplätze wahlweise auf Asphalt oder auf Wiese, teils schattig, teils sonnig mit freier Platzwahl innerhalb eines bestimmten Areals auf der absolut idyllischen und ruhigen Bergwiese. Keine Reservierung möglich. An der Stellplatz-Bar versammeln sich abends Camper um die Feuerschale. Verkauft werden auch hausgemachte Spezialitäten wie Knödel und Grappa. Morgens kommt der Bäckerwagen. Am Abreisetag muss man zwar bis 12 Uhr zahlen, darf aber bis 16 Uhr bleiben. **Preise**: 22 – 28 €. **Zufahrt**: Hinter Bagni di Rabbi links an der SP86.

Das Val di Rabbi ist der südöstlichste Zugang zum Nationalpark Stilfser Joch. In Bagni di Rabbi informiert ein **Besucherzentrum** über die Besonderheiten dieses Teils der italienischen Alpen (*Frazione Piazzola, parcostelviotrentino.it*). Für Mountainbiketouren und zum Wandern bieten sich viele Möglichkeiten. Ein sehr beliebter Trail und Wanderweg führt am Fluss Rabbies entlang zur **Alm Malga Stablet**. Dort oben liegt die sogenannte Murmeltierwiese Prà di Saènt. Etwa 1,5 km weiter bergauf erreicht man die spektakulären **Saènt Wasserfälle**. Das Anwandern aus dem

Tal kann man in der Saison mit dem Stelvio-Bus abkürzen, der viertelstündlich bis Coler fährt. Von dort sind es bis zur Alm gut zwei Kilometer und 140 Höhenmeter. Eine weitere einfach, kurze, aber spektakuläre Wanderrunde führt zum Ragaiolo-Wasserfall.

Kurzwanderung zur Hängebrücke über die Cascata Ragaiolo

TOUR 4

3 km, 110 hm, 1 h

Direkt am Stellplatz in Rabbi Fonti startet diese Kurzwanderung für die ganze Familie. Wir wenden uns am Wildbach Rabbies flussaufwärts und biegen schon nach gut 100 Metern rechts in einen Pfad ein. Dort passieren wir einige Häuser im traditionellen Baustil und anschließend geschnitzte Holzfiguren. Links sind Mauerreste zu sehen. An einer Wegkreuzung ist die *Ponte Sospesa* (oder *Ponte tibetano*) nach links beschildert.

Wir überqueren den weiß schäumenden Fluss Ragaiolo und erhaschen dabei einen ersten Blick auf die Hängebrücke, die in schwindelerregender Höhe über dem Fluss schwebt. Nun folgt ein kurzer, steiler Anstieg durch Wald. Schließlich erreichen wir die mehr als 100 Meter lange und fast ebenso hohe Hängebrücke. Die Überquerung ist ein kleines Abenteuer, für das einige Regeln gelten. Die Geh-Richtung ist vorgeschrieben und bei Regen und starkem Wind soll die Brücke gesperrt sein. Auch an windstillen Tagen gerät sie ins Schaukeln, wenn mehrere Wanderer zugleich darauf sind.

Auf der anderen Seite des Flusses durchquert der Weg, der nun wieder bergab führt, ein kleines Hochmoor. Dort laufen wir auf Holzstegen durch Farne. Bald kommen wir erneut an eine Wegkreuzung. Rechts ginge es nun knapp einen Kilometer lang bergauf zur bewirtschafteten **Alm *Malga Fratte***. Links kommen wir bald zurück an die Wegkreuzung unten am Fluss. Von dort geht es auf dem Hinweg zurück.

Natürlich spielt im Nationalpark Stilfser Joch die Natur die Hauptrolle. Doch das Val di Rabbi bietet auch einige Sehenswürdigkeiten. In Somrabbi steht die ehemalige Molkerei als **Molkereimuseum Casel** für Besucher offen. Sie war früher ein Mittelpunkt der kleinbäuerlichen Gemeinde und zeigt heute die Geräte, die traditionell zur Milchverarbeitung und Käseherstellung verwendet wurden, darunter auch riesige Kupferkessel (*Frazione Piazzola*). Eine weitere Sehenswürdigkeit im oberen Rabbi-Tal ist die historische **Venezianische Säge Begoi**. Verschiedene Themenwege informieren über regionale Traditionen und Besonderheiten. Zwei von ihnen lassen sich zu einer einfachen, aber abwechslungsreichen MTB-Tour ohne dramatische Steigungen kombinieren.

Percorsi delle Segherie und del Casel e Tobie

6 km, 150 hm

Vom Stellplatz in Rabbi Fonti folgen wir dem Fluss aufwärts bis zur *Segheria Veneziana Begoi*. Dort steigen wir in den *Percorso delle Segherie* ein, der uns viel über die Sägewerke im Rabbital erzählt. Die venezianische Säge selbst ist auf diesem Weg das Highlight schlechthin. Rundherum ist ein schöner Picknickplatz mit öffentlichen Toiletten angelegt, und im Sommer kann man das traditionelle Sägewerk, das mit Wasserkraft angetrieben wird, jeden Mittwochnachmittag in Aktion erleben.

Ein Pfad führt von hier Richtung *Ponte Sospesa* (die Brücke selbst darf nur zu Fuß überquert werden) und mündet dort in einen bequemen breiten Schotterfahrweg ein, der weitgehend schattig bergab führt, bis er auf die Straße trifft. Immer wieder kommen wir an Infotafeln vorbei, die einiges über die Holzverarbeitung im Val di Rabbi verraten. So erfahren wir etwa, dass sie früher neben dem Bergbau eine wichtige Einnahmequelle war.

Wo der Fahrweg auf die Straße trifft, kann man auf der anderen Seite direkt in einen ebenen Wiesenweg einbiegen, wenn man sich beim Überqueren kurz links hält. Dieser Weg läuft an einem rötlichen Bach entlang, der die Thermen von Bagni di Rabbi mit seinem eisenhaltigen Wasser speist. Links kommen wir an einigen verlassenen Häusern vorbei. Rechts stehen bald die hohen staatlichen Gebäude der Therme.

In Bagni di Rabbi startet der zweite Themenweg, der über das bäuerliche Leben im Tal informiert. Er führt über einen alten Eselspfad einen waldigen Steilhang hinauf und dann über sonnige Heuwiesen nach Somrabbi. Dort biegen wir nach links in die asphaltierte Straße ein und erreichen bald eine ehemalige Molkerei (Casel).

Im nächsten Ortsteil reihen sich die typischen hölzernen Heuschober (*Tobie*) mit ihren steinernen Grundmauern, den Holzaufbauten im Obergeschoss und weit überragenden Dächern aneinander. An einer Straßengabelung halten wir uns links und lassen den Ort rechts liegen. Auf einem schattigen Straßenabschnitt geht es nun durch Bergwald hinunter zum Fluss Rabbies. Sobald wir ihn überquert haben, stehen wir wieder auf dem Picknickplatz am Sägewerk.

TOUR 4

Talabwärts folgt als nächstes Highlight die **Therme in Bagni di Rabbi**. Sie dient vor allem medizinischen Zwecken. Ohne ärztliche Verordnung stehen Saunen, Massagen und kosmetische Anwendungen für angemeldete Besucher ab 14 Jahren zur Verfügung (*Mo. – Sa. 8.30 – 12 und 14.30 – 20 Uhr, termedirabbi.it*). Noch etwas weiter talabwärts lädt in San Bernardo ein Kneipp-Park zum Wassertreten ein. Nebenan befinden sich ein Spielplatz und ein Parkplatz.

061 San Bernardo di Rabbi – *Kneipp-Park*

GPS: N 46°24'00" E 10°50'38", Frazione San Bernardo 185, 38020 San Bernardo (1091 hm). **Max. WOMOs**: Ca. 3. **Ausstattung**: Keine. **Beschreibung**: Der Parkplatz liegt auf einer Kiesfläche an einem Bach am Ortsrand von San Bernardo. Er ist tagsüber oft überfüllt und abends auch noch gut besucht. Die Kiesfläche ist nicht ganz eben und schattenlos. Verboten ist das Übernachten im Wohnmobil dort aber nicht. **Preis**: Kostenlos. **Zufahrt**: In San Bernardo die erste Straße nach dem oberen Ortseingang (aus dem Val di Sole kommend die letzte vor dem Ortsende) bergab zum Fluss nehmen und ihr auf der anderen Flussseite nach links um die Kurve folgen.

San Bernardo ist der Hauptort im Val di Rabbi. Mehrere Restaurants, Pasticceria, Macelleria und ein Supermarkt versammeln sich hier. Sehenswertes gibt es aber erst wieder einige Kilometer weiter talabwärts. Unterhalb des Ortes Pracorno steht auf der Bergseite der Straße die **Mühle Molino Ruatti**. Ein Parkplatz liegt nebenan (*N 46°21'56" E 10°53'40", 795hm*). Hier starten auch einige Wanderwege.

Die Molino Ruatti ist eine traditionelle Getreidemühle. In dem originalgetreu restaurierten und ausgestatteten Gebäude, das bei stündlichen Führungen (nach Voranmeldung auch auf englisch) besichtigt werden kann, befinden sich aber auch Ställe und Wohnräume. In der komplett mit Holz verkleideten guten Stube steht ein beeindruckender Kachelofen. Der gut belüftete Dachstuhl wird für eine Ausstellung über historisches Handwerk in der Region genutzt.

Die Mühle ist Teil des Volkskundemuseums **Museo della Civiltà Solandra** in Malè (*Via Trento, Jul. – Mitte Sept., Di – Do. 10 – 12 und*

Die Mühle Ruatti (rechts) im Val di Rabbi (links) ist heute ein Museum.

TOUR 4

Kirche und Kapelle in Malè

14.30–18.30 Uhr), zu dem auch die **Schmiede Fucina Marinelli** gehört. Die Schmiede war von 1380 bis 2004 in Betrieb und verarbeitete die Erze aus dem Val di Rabbi. Der große Schmiedehammer wurde mit Wasserkraft angetrieben (*Località Pondasio*).

Malè (2200 Einwohner, 740 hm) liegt im Val di Sole direkt am Taleingang ins Val di Rabbi. Im Hauptort des Val di Sole ist neben dem großen Volkskundemuseum im ehemaligen **Palazzo Pretorile** die große **Dekanatskirche Santa Maria Assunta** einen Blick wert. Der Turm ist noch vom ursprünglichen mittelalterlichen Bau erhalten. Das Kirchengebäude geht auf das 16. Jahrhundert zurück. Auf dem Platz vor der Kirche befindet sich die **Kapelle San Valentino**, die zum Soldatendenkmal umfunktioniert wurde. Hinter der Kirche schließt sich die autofreie Piazza Regina Elena an, auf der das Rathaus mit der Touristeninformation für das Val di Sole steht. Weitere Palazzi und stattliche historische Gebäude finden sich entlang der Hauptstraße Via Trento und in den Straßen rund um die Kirche. Bequem und zentrumsnah parken Wohnmobile gegenüber des *Coop* Supermarktes.

062 Malè – *Ortszentrum*

GPS: N 46°21'02" E 10°54'41", Via IV Novembre, 38027 Malè (727 hm). **Max. WOMOs**: Ca. 10. **Ausstattung**: Mülleimer, Brunnen, Picknickbank. **Beschreibung**: Der geräumige asphaltierte Parkplatz unterhalb der Hauptstraße von Malè hat einige Plätze, auf denen Wohnmobile nach hinten auf Rasenfläche überstehen können. Kein Schatten, kein Service, aber ein Supermarkt befindet sich gegenüber und Restaurants in fußläufiger Entfernung. **Preis**: Kostenlos. **Zufahrt**: Direkt an der Hauptstraße.

Interessant für Familien ist in Malè außerdem das **Hallenbad *Aquacenter Val di Sole*** am Ortsrand (*Via alla Croce, acquacentermale.com*) und der benachbarte Spielplatz. Ein großer Parkplatz befindet sich dort ebenfalls nebenan (*N 46°21'04" E 10°54'59", Via alla Croce 20*). Action bietet im Sommer auch der ***Parco Avventura Flyingpark*** mit Kletterwand, Kletterwald und Zipline etwas außerhalb des Ortes (*Località Regazzini, flyingpark.it*).

Kaum haben wir Malè verlassen, finden wir uns in **Croviana** (685 Einwohner, 721 hm) wieder. Die wichtigste Sehenswürdigkeit des Ortes ist das **Castello dei Pezzen** aus dem 16. Jahrhundert mit seinem Burgfried. Wer sich für Insekten oder für die Imkerei interessiert, findet unterhalb des Ortes in der Nähe des Flusses Noce zudem die **Mühle Mmape** mit einem Bienenmuseum. Dort befindet sich auch das Sportzentrum von Croviana mit Parkplatz, Tennis- und Fußballplatz und einem Paintballfeld. Wenig oberhalb im Wald beginnt der Nordic Walking Park Val di Sole. Ein 2,3 Kilometer langer Rundweg überwindet 100 Höhenmeter durch das Biotop.

063 Croviana – *Le Plazze*

GPS: N 46°20›13" E 10°54'21", Via de le Ovene 1, 38027 Croviana. **Max. WOMOs:** 2. **Ausstattung:** Überdachte Picknickplätze, Brunnen, Grillstelle. **Beschreibung:** Idyllisch und ruhig im Wald gelegener Parkplatz auf Kies und Erde. Am Rand führt ein kleiner Bach vorbei. Die meisten Plätze sind jedoch schräg, und an einigen Sommerwochenenden finden auf dem Gelände oberhalb Veranstaltungen statt. **Preis**: Kostenlos. **Zufahrt:** Hinter dem Bienenmuseum MMape die steile enge Zufahrt durch den Wald bergauf nehmen.

Altes Zollhaus (links) und Rathaus (rechts) in Dimaro

Auf der SS42 folgt als nächster Ort **Dimaro** (2200 Einwohner, 780 hm). Dort zweigt die Passstraße hinauf nach Madonna di Campiglio ab (Tour 5). Wir bleiben jedoch vorerst auf der SS42 zum Passo del Tonale und steuern den Wohnmobilstellplatz am Ortsausgang von Dimaro an.

064 Dimaro – *Area Sosta Camper Dolomiti*

GPS / Kontakt: N 46°19'32" E 10°51'47", Via Gole 412, 38025 Dimaro, trentinowild.it. **Max. WOMOs**: 18. **Öffnungszeit**: 5. Dezember bis 15. September. **Ausstattung**: Alle Einrichtungen, Kaffeeautomat, Outdoor- und Sportangebote, Fahrradverleih, Spielplatz, Minigolfplatz, auch Zeltplätze und Wohnungen.

Beschreibung: Der Wohnmobilstellplatz auf zwei Kies-Terrassen wird von Trentino Wild verwaltet, einem Anbieter verschiedener Outdoor-Aktivitäten im Val di Sole und Val di Non. Reservierungen sind möglich – auch für längere Aufenthalte. Der Platz wird zugeteilt. Die Anmeldung vor Ort erfolgt am gleichen Schalter wie die Buchung der Outdoor-Aktivitäten. Busse zu Raftingtouren starten vor Ort. Ins Ortszentrum von Dimaro läuft man etwa zehn Minuten. Einziger Haken: Durch die direkt unterhalb des Platzes verlaufende Landstraße ist der Stellplatz leider sehr laut. **Preise**: 25 – 33 €. **Zufahrt**: Direkt an der SS42

Auf der anderen Seite der SS42 befindet sich das empfehlenswerte **Ristorante Pizzeria *Dolomiti***. Dort verläuft auch der meist autofreie Val di Sole Radweg, der im Val di Peio startet. Das alte Ortszentrum von Dimaro ist auf diesem Weg in wenigen Minuten erreicht. In dem charmanten *Dorfkern mit historischen Baubestand* sieht man auch einige der für die Gegend typischen Sonnenuhren neueren Datums. Zu den schönsten Gebäuden zählt neben dem Rathaus (*Municipio*) das ehemalige Zollhaus **Casa del Dazio** mit einem hübschen Bogendurchgang. Verpflegen können wir uns in der sehr guten **Bäckerei Panificio *Ravelli*** (*Via Gole* 15).

Hinter der Kirche San Lorenzo, die vom 14. bis ins 19. Jahrhundert laufend verändert wurde (*Via alla Chiesa, 21–31*), startet der Themenweg *Ecomuseo Val Meledrio*. Er folgt der MTB-Route am Wildbach Meledrio bis zum Dosso di Santa Brigida oberhalb des Ortsteils Folgarida von Dimaro, der bereits auf dem Weg Richtung Madonna di Campiglio liegt. Unterwegs trifft man auf die Überreste von historischen Handwerksbetrieben, darunter ein venezianisches Sägewerk, ein Fosinace für die Eisenverarbeitung und ein Brennofen (Calcera).

Der Noce - früher und heute

Die Lebensader des Val di Sole ist der Noce. Am Fluss und seinen Zuflüssen entlang haben sich die Dörfer angesiedelt. Der wilde und breite Bergbach sammelt auf seinem Weg bis zum Stausee Santa Giustina im Val di Non das Wasser der Wildbäche Vermigliana, Meledrio und Rabbies aus den Seitentälern ein.

Der Noce spielte immer eine wichtige Rolle für die Wirtschaft im Val di Sole. Er war Antrieb für die Mühlen, Transportweg für Holz und Stromspender. Heute ist er vor allem für den Tourismus bedeutend. Denn er hat sich zu einem weltweit bekannten Wassersportrevier entwickelt. 1984 eröffnete die erste Kanuschule. 1993 fand auf dem Noce die Kanu-Kajak-Weltmeisterschaft statt. Mehrere internationale Rafting-Wettbewerbe folgten.

Inzwischen ist der Noce eines der bekanntesten Rafting-Reviere Europas. Bei Rafting-Fans ist er beliebt, weil er sehr viele Stromschnellen bietet und kaum ruhige Abschnitte durchfahren werden (müssen). National Geographic listet den Noce unter den Top Ten Rafting Flüssen der Welt.

Rafting auf dem Noce können unter fachkundiger Anleitung und Begleitung auch Laien ausprobieren. Im Val di Sole gibt es dafür verschiedene Anbieter. Das größte Unternehmen ist *Trentino Wild* (*trentinowild.it*). An mehreren Standorten am Fluss starten Touren mit professionellen Rafting-Guides. Das Unternehmen bildet auch Wasserrettungskräfte aus. Weitere Anbieter sind unter anderem *Ursus Adventures* in Ossana (*ursusadventures.it*), *XRaft* in Mezzana (*raftingvaldisole.it*) und *Extreme Waves* in Commezzadura (*raftingextremewaves.it*).

Ausblick von der Alpe Daolasa auf die Brenta-Gruppe

Im Gewerbegebiet westlich von Dimaro liegt ein Parkplatz mit bequemen langen Parkbuchten direkt an der Straße (*N 46°19'26" E 10°51'02"*). Etwa einen Kilometer weiter westlich geht es zur Daolasa-Seilbahn (Mitte Juni bis Ende September). Sie erschließt ein *Eldorado für Mountainbiker* in der Adamello-Region.

Daolasa di Commezzadura (1000 Einwohner, 820 hm) war schon mehrfach Gastgeber der *MTB-Weltmeisterschaften*. Im Sommer 2026 kommen wieder die besten Downhill-Fahrer der Welt in den Ort. Der **Bike Park** mit der WM-Route Black Snake Line umfasst sechs Downhill-Strecken, beginnend an der Mittelstation der Gondelbahn Daolasa. An der Bergstation der Gondel, auf 2060 Metern über dem Meer, ist der Startpunkt der Enduro-Routen im Gravity Park. Das Ziel ist jeweils in Commezzadura. An der Talstation gibt es einen neuen Pumptrack und das Bike Val di Sole Centre mit Verleih und Trainern (*centrobikevaldisole.com*). Im Tal schließt der **Val di Sole Radweg** direkt an.

Die meisten Mountainbiker steigen an der Mittelstation aus. Wir fahren bis zur Bergstation an der **Alpe Daolasa** und spazieren von dort rund 30 Minuten auf sonnigen Wegen über aussichtsreiche Almwiesen zum **Rifugio *Orso Bruno*** (2160 hm). Das Rifugio serviert klassische Pasta-Küche aber auch hausgemachte Burger und liegt auf einem Aussichtsgipfel in der Adamello-Gruppe mit großartigem Panorama. Bei schönem Wetter sieht man im Norden die Gipfel des Nationalparks Stilfser Joch mit der Ortler-Gruppe und im Süden bis zu den Ledro-Alpen westlich des Gardasees (Tour 6). Im Osten liegt die zackige Brenta mit ihren Nachbargipfeln ganz nah und im Westen steigen die Adamello-Gipfel an.

Auf unserer Wohnmobiltour zum Passo del Tonale durchfahren wir als nächsten Ort Mezzana. Einige Kilometer später folgt ein kleiner Bauernhof-Campingplatz.

065 Pellizzano – *Agricampeggio Ai Caggi*

GPS / Kontakt: N 46°18'56" E 10°46'25", SP140, Località Claiano 3, 38020 Pellizzano (940 hm), Tel.: +39-3206-042317, aigaggi.com. **Max. WOMOs**: 8. **Öffnungszeit**: Keine Information. **Ausstattung**: Alle Einrichtungen. **Beschreibung**: Der kleine Campingplatz liegt idyllisch und ruhig auf einem teilweise leicht schrägen Wiesengelände unter schattenspendenden Bäumen umgeben von drei Bauernhöfen. Rezeption 9 - 12.30 und 16 - 19 Uhr. Die Gastgeber servieren auch Frühstück. Mezzana, Pellizzano und das malerische kleine Bergdorf Castello sind jeweils zwei Kilometer entfernt. **Preis**: 28 €. **Zufahrt**: Zwischen Mezzana und Pellizzano der SP140 nach rechts oben bis ins erste Dorf folgen. Das Campinggelände liegt hinter dem ersten Bauernhof auf der rechten Seite (bei Google Maps ist es falsch verortet)

Sehr gut essen können Sie in Pellizzano (780 Einwohner, 910 hm). Direkt an der SS42 serviert das **Fleischerei-Restaurant *RistoMacelleria Brida Brothers*** moderne Fleischküche. Auf der Speisekarte stehen neben Steaks auch Burger. In der Fleischerei können Sie sich zudem für den nächsten Grillabend eindecken (Via Nazionale 77). Die deftige Kost verdaut sich am besten bei einem Spaziergang durch den historischen Ortskern von Pellizzano.

Die beiden folgenden Orte **Ossana** (860 Einwohner, 1005 hm) und **Fucine** am Eingang ins Val di Peio sind faktisch zusammengewachsen. Nicht allzu lange Wohnmobile parken im Sommer auf einem Parkplatz am Ortsrand von Fucine (*N 46°18'40" E 10°44'03", 996hm, vom 31.8. bis 23.12. und 7.1. bis 30.6. besteht Mo.- Fr. 7.30 - 17 Uhr Parkverbot*). Oder Sie wählen einen der beiden Campingplätze in Ossana.

066 Fucine – *Camping I Larici*

GPS / Kontakt: N 46°18'40" E 10°44'10"Strada della Fornas 30, 38026 Fucine, ilarici.it. **Max. WOMOs**: Ca. 60. **Öffnungszeit**: Keine Information. **Ausstattung**: Alle Einrichtungen, TV an den Plätzen, überdachte Grillplätze (mit Spüle und Tischen), Kicker, auch Hütten und Ferienwohnungen. **Beschreibung**: Recht neuer, eher kleiner Campingplatz mit vielen Dauercampern aber auch einigen schönen Plätzen für Wohnmobile auf ebenem Wiesengelände unter Lärchen. Rezeption, Grillplätze und Bäder sind mit hochwertigen Naturmaterialien sehr elegant ausgestattet. Freundlicher Empfang. Vor dem Campingplatz liegt ein kleiner, günstigerer Stellplatz auf einer schattenlosen Wiese. Die Rezeption ist von 8.30 – 12.30 und von 15 – 20 Uhr besetzt. **Preise**: Bis 45 Euro. **Zufahrt**: Von der SS42 in Fucine aus Pellizzano kommend links in die Strada della Fornas einbiegen und der ersten Straße nach links folgen.

067 Ossana – *Camping Cevedale*

GPS / Kontakt: N 46°18'30" E 10°44'05", Via di Sotto Pila 4, 38026 Ossana, campingcevedale.it. **Max. WOMOs**: Ca. 90. **Öffnungszeit**: Anfang Dezember bis Ende September. **Ausstattung**: Alle Einrichtungen, Bar, Minimarkt, Spielplatz, Volleyball-, Fußballplatz, Grillplätze, Gemeinschaftsraum mit TV, Fahrradverleih kostenlos, auch Chalets. **Beschreibung**: Campingdorf auf beiden Seiten des Flusses Vermigliana mit Wiesenstellplätzen verschiedener Größe. **Preise:** Bis 59 Euro. **Zufahrt**: Wie Camping I Larici, aber der Strada della Fornas über die Brücke folgen, dort links.

Ossana zählt seit 2022 zu den *Borghi più belli d'Italia* (Schönste Dörfer Italiens). Die **Burgruine Castel San Michele** steht imposant auf einem steilen Felsen, der sich mitten aus dem Dorf erhebt. Die Burg aus dem 12. Jahrhundert gehörte erst den Fürstbischöfen von Trient, dann zu Tirol, anschließend wechselnden Adelsherren und im Bauernkrieg sogar den Bauern. Die Anlage ist öffentlich und kann besichtigt werden. Gut erhalten ist der 25 Meter hohe Bergfried (*Via al Castello*).

Nicht nur an der Burg, sondern auch im historischen Ortskern feiert Ossana in der ersten Augustwoche eine Mittelalterwoche (*Settimana Medievale*). Auf einem verkehrsberuhigten Platz an der Via Venezia gibt es dann einen kleinen Markt mit Musik- und Gaukleraufritten und Kostümverleih. Außerdem sind einige **historische Palazzi** geöffnet. Zu sehen sind darin auch Miniatur-Nachbildungen von Ossana und Umgebung. Die schlichte romanische **Kirche San Vigilio** zählt zu den ältesten im Val di Sole. Am oberen Ortsrand startet ein schöner Spaziergang.

Musiker beim Mittelalterfest in Ossana

Wanderung zum Botanischen Garten Bosco Derniga

3,5 km, 160 hm, ca. 1,5 h

Vom Camping I Larici laufen wir zunächst auf der Hauptstraße durch den Ort Ossana bis zur Kirche. Oberhalb beginnt der *Sentiero degli Sensi* (Pfad der Sinne). Der barrierefreie Kiesweg windet sich einen Wiesenhang hinauf und gibt bald einen großartigen Ausblick auf Ossana und seine Burg frei. Einige schattige Picknickbänke ermöglichen bequeme Pausen. Nach weiteren Aussichtspunkten führt ein wurzeliger Waldpfad schattig weiter bergauf. Er biegt bald in eine Schotterpiste ein. Der Bosco Derniga ist ausgeschildert. Kurz bevor wir den kleinen Botanischen Garten erreichen, zweigt links ein Steg in ein Hochmoor ab. Wir durchqueren es zwischen Farn und Schachtelhalm, über die wir uns auf Schautafeln informieren können. Für Kinder gibt es ein Spiel mit QR-Codes.

Zum eigentlichen Botanischen Garten, der umzäunt ist, gehören mehrere kleine Hütten, die unterschiedliche Themen erklären, etwa die Welt der Insekten. Die Informationen sind auch auf englisch verfügbar und kindgerecht aufbereitet. Ein kleiner Wasserlauf durchfließt das Gelände. Mitten drin ist ein Bauerngarten mit Obst, Gemüse und Blumen angelegt. Man muss für den Besuch des Bosco Derniga nicht mehr als eine Stunde einplanen, kann in der abgeschiedenen Idylle aber auch gut einen ganzen Nachmittag verbringen. Für Toiletten und Picknicktische ist gesorgt.

Zurück folgen wir der breiten Schotterpiste bis zu einer scharfen Rechtskurve. Direkt dahinter zweigt ein schmaler Waldpfad nach links ab, der uns zu einem Picknickplatz führt. Über die Via Belvedere kommen wir von dort auf bequemem Weg zurück in den unteren Ortsteil von Ossana.

Val di Peio

In Fucine zweigt die SP87 ins **Val di Peio** (1850 Einwohner) ab. Dieses Seitental des Val di Sole liegt wie das Val di Rabbi im *Nationalpark Stilfser Joch*, allerdings einige Höhenmeter weiter oben als das Rabbies-Tal. Die zehn Kilometer von Fucine ziehen sich zäh bergauf, meist am Fluss Noce entlang. In Cogolo lohnt sich ein Stop beim interessanten, interaktiven und höchst informativen **Besucherzentrum** des Nationalparks Stilfser Joch. Dort erfahren wir alles Wissenswerte über die Natur und Geschichte des Nationalparks auf englisch und italienisch (*Via Roma 65*). Ein Parkplatz liegt an der Straße kurz vor Cogolo (*N 46°20'48" E 10°41'52", 1152 hm*). Im Ort gibt es zudem Parkplätze am Straßenrand (*N 46°20'55" E 10°41'44", 1155 hm*). Ein kleiner Picknickplatz mit Platz für ein bis zwei Fahrzeuge auf der anderen Seite von Straße und Fluss ist über eine Brücke erreichbar (*N 46°20'58" E 10°41'38"*).

Nationalpark Stilfser Joch (Parco Nazionale Stelvio)

Der Nationalpark Stilfser Joch wurde bereits 1937 eingerichtet. Er umfasst eine Fläche von 130.730 Hektar in den Regionen Lombardei, Südtirol und Trentino. Der Trentiner Teil ist 17.560 Hektar groß. Die Höhenunterschiede bringen eine große Naturvielfalt mit sich. Auerhahn, Wolf und Fuchs leben in den tiefer gelegenen Wäldern. Ab einer Höhe von 1700 Metern weicht der Wald flachem Gebüsch. Ab 2500 Metern Höhe wird die Landschaft typisch alpin. Dort fühlen sich Gämse, Steinböcke und Murmeltiere wohl.

Für die Menschen in der Region waren die hohen Berge bis Mitte des 19. Jahrhunderts Terra Inkognita – unbekanntes Land. Erst dann wagten sich Bergsteiger in die großen Höhen. Die erste detaillierte Karte der Ortler-Cevedale-Gruppe hat 1869 der Kletterer und Entdecker Julius Payer fertiggestellt. Breite Begeisterung für die wilde Natur der Berge weckten die Berichte der englischen Bergsteiger Francis Fox Tuckett und Douglas William Freshfield in den 1870er Jahren. Damit begann der Bergtourismus in Europa.

Undenkbar ist die Geschichte des Val di Peio am südlichen Rand des Nationalparks ohne das Wasser. Die Mineralquellen wurden schon im 16. Jahrhundert genutzt. Ab dem 19. Jahrhundert waren sie eine bedeutende Einnahmequelle für das Tal. Mineralwasser aus dem Peio-Tal steht in ganz Italien auf dem Tisch. Das Wasser des Noce wird bis heute auch zur Stromgewinnung genutzt. Mehr: *parcostelviotrentino.it*

Hinter Cogolo windet sich die Straße in einigen Kehren steil bergauf. Bald zweigt rechts die Stichstraße zum Campingplatz ab. Zwei Kilometer weiter erreichen wir **Peio Terme**. Der Ort ist ein *traditioneller Kurort mit historischer Hotel- und Bäderarchitektur*. Die moderne Therme bietet ein kleines Schwimmbad, Sauna, Fitnessbereich, Wellness- und Kosmetikangebote. Zugang zum Thermalwasser gibt es nur gegen Gebühr. Feinschmecker finden in Peio Terme mehrere Läden mit regionalen Delikatessen und eine Schokoladenmanufaktur. Der kleine Supermarkt ist ebenfalls gut sortiert und verkauft neben Käse aus dem Tal unter anderem ein seltenes regionales Craftbeer. Wir durchfahren den traditionellen Kurort bis zum oberen Ende, wo ein großer Privatparkplatz auch Wohnmobile aufnimmt – eine Alternative zum Campingplatz außerhalb des Ortes..

068 Peio – *Camping Val di Sole*

GPS / Kontakt: N 46°21'32" E 10°40'53", Località Dossi di Cavia, 3, 38024 Peio, www.valdisolecamping.it. **Max. WOMOs**: 100. **Öffnungszeit**: Ganzjährig außer November und Mai. **Ausstattung**: alle Einrichtungen, Minimarkt, Bar/ Restaurant, Grillplatz, Spielplatz, Spielzimmer, Kindertoiletten, Privatbäder, Aufenthaltsraum, Tischtennis, auch Holzbungalows. **Beschreibung**: Der ruhige, naturnahe Campingplatz mitten im Wald ist seit 30 Jahren in Familienbesitz. Die Plätze liegen unparzelliert auf ebenem Wiesengelände zwischen Bäumen. Bei voller Belegung kann es eng werden. Gepflegte und saubere Sanitärs. Sehr freundlicher Empfang. Am Platz starten mehrere Wanderwege. Eine Bushaltestelle befindet sich direkt am Abzweig an der SP87. **Preise**: 25 – 44 Euro **Zufahrt**: Von der SP87 aus dem Tal kommend nach der Steigung scharf rechts abbiegen.

069 Peio – *Parcheggio Val di Monte*

GPS: N 46°21'18" E 10°39'34", 1430 hm, Via di Noval, 38024 Peio.

Max. WOMOs: 20. **Ausstattung:** Keine. **Beschreibung**: Der Parkplatz liegt ruhig am Ortsrand von Peio Terme nahe der Seilbahnstation auf zwei Terrassen mit Blick über den Ort und die Wiesen im oberen Peio-Tal. An einigen Plätzen spenden Bäume etwas Schatten. Tagsüber belebt. Nachts ruhig und abgesperrt. Direkt vor dem Parkplatz fährt der Shuttlebus zum Wanderparkplatz am idyllischen Bergsee Lago di Pian Palu. **Preis**: 7 € / Tag von Montag bis Freitag, 9 € / Tag Samstag und Sonntag. **Zufahrt**: Direkt an der SP87 hinter Peio Terme.

Die Straße führt noch etwa zwei Kilometer weiter hinauf zum Ort Peio. Nach 900 Metern liegt rechts das **Wildtierzentrum Area Faunistica Peio** mit Hirschen, Rehen und vielen Informationen über weitere Tiere im Nationalpark (*tgl. 10.30 – 12.30 und 14 – 16 Uhr*). In Peio finden sich ein Museum über den Ersten Weltkrieg im Peio-Tal (*Salita San Rocco 1, www.museopejo.it*) und das winzige **Hexenmuseum Museo delle Streghe**, das als kleinstes Museum im Trentino gilt (*Via XXIV Maggio, tgl. 10 – 12 und 15.30 – 19 Uhr*).

Panorama von Peio 3000 (links) und beim Wandern auf Tarlenta (rechts)

Weiter hinauf geht es nun entweder zu Fuß oder mit der Seilbahn. Aus Peio Terme fährt eine Gondelbahn hinauf nach Tarlenta (*Mitte Juni bis Ende September*). Von dort kommt man mit der großen hochmodernen **Peio 3000**-Gondel weiter auf 3000 Meter Höhe bis zum **Rifugio *Mythe*** (Winterkleidung einpacken!). Hier oben finden wir uns unterhalb einer Gruppe steiler Felsspitzen in einer scheinbar unbelebten Fels- und Geröllwüste wieder. Das rötliche Gestein zeigt deutlich seinen Eisengehalt.

Wer nicht zu den geübten Kletterern und Bergsteigern zählt und auch kein Tagestrekking plant, kann kurz zu einem kleinen Wasserfall laufen. Auf dem Weg dahin kommt man an zwei muschelförmigen Unterständen aus Stahl vorbei. Bei klassischer Musik kann man in den windgeschützten Unterständen den epischen Felskessel auf sich wirken lassen. In die andere Richtung bietet sich ein fantastisches Bergpanorama. Vor allem die Gletscher in der Adamellogruppe sind zu sehen. Freundlicher und zugänglicher zeigt sich die Umgebung in **Tarlenta** auf 2000 Metern Höhe. Hier sind auch einfache Wanderungen und MTB-Touren möglich.

Wanderung zum Lago Covel

4 km, 150 hm, 1,5 h

Wir folgen zunächst dem großen Fahrweg von der Tarlenta Seilbahnstation nach unten, biegen aber direkt nach der ersten Rechtskurve rechts in einen kleinen Waldpfad ein. Von da ab schlängelt sich unser Pfad durch einen duftenden Nadelmischwald mit Fichten, Tannen und Lärchen. Unzählige riesige Findlinge am Wegrand laden zu kleinen Kraxeleien oder zum Versteckspiel ein.

Bald verlassen wir den Wald und überqueren eine Wiese. Unten sehen wir schon den kleinen grünen Bergsee Lago Covel liegen. Unser Pfad führt über kleine Bachläufe. An einem kleinen Wasserfall können wir auf einer Aussichtsbank picknicken. Danach geht es durch lichten Bergwald bergab zum See. Zurück auf dem gleichen Weg.

Varianten: Wer sich die Höhenmeter sparen will, kehrt schon am Wasserfall um (ca. 3 km hin und zurück). Mit etwas mehr Ausdauer können Sie auch nach Peio absteigen.

Etwas unterhalb der Seilbahnstation Tarlenta toben Kinder auf einem großen Spielplatz mit überdachten Schaukeln und weiteren schönen Holzspielgeräten. Unbedingt empfehlenswert ist ein Mittagessen im **Rifugio *Scottaiolo***. Das Selbstbedienungsrestaurant bietet *hervorragende Küche mit einer großen Auswahl* an Pasta, Risotto und weiteren Hauptgerichten, Vorspeisen und Desserts zu einem unschlagbaren Preis-Leistungs-Verhältnis. Auf der Terrasse sitzt man luftig und mit Panorama über das Peio-Tal.

Nach diesem Ausflug in den Nationalpark Stilfser Joch verlassen wir das Peio-Tal und fahren mit dem Wohnmobil zurück nach Fucine / Ossana. Dort halten wir uns rechts Richtung Passo del Tonale. Das obere Val di Sole, das hier beginnt, zeigt einen anderen Charakter als das untere Tal. Die bisher gut ausgebaute SS42 ist nun enger und löchriger. Die Berge rücken enger zusammen. Für Landwirtschaft ist nicht mehr viel Platz, und die Dörfer liegen oft malerisch auf Hügelkuppen oder steil am Hang, wie zum Beispiel **Vermiglio** (1790 Einwohner, 1260 hm). Der Ort war als Skilanglaufzentrum bereits Austragungsort internationaler Wettbewerbe. Ein schönes Ausflugsziel im Sommer sind die **Laghetti di Vermiglio**.

070 Vermiglio – *Centro Fondi dei Laghetti*

GPS: N 46°17'27" E 10°40'50", Via della Prada 64, 38029 Vermiglio. **Max. WOMOs**: 3. **Ausstattung**: Restaurant, öffentliche Toiletten, Fußballplatz und Spielplatz nebenan. **Beschreibung**: Schattenloser Ausflugsparkplatz auf Kies an einer Seitenstraße. Tagsüber besonders an Wochenenden sehr belebt, nicht für lange Fahrzeuge geeignet. **Preise**: 1 € / h von 9 – 17 Uhr. **Zufahrt**: Von Fucine kommend in Vermiglio hinter dem Museo della Guerra nach links unten in die Via della Prada abbiegen.

In den *Laghetti* leben Forellen. Die vier Teiche werden auch Laghetti di San Leonardo genannt und vom gleichnamigen Flüsschen gespeist. Umgeben sind sie von einer parkähnlichen Anlage. Neben einem großen Spielplatz und Ruhebänken gibt es dort auch den **Sentiero della Photografia**. Das Open-Air-Kulturprojekt zeigt großformatige Fotografien von Orten im Val di Sole, die Künstler aus dem Val di Sole angefertigt haben. Verschiedene

An den Laghetti di Vermiglio (links) und am Forte Strino (rechts)

kurze Wanderwege führen durch das Tal. So erreicht man etwa nach einem Kilometer das Hochmoor- Biotop Corredolo und nach zwei Kilometern den Wasserfall Cascata di Palu.

Hinter Vermiglio beginnt die SS42 in Serpentinen steil anzusteigen. Nach fünf Kilometern stoppen wir am **Forte Strino**, das in einer Kurve rechts über der Straße aufragt. Der gepflasterte Parkplatz befindet sich links (*N 46°16'47" E 10°38'39"*). Die Festungsanlage auf 1520 Metern Höhe ist über einen Treppentunnel durch den Fels erreichbar, auf dem sie 1861 erbaut wurde. Sie spielte als Straßensperre im Ersten Weltkrieg eine wichtige Rolle und zeigt daher auch heute eine Ausstellung zum sogenannten Weißen Krieg (*Guerra Bianca*), der in den Gletscherregionen tobte.

Neben der Dauerausstellung ist im Forte Strino auch eine Ausstellung mit Fotografien aus dem Krieg in der Ukraine zu sehen (*Di. – So. 10 – 12.30 und 14 -18.30 Uhr, mittwochs Nachtführungen*). Den Ausblick sollten Sie ebenfalls nicht verpassen. Die Gletscher des Adamellomassivs sind bereits in Sichtweite.

Blick auf Passo del Tonale

Weitere sieben ansteigende Kilometer später ist schließlich **Passo del Tonale** (200 Einwohner, 1883 hm) erreicht. Auch dort wird des Weltkriegs gedacht. Das monumentale **Sacrario Militare del Tonale** an der Passstraße ist nicht zu übersehen. Es wurde vom Architekten Pietro del Fabbro entworfen und in den 1920er Jahren vollendet. Im Inneren befindet sich ein *Ossario*, ein Raum, in dem die Gebeine der Gefallenen gesammelt sind. Der offizielle Wohnmobilstellplatz des Ortes lässt jeden Charme vermissen und stellt daher wohl nur selten eine Alternative zum kostenlosen Kiesparkplatz an der Zufahrtsstraße (*N 46°15'28" E 10°34'57"*) dar.

071 Passo del Tonale - *Area Camper Paradiso*

GPS: N 46°15'25" E 10°35'04", Via Nazionale 14, 38029 Passo del Tonale. **Max. WOMOs**: 22. **Öffnungszeit**: Ganzjährig. **Ausstattung**: Ver- und Entsorgung, Strom, Toiletten, Duschen, Müllentsorgung. **Beschreibung**: Der parkplatzähnliche Stellplatz liegt auf einer schattenlosen asphaltierten Fläche etwas abseits der Passstraße in der Nähe der Hochhäuser. Bezahlt wird vorab am Automaten. Mit dem Ticket bekommt man Zugang zu Toiletten und Duschen. Die Automatenzahlung ist etwas kompliziert und nur auf italienisch erklärt. **Preis**: 20 € / Tag, Überlauf-Parkplatz vor der Schranke zum gleichen Preis. **Zufahrt**: In Passo del Tonale am Soldatendenkmal von Vermiglio kommend links einbiegen.

Der eigentlich kleine Wintersportort Passo del Tonale hat reichlich Bettenkapazitäten in Hochhäusern geschaffen. Er liegt zwischen baumlosen Berghängen, die mit zahlreichen Pisten und Liftanlagen für Skifahrer präpariert wurden. Im Sommer sind nicht alle in Betrieb.

Im Ort gibt es einige Outdoor-Shops. Auch auf dem Wochenmarkt wird neben regionalen Spezialitäten vor allem Outdoor-Kleidung angeboten. Das kleine, familienbetriebene ***Ristorante Il Focolare*** überzeugt mit klassischer Trentiner Küche, schnellem und freundlichem Service (*unbedingt reservieren, Via Circonvallazione 6, +39-3201-381837*).

Passo del Tonale zelebriert zwar vor allem den Wintersport. Der **Family Bikepark Ponte di Legno Tonale** belebt den Ort aber zusehends auch im Sommer. An der Bergstation des Valbiolo-Sessellifts auf 2200 Metern Höhe starten acht Downhill- und Freeride-Trails für alle Altersgruppen und Niveaus. Außerdem wird Fahrradverleih und MTB-Training mit Guides angeboten.

Auch ohne MTB ist die ***Malga Valbiolo*** ein nettes Ausflugsziel für Familien. Das Murmeltierdorf *Villaggio delle Marmotte* führt spielerisch mit Tunnels und Rutschen in die Welt der Murmeltiere ein. Auf 2577 Meter hinauf führt von dort zudem der Sessellift Contrabandieri zum gleichnamigen Pass im Parco Nazionale Stelvio mit Blick auf die Adamellogruppe.

Mitten in den Adamello-Naturpark hinein kommt man mit der Paradiso-Seilbahn. Der kostenlose Parkplatz an der Talstation ist für Wohnmobile freigegeben.

Adamello Presanella-Gletscher

072 Ponte di Legno – *Cabinovia Passo Paradiso*

GPS: N 46°15'25" E 10°34'21", SS24, 25056 Ponte di Legno. **Max. WOMOs**: Ca. 5. **Ausstattung**: Keine. **Beschreibung**: Großer Parkplatz mit unmarkierten Stellflächen auf Kies, die nicht immer ganz eben sind. Eine Toilette im Liftgebäude ist zu den Betriebszeiten geöffnet. **Preis**: Kostenlos. **Zufahrt**: Direkt an der SS42.

Kurz vor dem Ende unserer Tour erleben wir noch ein echtes Highlight. Die Gondelbahn fährt hinauf zum 2587 Meter hohen **Passo Paradiso** (Ende Juni bis Ende September). Dort oben findet man sich vor einem Gletschersee wieder. Die Nähe der Gletscher macht sich auch bei der Temperatur bemerkbar. Selbst im Hochsommer weht hier ein eisiger Wind.

Das Reich aus Fels und Eis rund um den Passo Paradiso erobern geübte Kletterer auch in der Vertikalen. Ein spektakulärer Klettersteig mit Hängebrücke ist etwa der rund fünf Kilometer lange *Sentiero dei Fiori*. Möglich sind auch Trekkingtouren, unter anderem auf den Spuren des Ersten Weltkrieges.

Der Passo Paradiso war ein Schauplatz dieses Krieges. Direkt an der Bergstation erinnern einige Stollen in den Felswänden und ein 60 Meter langer Tunnel aus dem Ersten Weltkrieg daran. Der Tunnel wurde zum interaktiven **Museum Suoni e Voce della Guerra Blanca** umfunktioniert. Maschinengewehre rattern und Bombenecho hallt wider, während man die Objekte betrachtet und die Infotafeln (auch auf deutsch) liest (*tgl. 8.15–16.45 Uhr, Eintritt frei*).

In einer weiteren Kabinenbahn schweben wir über den **Presena-Gletscher**, der im Sommer mit weißen Planen gegen die Sonne geschützt wird, hinauf bis auf 3000 Meter Höhe. Dort oben stehen wir an einem Talkessel mit Blick auf den beeindruckenden **Adamello-Presanella-Gletscher**. Sämtliche Wandertouren, die hier starten, erfordern Trittsicherheit, Schwindelfreiheit, Bergerfahrung und Kondition. Auf die Cima Presena ist es zwar nicht weit, aber die wenigen Höhenmeter sind in dieser großen Höhe auch anstrengend. Wer es gerne schick mag, kann im **Bar / Restaurant *Panorama 3000 Glacier*** einen Trentiner Ferrari-Champagner und Austern genießen. Für ein sättigendes und leckeres Mittagessen ist eher das **Rifugio *Capanna Presena*** an der Mittelstation der oberen Seilbahn zu empfehlen.

Am Passo Paradiso

Bei der Seilbahn-Abfahrt vom Passo Paradiso öffnet sich eine **schöne Aussicht** auf den Ort Ponte di Legno, der bereits in der

TOUR 4

Mit der Paradiso-Seilbahn über dem Gletschersee

Lombardei und deutlich niedriger liegt als Passo del Tonale, das von oben direkt freundlicher aussieht. Im Hintergrund ragen die Ortleralpen auf. Wir befinden uns hier tatsächlich schon auf dem Territorium der Lombardei. Unsere Tour endet deshalb hier.

Anschlussmöglichkeiten: Wenn Sie der Passstraße durch Ponte di Legno hindurch nach unten folgen, kommen Sie ins Valle Camonica. Das 80 Kilometer lange Tal führt zum schönen Iseosee. Unterwegs können Sie rund um den Ort Capo di Ponte zum Beispiel im Parco Nazionale delle Incisioni Rupestri Felszeichnungen aus der Frühgeschichte der Menschheit bestaunen, die zum *Unesco Welterbe* zählen.

Rund 130 Kilometer sind es von Passo del Tonale immer Richtung Westen zum Comer See. Wenn Sie Spaß an abenteuerlichen Bergpässen finden, dann wagen Sie sich in Richtung Norden über die höchsten Alpenpässe Italiens, den Passo Gavia und das Stilfser Joch, nach Südtirol (WOMO-Reiseführer Band 30) oder in die Ostschweiz (WOMO-Reiseführer Band 51).

Um zum Ausgangspunkt unserer nächsten Tour zu kommen, fahren Sie auf der bekannten Strecke 27 Kilometer zurück Richtung Osten nach Dimaro.

Tour 5

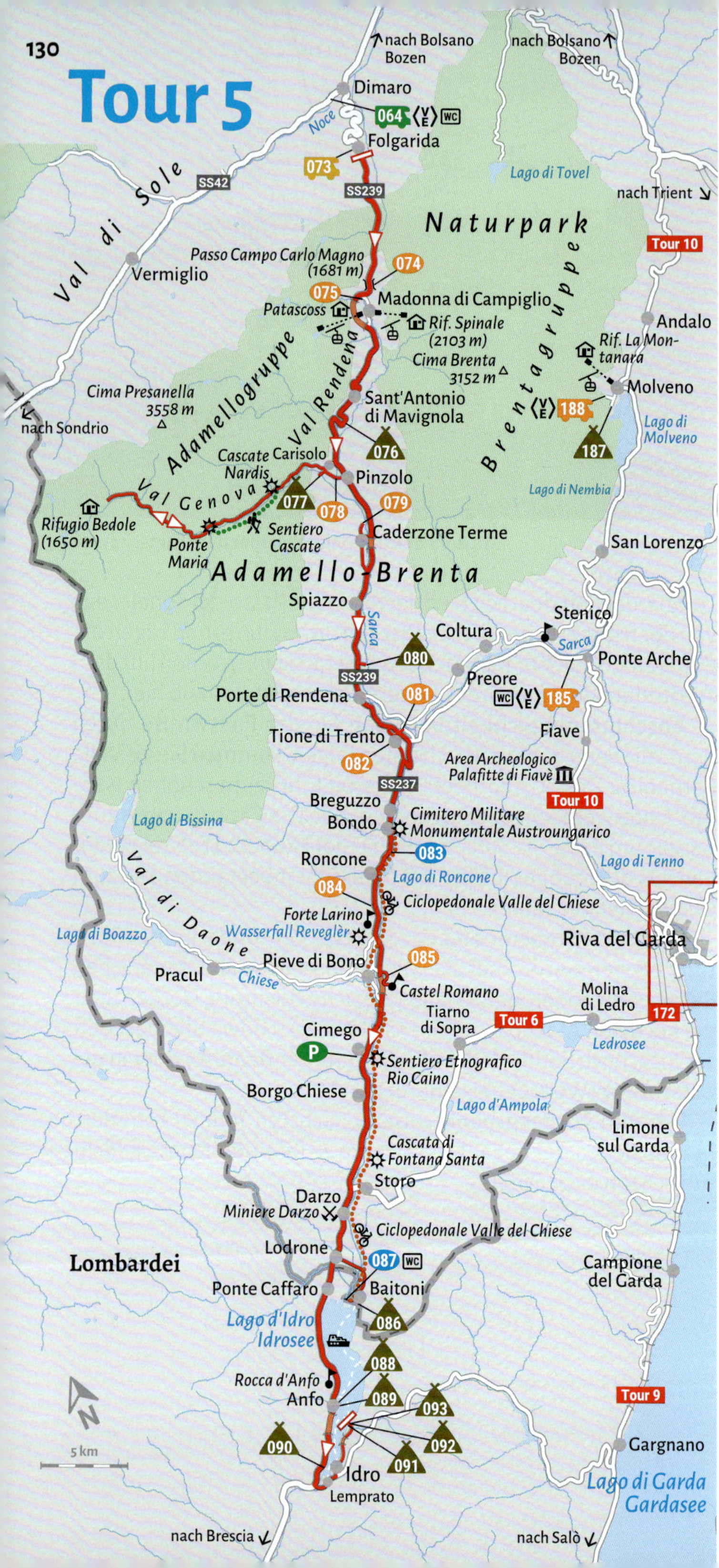
nach Bolsano Bozen
nach Bolsano Bozen
Dimaro
064
Noce
Folgarida
073
SS42
SS239
Lago di Tovel
nach Trient
Val di Sole
Naturpark
Tour 10
Passo Campo Carlo Magno (1681 m)
074
Vermiglio
075
Madonna di Campiglio
Patascoss
Rif. Spinale (2103 m)
Brentagruppe
Andalo
Rif. La Montanara
Cima Brenta 3152 m
Molveno
Adamellogruppe
Val Rendena
Sant'Antonio di Mavignola
Cima Presanella 3558 m
nach Sondrio
188
Lago di Molveno
187
076
Cascate Nardis
Carisolo
Pinzolo
Lago di Nembia
Val Genova
077
078
079
Rifugio Bedole (1650 m)
Ponte Maria
Sentiero Cascate
Caderzone Terme
San Lorenzo
Adamello-Brenta
Spiazzo
Sarca
Stenico
Coltura
080
Ponte Arche
SS239
Preore
Porte di Rendena
081
185
Fiavè
Tione di Trento
082
Area Archeologico Palafitte di Fiavè
SS237
Tour 10
Breguzzo
Bondo
Cimitero Militare Monumentale Austroungarico
Lago di Bissina
083
Lago di Tenno
Roncone
Lago di Roncone
084
Ciclopedonale Valle del Chiese
Val di Daone
Forte Larino
Wasserfall Reveglèr
Lago di Boazzo
Riva del Garda
Pieve di Bono
085
Pracul
Chiese
Castel Romano
Molina di Ledro
Tiarno di Sopra
Tour 6
172
Cimego
Ledrosee
P
Sentiero Etnografico Rio Caino
Borgo Chiese
Lago d'Ampola
Limone sul Garda
Cascata di Fontana Santa
Storo
Darzo
Miniere Darzo
Ciclopedonale Valle del Chiese
Lodrone
087
Lombardei
Campione del Garda
Ponte Caffaro
Baitoni
Lago d'Idro Idrosee
086
088
Rocca d'Anfo
Anfo
089
093
Tour 9
090
092
091
5 km
Gargnano
Idro
Lemprato
Lago di Garda Gardasee
nach Brescia
nach Salò

Vom Wintersportmekka zum Wasserparadies Von Madonna di Campiglio an den Idrosee

120 km

Aus einem weltbekannten Wintersportort fahren wir an einen verträumten Badesee. Auf dieser Tour von Madonna di Campiglio durch das Val Rendena und das Valle del Chiese zum Idrosee erleben wir grandiose Natur in spannenden Flusstälern und schmucke Städtchen mit historischen Gebäuden.

Meine besonderen Tipps für Sie:

- **Wasserfallwanderung im Val Genova**
- **Pinzolo**
- **Fahrradtour durch das Val Rendena**
- **Forte Larino und Wasserfall**
- **Bootstour auf dem Idrosee**

Unsere Tour startet einige Kilometer nördlich von Madonna di Campiglio in Folgarida. Der unscheinbare Ort gehört eigentlich noch zum Val di Sole. Sie erreichen ihn am besten, indem Sie Tour 4 bis Dimaro folgen. Eine bequeme Alternative für die Anreise bildet die gut ausgebaute Strecke von Mezzolombardo über Cles nach Dimaro (ca. 37 km).

In Dimaro nehmen Sie die SS239 Richtung Madonna di Campiglio. Sieben Kilometer und ungefähr genauso viele Kehren hinter Dimaro liegt Folgarida über dem Tal. Östlich bietet das Flusstal des Meledrio Gelegenheit für Wanderungen, westlich führen Seilbahnen hinauf ins Adamello-Massiv. Wer sich mehr Zeit für Entdeckertouren in der Gegend nehmen will, findet direkt an der Straße einen Hotel-Stellplatz.

073 Folgarida – *Hotel Belvedere*

GPS: N 46°17'52" E 10°52'03", SS239 No. 3, 38025 Folgarida. **Max. WOMOs**: 20. **Öffnungszeit**: Dezember bis April und Juni bis August. **Ausstattung**: Strom, Bar / Restaurant, Müll, kleiner Spielplatz, Tischtennis, Toiletten in der Bar. **Beschreibung**: Parkplatzähnlicher Stellplatz neben dem Hotel und nahe dem Lift Belvedere. **Preise**: 25 €, Strom 10 €. **Zufahrt**: Direkt an der Durchgangsstraße.

Hinter Folgarida fahren wir weiter stetig steil bergauf und erklimmen den geschichtsträchtigen **Passo Campo Carlo Magno** (1681 hm). Karl der Große (*Carlo Magno*) soll hier Station gemacht haben, als er nach Rom reiste, um sich vom Papst zum Kaiser des Heiligen Römischen Reiches Deutscher Nation krönen zu lassen. Daher rührt der Name. Dass er sich ausgerechnet hier länger aufgehalten haben soll, versteht man vor Ort gut. Das Bergpanorama der Brenta-Gruppe ist derart beeindruckend, dass auch wir den nächsten Parkplatz ansteuern, um es wenigstens für einige Minuten in Ruhe auf uns wirken zu lassen. Kostenloser Parkraum ist rund um Madonna di Campiglio allerdings Mangelware. Wir geben uns daher mit dem Bezahlparkplatz zufrieden, den man auch nachts nutzen dürfte.

074 Passo Campo Carlo Magno

GPS: N 46°14'38" E 10°50'29", Passo Campo Carlo Magno, Via Camp dei Frari, 38086 Madonna di Campiglio (1678 hm). **Max. WOMOs**: Ca. 10. **Ausstattung**: Keine. **Beschreibung**: Schattenloser Schotterparkplatz an der Straße mit fantastischer Aussicht auf das Brenta-Massiv auf der Passhöhe. **Preise**: 7 € / Tag + 13 € / Nacht. **Zufahrt**: Direkt an der Straße.

Anschließend rollen wir mit traumhaftem Bergpanorama drei Kilometer bergab und erreichen **Madonna di Campiglio** (1552 hm, 800 Einwohner). Berühmt ist der Ort vor allem als Skigebiet. Auf der Piste *Canalone Miramonti* wurden bereits Ski-Weltcups ausgetragen. Für reichlich Parkplätze ist zwar gesorgt, doch nur einer ist für Wohnmobile freigegeben. Er stellt die einzige Übernachtungsmöglichkeit für Camper in dem Touristenzentrum dar.

075 Madonna di Campiglio – *Via Cima Tosa*

GPS: N 46°14'07" E 10°49'28", Via Cima Tosa, 38086 Madonna di Campiglio. **Max. WOMOs**: Ca. 15. **Ausstattung**: Keine. **Beschreibung**: Etwas unebener und teilweise abschüssiger, aber immerhin teilweise auch schattiger Parkplatz auf Schotter an der Zufahrt zur Durchgangsstraße. Der Platz wird auch von Reisebussen und Autos genutzt. Es kommt jemand zum Kassieren vorbei. Das unbedingt abwarten, sonst drohen empfindliche Strafen. Falls keiner kommt: Etwas unterhalb ist ein weiterer Parkplatz – dort nachfragen. **Zufahrt**: Vor der Ortseinfahrt nach Madonna di Campiglio links. **Preise**: 7 € / Tag, 13 € / Nacht

Salon Hofer (links) und Piazza Righi (rechts) in Madonna di Campiglio

An dem großen Ruf, den Madonna di Campiglio als Wintersportort genießt, darf der Ort sich im Sommer nicht messen lassen. Denn er besteht hauptsächlich aus Chalets, Apartmenthäusern und Hotels mit reger Bautätigkeit im Sommerhalbjahr. Einen schnuckeligen historischen Ortskern und dörfliche Strukturen sucht man vergebens. Madonna di Campiglio ist bereits als Touristenzentrum entstanden. Allerdings reicht der Tourismus hier soweit in die Geschichte zurück wie sonst kaum irgendwo im Trentino.

Einmal mehr war es der Besuch von Kaiser Franz Josef und Sissi im 19. Jahrhundert, der den Startschuss für die touristische Erschließung gab. Und so sieht man immerhin einige *historische Hotelbauten*, darunter auch das **Grand Hotel des Alpes** mit dem kaiserlichen Ballsaal, der nach dem Freskenmaler Anton Hofer als Salon Hofer benannt ist. Offen zugänglich ist dieser Saal zwar nicht. Man kann aber durch die Fenster hineinschauen (*Via Monte Spinale 1*).

Rund um die **Piazza Righi** finden sich weitere Hotelbauten mit Elementen aus Belle Epoche und Jugendstil. Der Platz ist Giovanni Battista Righi gewidmet, der Madonna di Campiglio zum Tourismuszentrum entwickelt hat. Ein Denkmal für den Tourismus-Förderer findet sich vor der Touristinfo (*Via Pradalago 4*), eines für die Bergführer steht im kleinen Park des Grand Hotel des Alpes. Als weitere Sehenswürdigkeit sei die neugotische **Kirche Santa Maria Antica** (*Via Campanil Basso 5*) aus dem späten 19. Jahrhundert genannt. In ihr haben sich zahlreiche Gönner verewigen lassen, darunter auch Kaiser Franz Josef und die Familie Righi. Ansonsten ist Madonna di Campiglio eher für Shopping als für Sightseeing geeignet. Zwischen vielen Läden mit Outdoorbekleidung gibt es auch zwei Chocolatiers. Dabei hat der traditionsreiche ***Rocatti Cioccolato*** (Piazza Righi 25) so viele Besonderheiten im Angebot, dass er fast doch als Sehenswürdigkeit gelten kann.

Das Schönste an Madonna di Campiglio sind sommers wie winters die Berge. Schließlich liegt der Ort mitten im **Naturpark Adamello Brenta**. Westlich grenzt das Adamello-Presanella-Massiv an. Dort ist Patascoss ein beliebter Ausgangspunkt für Wanderungen und MTB-Touren. Östlich ragt die Brenta auf. Fünf Seilbahnen erschließen die Höhenlagen aus dem Ort heraus auch im Sommer. Die Aussicht ist an jeder Bergstation anders. Den **Aussichtspunkt Piazza Imperatrice** mit dem sogenannten Sissi-Stein erreichen Wanderer auch ohne Seilbahn auf dem steilen Weg zum Monte Spinale vorbei an der Kirche Santa Maria Antica (ca. 4 km hin und zurück, 190 hm, 1,5 h). Ein flacher, kinderwagentauglicher Spazierweg führt um den **Laghetto Conca Verde**. In dem See kann man angeln. Angelscheine gibt es im Büro des See-Verwaltung direkt am See.

Naturpark Adamello Brenta

Der Naturpark Adamello Brenta in den südlichen Zentralalpen ist mit seinen 620,51 Quadratkilometern das größte regionale Schutzgebiet im Trentino. Die Berggruppen des Adamello- und des Brentagebirges umgeben die Täler Val di Non und Val di Sole (Tour 4) und die Giudicarie (Tour 10). Sie sind durch das Val Rendena getrennt, das sich von Madonna di Campiglio Richtung Süden erstreckt.

Geologisch sind beide Gebirgsgruppen spannend. Während die Brenta der westlichste Ausläufer der Dolomiten mit dem entsprechenden weißen Gestein ist, dominiert in der Adamellogruppe Granit. Der höchste Gipfel ist die Cima Presanella (3558m) im westlichen Trentino. Um sie herum befinden sich mehrere Gletscher, darunter auch der Adamello-Gletscher, der als größter Gletscher Italiens gilt. Die Unesco hat die Adamello Brenta Region 2008 als Welt-Geopark und das Teile davon als Biosphärenreservat geschützt.

Brenta und Adamello sind seit jeher Heimat der Braunbären (siehe Seite 295). Außerdem leben im Naturpark auch Wölfe, Luchse, Steinböcke, Gämsen, Mufflons, und Murmeltiere, sowie viele weitere Wildtiere. Am Himmel kann man mit Glück Steinadler kreisen sehen. Bemerkenswert ist aber auch die vielfältige Pflanzenwelt. Blumen sollten Sie besser nicht pflücken, da hier viele geschützte und seltene Arten gedeihen.

Val Rendena

Die SS239 umfährt Madonna di Campiglio. Nach dem Zwischenstopp im Ort kommen wir in einen knapp zwei Kilometer langen Tunnel. Dahinter öffnet sich erneut ein großartiges Landschaftspanorama. Wir fahren in Kehren bergab und sehen abwechselnd die Brenta- und die Adamellogruppe. Den Ausblick genießt man am besten bei einem Picknick an einem Aussichtspunkt an der Brenta-Dolomitenstraße (*N 46°12'16" E 10°48'46"*).

Kapelle San Antonio

Einige Kehren später erreichen wir **Sant'Antonio di Mavignola**. Auch hier ist das Bergpanorama in beide Richtungen umwerfend. Das bäuerliche historische Dorfzentrum mit der von oben bis unten mit Fresken geschmückten **Chiesetta San Antonio** ist ein weiterer Grund für einen Stopp in dem kleinen Ort. Die Kapelle geht auf das 13. Jahrhundert zurück, wurde aber im 16. Jahrhundert neugestaltet. Zu diesem Zeitpunkt erhielt sie auch den **Freskenschmuck** – ein Meisterwerk der Trentiner Freskenmaler-Familie Baschenis.

An der Hauptstraße befindet sich zudem das **Informationszentrum des Naturparks Adamello Brenta** (*Viale Dolomiti di Brenta 14, Di. – So. 9 – 12 und 15.30 – 18.30 Uhr*). Dort starten verschiedene familienfreundliche Wanderwege, die zum Teil auch kulturhistorisch interessante Orte erreichen. Etwas außerhalb und unterhalb des Ortes liegt der erste Campingplatz auf unserer Tour. Der zweite folgt im nächsten Ort.

Panoramablick auf die Brenta-Gruppe aus dem Val Rendena

076 Sant'Antonio di Mavignola – *Camping Fae*

GPS / Kontakt: N 46°11'07" E 10°46'46", Località Faé 1, 38086 Sant'Antonio di Mavignola, +39-0465-507178, campingfae.it. **Max. WOMOs**: 120. **Öffnungszeit**: 1. Juni – 30. September, 1. Dezember bis 30. April. **Ausstattung**: Alle Einrichtungen, Bar, Minimarkt, Wifi, Bügelraum, Baby-Raum, 2 Spielplätze, Fußballplatz, 2 Grillbereiche, auch Chalets. **Beschreibung**: Gepflegter, terrassierter Campingplatz in ruhiger Berglage mit großzügigen, auch schattigen Wiesen-Stellplätzen und drei gut ausgestatteten beheizten Sanitärgebäuden. Sämtliche Gebäude sind im Alpenstil gebaut, auch die Chalets. **Preise**: 32 – 39 €. **Zufahrt**: Direkt an der Durchfahrtsstraße.

077 Carisolo – *Camping Parco Adamello*

GPS / Kontakt: N 46°09'59" E 10°45'03", Località Magnabo 2, 38086 Pinzolo, +39- 0465-501793, campingparcoadamello.it. **Max. WOMOs**: Ca. 65. **Öffnungszeit**: Ganzjährig außer Mai und November. **Ausstattung**: Alle Einrichtungen, gut sortierter Minimarkt, Bar / Pizzeria, 2 Grillplätze, Spielplatz, Kicker, Hundeauslaufzone, auch Apartments. **Beschreibung**: Der familienbetriebene Platz mit ebenen und teilweise schattigen Wiesen-Stellplätzen liegt absolut ruhig außerhalb des Ortes direkt am Ufer der Sarca. Etwa ein Drittel der insgesamt 111 Plätze sind an Dauercamper vergeben. Gut ausgestattete Sanitärs mit Föhn, Seife, Trockentüchern, Toilettenpapier und Wäschetrockenraum (auch für Ski- oder Wanderschuhe) mit Wäscheständer und Bügelbrettern, An der freundlichen Rezeption (englisch und italienisch) gibt es viele Infos für Aktivitäten. Die Pizza ist günstig und gut. Ein weiteres Restaurant mit traditioneller Trentiner Küche liegt direkt nebenan. **Preise**: 22 – 43 €, Ver- und Entsorgung ab 2 Nächten inklusive, Strom nach Verbrauch. **Zufahrt**: Hinter Carisolo rechts in die Viale Trento einbiegen, hinter einem Parkplatz links abbiegen und der Straße am Bauernhof vorbei über die Flussbrücke folgen.

Carisolo geht fast nahtlos ins größere Pinzolo über. Zwischen den Orten wird ein kostenloser Parkplatz im Uferpark von Campern zum Übernachten genutzt.

078 Carisolo – *Flusspark*

GPS: N 46°9'50" E 10°45'34", Via San Rocco, 38080 Carisolo.

Max. WOMOs: 10. **Ausstattung**: Mülleimer. **Beschreibung**: Der gepflasterte Parkplatz liegt zwar im Ort, aber dennoch im Grünen mitten im Uferpark. Er wird viel von Italienern genutzt. Der Val Rendena Radweg und ein Skateboardpark grenzen an. Etwas weiter nördlich ist noch ein kleinerer Parkplatz. **Preis**: Kostenlos. **Zufahrt**: In Carisolo auf die Via San Rocco, unmittelbar vor dem Kreisverkehr vor der Sarca-Brücke links.

Carisolo hat ein sehr kleines historisches Ortszentrum mit einem zentralen **Amphitheater**. Dort finden im Sommer oft Konzerte statt. In dem stattlichen Gebäude oberhalb dieses Halbrunds ist das **Besucherzentrum Geopark Adamello-Brenta** mit einem Geologiemuseum beheimatet. Interaktiv und spielerisch wird dort viel Wissen über das Gestein, die Gletscher und die Gewässer in der Adamello- und Brenta-Gruppe vermittelt. Außerdem erhält man Informationen zu Wanderwegen und MTB-Routen (*Vicolo Cavallotti 20, Di. – So. 9 – 12 und 14.30 – 18 Uhr*). Der **Brenta Bike Park**, der sich rund um Carisolo, Pinzolo und Giustino mit acht Routen auf einer Höhe von 1500 bis 2300 Metern erstreckte, war im Sommer 2023 geschlossen.

In Carisolo zweigt die schmale Straße ins **Val Genova** ab. Sie ist im Sommer tagsüber nur bis zum ersten Parkplatz (*N 46°10'25" E 10°44'47"*) befahrbar, und selbst das empfiehlt sich nicht. Denn das Sträßchen ist gerade so breit wie die zahlreichen Shuttlebusse, die hier lang fahren. Außerdem ist der Parkplatz oft schon frühmorgens belegt. Nehmen Sie also am besten direkt einen der Busse, die sogar aus Tione ins Val Genova fahren (*Fahrplan und Reservierung bei pnab.it*). Mit dem Wohnmobil kommt man erst nach 18 Uhr weiter hinauf in das Val Genova oder sehr früh morgens. MTB-Fahrer können ihre Bikes für die Tour nehmen, müssen aber immer wieder den Shuttlebussen ausweichen.

Auch wenn der Ausflug ins Val Genova etwas Vorbereitung oder eine Portion fahrerischen Mut erfordert, empfehlen wir ihn sehr. Denn das Tal, das mitten im Adamellogebiet liegt, ist von wilder Schönheit. Man könnte es auch als *Tal der Wasserfälle* bezeichnen, denn unzählige Bäche stürzen die steilen Felsen zu beiden Seiten hinab. Manche glitzern zart in der Sonne, andere

Cascata di Lares (links) und Cascata Nardis (rechts) im Val Genova

schäumen weiß und breit. Der letzte mit einem Fahrzeug erreichbare Punkt ist Bedole. Auf dem Parkplatz hinter der Shuttle-Bushaltestelle stehen tatsächlich Wohnmobile. Ein Spaziergang von etwa 30 Minuten führt zum hübschen **Rifugio Bedole** mit leckerer Küche auf 1650 Metern Höhe. Von dort erreichen Sie über einen Pfad am Fluss entlang nach rund 200 Metern eine Hängebrücke über den hier noch schmalen Flusslauf der Sarca. Der weitere Weg hinauf bleibt ausdauernden Bergwanderern vorbehalten.

Das Tal der Wasserfälle lässt sich auf dem *Sentiero Cascate* von Bedole aus aber auch bergab erwandern. Etwa 14 Kilometer lang ist die gesamte Strecke, die zu vielen Wasserfällen führt. Dank der Shuttlebusse kann man auch kürzere Abschnitte gehen.

Wanderung auf dem Sentiero Cascate

6,5 km, 150 hm, 2 h

Entlang der Sarca, die hier oben im Val Genova als türkisfarbener Gebirgsfluss durch ein weißes Felsenbett sprudelt, führt nicht nur das Sträßchen. Auf der anderen Seite begleitet ein spannender Wanderweg den Fluss. Für unsere Wanderung habe ich den Abschnitt zwischen den Shuttlebus-Stationen Ponte Maria und Cascata Nardis ausgewählt. Er fällt im Gegensatz zum obersten Abschnitt nicht allzu steil ab, erfordert aber Trittsicherheit.

Der Weg beginnt bequem auf einer fast ebenen Wiese. Wir kommen an der nicht bewirtschafteten Malga Lares vorbei und erreichen schon nach kurzer Zeit den ersten Wasserfall Cascata di Lares. Ein Abstecher führt zu zwei verschiedenen Aussichtspunkten auf den mächtigen Wasserfall.

Der weitere Weg führt vorerst recht bequem und meist schattig durch Bergwald. Dabei kommt er immer wieder dem rauschenden Fluss näher. Nach etwa 3,5 Kilometern überqueren wir hinter einem kurzen Anstieg einen Zufluss der Sarca. Danach führt der Pfad steil, felsig und wurzelig bergab und verläuft oberhalb der Sarca durch einen Zauberwald. Meterhohe Farne, Disteln, zu denen wir aufschauen und moosbestandene Felsen, unter denen sich gut und bequem ein dicker Bär zur Ruhe betten könnte, begleiten den Pfad, der nun in stetem Auf und Ab dem Flusslauf folgt.

Nach einem Kilometer könnten wir über eine Brücke auf die bequeme und deutlich ebenere Fahrstraße wechseln, die jedoch den landschaftlichen Reiz unseres Wanderwegs vermissen lässt. Also setzen wir den einsamen Weg durch Felsen am rauschenden Fluss entlang fort. Das Ufer wird schließlich wieder flacher und erlaubt es, die heiß gelaufenen Füße im kalten Wasser zu erfrischen.

Dann kommt die Cascata Nardis in Sicht. Der breit gefächerte Wasserfall ist wohl der beeindruckendste im gesamten Val Genova und zieht zahlreiche Besucher an. Wenn wir der Straße danach etwa 200 Meter folgen, erreichen wir den nächsten Shuttlebus-Stopp.

Eis und Fresko beim Bummel durch Pinzolo

Auch der Ort **Pinzolo** (774 hm, 3060 Einwohner) ist sehenswert. Am nördlichen Ortsrand steht die **Kirche San Vigilio** mit ihrem 72 Meter hohen Glockenturm und Außenfresken mit einem Totentanz des Trentiner Freskenmalermeisters Baschenis. Auch die hochaufragende **Kirche San Lorenzo** im Ortszentrum trägt zahlreiche Außenfresken an der Eingangsfront.

Mit einem hausgemachten Eis aus der **Gelateria Artigianale *DolomIce*** (*Piazza Carera*) bummelt es sich genüsslich durch den verkehrsberuhigten Altstadtkern von Pinzolo. Dort reihen sich Läden, Cafés und Restaurants aneinander. In den lebhaften Altstadt-Gassen flanieren nicht nur Touristen. Auch die Einheimischen treffen sich hier am frühen Abend gern auf einen Aperitivo.

Eine Besonderheit in Pinzolo sind die **profanen Fresken** des Trentiner Künstlers Sergio Trenti mit Motiven aus dem Leben im Tal. So sehen wir an der Casa Manzoni eine Frau beim Spinnen (*Via F. Filzi*). Weitere Werke befinden sich unter anderem an der Casa Maturi (*Via Carè Alto*) und im Viertel Baldino. Ein Touristen-Bähnchen verbindet Pinzolo mit den kleineren Nachbarorten. Dabei ist Pinzolo auch ein grünes Städtchen. Im Park Pineta an der Sarca ist ein großer Multi-Sportbereich mit einem weitläufigen Kinderspielplatz und dem **Naturschwimmbad *Biolago di Pinzolo*** eingerichtet. Und nicht zuletzt läuft hier der Val Rendena Radweg entlang.

Esel am Val Rendena-Radweg

Fahrradtour durch das Val Rendena

19 km, 2 h, 130 hm bergauf, 290 hm bergab

Wir steigen in Pinzolo an der Pineta in den Radweg *Ciclopedonale Val Rendena* ein, der dem Fluss Sarca durch das Val Rendena bis nach Tione folgt. Zunächst treffen wir noch auf viele Fußgänger, mit denen die Radfahrer sich den Weg hier teilen. Doch bald rauschen wir abseits von Straßen rechts neben der Sarca in weitem Schwung das Tal hinab.

TOUR 5

Wir fahren immer am Fluss entlang durch eine Landschaft mit Feldern und Wiesen. In Caderzone Terme und in Strembo gelangen wir in die Ortschaften hinein, sind jedoch bald wieder zurück auf unserem autofreien Radweg am Fluss. Kurz vor Spiazzo wechselt der Radweg die Flussseite. Da Spiazzo ungefähr auf der Hälfte der Strecke liegt, bietet sich ein Abstecher ins Ortszentrum für eine Einkehr an. Oder Sie halten noch etwas durch und machen dann einen Stopp im Biergarten am Parco Masere. Er liegt direkt rechts am Radweg, nachdem dieser die Sarca wieder überquert hat.

Danach müssen wir kurz einem Zufluss der Sarca flussaufwärts folgen, bevor wir ihn überqueren und wieder flussabwärts an die Sarca zurückrollen. Mit Kleinigkeiten verpflegen kann man sich wenig später im *Bicigrill* mit Angelteich, Spielplatz, Kletterecke und Fußballplatz in der Nähe des Ortsteils Vigo Rendena von Spiazzo. Anschließend fahren wir am Fluss entlang vorbei am Campingplatz Val Rendena. Unterhalb von Villa Rendena überqueren wir eine Straße und einen Zufluss der Sarca nach links und halten uns dann wieder links, um zurück zum Fluss zu kommen.

Die Flusslandschaft wird nun deutlich wilder. Wir umfahren ein Naturschutzgebiet am Fluss und müssen dazu zum ersten Mal auf der Strecke ein nennenswertes Stück steil bergauf treten. Der Radweg führt oben kurz an der Straße entlang, bevor er wieder zum Fluss hinunter abbiegt. Wir überqueren eine stattliche Fußgänger- und Radfahrer-Brücke. Das Flussufer ist hier steil und wir fahren einige Meter über dem Fluss aber unterhalb der parallel laufenden Durchfahrtsstraße SP34 nach Tione hinein.

Unseren Zielort erreichen wir am unteren Ortsrand. Um zum Busbahnhof zu kommen, von wo uns der *Bicibus* nach Reservierung zurück nach Pinzolo bringt, müssen wir am Fluss entlang das Gewerbegebiet durchqueren und uns am anderen Ortsende steil bergauf zur Kirche hin orientieren. Dort halten wir uns links und finden den Busbahnhof (Stazione) in der Via Roma.

Der *Bicibus* verkehrt von Ende Juni bis Mitte September täglich neunmal auf der Strecke zwischen Carisolo und Tione. Fahrplan, Preise und Buchungsinfos: *www.campigliodolomiti.it/it/bike/bicibus (Seite nur auf italienisch verfügbar).*

Die SS239 umfährt hinter Pinzolo meist gut ausgebaut viele Ortschaften, so etwa **Caderzone Terme** (ca. 680 Einwohner, 760 hm). In dem kleinen Dorf konzentriert sich alles auf den **Palazzo Lodron Bertelli**. Der Palast ist in Privatbesitz und zum Hotel mit Thermalzentrum ausgebaut. Im Parterre der ehemaligen Scheune des Adelspalastes ist heute das private **Museum Museo della Malga** untergebracht. Es veranschaulicht mit vielen Werkzeugen und Alltagsgegenständen das Leben auf den Almen (*Via G. Prati 10*). Der Ort mit vielen schönen alten Bauernhöfen, die oft von Heiligenbildern geziert werden, wirkt ansonsten ziemlich verschlafen. Etwas außerhalb am Flussufer gibt es einen Sport- und Picknickbereich mit Angelteich, Kinderpool, Ausflugsrestaurant und dazu einen übernachtungstauglichen Parkplatz.

079 Caderzone Terme – *Sportplatz*

GPS: N 46°08'11" E 10°45'46", Località Asan, 38080 Caderzone Terme. **Max. WOMOs**: 3. **Ausstattung**: Keine, Picknickplatz und Bar / Restaurant nebenan. **Beschreibung**: Asphaltierte und meist schattige Parkfläche am Fußballplatz und am Fluss. Weitere geteerte Parkplätze gibt es etwa 50 Meter näher am Angelteich und der Bar Lagomago. Allerdings sind dort Stellflächen markiert, so dass diese Plätze nur für kurze Fahrzeuge geeignet sind. **Preis**: Kostenlos. **Zufahrt**: Von der SS239 im Kreisverkehr nach Caderzone Terme abbiegen und noch vor dem Ortsbeginn rechts in die Via Porta. Der Straße durch den Ort folgen. Links taucht kurz nach Ortsende ein alter Bauernhof auf, dort geht es rechts zum Sportplatz.

Als nächsten Ort erreichen wir das etwas größere **Spiazzo** (1230 Einwohner, 645 hm). Die Parochialkirche San Vigilio dominiert den großzügigen gleichnamigen Platz, um den sich einige schöne Altbauten gruppieren. Die ruhige Atmosphäre kann man bei einem guten Mittagessen mit köstlicher hausgemachter Pasta zu fairen Preisen im **Restaurant *Les Arcs*** auf sich wirken lassen. Auf der anderen Straßenseite informiert das **Museo Guerra Fronte Adamello** über den Ersten Weltkrieg im Val Rendena (*Piazza San Vigilio 31, museoguerraspiazzo.it*). Hübsch ist auch die Piazza Grande. Das Freizeitleben in Spiazzo spielt sich aber am Fluss ab. Dort liegt neben einem kostenlosen **Pumptrack** und dem städtischen **Schwimmbad** auch die sehenswerte **Casa del Parco Acqua Life** des Naturparks Adamello Brenta, die über Fische und Fischfang in der Region informiert (*Via Chiesa Nuova 2/4, pnab.it*).

Am Ortsausgang von Spiazzo zieht auf der rechten Straßenseite ein kleiner **Skulpturenpark** des Steinmetzes Pedretti die Aufmerksamkeit auf sich. Auf einem frei zugänglichen *Percorso Expositivo* sind verschiedene künstlerische Steinmetzarbeiten zu bewundern, darunter durchaus humorvolle Werke.

Piazza Grande in Spiazzo (links) und Kirche Sant'Antonio Abate (rechts)

Wenig später liegt links neben der Straße die **Kirche Sant' Antonio Abate** mit Freskenmalereien der Baschenis-Familie an der Außenfassade. Die kleine romanische Kirche am Straßenrand zählt zu den bekanntesten Werken der Freskenmalerfamilie Baschenis, deren Malereien im gesamten westlichen Trentino an und in Kirchen zu sehen sind. Ihre schlichten, klaren Bilder mit biblischen Geschichten trugen zur Christianisierung der einfachen Landbevölkerung bei, die oft des Lesens nicht mächtig war. Die Bilder an der Südfassade der Kapelle Sant'Antonio Abate erzählen die Geschichte des Heiligen. An der Front ist der Heilige selbst zu sehen. Auch im Inneren ist die Kirche mit Fresken der Baschenis reich geschmückt (*Via San Vigilio 32, Di. – So. 15.30 – 18.30 Uhr*).

Wir durchfahren Pelugo. Im nun folgenden Ortsteil Vigo von **Porte di Rendena** (1800 Einwohner, 608 hm) decken sich Feinschmecker im Direktverkauf der **Salumificio *Val Rendena*** mit Salami, Speck oder Carne Salada ein (*Via IV Novembre 71, salumificiovalrendena.it*). Ein Campingplatz folgt im Ortsteil Darè.

080 Porte di Rendena – *Val Rendena Camping & Lodge*

GPS / Kontakt: N 46°04'22" E 10°43'14", Via Alle Fontane 8, 38080 Porte di Rendena, +39-0468-801669, campingvalrendena.com. **Max. WOMOs**: Ca. 50. **Öffnungszeit**: Anfang Dezember bis Ende September. **Ausstattung:** Alle Einrichtungen, Minimarkt, Restaurant, Pool, Spielplatz, Tischtennis, Fahrradverleih, Grillplätze, Wifi an der Rezeption, auch Privatbäder, Mobilheime und Apartments. **Beschreibung**: Der Campingplatz liegt auf einem ebenen Wiesengelände unter schattenspendenden Bäumen fast direkt am Fluss Sarca etwas außerhalb des Orte Porte di Rendena. Es gibt zwei Stellplatzkategorien unterschiedlicher Größe. Die Bäder sind ganz neu renoviert. In der Saison werden Yogakurse angeboten. **Preise**: 23 – 43 €. **Zufahrt**: Von Norden kommend hinter Vigo Rendena scharf links in die Straße Località Darè einbiegen, die in die Via Trento übergeht. Der Campingplatz ist ausgeschildert.

Porte di Rendena selbst ist ein netter, aber wenig spektakulärer Ort. Bemerkenswert ist die **Kirche Santa Maria Assunta** mit Baschenis-Fresken und einem alten romanischen Glockenturm direkt an der Durchfahrtsstraße links. Wer den Abstecher ins schwer zugängliche San Valentino Tal machen will, das hier aus dem Adamellogebirge ins Val Rendena mündet, sollte auf dem Weg dorthin an der **Chiesetta di San Valentino** oberhalb des Ortsteils Javré von Porte di Rendena stoppen. Die Mitte des 14. Jahrhunderts erbaute Kapelle steht auf einem Felsvorsprung und ist im Inneren ebenfalls mit Fresken der Baschenis-Familie geschmückt.

Tione di Trento (3630 Einwohner, 565 hm) ist der geschäftige Hauptort der zentralen Judikarien. So heißt der Teil des Trentinos, der sich von hier aus östlich erstreckt. Das Städtchen am Schnittpunkt der Täler Valle del Chiese, Val Rendena und der äußeren Judikarien (*Giudicarie*) zwischen Adamello, Brenta und Ledro-Alpen ist Verwaltungszentrum und Versorgungszentrum der Region und liegt günstig für Ausflüge in alle Richtungen. Für Wohnmobilisten bietet es sich dank mehrerer Supermärkte direkt an der Durchfahrtsstraße zum Einkaufen an. Wer länger stoppen will, findet zwei Parkplätze ohne Nachtparkverbot für Camper.

081 Tione di Trento – *Flusspark*

GPS: N 46°02'27" E 10°43'46", Via Fabbricca, 38079 Tione di Trento. **Max. WOMOs**: 2. **Ausstattung**: Sitzgelegenheiten, Park mit Brunnen und Picknicktischen auf der anderen Straßenseite. **Beschreibung**: Auf dem Parkplatz an der nördlichen Zufahrt zum Gewerbezentrum von Tione sind zwei gepflasterte Plätze für Camper reserviert. Er liegt direkt am Fluss und bietet wenig Schatten. Hier kreuzen sich viele Wanderwege, darunter auch der Sentiero Santo Vigilio von Madonna di Campiglio nach Trient. Ein Infopoint des Percorso Visita Tione Villa Rendena ist vor Ort. **Preis**: Kostenlos. **Zufahrt**: Von der SS239 in Tione links in die Via del Buston und unten links auf die Via Fabbrica. Der Parkplatz liegt gleich rechts.

082 Tione – *Centro*

GPS: N 46°02'03" E 10°43'42", Piazza Cardinale A. da Corneto, 38079 Tione di Trento. **Max. WOMOs**: Ca. 3. **Ausstattung**: Picknicktische. **Beschreibung**: Der zentral gelegene, asphaltierte Parkplatz mit wenig Schatten neben dem Kirchplatz ist auch für Camper freigegeben. Ein Basketballplatz und ein kleiner Spielplatz liegen direkt nebenan. Alle Gebäude sind etwas weiter weg. Die SS239 führt direkt daran vorbei. **Preis**: Kostenlos. **Zufahrt**: Von an der SS239 an der Kirche links und gleich wieder rechts.

Viel gibt es in Tione di Trento selbst nicht zu sehen. Mit der Kirche Santa Maria Assunta e San Giovanni Battista liegt die größte Sehenswürdigkeit des Ortes direkt vor dem zentralen Parkplatz. Vom Parkplatz am Fluss erreichen Sie nach 200 Metern das **Kirchlein San Vigilio**. Bemerkenswert ist eine Nische unten rechts in

Palazzi in der Via Dante Alighieri in Tione

der Fassade. Auf dem dortigen Granitblock soll der Inschrift zufolge der Leichnam des Heiligen Vigilius aufgebahrt gewesen sein. Rechts davon befinden sich zudem Grabsteine des ehemaligen Cholera-Friedhofes. Unspektakulär aber ganz hübsch ist außerdem der **Stadtpark Tione Parco Villa** mit einer Konzertbühne an der Viale Dante Alighieri. Gegenüber serviert die **Bar Pasticceria 900** hervorragende hausgemachte Törtchen, Eis und Panini.

Tione ist kulturell eng mit der Region der Giudicarie verbunden. Die dörfliche Berggegend ist vor allem für Naturliebhaber und Kletterer interessant. Bei Preore bietet der beliebte Kletterspot Cruz de le Niere einige leichte **Kletterrouten**. Weil die Kalksteinwände nach Süden ausgerichtet sind, kann man dort fast ganzjährig klettern. Für Wanderer interessant sind die **Geisterdörfer** Iron und Cerana, die 1630 durch die Pest entvölkert wurden. 13 Kilometer hinter Tione Richtung Osten erreichen wir Stenico (Tour 10).

Valle del Chiese

Wir setzen unsere Reise aber nach Südwesten fort und verlassen damit das Val Rendena. Auf der SS 237 gelangen wir – zunächst bergauf – ins Valle del Chiese. Der erste Ort **Breguzzo** (800 hm) bietet ebenfalls einen Kletterspot. Aus dem Dorf führt eine Stichstraße hinauf ins **Valle di Breguzzo**, durch das der Wildbach Arnò herunter sprudelt. Das malerische Tal gehört zum Adamello-Brenta-Naturpark. Wie schon im Val Genova empfiehlt sich auch hier im Sommer die Nutzung des Shuttlebus-Services. Der Zustieg ist in Breguzzo, Bondo, Roncone und Lardaro möglich.

In Breguzzo liegt die mittelalterliche **Antica Chiesa di Sant' Andrea** direkt am Straßenrand. Der Ort geht fast nahtlos in den

Ausblick vom Soldatendenkmal in Bondo

nächsten Ort Bondo über. Direkt am nördlichen Ortseingang befindet sich auf der linken Seite der österreichisch-ungarische Soldatenfriedhof **Cimitero Militare Monumentale Austroungarico**. Das Wohnmobil parkt dahinter.

Das gigantische Monument erreicht man zunächst durch einen Bogengang, der mit naiven Wandmalereien geschmückt ist. Sie zeigen Szenen aus dem Volksleben und aus dem Krieg, aber auch christliche Motive. Anschließend erklimmt man eine gigantische Freitreppe, die aus dem Granit des Breguzzo-Tals erbaut ist. Auf seitlichen Stelen sind Kanonenköpfe angebracht. Oben empfangen uns Löwen und eine Stele mit einem Adler. Die Brachialarchitektur aus dem Jahr 1918 scheint den Krieg zu feiern. Doch auf der Rückseite der Stele heißt es: „Wir starben als Opfer, wir mahnen zum Frieden". Die Überreste von rund 700 Soldaten werden auf dem angrenzenden Friedhof aufbewahrt. *Schön ist der Ausblick* von der Plattform des Monuments. Ganz Bondo mit dem Rathaus zuvorderst liegt uns zu Füßen (*Corso III Novembre* 33).

Kaum haben wir den Ort nach Süden hin verlassen, glitzert vor uns links unten der **Lago di Roncone**. Gespeist wird der kleine Badesee, dessen Strand mit der Blauen Flagge ausgezeichnet ist, vom Flüsschen Adana. Bevor wir an den See kommen, liegt links ein Picknickplatz an der Straße.

083 Lago di Roncone

GPS: N 45°59'23" E 10°40'56", SS237. **Max. WOMOs**: 2. **Ausstattung**: Picknicktische, überdachte Grillstelle. **Beschreibung**: Gepflasterter, teils schattiger Parkplatz direkt an der SS237 mit Anschluss an ein Picknickgelände. Laut wegen der Straße, aber auch Ausgangspunkt für eine Wanderung um den Lago di Roncone und Zugang zum Biotop am Nordufer des Sees. **Preis**: Kostenlos. **Zufahrt**: An der SS237 (links).

Lago di Roncone (links) und Forte Larino (rechts)

TOUR 5

Zum Strand des Lago di Roncone gelangt man über die Via Bersaglio. Dort gibt es einen großen Parkplatz, der jedoch sehr schräg und nur für kurze Fahrzeuge geeignet ist. Direkt am Strand befindet sich ein **Naherholungszentrum** mit Infopoint, Beachbar, einem kleinen Pool, Picknickplatz, Spielplatz und Tennisplatz. Ein Spazier- und Radweg führt um den See. Zu Fuß braucht man für die Umrundung etwa eine Stunde. Dicke Karpfen tummeln sich in der Mitte des Sees und das Wasser ist so klar, dass man die Unterwasserpflanzen vom Uferweg aus betrachten kann.

Der Ort **Roncone** (1450 Einwohner, 840 hm) liegt mit seinem schöneren Teil deutlich über dem See und nicht direkt an der Straße. Als sehenswert gilt die **Barockkirche Santo Stefano** aus dem 17. Jahrhundert mit Holzaltären und einer in Holzschnitzereien gefassten Orgel. Ungewöhnlich ist auch der Turm mit den Schwalbenschwanzzinnen der Scaliger.

Die SS237 führt ab hier langsam wieder bergab. Wir rollen jedoch nur einige Kilometer bis zu unserem nächsten Stopp, der **Festungsanlage Forte Larino** (710 hm). Das Wohnmobil parkt schattig auf dem kleinen Besucherparkplatz.

084 Lardaro – *Forte Larino*

GPS: N 45°57'55" E 10°39'34" Via Nazionale, 38087 Lardaro. **Max WOMOs**: 2. **Ausstattung**: Keine. **Beschreibung**: Der Besucherparkplatz unterhalb des Forte Larino liegt auf 704 hm, ruhig, eben und schattig in Sichtweite der Festung und eines Gewerbegebiets. Sie parken auf Pflaster im Grünen umgeben von Büschen. **Preis**: Kostenlos. **Zufahrt**: Am Ortsende von Lardaro der Beschilderung zum Forte Larino folgen..

Forte Larino errichteten die Habsburger schon 1860 mit dem Ziel, die Südwestgrenze ihres Reiches zu verteidigen. Da die Anlage im Ersten Weltkrieg bereits als veraltet galt, wurde sie nur als Lager benutzt und blieb unbeschädigt. Die 900 Quadratmeter große Festung aus Granitquadern ist von einem Graben umgeben. Das Dach verbirgt sich unter Gras. Die Festungsanlage wirkt schon von außen beeindruckend. Auch das Innere kann besichtigt werden. Noch großartiger ist aber der Ausblick in das Valle del Chiese – nach Norden ebenso wie nach Süden. Ein schöner, kurzer Spaziergang führt in 20 Minuten zu einem Wasserfall.

Spaziergang zum Wasserfall Reveglèr

1,5 km, 100 hm, 30 min

Wir queren die Wiese auf der Bergseite des Forte Larino und sehen bald den Wegweiser zum Forte Reveglèr. Diesem leicht zu findenden Weg folgen wir steil bergauf. Er führt uns an verschiedenen, zum Teil abstrakten Holzskulpturen vorbei durch einen lichten Buchenmischwald nach oben. Am Wegrand blühen im Hochsommer viele Alpenveilchen.

Bald flacht der Weg ab und führt an Felsen entlang zu einer hölzernen Brücke über ein Flüsschen. Vor uns rauscht nun auch schon der Wasserfall Cascata Reveglèr aus großer Höhe herab. Zurück geht es auf demselben Weg. Wer hier am Rande der Sella Giudicarie weiterwandern will, erreicht laut Wegweisern in 50 Minuten die nächste Festung Forte Reveglèr.

Unsere Wohnmobilroute verliert weiter an Höhe. In Creto verlassen wir die SS237 kurz nach links in Richtung Por. Unser Ziel ist das Castel Romano. Drei Kehren weiter oben ist ein gepflasterter Parkplatz im Grünen erreicht.

085 Por – *Castel Romano*

GPS: N 45°56'07" E 10°38'37", Via Por, Pieve di Bono. **Max. WOMOs**: Ca. 3. **Ausstattung**: Picknicktische, kleiner Spielplatz, Trinkwasserbrunnen. **Beschreibung**: Ebener, ruhiger, teils schattiger Parkplatz mit insgesamt 14 Parkflächen, von denen zwei extra lang sind. Ein Starkstrommast steht in unmittelbarer Nähe. Toiletten gibt es oben am Schloss während der Öffnungszeiten. **Preis**: Kostenlos. **Zufahrt:** Direkt an der Straße Richtung Por (links).

Wer die Ruine des **Castel Romano** sieht, glaubt sofort, dass es darin spukt. Das erzählt die uralte Legende, die sich um die Schlossruine rankt. Schlossherrin Dina Lodron soll in der zweiten Hälfte des 16. Jahrhunderts während der häufigen Reisen ihres Gatten die schönsten jungen Männer der Umgebung verführt und danach ermordet haben. Schließlich soll sie aber selbst gewaltsam ums Leben gekommen sein. Seitdem heißt es, dass Dina in Vollmondnächten auf einem weißen Pferd begleitet von einer süßen Melodie um das Schloss herumgeistert.

Die mittelalterliche Burg ging im 14. Jahrhundert aus dem Besitz der Fürstbischöfe von Arco an die Adelsfamilie Lodron über, der sie bis zum Anfang des 20. Jahrhundert gehörte. Immer wieder war die Burg in Kriege verwickelt. Im 15. Jahrhundert schlug sich Paride Lodron der Große auf die Seite Venedigs und unterlag im Kampf gegen Mailand. 1848 wurde das Herrenhaus im italienischen Unabhängigkeitskrieg von den Franken geplündert und 1866 von Garibaldis Truppen besetzt. Im Ersten Weltkrieg erlitt die Burg starke Bombenschäden, die ihren endgültigen Nieder-

Castel Romano thront aussichtsreich über dem Valle del Chiese

gang besiegelten (*Via Castello, Besichtigung nur mit Führungen, 15. Jun.–15. Sept. Sa.–So. 14.30–16.30 Uhr*).

Die Burgruine bietet eine wundervolle Aussicht auf unsere weitere Tour durch das Valle del Chiese, aber auch ins **Val di Daone**, das sich nach Nordwesten erstreckt. Auf halber Höhe am Berg sitzen kleine Dörfer. Auch die Hügel am oberen Talrand sind meist bebaut. Unten bricht das Tal steil in eine Schlucht ab. Das anfangs noch recht breite Tal, aus dem der Fluss Chiese kommt, bildet den südlichsten Zugang zum Naturpark Adamello-Brenta. Es ist im unteren Teil bei weitem nicht so naturbelassen wie das Val Genova. Die Naturparkverwaltung setzt aber im Sommer auch hier Shuttlebusse von Breguzzo bis ans obere Ende des Tals ein. Die ersten zwölf Kilometer bis Pracul sind noch relativ bequem zu fahren. Von dort geht es im Sommer dann wirklich nur noch mit dem Busshuttle weiter. Im oberen Teil des Tales, Val di Fumo genannt, gibt es viele Bergseen. Die Straße endet am Lago di Bissina, der Bus hält unterwegs aber unter anderem auch am Lago di Boazzo, wo es einen Wasserfall gibt.

Auf der SS237 unterqueren wir in einem Tunnel Pieve di Bono und kommen am beeindruckenden Wasserkraftwerk von Cimego vorbei. Der Chiese ist hier breit aufgestaut. Wenig später folgt der Wanderparkplatz für den *Sentiero Etnografico Rio Caino* (*N 45°54'36" E 10°36' 59"*). Der **ethnographische Lehrpfad des Rio Caino** startet bei der Ortschaft Cimego. Auf dem Themenweg erfahren wir allerlei über die Traditionen im Valle del Chiese. Der Weg führt zu mehreren historischen Handwerksbetrieben, die im Juli und August an den Wochenenden auch von innen besichtigt werden können. So finden wir eine historische Mühle, eine restaurierte Schmiede, in der gelegentlich auch Kunstschmiedekurse stattfinden, und eine ehemalige Köhlerei zur Herstellung von Holzkohle. Die meisten dieser Gebäude finden sich am Anfang des Weges und können bequem auch ohne große Wanderung besichtigt werden. Eine alte Kalkbrennerei, ein Hexengarten und die Überreste von Schützengräben aus dem Ersten Weltkrieg folgen im späteren Teil des insgesamt gut fünf Kilometer langen Weges, der einige Höhenmeter überwindet.

Das Valle del Chiese weitet sich nun zusehends. Die Besiedlung nimmt zu. Wir passieren Borgo Chiese und kommen durch scheinbar endlose Maisfelder in die Ebene von Storo. Der Mais aus Storo ist in ganz Italien beliebt als Maisgries für Polenta. Ab und zu liegt ein Weinberg zwischen den Maisfeldern. Wir wollen nun möglichst schnell zum Idrosee und lassen Storo daher auf dieser Tour links liegen. Dem Ort statten wir einen Besuch ab, wenn wir vom Idrosee weiter fahren (Tour 6).

Der nächste Ort **Darzo** (750 Einwohner, 405 hm) macht uns dann aber doch neugierig. Denn er hat eine spannende Bergbauvergangenheit. In der **Miniere Darzo** sind bis zum Jahr 2009 Bariumsulfat und Baryt abgebaut worden. Die Mineralien wurden für die analoge Fotografie und in der Radiologie gebraucht. Bei der Einfahrt in den Ort von Norden ist noch das lang gezogene Gebäude der stillgelegten Fabrik von 1925 zu sehen, in der die Mineralien verarbeitet wurden. Auch die Mine selbst kann man bei einer geführten Tour – mit tollem Ausblick auf den Idrosee – erkunden. Der kleine, verschlafene Bergort Darzo, der steil am Hang liegt, erzählt zudem mit *drei wandfüllenden Fassadenkunstwerken* die Geschichte der Mine, die vielen Einwohnern Arbeit gab, unter anderem an der Piazza XVI Reggimento Artiglieria. Die Häuserwände sind nicht nur bemalt, sondern auch mit Steinen und anderen Materialien verziert. Zu Ehren der Schutzheiligen der Bergleute Santa Barbara wird im Dezember das Barbarafest groß gefeiert (*www.minieredarzo.it*).

Der folgende Ort **Lodrone** (ca. 950 Einwohner, 390 hm) des Doppelortes Darzo-Lodrone ist benannt nach der Adelsfamilie

Die gewölbten Wände der Miniere Darzo erzählen Bergbaugeschichte

Castello San Giovanni in der Abendsonne hoch über Baitoni am Idrosee

Lodron, die das Valle del Chiese einst beherrschte und im Mittelalter zu den mächtigsten Familien des Trentino zählte. In Lodrone haben sie unter anderem den **Palazzo Bavaria** hinterlassen, der sich in Privatbesitz befindet und nicht besichtigt werden kann. Neben drei ungewöhnlichen Kaminen ist die riesige Zeder im Garten bemerkenswert. Auch die mittelalterliche Burgruine des Castello di Santa Barbara auf einem Hügel oberhalb von Lodrone geht auf die Adelsfamilie zurück. Sehenswert ist im Ortszentrum zudem die **Pfarrkirche Annunciazione di Maria** von 1499 mit Fresken, die der Malerfamilie Baschenis zugeschrieben werden. Sie beherbergt auch den Grabstein des Paride Lodron.

Hinter Lodrone biegen wir links ab nach **Baitoni** (440 Einwohner, 385 hm). Der deutlich oberhalb liegende Ortsteil **Bondone** des kleinen Trentiner Dorfes am Nordostzipfel des Idrosees zählt wegen seines historischen Kerns zu den *Borghi più belli d'Italia*, den Schönsten Dörfern Italiens. Hoch über dem See thront zudem das **Castello San Giovanni**, das aber nur im Rahmen von Veranstaltungen geöffnet ist.

Baitoni eignet sich nicht nur gut zum Baden und für Wassersport aller Art, sondern auch für Ausflüge mit dem Schiff und Wanderungen (zum Beispiel auf dem *Sentiero delle Contrabandiere*). Der Klettersteig *Sasse* führt am fast unberührten Nordostufer des Sees entlang zur Bucht von Vesta. Zudem ist Baitoni ein guter Ausgangspunkt für verschiedene spannende Fahrradtouren. Hier startet neben dem Fluss-Radweg *Pista Ciclable Val di Chiese*, der dem Chiese folgt, auch die beliebte Radtour zum Ledrosee. Hübsch ist zudem das **historische Zentrum** von Baitoni. Die alten Häuser schmiegen sich links und rechts enger Gassen an die Felswände eines Wasserfalls. Unterhalb der Steilwand am östlichen Seeufer legt das **Ausflugsschiff** über den Idrosee an. Direkt daneben liegt ein empfehlenswerter Campingplatz.

086 Baitoni – *Camping Miralago*

GPS / Kontakt: N 45°48'09" E 10°32'05", Via Porto Camarelle 3 Località Baitoni, 38080 Bondone, +39-0465-299284, campingmiralago.it. **Max. WOMOs**: 70. **Öffnungszeit**: 1. April bis 31. Oktober. **Ausstattung**: Alle Einrichtungen, Pizzeria, Brötchenservice, Spielplatz, Beachvolleyballplatz, Strandzugang. **Beschreibung**: Kleiner überwiegend schattiger Campingplatz mit ebenen Parzellen auf Wiese direkt am See. Moderne, gepflegte Sanitärs und flächendeckendes Wifi. Es gibt vier Stellplatzkategorien von 75 bis 120 Quadratmeter Größe und teilweise in erster Reihe zum See. Leckere Pizzeria mit hausgemachtem Eis. Freundliche, deutschsprachige Rezeption, die auch bei der Ausflugsbuchung hilft. Das Ufer-Naturschutzgebiet Riserva Naturale Lago d'Idro grenzt an. **Preise**: 14 – 53 €. **Zufahrt**: In Baitoni der Hauptstraße bis zum Ortsende folgen.

Etwas außerhalb von Baitoni gibt es am schönen **Strandbad Idroland** einen offiziellen Camper-Parkplatz.

087 Baitoni – *Idroland*

GPS: N 45°48' 25" E 10°31'44", Località Biotopo Lago d'Idro, 38080 Bondone. **Max WOMOs**: Ca. 20. **Ausstattung**: Chemietoilettenentsorgung am Strandbad, dort auch Bar und Toilette, Liegestuhl-, Surfboard- und Kanuverleih. **Beschreibung**: Ruhig gelegener Camperparkplatz am Strandbad Idroland auf Pflaster mit Grünstreifen. Manche Plätze haben Schatten. 100 Meter vom Baitoni-Strand entfernt, daher sehr beliebt und oft schon früh am Tag voll belegt. **Preise**: 1,50 € / h von 8 – 20 Uhr. **Zufahrt**: Der Beschilderung zum Strandbad Idroland folgen, Richtung Località Rio Morbio. Google Maps routet falsch.

Wir fahren zurück zur SS237, überqueren die Brücke über das Flüsschen Caffaro, und erreichen den Ort **Ponte Caffaro** (1450 Einwohner, 385 hm). Damit verlassen wir das Trentino und gelangen in die Provinz Brescia. Der quirlige Ort am nordwestlichen Ende des Idrosees bildet einen großen Kontrast zum stillen Trentiner Nachbarort Baitoni und dem Valle del Chiese. Die

Hauptstraße durchquert das Ortszentrum, das deutlich weniger gut erhalten wirkt als die Orte, die wir zuvor besucht haben. Zum Straßenbild in Ponte Caffaro gehören neben vielen kleinen Läden für den täglichen Bedarf auch abblätternde Farbe und bröckelnder Putz.

Wo der Ort ans Seeufer grenzt, gibt es einen Parkplatz, einen Stellplatz und einen Campingplatz. Alle drei sind jedoch eher Notlösungen. Auf dem Campingplatz Pian d'Oneda zeigten die Sanitärs zuletzt einen großen Renovierungsstau (*N 45°48' 45" E 10°31'20", Via Pian d'Oneda 4, 25072 Bagolino, piandoneda.it, +39-0365-990421*). Beim Parkplatz (*N 45°48'45" E 10°31'12"*) und beim Stellplatz (*N 45°48'37" E 10°31'30"*) änderten sich Verwaltung, Status und Ausstattung mehrfach.

Der Idrosee

Der Lago d'Idro liegt zwar mit knapp 370 Höhenmetern deutlich höher als der Gardasee, kann aber im Sommer ähnliche Temperaturen erreichen, denn er ist viel kleiner. Gerade mal elf Quadratkilometer misst der Idrosee bei einer Länge von rund zehn Kilometern und einer Breite bis zu zwei Kilometern (Gardasee: 370 qm). Der See wird im Norden von den Flüssen Chiese und Caffaro gespeist und im Süden vom Chiese wieder entwässert. Er liegt an der Grenze des Trentino zur Lombardei, gehört aber bis auf einen kleinen Winkel im Nordosten komplett zur lombardischen Provinz Brescia.

Im Vergleich zum Gardasee führt der Idrosee touristisch noch ein Schattendasein. Große Teile des Ufers sind gar nicht erschlossen. Im Nordosten zieht sich ein europäischer Urwald die unberührten Berghänge hinauf, aus denen steile Felsen herausragen. Auch in den Ortschaften am See hält sich der Tourismus noch in Grenzen. Dabei hat der Idrosee eine ähnliche Form und Ausrichtung wie der Gardasee. Daher herrschen dort teilweise ähnliche Windverhältnisse. Windsurfen, Segeln, SUP- oder Kajaktouren sind auch am Idrosee gut möglich.

Von Mitte Juni bis Mitte September fährt das Ausflugsschiff Idra dreimal täglich, im Juli und August sogar viermal täglich über den ganzen See. Dabei läuft es die Anlegestellen Vantone und Anfo bei jeder Tour auf der Hinfahrt und auf der Rückfahrt aus Lemprato in den Norden an. Wer aus einem der beiden Orte morgens zur ersten Runde startet, kann zwei Orte am See besuchen und mit dem letzten Schiff zurückfahren. Zu- und aussteigen kann man in Lemprato, Crone, Vantone, Vesta, Baitoni, Ponte Caffaro und Anfo. Auch Fahrräder dürfen an Bord.

Uferstraße am Idrosee

Kaum haben wir Ponte Caffaro nach Süden hin verlassen, befinden wir uns auf der **Panoramastraße** am Westufer des Idrosees. Die Straße steigt an und bietet immer wieder wundervolle Ausblicke auf den türkisblauen See. Kurz hinter dem Kreisverkehr, aus dem die Straße in die Berggemeinde Bagolino abzweigt, lohnt sich ein Aussichtsstopp an einer der Parkbuchten oder an der **Locanda *Sant'Antonio*** mit ihrem Balkon über dem See. Die Nordhälfte des Idrosees liegt uns hier zu Füßen.

Die **Rocca d'Anfo** ist einige Kilometer weiter der nächste Ort, der sich für einen Stopp empfiehlt. Auch diese Festung gewährt *fantastische Ausblicke* auf den See. Die Anlage ist aber auch für sich interessant. Sie überwachte im 15. Jahrhundert die Nordwestgrenze des venezianischen Herrschaftsgebietes, wurde im 18. Jahrhundert von Napoleon genutzt und erweitert und gilt daher als *größte Napoleonische Festung Italiens*. Im 19. Jahrhundert war sie schließlich einer der Ausgangspunkte für die Vorstöße des italienischen Feldherrn Guiseppe Garibaldi im Unabhängigkeitskrieg. Auch in dieser Zeit kamen neue Gebäude hinzu. Die Rocca d'Anfo liegt nördlich des Ortes Anfo an einem Hang, der ins Westufer des Idrosees hineinragt und den ganzen See überblickt. Zur 50 Hektar großen Anlage gehören neben verschiedenen Wohngebäuden für Soldaten und Befestigungsanlagen unter anderem eine gigantische Freitreppe mit 600 Stufen aus Granit und mehrere Tunnels. Alles ist umrahmt von den venezianischen Mauern, die sich steil den Berghang hinaufziehen, und wird überragt von dem nur unterirdisch zugänglichen massiven Rundturm Torre avanzata della Lunetta. Die Besichtigung ist nur mit Führung

Roca d'Anfo

Bootssteg vor einem Campingplatz in Anfo

nach Voranmeldung an Wochenenden möglich. Es gibt verschiedene Rundgänge, auch für Familien (*Caserma Zanardelli SS 237, 25070 Anfo, +39-0375-6221121, roccadanfo.eu*).

Den Ort **Anfo** (460 Einwohner, 400 hm) durchqueren wir im hübschen, historischen Ortszentrum mit der Kirche, die den Aposteln Peter und Paul gewidmet ist. Das Leben spielt sich aber meist am Seeufer ab. Dort unten liegen zwei Campingplätze und der kleine Wohnmobil-Parkplatz am **Ristorante** ***Imbarcadero*** mit drei Plätzen (*N 45°45'45" E 10°29'32"*). Ein weiterer Campingplatz folgt noch vor den Orten am Südufer.

088 Anfo – *Lago Idro Glamping Boutique*

GPS / Kontakt: N 45°45' 49" E 10°29'40", Via Carlo Alberto dalla Chiesa 5 - 7, 25070 Anfo, +39-0365-388106, lagoidroglampingboutique.com. **Max. WOMOs**: 48. **Öffnungszeit**: Eine Woche vor Ostern bis Mitte November und 1. Dezember bis 8. Januar. **Ausstattung**: Alle Einrichtungen, Bistro-Restaurant, großer Supermarkt mit regionalen Spezialitäten und Enoteca, Spielplatz, Kinderbad, Pool mit Rutschen, Jacuzzi, Tischtennis, Glamping Zelte und Mobilheime. **Beschreibung**: Kleiner 5-Sterne-Campingplatz der italienischen Campingplatzbetreiber-Gruppe Vacanze col Cuore mit schicker neuer Ausstattung und großen Stellplätzen auf teilweise schattigem Wiesengelände direkt am See. Drei Stellplatzkategorien unterscheiden sich nach Größe und Lage. Ganzjährig wird Kinderprogramm geboten. In Kooperation mit Surfpoint Anfo werden Unterricht und Verleih zum Windsurfen, SUP- und Kajakfahren angeboten. **Preise**: 25 – 85 €. **Zufahrt**: Am Kreisverkehr südlich von Anfo die dritte Ausfahrt nehmen und der Straße um den weiten Rechtsbogen folgen (ausgeschildert).

089 Anfo – *Camping Pilu*

GPS / Kontakt: N 45°45'56" E 10°29'44", Via Emilio Venturi 4, 25070 Anfo, +39-0365-809037, pilu.it. **Max. WOMOs**: Ca. 100. **Öffnungszeit**: Ende März bis Ende September. **Ausstattung**: Alle Einrichtungen, Minimarkt, Restaurant, Pool, Aufenthaltsraum, Spielplatz, Tischtennis, Boulder Area und Fitnessraum. **Beschreibung**: Familienbetriebener Drei-Sterne-Campingplatz am See mit schönem flachen Strand. Dauercamper und Bungalows verschiedener Epochen besiedeln den oberen Teil des Platzes. Die naturnahen Wiesenstellplätze liegen näher am Wasser und haben zum Teil Seeblick. Sie sind meist schattig, aber selten ganz eben. Daher sind Keile nötig. Check In bis 22 Uhr. Im Sommer Animation. Segelschule, Tennis, Minigolf in der Nähe. **Preise**: 20 – 50 €. **Zufahrt** Wie oben. Der Platz ist ausgeschildert.

TOUR 5

090 Idro – *Camping Venus*

GPS / Kontakt: N 45°44'25" E 10°28'04", Via Trento 94, 25074 Idro, +39-0365-83190, campingvenus.it. **Max. WOMOs**: 100. **Öffnungszeit**: Mitte April bis Mitte September. **Ausstattung**: Alle Einrichtungen, Bar, Supermarkt, Pool, Sportplätze, Tischtennis, Verleih von Mountainbikes, Gokarts, Kajaks und Tretbooten. **Beschreibung**: Der beliebte Campingplatz erstreckt sich auf einem Wiesengelände am See mit eigenem großen Strand etwas entfernt von allen Ortschaften, aber direkt unterhalb der deutlich hörbaren Uferstraße. Die unterschiedlich großen Stellplätze sind teilweise parzelliert und überwiegend schattig. Zwei Toilettengebäude versorgen den Platz. Ein gutes Restaurant liegt direkt nebenan an der Straße. **Preise**: 28 – 43 €. **Zufahrt**: Direkt an der SS237.

Zum Hauptort **Idro** (1890 Einwohner, 370 hm) des gleichnamigen Sees gehören drei Ortsteile am Südzipfel und die **Halbinsel Vantone** am Ostufer des Idrosees. In Pieve Vecchia biegen wir von der SS237 links in die Hauptstraße des charmanten Ortes ein und folgen ihr durch Lemprato und Crone bis zu der friedlichen Halbinsel im Osten des Sees. Im Ort selbst gibt es nur in Crone Parkmöglichkeiten für Wohnmobile (*N 45°44'11" E 10°28'31", Via Attilio Rizzardi 30*). Nach Angaben von Einheimischen gilt in allen Ortsteilen von Idro ein Übernachtungsverbot für Camper. Durchgesetzt wird das bislang wohl nicht konsequent. Doch drei Campingplätze auf der Halbinsel Vantone bieten gute Stellflächen direkt am See.

TOUR 5

091 Vantone – *Camping Belvedere*

GPS / Kontakt: N 45°45'11" E 10°29'40", Via Vantone 33, 25074 Idro, +39-0365-83477, camping-belvedere.com. **Max. WOMOs**: 67. **Öffnungszeit**: Ende April bis Ende September. **Ausstattung**: Alle Einrichtungen, Bar, Restaurant, Minimarkt, Spielplatz, Pool, Beachvolleyballplatz, auch Apartments. **Beschreibung**: Der übersichtliche Platz mit schattigen Wiesenplätzen (55 – 75 qm) liegt direkt am ruhigen östlichen Seeufer und der Haltestelle des Ausflugsschiffes. Der Platz kooperiert mit dem Surfpoint Idrosee. Die englischsprachige Rezeption ist auch bei der Ausflugsorganisation behilflich. **Preise**: 38,50 – 50,50 €. **Zufahrt**: Durch Idro bis zur Halbinsel Vantone, erste Ausfahrt links.

092 Vantone – *Camping Vantone Pineta*

GPS / Kontakt: N 45°45'14" E 10°29'46", Via Vantone 39, 25074 Idro, +39-0365-823385, vantonepineta.it. **Max. WOMOs**: 132. **Öffnungszeit**: 1. April bis 30. September. **Ausstattung**: Alle Einrichtungen, Bar, Restaurant, Minimarkt, Spielplatz, Kinderpool, auch Apartments.
Beschreibung: Einfacher familienbetriebener Campingplatz mit freundlichem Empfang (auch deutsch) direkt am See. Die Stellplätze sind überwiegend schattig, zum Teil in einem Kiefernwald frei verteilt und zum Teil parzelliert. Viele Plätze liegen direkt am befestigen Seeufer, manche aber sehr weit von den nicht mehr ganz neuen und knapp bemessenen Sanitärgebäuden entfernt. Die Sanitärs sind in die Jahre gekommen und die Entsorgungsstation ist für große Fahrzeuge schwer zugänglich. Günstigster Platz auf der Halbinsel mit günstigem Restaurant. **Preise**: 29 – 41 €. **Zufahrt**: Zweite Ausfahrt auf der Halbinsel.

093 Vantone – *Azur Sport Camping*

GPS / Kontakt: N 45°45'15" E 10°29'52", Via Vantone 45, 25074 Idro, +39-0365-83125, lakeidro.com. **Max. WOMOs**: 200. **Öffnungszeit**: Ende März bis Anfang Oktober. **Ausstattung**: Alle Einrichtungen, Bar, Restaurant, Supermarkt und weitere Shops, Spielplatz, Pool, Beachvolleyballplatz, Tischtennis, Kinderbar, Surfschule, MTB-, Kajak-, SUP-, Segelboot- und Surfboard-Verleih. **Beschreibung**: Das Vier-Sterne-Camping-Resort der deutschen Azur Camping-Gruppe mit vielen Mietunterkünften unterschiedlicher Art liegt direkt am See, der hier bis auf einen kurzen, künstlichen Strandabschnitt überall befestigt ist. Die Stellplätze sind teilweise schattig, liegen parzelliert auf verschiedenen Terrassen und werden in fünf Kategorien unterschieden. Breites (Wasser-)Sportangebot, organisierte Ausflüge, auch Kurse, im Sommer Kinderclub und Abendanimation. Ein zusätzlicher Wohnmobilstellplatz für Kurzaufenthalte war 2023 in Planung. **Preise**. 28 – 73 €. **Zufahrt**: Dritte Ausfahrt auf der Vantone-Halbinsel.

Brunnen in Crone (links), Blick über Lemprato (rechts)

Rund drei Kilometer sind es von den Campingplätzen auf der Vantone-Halbinsel bis ins Ortszentrum von Idro. Fußgänger und Radfahrer müssen dabei durch den Autotunnel. Mit dem Ausflugsschiff Idra ist die Strecke jedoch schnell zurückgelegt.

Am Fähranleger von **Lemprato** bestätigt eine Skulptur den Verdacht, den der Name des kleinen Alpensees nahelegt: Der Idrosee scheint nach einer Hydra, einem Seeungeheuer, benannt zu sein. Das Ufer ist hier im Süden deutlich flacher und das Tal weiter als im Norden, Osten und Westen des Sees. In Lemprato gibt es einen gepflegten **Wiesenstrand** am See. Die **Bar und Pizzeria *Cinzia*** serviert im Uferpark Pasta, Pizza und sizilianisches Streetfood. Das hübsche Dorf hat man schnell erkundet. Die unscheinbare **Kirche San Sebastiano** bietet einen hübschen Ausblick über das Dorf und den See.

In den Gassen von Lemprato

Am See entlang führt ein *autofreier Uferweg* von Lemprato nach Crone. Auf Stegen durchqueren wir ein Feuchtgebiet mit Schilf, Wasserlilien, Weiden und einer Vielzahl weiterer Uferpflanzen und Bäume, bevor wir den **Uferpark von Crone** erreichen. Ein Springbrunnen und viele alte Bäume sorgen dort für Schatten und Erfrischung. Dahinter steht die alte **Franziskanerkirche San Rocco**. Die einschiffige Kirche wirkt von außen romanisch, hat aber ein barockes Inneres. An der Decke kämpft Erzengel Michael mit einem dreiköpfigen Drachen. Manche der Bilder an den Seitenwänden wirken eher volkstümlich als religiös. Jakobsmuscheln deuten darauf hin, dass die Kirche auch in der Tradition der Jakobswege steht.

Am Kirchplatz finden sich eine Fleischerei (*Macelleria*), ein Feinkostladen und ein Supermarkt. Leckeres hausgemachtes Eis gibt es in der **Gelateria *Boom-Boom***, fast direkt am Anlegesteg des Ausflugsschiffes.

In Idro zweigt die Straße zum Valvestino-Stausee hinauf ab. Sie ist nur für Fahrzeuge unter 3,5 Tonnen und mit weniger als 2,2 Meter Breite freigegeben und mit dem Wohnmobil nicht zu empfehlen, zumal sie bei Fahrrad- und Motorradfahrern extrem beliebt ist. Wer von Idro aus nicht erneut die Panoramastraße am Westufer des Sees entlangfahren will, um in Baitoni in unsere nächste Tour einzusteigen, der kommt durch das Val Sabbia über die SS237 mit Hilfe mehrerer Tunnels schnell hinab nach Salò ans Westufer des Gardasees (Tour 9) oder noch etwas weiter nach Brescia (Tour 8).

Tour 6

Naturpark Adamello-Brenta
Lago di Molveno
Lago di Bissina
Lago di Boazzo
Val di Daone
Chiese
Pracul
nach Dimaro
Porte di Rendena
Tione di Trento
Preore
Coltura
Stenico
Sarca
Ponte Arche
Fiavè
Area Archeologica Palafitte di Fiavè
Cimitero Militare Monumentale Austroungarico
Breguzzo
Bondo
Ciclopedonale Valle del Chiese
Lago di Roncone
Roncone
Forte Larino
Wasserfall Reveglèr
Pieve di Bono
Castel Romano
Cimego
Borgo Chiese
Valle del Chiese
Cascata di Fontana Santa
Storo
Bus da Mort
Darzo
Miniere Darzo
Lodrone
Ponte Caffaro
Baitoni
Lago d'Idro
Idrosee
Valle d'Ampola
Tiarno di Sopra
Tiarno di Sotto
Cascata del Gorg d'Abiss
Lago d'Ampola
Cascata d'Ampola
Bezzecca
Pieve di Ledro
Mezzolago
Ledrosee
Molina di Ledro
Museo delle Palafitte del Lago di Ledro
Limone sul Garda
Lago di Garda
Gardasee
nach Malcesine
Riva del Garda
Lago di Tenno
Arco
Torbole
Dro
Drena
Castello di Drena
Centrale Idroelettrica di Fies
Riserva naturale Marocche di Dro
Lago di Cavedine
Valle del Sarca
Sarche
Pietramurata
Lago di Santa Massenza
Castel Toblino
Lago di Toblino
Vezzano
Covelo
Lago di Lamar
Lago Santo
Lago Terlago
Terlago
Sardagna
Palon 2098 m
Monte Bondone 2178 m
Aldeno
nach Bolsano Bozen
Trento
Fornace
Pergine Valsugana
San Cristoforo
Valcanover
Lago di Caldonazzo
Lago di Levico
Levico Terme
ins Valsugana
Caldonazzo
Calceranica al Lago
Mattarello
Calliano
Castel Beseno
Castello di Nomi
Nomi
Villa Lagarina
Volano
Rovereto
Castel Dante
nach Verona
Mori
Mezzomonte di Sopra
Folgaria
Carbonare
Lavarone
Lago di Lavarone
Forte Belvedere Gschwent
5 km
N
Tour 2
Tour 5
Tour 7
Tour 10
Tour 11
SS12
SS45bis
SS46
SS47
SS237
SS239
SS240
SS349
SP71
SP214
22

Von See zu See zu See
Vom Idrosee über den Gardasee (Norden) zum Lavaronesee
160 km

Das Trentino ist eine der seenreichsten Regionen Italiens. Davon können Sie sich bei dieser Tour überzeugen. Badespaß und Bootstouren kombinieren wir mit Ausflügen in die Berge und zu historisch bedeutenden Orten. Unsere Tipps für Sie:

- **Unesco Welterbe Pfahlbauten am Ledrosee**
- **Panoramatouren am Gardasee**
- **Riva del Garda**
- **Dinosaurierspuren in der Felsenwüste Marocche**
- **Forte Belvedere**

Wir starten am Idrosee und erreichen nach dem Ledrosee das Trentiner Nordufer des Gardasees. Durch das *Valle dei Laghi* (Tal der Seen) und Trient kommen wir an den größten See des Trentino, den Caldonazzosee. Zum Abschluss unserer Tour geht es hinauf zum Lavaronesee, zur beeindruckenden Festung Forte Belvedere und dann aussichtsreich hinab ins Etschtal.

Von Baitoni im Nordosten des Idrosees rollen wir am Rand des Valle del Chiese entlang auf der SP69 nach **Storo** (4500 Einwohner). Wo das Gebiet der landwirtschaftlich geprägten Gemeinde beginnt, finden wir rechts den **Parco Cascata Bianca**. Für den kurzen Ausflug zum Wasserfall stehen an der Straße ein eigentlich nur für Autos freigegebener Parkplatz und ein Picknickplatz zur Verfügung (*N 45°49'47" E 10°33'36"*). In der Nähe starten Wanderwege und Mountainbiketrails in die hohen Ledroalpen. Nicht weit entfernt liegt auch der kleine Lago Roversella. Einen offiziellen Wohnmobil-Parkplatz finden Sie an der Parallelstraße SS237.

094 Storo – *Parcheggio Camper*

GPS: N 45°50'57" E 10°33'36", Via di Vil 68, 38089 Storo. **Max. WOMOs**: 8. **Ausstattung**: Picknicktische, Beleuchtung, Bar gegenüber. **Beschreibung**: Teilweise schattiger Parkplatz zwischen der recht stark befahrenen SS237 und dem Fluss Chiese bei Storo mit 8 Stellflächen für Wohnmobile. Die Toiletten sind wohl dauerhaft kaputt. Eine Fußgängerbrücke bietet Anschluss an den Valle-del-Chiese-Radweg am anderen Flussufer. Zugang zum Fluss gibt es auch. **Preis**: Kostenlos. **Zufahrt**: Direkt an der Straße.

TOUR 6

In Storo spielt der Mais die Hauptrolle

Ein zentraler Parkplatz für die Ortsbesichtigung in Storo befindet sich in der Via Papaleoni (*N 45°50'54" E10°34'34"*). Hübsch sind die alten Viertel. An Pflastergassen wie der Via Roma stehen charakteristische Trentiner Häuser aus Naturstein mit Holzaufbauten, Balkonen, Bogengängen und Höfen. Auf manchen Balkonen hängt Mais zum Trocknen. Kunsthistorisch interessant ist die uralte **Pfarrkirche San Floriano** vor allem wegen der Renaissance-Gemälde des Malers Girolamo Romanino aus der Malerschule von Brescia und der schmuckvollen Orgel (*Via San Floriano 1*).

Feinschmecker können sich etwas außerhalb von Storo in der ***Cooperative Agri90*** mit dem berühmten Storo-Maismehl und weiteren regionalen Spezialitäten eindecken (*Via del Sorino 60, agri90.it*). Ebenfalls etwas außerhalb finden Bierliebhaber in der **Birrificio Artigianale *Valle del Chiese*** handwerklich gebrautes Bier (*Via Giuseppe Garibaldi 264*).

Einen Überblick über das Häusergewirr und den Maisanbau gewinnen Sie an der **Kapelle San Lorenzo** aus dem 15. Jahrhundert oberhalb des Ortes. Der Weg dorthin startet am Friedhof (*Cimitero*) und überwindet auf 800 Metern Länge knapp 170 Höhenmeter. Unterwegs grüßen Holzfiguren, die Menschen bei traditionellen Tätigkeiten zeigen. Ein weiterer lohnenswerter Ausflug führt von Storo zur **Cascata Fontana Santa**. Dieser etwa zwei Kilometer nördlich von Storo gelegene Wasserfall ist mit einem Spaziergang am Flussufer in rund 30 Minuten erreicht.

Einen dritten Wasserfall erreichen Sie, wenn Sie von der SS240 am Ortsausgang von Storo links in die Via Emilio Miglio abbiegen. Dort sind Sie auch richtig, wenn Sie Lust auf ein Abenteuer haben. Der **Outdoor-Tourenanbieter *Mountainlife*** hat neun Canyoning-Touren verschiedener Schwierigkeitsgrade und Gleitschirm-Tandemflüge im Programm (*Via Emilio Miglio 2, mountainlive.org*).

Val d'Ampola und Valle di Ledro

Hinter Storo kommen wir auf der meist stark befahrenen SS240 Richtung Riva del Garda in die Schlucht des **Val d'Ampola**. Die Felswände zu beiden Seiten rücken nah, teilweise so nah, dass wir lieber mittig fahren. In der ersten Kehre nach Ortsende er-

Cascata d'Ampola

haschen wir links einen Blick auf den 45 Meter hohen **Wasserfall Bus da Mort**. Vor der nächsten Kehre stoppen wir am Wasserfall **Cascata d'Ampola** (*N 45°50'36" E 10°37'11"*). Er rauscht aus rund zwölf Metern Höhe in ein Becken, das viele Besucher im Sommer für ein erfrischendes Fußbad nutzen. Wer den unteren Parkplatz verpasst, findet hinter den Kehren einen weiteren (*N 45°50'39" E 10°37'18"*). Noch einmal nehmen wir zwei Kehren, dann flacht die Straße ab. Vor und hinter dem Passo d'Ampola finden wir jeweils einen Parkplatz. Den nächsten Stopp legen wir am naturgeschützten Lago d'Ampola ein.

095 Val d'Ampola – *Area Picnic Falesia Ampola*

GPS: N 45°51'41" E 10°38'29", Via d'Ampola (750 hm). **Max. WOMOs**: 3. **Ausstattung**: Picknicktische, Liegebänke, Trinkwasserbrunnen. **Beschreibung:** Teilweise schattiger Rasenpflaster-Parkplatz an der SS240 an einem schönen parkähnlichen Picknickgelände. Durch das Gelände fließt ein erfrischender Bergbach. Zwei Klettergebiete befinden sich in unmittelbarer Nähe. **Preis**: 2 € / h. **Zufahrt**: An der Straße.

096 Val d'Ampola – *Lago d'Ampola*

GPS: N 45°52'24" E 10°39'14", SS240 (729 hm). **Max. WOMOs**: 2. **Ausstattung**: Keine. **Beschreibung**: Schattiger Parkplatz auf Kies und Wiese am Wanderweg zum Biotop des Lago d'Ampola. **Preis**: Kostenlos. **Zufahrt**: Direkt an der SS240.

Der **Lago d'Ampola** steht als Moorsee seit den 1990er Jahren unter Naturschutz und ist daher nicht zum Baden geeignet. Wegen seiner raren Ufervegetation zählt er zum europaweiten Natura 2000 Netzwerk. Vom Parkplatz erreichen wir auf einem schönen Lehrpfad in 15 Minuten das Besucherzentrum **Centro Visitante Lago d'Ampola**. Auf Holzstegen durchqueren wir dabei ein großes Schilfgebiet,in dem Wasserlilien blühen. Durch Wald und über Wiese geht es weiter zum Besucherzentrum. Kindgerecht und auch auf deutsch gibt es dort Informationen über das Biotop. In zwei Aquarien schwimmen Fische. Den Mittelpunkt der Ausstellung bildet ein hölzernes Kanu, das auf das 12. Jahrhundert datiert wird. Aus dem Fund schließt man, dass der See bereits im Mittelalter zum Fischfang genutzt wurde.

Ein etwa zehn Kilometer langer Radweg verbindet den Lago d'Ampola mit dem Lago di Ledro (Ledrosee). Er verläuft über-

TOUR 6

Der Moorsee Lago d'Ampola ist ein geschütztes Biotop

wiegend auf wenig befahrenen Seitenstraßen oder speziellen Radwegen. Eine Paradestrecke für ausdauernde und erfahrene Mountainbiker führt hinauf zum Passo Tremalzo. Rennradler und Motorräder fahren hoch bis zum Pass und von dort zurück. Das wäre theoretisch auch mit dem Wohnmobil machbar. An der Strecke starten einige Wanderungen.

Das Wohnmobil rollt weiter nach Tiarno, das sich in einen oberen und einen unteren Ort teilt. Von **Tiarno di Sopra** (980 Einwohner, 749 hm) können Sie den Lago d'Ampola auf alten Eselspfaden auch zu Fuß erreichen. Sehenswert ist die Antica Casa Mercantile della Repubblica di Venezia (*Via G. Marconi 67*). Am Anfang des Ortes finden wir einen Campingplatz.

097 Tiarno di Sopra – *Camping Albergo Casavecchia*

GPS / Kontakt: N 45°53'23" E 10°40'10", Via G. Marconi, 38067 Tiarno di Sopra, Tel. +39-0464-396184, campingcasavecchia.it/de. **Max. WOMOs**: 46. **Öffnungszeit**: 1. Juni – 30. September. **Ausstattung**: Alle Einrichtungen, Bar / Restaurant, Pool, Aufenthaltsraum, Grillplätze, Fahrradvermietung, Fahrradraum, auch Zimmervermietung. **Beschreibung**: Der ruhige kleine Campingplatz gehört zu einem familienbetriebenen Hotel mit Restaurant. Die Wiesen-Stellplätze sind zwar klein (unter 50 qm) aber meist schattig unter verschiedenen Laubbäumen gelegen. Der Pool hat großzügige Öffnungszeiten (8 – 21 Uhr). **Preis**: 25 – 37 €. **Zufahrt**: Nach dem Gewerbegebiet direkt am Ortsanfang von Tiarno di Sopra links in die Via Bri.

In **Tiarno di Sotto** (690 Einwohner, 728 hm) fällt vor allem der 72 Meter hohe Turm der Kirche San Bartolomeo auf, der als zweithöchster im ganzen Trentino gilt. Am Ortsende finden wir einen Parkplatz, der auch über Nacht funktioniert.

098 Tiarno di Sotto – *Parcheggio Santa Lucia*

GPS: N 45°53'28" E 10°41'55", Via Santa Lucia, 38067 Ledro (718 hm). **Max. WOMOs**: 2. **Ausstattung**: Keine. **Beschreibung**: Ruhiger, windgeschützter und teilweise schattiger Parkplatz auf Kies hinter einem Gewerbegebiet am Ortsrand. Nebenan befindet sich ein Park mit Spielplatz und Sitzbänken. **Preis**: Kostenlos. **Zufahrt**: Hinter Tiarno di Sotto rechts ins Gewerbegebiet, erste Straße links. Wo sie schmaler wird, liegt der Parkplatz rechts.

In unmittelbarer Nachbarschaft des Übernachtungsparkplatzes steht die **Renaissance-Kapelle Santa Lucia in Pratis**. Ihre Geschichte und die der Region ist in Fresken auf den Innenwänden festgehalten. Auch der Radweg zum Ledrosee läuft direkt vorbei. Ein weiterer schöner Ausflug zu Fuß oder mit Fahrrad führt von Tiarno di Sotto zur **Cascata del Gorg d'Abiss**.

Der nächste Ort auf unserer Tour hat eine kriegerische Vergangenheit. Das Gebiet um **Bezzecca** (590 Einwohner, 697hm) war 1866 Schauplatz der Manöver des berühmten italienischen Feldherrn Giuseppe Garibaldi. Legendär wurde Garibaldis Ausspruch «Obbedisco» (Ich gehorche), mit dem er den Rückzugsbefehl seines Vorgesetzten quittiert haben soll, der ihn erreichte, als er die österreichischen Truppen bereits geschlagen hatte. Die Geschichte wird ausführlich und mit Originaldokumenten im **Museo Storico della Guerra** (auch Museo Garibaldino) von Bezzecca dargestellt, das auch den Ersten Weltkrieg thematisiert (*Via Salvator Greco 1, Jun. – Sept. Mi. – So. 10 – 13 und 14 – 17 Uhr*).

Heute ist Bezzecca ein nettes, gepflegtes Trentiner Dorf im zentralen Ledrotal. Mit dem Wohnmobil fahren wir mitten durch die hübsche gepflasterte Altstadt und parken auf dem offiziellen Wohnmobilstellplatz der Gemeinde.

Bezzecca und das Val d'Ampola

099 Bezzecca – *Area Sosta Camper Ledro*

GPS: N 45°53'57" E 10°43'10", Zona Artigianale 140, Frazione Bezzecca, 38067 Ledro. **Max. WOMOs**: 22. **Öffnungszeit**: 1. April bis 31. Oktober. **Ausstattung**: Ver- und Entsorgung. **Beschreibung**: Schattenloser, aber geräumiger und gepflegter Wohnmobilstellplatz der Gemeinde Ledro am Rand des Ortes Bezzecca. Auf den 8 m langen Rasenpflaster-Stellflächen dürfen Sie auch ihre Campingmöbel aufstellen. Eine angrenzende Grünfläche mit Picknicktischen und Brunnen steht zur Nutzung zur Verfügung. Max. 72 h. **Preis**: 10 € / Tag. Es gilt die Zeit von 0 – 24 Uhr. 6 € / 12 h (von 0 – 12 und 12 – 24 h). Für eine Übernachtung werden also mindestens 12 € fällig. **Zufahrt**: In Bezzecca den Schildern zum *Municipio* folgen und in die Viale Chiassi links abbiegen, an der Kirche rechts, hinter dem alten Rathaus links. Dann erste Straße links.

Den Stellplatz können Sie auch als Parkplatz nutzen, wenn Sie das sehenswerte **Sacrario Militare** von Bezzecca besuchen möchten und ihr Fahrzeug für den kostenlosen Parkplatz am Fuß des Hügels Santo Stefano (*N 45°53'51" E 10°43'14"*) zu lang ist. Auf dem Hügel gibt es unzählige zum Teil monumentale Denkmäler, darunter eines für Garibaldi. Der eigentliche Reiz der Anlage liegt aber in dem *Gewirr unzähliger Tunnel*, das den gesamten Hügel durchzieht. Fast zwangsläufig verläuft man sich darin, kommt aber immer wieder irgendwo heraus, wo man sich orientieren kann. Schön ist auch die Aussicht auf Bezzecca und das obere Ledrotal. In der anderen Richtung schimmert die Nordspitze des Ledrosees durch die Bäume.

Der **Ledrosee** galt lange als Geheimtipp. Mit seinem klaren Wasser und der Lage mitten in den Bergen gilt der gerade mal 2,2 Quadratkilometer große See vielen als der schönste im Trentino. Baden, Stand-Up-Paddling, Surfen, Segeln, Angeln oder Kanufahren: Wonach steht Ihnen der Sinn? Alles, was man ohne Motor auf dem Wasser unternehmen kann, ist am Ledrosee möglich. Trotz der Höhenlage von 655 Metern erreicht das Wasser im Sommer Temperaturen bis 24 Grad. Inzwischen steppt auch am Ledrosee im Hochsommer der Bär. Obwohl fast alle Parkplätze für Wohnmobile freigegeben sind, ist es im August praktisch unmöglich eine freie Stellfläche zu finden. Und einen Campingplatz sollten Sie tunlichst im Voraus reservieren. Denn es gibt am ganzen See nur drei Campingplätze und einen Stellplatz.

100 Pieve di Ledro – *Camping Al Lago*

GPS / Kontakt: N 45°53'00" E 10°43'53", Via Alzer 7 / 9, 38067 Pieve di Ledro, +39-0464-591250, camping-al-lago.it. **Max. WOMOs**: Ca. 80. **Öffnungszeit**: Ende April bis Anfang Oktober. **Ausstattung**: Alle Einrichtungen, Bar / Restaurant / Pizzeria, Spielplatz, E-Bike-, SUP-, Kajak-Verleih, Hundebereich, Bungalows und Wohnungen. **Beschreibung**: Zur Auswahl stehen Stellflächen auf meist schattiger Wiese in vier Kategorien und Größen, davon viele mit Seeblick. Schöner Strand. Nette Betreiber. Die Sanitäranlagen sind nicht die Neuesten aber sauber. Die Pizzeria serviert durchgehend von 12 bis 22 Uhr. Bushaltestelle vor dem Eingang, Supermarkt 5 Minuten zu Fuß. **Preise**: 30 – 80 €. **Zufahrt**: Im Kreisverkehr rechts der Via Alzer ca. 400 m folgen.

101 Pieve di Ledro – *Camping Azzurro Ledro*

GPS / Kontakt: N 45°53'07" E 10°43'53", Via Alzer 5, 38067 Pieve di Ledro, +39-0464-591276, campingazzurro.net/de. **Max. WOMOs**: Ca.150. **Öffnungszeit**: Anfang April bis Mitte September. **Ausstattung**: Alle Einrichtungen, Bar, Pool, 2 Spielplätze, Tischtennis, Billiard, Grillplatz, Fahrradverleih, Hundedusche, Mobilheime. **Beschreibung**: Großer 3-Sterne-Camping mit Pool und Wasserrutschen direkt am See. 2 Strandzugänge, 4 Sanitärblöcke, schattige Stellflächen auf Wiese auch mit Seeblick, breiter Strand. Die Bar serviert Frühstück und tagsüber kleine Gerichte. Im Sommer gibt es dort auch Musik. Juli und August Animation. In der Nebensaison können Sie nach mindestens 2 Übernachtungen ohne Aufpreis bis zum Abend bleiben. **Preise**: 28 – 54 €. **Zufahrt**: Im Kreisverkehr rechts der Via Alzer ca. 200 m folgen.

Pieve di Ledro (620 Einwohner) ist vor allem ein Urlauberort mit Pensionen, Ferienwohnungen, Restaurants und Cafés. Neben den Stränden der beiden Campingplätze gibt es einen frei zugänglichen Strand mit Toiletten, Duschen, Spielplatz und Beachvolleyballplatz unterhalb der Durchfahrtstraße. Der dortige Großpark-

Blick über den Ledrosee in Richtung Pieve di Ledro

Mit dem Rad um den Ledrosee

platz (*N 45°53'12" E 10°44'05"*) sieht auch Wohnmobil-Parkplätze vor, ist aber trotz der Parkgebühr von zwei Euro pro Stunde in der Saison fast immer voll.

Eine Besonderheit in Pieve ist das **Apothekenmuseum Foletto** (Via Casoni 3, museofoletto.it). Dort können Sie unter Anleitung ihre eigene Creme herstellen oder bei einer Führung die Apothekerkunst und den Medizinalkräutergarten kennenlernen. Im Oratorio San Giuseppe (Via Vittorio 5) hinter der Kirche finden wechselnde Kunst- und Fotoausstellungen statt. Donnerstags ist Markt an der Via Alzer, wo man sonst auch parken kann. Klettern, einen Klettersteig oder Canyoning können Sie mit dem **Outdoor-Anbieter *Trentino Climb*** (Via Nuova 7 am Pub Nido Verde, trentinoclimb.com/de) ausprobieren.

Rund um den Ledrosee

Zu Fuß oder mit Fahrrad 9,5 km, 160 hm

Die schönste Wanderung, Jogging- oder Radtour am Ledrosee können Sie von fast jeder beliebigen Stelle am See aus starten. Sie führt in rund 9,5 Kilometern einmal rund um den See. Am Südufer wandern oder radeln sie auf einer wenig befahrenen Straße durch schattigen Wald, aus dem immer wieder Pfade zum See hinab führen. Am Nordufer verläuft der Weg fast durchgehend unterhalb der Straße am wildromantischen Felsenufer entlang. Nur in Mezzolago biegen Sie in den Ort ab.

Die Weiterfahrt von Pieve bietet nun das komplette See-Panorama. Kurz vor **Mezzolago**, das in der Mitte des Sees liegt, wie der Name sagt, findet sich links an der Straße ein meist überfüllter Parkplatz (*N 45°52'58" E 10°44'59"*). Rechts geht es zu einem Strand und einem Bootsverleih an den See hinunter. Im Ort gibt es rechts einen weiteren strandnahen Parkplatz (*N 45°52'53" E 10°45'00", 2 € / h*). Das kleine Mezzolago ist mit seinem alten Dorfkern wohl der hübscheste Ort am Ledrosee. Schön sind unter anderem die kleinen Bilder mit historischen Szenen aus dem Leben am Ledrosee, die sich an fast jedem Haus finden, und der Themenweg *Il Lago di Ledro Racconta*, der auf Infotafeln einiges über den Ledrosee erzählt.

Bei der Weiterfahrt auf der SS240 lenkt links der runde Turm der **Villa Dianella** den Blick vom See-Panorama weg. Das Jagdschlösschen vom Beginn des 20. Jahrhunderts befindet sich immer noch im Familienbesitz, vermietet aber Zimmer. Einen ähnlich schönen Ausblick auf den See wie aus diesen Räumen genießen Sie vom nächsten Parkplatz (*N 45°52'49" E 10°45'36", 2 € / h*), falls Sie dort eine freie Fläche finden. Nach einer Kurve erreichen wir schließlich **Molina di Ledro**, den Hauptort am See (1550 Einwohner). Der am besten ausgestattete Campingplatz am Ledrosee liegt links unten vor Ihnen:

102 Molina di Ledro – *Family Wellness Camping Al Sole*

GPS / Kontakt: N 45°52'41" E 10°46'04", Via Maffei 127, 38067 Molina di Ledro, +39-0464-508496, campingalsole.it. **Max. WOMOs**: Ca. 170. **Öffnungszeit**: Anfang April bis Ende Oktober. **Ausstattung**: Alle Einrichtungen, Minimarkt, Strandbar, Restaurant (Steakhouse), Pool, Spielplatz, Fußball-, Beachvolleyballplatz, Wellnesszentrum, Privatbäder. **Beschreibung**: Der 4-Sterne-Campingplatz bietet halbschattige Wiesen-Stellflächen in drei Kategorien und Größen, einige mit Seeblick. Schön sind der große Pool mit Rutschen und die neuen Sanitäranlagen. Badeplattformen am See. Hundestrand und Hundeauslaufzone machen den Platz bei Hundebesitzern beliebt. Das Wellnesszentrum mit Sauna und Außenpool bietet Massagen und Kosmetikbehandlungen. Im Sommer Animation, Kidsclub und geführte Ausflüge. **Preise**: 30 – 69 €. **Zufahrt**: Am Ortseingang nach Molina scharf links abbiegen.

103 Molina di Ledro – *Best Ledro Camping*

GPS / Kontakt: N 45°52'531" E 10°46'04", Via Maffei 120, 38067 Molina di Ledro, + 39-3478-664991, bestledrocamping.it. **Max. WOMOs**: 27. **Öffnungszeit**: Mitte April – Ende Oktober. **Ausstattung**: Ver- und Entsorgung, Strom, Toiletten, Duschen, Münz-Waschmaschine, Bar, Fahrradverleih, Mobilheime, Bungalows. **Beschreibung**: Oberhalb der Durchfahrtstraße gelegener Stellplatz mit 2 Kategorien von Kies-Stellflächen ab 50 qm. Die Stellflächen sind nicht sehr schattig, einige aber größer und mit Seeblick. **Preis**: 30 – 50 €. **Zufahrt**: Am zweiten Parkplatz in Molina scharf links nach oben.

Oberhalb des Stellplatzes führt ein Spazierweg zu einer überdimensionalen Rastbank (*Panchina Grande*) mit Panoramablick über den Ledrosee. Der öffentliche Strand von Molina di Ledro liegt direkt neben dem Campingplatz. Der Ort selbst ist eher ein Versorgungszentrum. Eine ganz besondere Sehenswürdigkeit hält er allerdings bereit: Denn hier am östlichen Ufer des Ledrosees haben Archäologen *eine der bedeutendsten Pfahlbausiedlungen* Europas erschlossen. Mehr als 10.000 Holzpfähle kamen ans Tageslicht, als 1929 der Wasserspiegel des Ledrosees für den Bau des Wasserkraftwerks von Riva abgesenkt wurde.

Die **Palafitte di Ledro** sind 2011 ins *Unesco Weltkulturerbe* eingegangen. Das **Museo delle Palafitte** erschließt die archäologischen Funde aus der Zeit zwischen 2200 und 1300 vor Christus.

Unesco Welterbe Museo delle Palafitte

Nachbauten der historischen Hütten zeichnen mit Originalgegenständen ein lebendiges Bild vom Leben am Wasser in der Bronzezeit. Unter den Fundstücken befindet sich ein Kanu, das aus dem gleichen Holz geschnitzt ist wie das Kanu vom Ampolasee, aber 3000 Jahre früher (*Via al Lago 1, palafitteledro.it/de/info*).

Biegt man hinter dem Museum von der SS240 rechts auf die Uferstraße Via al Lago ein, findet man zunächst weitere Parkflächen und gelangt dann in die kleine Siedlung Pur im Süden des Ledrosees. Dort hat Kunst im Wald Einzug gehalten. Das **Ledro Land Art** Projekt kann man bei einem etwa einstündigen Waldspaziergang entlang des Baches Assat erkunden. Das Wohnmobil parkt direkt am Waldrand (*N 45°51'47" E 10°44'16"*).

Zurück auf der SS240 geht es nun bergab in Richtung Gardasee. Zunächst nehmen wir einige Kehren und durchfahren einige kleinere Dörfer, die sich in das enge Ponale-Tal betten. Dann kürzen zwei lange Tunnels den Weg nach Riva del Garda deutlich ab. Ohne Stau sind wir in 20 Minuten in Riva. Seit Storo haben wir knapp 35 Kilometer und 700 Höhenmeter hinter uns gelassen.

Garda Trentino – das Nordufer des Gardasees

Riva del Garda (17.800 Einwohner) bietet alles, was einen reizvollen Urlaubsort ausmacht. Ein schöner Strand, eine hübsche Altstadt mit Cafés, Restaurants und kleinen Läden, eine bunte Vielfalt an Ausflugsmöglichkeiten, Sportangeboten und Outdoor-Erlebnissen für jedes Alter und jeden Geschmack in einer tollen Landschaft mit angenehmem Klima: Diese Mischung macht die Stadt und ihre Umgebung zu *einem der beliebtesten Urlaubsziele in Europa* – mit allen Licht- und Schattenseiten. Die meisten Urlauber kommen aus Bayern, viele immer wieder. Manche nennen den Gardasee daher scherzhaft auch den südlichsten See Münchens. Bei Fans heißt er einfach nur »Lago«. Praktischer Nebeneffekt dieses Tourismusbooms: Man spricht deutsch.

Natürlich fehlt es am nördlichen Seeufer auch nicht an Campingplätzen. Dort stellen Sie im Sommer am besten das Wohnmobil ab und machen Ausflüge zu Fuß, mit dem Fahrrad, dem Bus oder Schiff. Denn der Verkehr kommt unter den Touristenmassen in der Saison regelmäßig zum Erliegen, und den Weg von Riva nach Torbole legt man zu Fuß mitunter schneller zurück als mit dem Auto. Unser Campingplatz-Tipp und einige Alternativen:

104 Riva del Garda – *Camping Brione*

GPS / Kontakt: N 45°52'53" E 10°51'43", Via Brione 32, 38066 Riva del Garda, +39-0464-520885, campingbrione.com. **Max. WOMOs**: Ca.80. **Öffnungszeit**: Wochenende vor Ostern bis 31. Oktober. **Ausstattung**: Alle Einrichtungen, Bar, Minimarkt, Pool, Spielplatz (überdacht), Tischtennis, Fahrradverleih, Sauna, Mobilheime. **Beschreibung**: Weitläufiger, offen gestalteter Campingplatz mit schattigen Stellflächen auf einer ebenen Wiese sowie Zelt- und Picknickplätzen am Hang im Olivenhain. Schön ist der große Pool und die alte Fattoria auf dem Gelände, in der eine Bar auch Kleinigkeiten zum Essen serviert. Zum Seeufer sind es rund 500 Meter. **Preise**: 29 – 60 €. **Zufahrt**: In Riva Richtung Rovereto, an der großen Kreuzung hinter dem Jachthafen links in die Via Brione, dort nach ca. 1 km rechts.

TOUR 6

105 Riva del Garda – *Camping Al Lago*

GPS / Kontakt: N 45°52'47" E 10°51'23", Viale Rovereto 112, 38066 Riva del Garda, +39-0464-553186, campingallago.com. **Max. WOMOs**: Ca. 50. **Öffnungszeit**: 15. März bis 31. Oktober. **Ausstattung**: Alle Einrichtungen, Bar, E-Bike-Ladestation, Mobilheime. **Beschreibung**: Etwas enger, aber gepflegter Campingplatz mit direktem Zugang zum Seeufer zwischen Jachthafen und Altstadt. Die kleinen Stellflächen der billigsten Kategorie und einige der mittleren Preisklasse befinden sich nah an der viel befahrenen SS240. Die meisten XL-Plätze haben Seeblick. **Preise**: 46 – 67 €. **Zufahrt**: Richtung Rovereto, vor dem Jachthafen rechts.

106 Riva del Garda – *Camping Bavaria*

GPS / Kontakt: N 45°52'49" E 10°51' 21", Viale Rovereto 100, 38066 Riva del Garda, +39-0464-552524, campeggiobavaria.it. **Max. WOMOs**: Ca. 75. **Öffnungszeit**: 15. März bis 31. Oktober. **Ausstattung**: Alle Einrichtungen, Pizzeria, Spielplatz. **Beschreibung**: Alteingesessener Platz mit direktem Zugang zum Seeufer und schattigen aber etwas kleinen Stellplätzen auf Wiese und Kies. **Preise:** 38,50 – 45 €. **Zufahrt**: Direkt neben Camping Al Lago.

107 Riva del Garda – Area Sosta Camper Riva

GPS: N 45°52'47" E 10°51'32", Via Brione 1, 38066 Riva del Garda.
Max. WOMOs: Ca. 35. **Öffnungszeit**: Ganzjährig. **Ausstattung**: Ver- und Entsorgung, WC, Dusche, Waschmaschine im Kiosk nebenan.
Beschreibung: Parkplatzartiger Stellplatz in einer Seitenstraße von Riva neben einem Freizeitgelände, auf dem der Baby Luna Park für laute Beschallung sorgt. Schlüssel für Toilette (50 Cent) und Dusche (1 €) und den Zugang zur Waschmaschine gibt es an dem Kiosk nebenan zu dessen (wechselnden) Öffnungszeiten. Max. 48 h Aufenthalt – danach für 48 h nicht. Der Tarif steigt sonst auf 5 € / h. **Preis**: 1 € / h. **Zufahrt**: Wie Camping Brione, aber vorher auf der linken Seite.

Riva ist die erste Stadt auf dieser Wohnmobiltour, die mehrere nennenswerte Sehenswürdigkeiten zu bieten hat. Möchten Sie

Von der Rocca (links) zum Hafen (rechts) von Riva

sich zunächst einen Überblick verschaffen? Dann steigen Sie vom zentralen Platz am Hafen auf den **Stadtturm Torre Apponale**. Nach 165 Stufen können Sie die Aussicht von dem mittelalterlichen Turm genießen (*Piazza III Novembre*).

Sehenswert ist auch der große Platz auf dem der Turm steht. Am nordwestlichen Ende der Piazza ist durch einen Torbogen die Gasse Via Marrocco erreichbar, die als ältester Teil Rivas gilt. Auch der **Hafen**, von dem die Schiffe nach Limone, Malcesine und Torbole starten, grenzt an den Platz an. Das **historische Wasserkraftwerk Centrale Idrolettrica** (*Via Giacomo Cis 13*) und der Panorama-Aufzug zur **Festung Il Bastione** sind auch nicht weit.

Die markanteste Sehenswürdigkeit von Riva ist die quadratische **Festung La Rocca**. Sie liegt von einem Wassergraben umgeben direkt am Seeufer. La Rocca wurde im 12. Jahrhundert als Burg errichtet und diente zuletzt als Kaserne, bevor das **Museo Alta Garda (MAG)** einzog. Das Stadtmuseum zeigt Kunst, aber auch Fundstücke aus der prähistorischen Pfahlbauten-Siedlung am Ledrosee (*Piazza Cesare Battisti 3A*). An die Festung schließt der hübsche Stadtpark an, in dem es fast immer blüht. Er umgibt die ballustradengesäumte Spiaggia d'Olivi.

Das Stadtbild von Riva bereichern außerdem einige **prächtige Palazzi**. Mit einem geduckten tiefen Bogengang wartet der Palazzo Pretorio auf (*Piazza III Novembre*). Der große Palazzo San Francisco am Stadtpark wurde in der Gründerzeit auf dem Gelände eines ehemaligen Franziskanerklosters erbaut (*Viale Liberazione 7*). Gegenüber befindet sich die Touristinfo, die regelmäßig kostenlose Stadtrundgänge anbietet (*Largo Medaglie d'Oro al Valor Militare 5, gardatrentino.it*).

Die Piazza III Novembre (rechts) liegt inmitten charmanter Gassen

Zudem schmücken mehrere **interessante Kirchen und Stadttore** die Altstadt von Riva. Dem Tor Porta San Guiseppe sieht man noch an, dass es früher eine Kirche war (*Via Florida Ecke Via dei Disciplini*). Und an der Porta di San Michele lädt die hübsche Piazza Cavour zu einem Päuschen ein. Dort findet im Schatten der Barockkirche Santa Maria Assunta regelmäßig ein kleiner Bauernmarkt statt. Durch das Tor hindurch kommen Sie zu einem **Ausgrabungsgelände Römischer Thermen** (*Viale Roma 30*) und sehen schon von weitem die ungewöhnliche sechseckige Kirche Santa Maria Inviolata, die mit mehrfarbigen Marmoraltären beeindruckt (*Viale Roma 50*).

Zum Shopping gibt es nicht nur nette kleine Läden in der Altstadt, sondern auch ein Einkaufszentrum (*Viale Rovereto 27*). Jeden zweiten und vierten Mittwoch im Monat ist Markt auf der hübschen Piazza delle Erbe. Campingbedarf finden Sie bei Sergio Amistadi auf der grünen Piazza Verdi (*Via Giardini Verdi 8*).

Genießer holen sich in Riva ein Eis und flanieren ans Ufer. *Eine der besten Eisdielen am Gardasee* ist nach unserem Geschmack die **Gelateria *Eta Beta*** (Via dei Disciplini 14). Die schöne **Spiaggia Sabbioni** mit Kiesstrand und Liegewiese erreicht man durch einen Park am Seeufer. Wenn Sie lieber auf als in das Wasser wollen, finden Sie einen Segelboot-, SUP- und Kanuverleih. Eine schöne Paddeltour führt zum Ponale Wasserfall.

Ein weiteres schönes Ausflugsziel in Riva ist der kleine Park am **Forte San Nicolo** hinter dem Jachthafen Marina Porto San Nicolo. Dort können Sie der Uferpromenade zum Nachbarort Torbole folgen (ca. 2 km) oder eine aussichtsreiche Kurzwanderung starten..

Panoramawanderung zur Batteria di Mezzo

3,5 km, 140 hm, 1 h

Eine fantastische Panoramawanderung mit großem Erlebniswert führt auf den Hausberg von Riva, den Monte Brione. Der Weg ist Teil des Fernwanderwegs *Sentiero della Pace* entlang der Frontlinien der Ersten Weltkriegs.

Wir starten an der Batteria San Nicolo am gleichnamigen Jachthafen und überqueren die Ciclopedonale. Direkt gegenüber führen steinerne Treppen hinauf. Sollten sie gesperrt sein, folgen wir der *Ciclopedonale* bis zur Viale Rovereto, überqueren die Straße und wenden uns dann zweimal nach rechts. Die Via Monte Brione bringt uns in ihrer ersten Kehre ans obere Ende der Treppen. Dort biegen wir rechts in den Wanderweg ein, der nun gut gesichert immer am steilen Abhang entlang mit großartigen Ausblicken auf den Gardasee nach oben führt. Bald liegt uns Torbole zu Füßen. Schließlich gelangen wir auf eine gewölbte Betonfläche. Wir stehen auf dem Dach der Batteria di Mezzo, einer Festungsanlage aus dem Ersten Weltkrieg. Vor uns liegt der gesamte Gardasee.

Bevor wir denselben schönen Weg zurücklaufen, sehen wir uns die Batteria an, die in den Berg Monte Brione hineingebaut und nur Richtung Riva mit einer Wand sichtbar ist. Am Wochenende ist sie gelegentlich zur Besichtigung geöffnet. Häufiger öffnet das etwas tiefer gelegene Forte Garda. Diesen Weltkriegsbunker finden wir, wenn wir auf dem Rückweg auf halber Strecke links in den Wald einbiegen. Er bietet eine großartige Sicht auf Riva.

Der beschriebene Panorama-Wanderweg ist nicht für Mountainbikes geeignet. Mit dem Fahrrad kommen Sie über die Via Monte Brione zur Batteria di Mezzo. Radfahrer kommen aber auch auf einer anderen, nicht weniger großartigen Aussichtstour auf ihre Kosten.

Panorama-Radtour auf der alten Ponalestraße

Die vielleicht spektakulärste Fahrradtour im gesamten Trentino führt von Riva del Garda auf der alten Ponalestraße hinauf ins Ledrotal. Die Aussicht auf den Gardasee ist gigantisch, Schwindelfreiheit aber unbedingt nötig. Denn die ehemalige Autostraße ist in die Felsen am Steilufer geschlagen. Bis 1990 war sie die einzige Verbindung zwischen dem Gardasee und dem Ledrosee.

Die atemberaubende Strecke aus dem Jahr 1851 galt mit ihren Tunnels und Felsüberhängen lange als Meisterwerk der Ingenieurkunst. Heute ist der Weg in großen Teilen renaturiert. Der alte Straßenbelag wurde entfernt. Geblieben sind freilich die Tunnels – und zwar unbeleuchtet.

Wer die Ponale mit dem Rad bezwingen will, braucht Kondition oder ein E-Bike. Denn es geht stetig bergauf. Das Gute daran ist: Sie können selbst entscheiden, wie weit Sie fahren wollen. Die Tour führt auf der gleichen Strecke zurück. Viele fahren nur den Teil der Ponalestraße am Westufer des Gardasees entlang bis zum Ponale Alto Belvedere (einfache Strecke 3 km, 90 hm) und kehren nach einer Rast im dortigen Restaurant zurück. Das geht natürlich auch zu Fuß. Andere peilen den Ledrosee an (einfache Strecke 10 km, 700 hm). Ein Mittelding ist die Fortsetzung der Ponale-Tour in Richtung Pregasina (einfache Strecke 6,5 km, 500 hm).

Eine Vielzahl weiterer Ausflüge bietet sich von Riva aus an. So kommen Sie mit dem Schiff bequem nach Limone (Tour 9), Malcesine (Tour 7) oder ins benachbarte Torbole. In der näheren Umgebung lohnt sich neben den Zielen, die in dieser Tour beschrieben sind, auch ein Abstecher zum karibisch blauen Tennosee und ins mittelalterliche Dorf Canale (Tour 10).

Auf dem Weg dorthin kommen Sie kurz hinter Riva am **Parco Grotta Cascata Varone** vorbei. Spektakulär ergießt sich dort ein hoher Wasserfall erst durch zwei begehbare Höhlen, bevor er unten im Freien weiter in die Tiefe stürzt. Regenkleidung ist ein Muss, wenn Sie nicht nass werden wollen. Rundherum ist ein hübscher Botanischer Garten mit Picknickgelände und Bar angelegt (*N 45°54'42" E 10°50'08", Località Le Foci 3, 38060 Tenno, cascatavarone.com*). In der Nähe befindet sich ein netter Agricamping im Hinterland von Riva.

108 Riva del Garda – Verde Piano Bed & Camping

GPS / Kontakt: N 45°54'18" E 10°51'28", Via Fangolino 3, 38066 Riva del Garda, +39-3890-405603, verdepianocamping.com. **Max. WOMOs:** 19. **Öffnungszeit**: 28. März bis 31. Dezember. **Ausstattung**: Alle Einrichtungen, Grillplätze, auch Zimmer. Pool, Hydromassage und Hydrosoft-Sauna von Anfang Mai bis Anfang Oktober. **Beschreibung**: Kleiner, ziemlich neuer Agricamping in einer der wenigen grünen Zonen im dicht besiedelten Hinterland von Riva. Der sehr gepflegte Platz mit Stellflächen auf Rasen liegt umgeben von Weinfeldern. Modernes, naturnahes Design im Poolbereich und im Sanitärgebäude. Knapp 4 km zur Spiaggia Sabbioni am Gardasee. **Preise**: 36,50 – 44,50 €. **Zufahrt**: In Riva auf der SS45bis Richtung Arco, links in die Via San Tomaso und dann rechts in die Via Fangolino. Der Platz liegt rechts.

Zurück am Lago fahren wir von Riva durch den Tunnel unter dem Monte Brione hindurch weiter nach Torbole. Kaum verlässt die Straße das Seeufer, beginnt die Camping-Meile. Drei Campingplätze liegen zwischen der Via Gardesana und dem Seeufer, allerdings auch genau zwischen Riva und Torbole, und damit etwas entfernt von Restaurants und Cafés. Eng sind alle Plätze direkt am See. Am sympathischsten war uns der dritte, der hinter der renommierten **Surfschule *Surf Segnana*** (*surfsegnana.it*) liegt. Sie verleiht auch Fahrräder und SUPs.

109 Lido di Arco – *Camping Arco Lido*

GPS / Kontakt: N 45°52'25" E 10°52'04", Via Lungo Sarca 30, 38062 Arco, +39-0464-505077, campingarcolido.it. **Max. WOMOs**: 170. **Öffnungszeit**: Ende März bis Ende Oktober. **Ausstattung**: Alle Einrichtungen, Minimarkt, Bar, Spielplatz, Fahrrad- und Surfbrettdepot. **Beschreibung**: Strandcampingplatz mit schattigen, offen gestalteten Wiesenstellplätzen zum Teil unter Pinien. Gut ausgestattete Sanitärs. Reservierungen in der Hochsaison ab 7 Nächten. Beliebt bei Surfern. Der Aquapark in Arco kann kostenlos genutzt werden. **Preise**: 32 – 43 €. **Zufahrt**: An der Bushaltestelle rechts in die Via Lungo Sarca.

Fischerdorf oder Surferhotspot? **Torbole** (2800 Einwohner) hat zwei Gesichter. Wenn man aus Riva anreist, präsentiert sich der zweite Ort am Nordufer des Lago als Urlaubsort mit mehreren Campingplätzen und einem Wohnmobilstellplatz, der auch in der Hochsaison meist noch einen freien Platz hat. Gute Erfahrungen haben wir hier gemacht:

TOUR 6

110 Torbole – *Camperstop Torbole*

GPS / Kontakt: N 45°52'22" E 10°52'19", Via Al Cor 2A, 38069 Torbole, +39-0464-548204, camperstoptorbole.it. **Max. WOMOs**: 120. **Öffnungszeit**: Ganzjährig. **Ausstattung**: Alle Einrichtungen, Minimarkt, Spielplatz, Tischtennis, Kicker, Fahrraddepot. **Beschreibung**: Der Wohnmobilstellplatz besteht aus 2 Bereichen. An der Einfahrt gibt es einige schattenlose asphaltierte Stellplätze, doch hinter dem Sanitärgebäude wirkt der Stellplatz fast wie ein Campingplatz. Die parzellierten Stellflächen auf Wiese sind teilweise schattig. Einige sind für extragroße Fahrzeuge vorgesehen. Zweckmäßiger sauberer Sanitärbereich. Max. 48 h, abgerechnet wird 24-stundenweise. **Preise**: 22 – 35 €. **Zufahrt**: Der Via Al Cor um die Rechtskurve folgen.

111 Torbole – *Camping Al Porto*

GPS / Kontakt: N 45°52'19" E 10°52'23", Via Al Cor 3, 38069 Torbole, +39-0464-548204, campingalporto.it. **Max. WOMOs**: Ca. 80. **Öffnungszeit**: Ende März bis Anfang November. **Ausstattung**: Alle Einrichtungen, Minimarkt, Bistro, Pool, Whirlpool, Spielplatz, Tischtennis, Fahrrad- und Surfsegeldepots, auch Apartments. **Beschreibung**: Sehr gepflegter und schön gestalteter Campingplatz in ruhiger aber zentraler Lage am kleinen Jachthafen von Torbole. Die unterschiedlich großen Stellflächen auf Wiese oder Kies liegen unter mediterranem Baumbestand. Auf manchen Stellflächen campen Sie unter Palmen. Sehr komfortable und gut ausgestattete Sanitärs. Netter Pool, im Sommer kostenlose Yoga-Sessions. **Preise**: 29 – 64 €. **Zufahrt:** Die Via Al Cor führt direkt auf den Campingplatz zu.

112 Torbole – *Camping Europa*

GPS / Kontakt: N 45°52'21" E 10°52'20", Via Al Cor 4, 38069 Torbole, +39-0464-505888, campingeuropatorbole.it. **Max. WOMOs**: Ca. 100. **Öffnungszeit**: Ende März bis Anfang November. **Ausstattung**: Alle Einrichtungen, Surfsegeldepot. **Beschreibung**: Familienbetriebener alteingesessener einfacher Campingplatz mit mediterranem Baumbestand. Freundlicher Empfang. Alles wirkt relativ naturbelassen und etwas in die Jahre gekommen. Reservierungen max. 1 Tag vor Anreise telefonisch. Strandzugang. Bei Surfern beliebt. **Preise**: 32 – 51 €. **Zufahrt:** Der Via Al Cor nach rechts und wieder nach links folgen.

Der **alte Ortskern von Torbole** hat durchaus den Charme des früheren Fischerdorfs bewahrt. Die Piazza Goethe erinnert nicht nur mit ihrem Namen an den Aufenthalt des deutschen Dichters. Eine Gedenktafel über einem Brünnlein markiert das Haus, in dem er über-

Fischerhafen mit Casa del Dazio und Gassen von Torbole

nachtete. Gute Küche zu vernünftigen Preisen serviert auf dem Platz das **Ristorante – Pizzeria *Al Porto*** (*Reservierung empfohlen, +39-0464-548884, pizzeriaalportotorbole.it*). Sehr gute Pizza – wahrscheinlich die beste der Welt, wie der Besitzer meint – in lockerer Atmosphäre essen Sie außerdem im **Ristorante – Pizzeria *Nuovo Garda*** (*Reservierung empfohlen, Via Giacomo Matteotti 87, +39- 0464-505703, tourmkr.com*). Im Grünen sitzen sie beim etwas teureren Essen im ***Surfers Grill*** (*Reservierung empfohlen, Via del Sarca Vecchio 5, +39-0464-505930, surfersgrill.it*). Am Hafen serviert die ***Casa Beust*** gute Pizza und regionale Gerichte wie *Carne Salada* mit Seeblick (*Via Benaco 15, Reservierung empfohlen, ristorantecasabeust.it*).
Die schmale Gasse Via Giovanni Segantini führt von der Piazza Goethe zur grünen Piazza Alpini. Von hier können Sie über einen der Treppenwege in den oberen Ortsteil hinaufsteigen. Schöne Ausblicke bieten sich von der Barockkirche Sant'Andrea (Via della Chiesa 3) und dem **Belvedere** (Via Europa).

Unten am Seeufer ist der malerische alte **Fischerhafen** das nächste lohnenswerte Ziel. Noch heute dümpeln dort bunte Fischerboote. Holen Sie sich ein leckeres Eis in der ***Bottega del Gelato*** (*Via Lungolago Conca d'Oro 5*) und spazieren Sie zur Mole. Dort steht das frühere österreichische Zollhaus, die **Casa del Dazio** (*Via Benaco 26*). Von hier können Sie immer am Wasser entlang bis zum Hafen von Riva spazieren (ca. 4,5 km). Der Fuß- und Radweg Passegiata della Ora ist nach dem kräftigen Südwind Ora benannt, der Torbole schon in den 70er Jahren zum Surferparadies machte.

Sonnenuntergang in Torbole

Ab Mittag bläst er im Sommer zuverlässig. Dann füllt sich der See mit Surfboards, Foils, Wings und Kites. Das Linienschiff hupt sich unerschrocken durch das Gewimmel. Dem munteren Treiben kann man vom schönen Kiesstrand zusehen. Zu internationalen Wettbewerben reisen Sportler aus aller Welt an.

Wer selbst aktiv werden will, findet in Torbole außer *Surf Segnana* auch die **Surfschule *Vasco Renna*** mit Kursangeboten und Verleih (*Parco della Pavese 9, vascorenna.com*). Auch außerhalb des Wassers bietet Torbole viel Gelegenheit für Sport und Action. Mit dem **Outdoor-Tourenanbieter *Canyon Adventures*** können Sie Höhlen erkunden, durch Schluchten turnen oder Klettersteige erklimmen (*Via Matteotti 122, canyonadv.com*). Wenn Sie ein Fahrrad, Mountainbike oder E-Bike leihen möchten, lohnt sich ein Vergleich der zahlreichen Anbieter. Eine schöne Radtour führt an der Sarca entlang weitgehend autofrei bis nach Sarchè.

In Torbole selbst bringt Sie der **Waldpark Le Busatte** im Pumptrack auf Touren und der Kletterwald ***Parco Avventura Busatte*** auf Bäume (*busatteadventure.it*). Außerdem gibt es einen Spielplatz, eine Bar und einen abenteuerlichen Panorama-Wanderweg. Der Parkplatz ist groß genug für Camper, aber kostenpflichtig und nicht zum Übernachten freigegeben (*N 45°51'57" E 10°52'54"*).

Panorama-Wanderung Busatte – Tempesta

5 km, 200 hm, 2 h

Ein aussichtsreicher Wanderweg mit Abenteuerfaktor führt vom Waldpark Busatte in die kleine Siedlung Tempesta. Von dort fährt ein Bus nach Torbole.

Am hinteren Ende des Pumptrack zweigt ein Weg in den Wald ab. Dem folgen wir bergauf und ignorieren alle Abzweige rechts oder links. Bald kommen wir in ein Felsengebiet. An der Weggabelung halten wir uns rechts auf der Talseite (Beschilderung Busatte – Tempesta). Schon kommt der erste Aussichtspunkt. Richtig toll wird der Ausblick mit etwas Felsenkraxelei. Der Weg steigt danach zwischen Felsen weiter leicht an. Der Blick auf den See ist vorerst durch dichte Bäume und Büsche versperrt.

Bald ist die erste Treppe erreicht. Hier sind wir über den Baumwipfeln und haben freien Sicht. Die gut ausgebaute Stahlstiege führt an einer schwindelerregenden Steilwand um eine Felsnase herum nach unten. Danach biegt der Weg wieder ein, der an der Gabelung links abgezweigt ist, und wir erreichen eine zweite, längere Stiege. Wieder geht es um den Fels herum mit freiem Blick nach unten und auf den See. Der Eisensteig setzt sich am Fels entlang eben fort bis zu einer dritten Treppe.

Auf dem Wanderpfad geht es anschließend erst hinab, dann wieder leicht bergauf zu einer weiteren Stiege. Am Ende biegt unser Weg in einen Fahrweg ein, dem wir in Kehren hinab nach Tempesta folgen.

Mit dem Wohnmobil geht es nun auf der SR249 Richtung Norden weiter nach **Arco** (17.700 Einwohner, 90 hm). Das Städtchen wirkt vor allem durch die Lage am Fuß eines steilen Felsens direkt am Fluss Sarca charmant. In den autofreien mittelalterlichen Gassen der gut erhaltenen Altstadt herrscht eine entspannte Atmosphäre. Wer dem Trubel am Gardasee entgehen will, ist hier gut aufgehoben. Für die Ortsbesichtigung stehen zwei ausgewiesene Wohnmobilparkplätze zur Verfügung.

Arco

113 Arco – *Parcheggio San Pancrazio*

GPS: N 45°54'55" E 10°52'44", Via Santa Catarina 10, 38062 Arco. **Max. WOMOs**: 10. **Ausstattung**: Ver- und Entsorgung, Mülleimer, Beleuchtung. **Beschreibung**: Innerstädtischer Parkplatz mit acht Stellflächen für Wohnmobile. Kein Schatten. Das Aufstellen von Campingmöbeln ist verboten. Max. 72 h. **Preis**: 1,50 € / h von 8 – 24.Uhr. **Zufahrt**: Am Kreisverkehr vor Arco 3. Ausfahrt, am nächsten Kreisverkehr 1. Ausfahrt. Der Parkplatz liegt am nächsten Kreisverkehr rechts.

114 Arco – *Area Carmelini*

GPS: N 45°55'20" E 10°53'24", Via Paolina Caproni Maini, 38062 Arco. **Max. WOMOs**: 13. **Ausstattung**: Keine. **Beschreibung**: Zentrumsnaher Großparkplatz mit Stellflächen für Wohnmobile im hinteren, ruhigeren Teil. Kein Schatten. Max. 72 h. **Preis**: 10 € / 24 h. **Zufahrt**: Am Kreisverkehr hinter Arco die 2. Ausfahrt, nach der Brücke direkt rechts. Der Parkplatz liegt rechts.

Das Zentrum der Altstadt von Arco bildet die Piazza III Novembre mit dem **Rathaus** und der mächtigen **Stiftskirche Collegiata di Santa Maria Assunta**. Trubelig wird es hier höchstens an Markttagen (1. und 3. Mittwoch im Monat). Dahinter erstreckt sich der Stadtpark Giardini Publici mit einer gigantischen Zeder. Ganz in der Nähe ist die Touristinfo angesiedelt (Viale delle Palme 1). Beim Bummel durch die Straßen rund um die Altstadt überraschen immer wieder herrschaftliche Villen.

Die **Burg von Arco** thront weithin sichtbar auf dem steilen Fels über der Stadt. Nicht nur wegen der spektakulären Lage zählt das Castello di Arco zu den bedeutendsten Burgen und Schlössern im Trentino. Der Turm und der Felsenkerker der mittelalterlichen Festung aus dem 12. Jahrhundert sind etwas Besonderes – und die Aussicht auf Torbole und Riva mit dem Monte Brione dazwischen ohnehin. Dieser Ausblick will allerdings erarbeitet sein. Mit rund 20 Minuten Fußweg von der Altstadt sollten Sie rechnen (*Via Castello, Apr.–Sept. tgl. 10–19 Uhr*).

Wir machen unterwegs am **Botanischen Garten** und Arboretum vom Arco Pause und flanieren durch die Palmenallee in die historische Baumschule, die der österreichische Erzherzog Albert 1873 in der Nähe seiner ein Jahr zuvor errichteten Winterresidenz **Villa Arciducale**, angelegt hat. Die naturnahe Parkanlage vereint vielfältige und darunter auch seltene Sträucher und Bäume aus der Mittelmeerregion auf kleinem Raum. Außerdem gibt es einen Bambuswald und einen Goldfischteich (*Via Fossa Grande*).

Historisch bedeutsam ist in Arco auch die Brücke über den Fluss Sarca, schlicht **Ponte di Arco** genannt. Sie war lange Zeit eine Grenzstation des Habsburger Reiches. Kunstliebhaber sehen sich die Galleria Civica Giovanni Segantini im **Palazzo dei Panni** an. Die Außenstelle des Museo Alta Garda (MAG) widmet sich dem in Arco geborenen Künstler Segantini, der als einer der bedeutendsten Vertreter des Divisionismus in Italien gilt.

Arco ist aber nicht zuletzt die allererste Adresse für Kletterer im Trentino. An den Kletterwänden des *Rock Master Climbing Stadium* werden internationale Wettbewerbe im Sportklettern ausgetragen. In den Fels greifen Kletterer direkt an der Steilwand nördlich der Burg im **Kletterrevier Colodri**. Ausrüstung und fachkundige Anleitung ausgebildeter Bergführer gibt es beim **Outdoor-Tourenanbieter *mmove***. Er bespielt in der Saison morgens das Colodri-Gebiet und bietet täglich mehrere Kletter-, Klettersteig-, Canyoning- oder Caving-Touren auch für Familien an (*Via dei Legionari Cecoslovacchi 14, mmove.it*). Direkt nebenan befindet sich der neue städtische **Prabi Aquapark** mit einem

Die Burg über der Altstadt (links) mit der Kirche Santa Maria Assunta (rechts)

Kletterer über Arco

25-Meter-Schwimmbecken, Spraypark, Babybecken mit Wasserspielplatz, Wasserrutsche, Kletter- und Tauchbecken und einem Entspannungsbereich mit Hydromassageliegen. Ein gutes Bistro / Restaurant am Eingang gehört auch dazu. Der große städtische Campingplatz grenzt an. Wer kleinere Plätze lieber mag, wählt einen der Agricampings.

115 Arco – *Camping Arco Prabi*

GPS / Kontakt: N 45°55'37" E 10°53'31", Via dei Legionari Cecoslovacchi 12, 38062 Arco, +39-0464-517491, campingarcoprabi.it. **Max. WOMOs**: Ca. 220. **Öffnungszeit**: Ende März bis Anfang November. **Ausstattung**: alle Einrichtungen, Minimarkt, Bar / Restaurant, Aquapark, Spielplatz, Multisportplatz, Tischtennis, Grillplatz, Boulderraum, Fahrraddepot, auch Bungalows, Chalets und Apartments. **Beschreibung**: Städtischer 3-Sterne-Campingplatz am nördlichen Ortsrand von Arco zwischen der Durchfahrtstraße und dem Fluss Sarca. Sie stehen schattig auf Wiese unter Pinien und anderen Bäumen. Der Eintritt in den benachbarten Aquapark ist frei. **Preise**: 34 – 44,50 €. **Zufahrt**: Von der SS45bis im Kreisverkehr am Kapuzinerkloster in den Ort abbiegen, dort gleich hinter der Brücke rechts und der Straße bis zum Ortsausgang folgen.

116 Arco – *Agritur Camping Arcosole*

GPS / Kontakt: N 45°54'42" E 10°52'00", Via della Croseta 20, 38062 Arco, +39-3395-245961, arcosole.com. **Max. WOMOs**: 19. **Öffnungszeit**: Mitte März bis Mitte November. **Ausstattung**: Alle Einrichtungen, kleiner Pool, Frühstücksraum, Apartments. **Beschreibung**: Familiengeführter Agriturismo mit neu eingerichtetem, sehr gepflegten Campingplatz in grüner Lage im Gewerbegebiet von Arco. Sie stehen auf einer blickgeschützten Wiese rund um den kleinen Pool. Frühstücksbüffet. **Preise**: 33 – 37 €. **Zufahrt**: Von der SS45bis zwischen Aldi und IperPoli Supermarkt in die Via della Croseta.

Valle dei Laghi

Hinter Arco weitet sich das Sarca-Tal. Die SS45bis schlängelt sich eben dahin bis **Dro** (5100 Einwohner). In dem netten ruhigen und grünen Ort, wachsen viele Olivenbäume. An der zentralen Piazza Republicca mischen sie sich mit Palmen. Hübsche alte Häuser schachteln sich um den weitläufigen Platz mit dem Rathaus am Nordende. Zwei Kirchen direkt nebeneinander dominieren das Bild. Die neuere Chiesa dell'Immacolata aus dem 19. Jahrhundert ist im Inneren verbunden mit der älteren und kleineren Chiesa di Santi Sisinio, Martirio e Alessandro.

Gut vier Kilometer nördlich von Dro liegt die **Centrale Idrolettrica di Fies** rechts an der Sarca – ein Muss für Liebhaber *historischer Industriearchitektur*. Erbaut im frühen 20. Jahrhundert wird der Jugendstilbau heute für Ausstellungen, Konzerte, Theater und weitere Events genutzt. Die großen Säle mit Rundbogenfenstern sind dafür wie geschaffen. Auch landschaftlich ist der Ort interessant. Wir befinden uns mitten im Flusspark Sarca. Der Sarca-Radweg läuft vorbei und Wanderwege starten.

Plötzlich ändert sich die Landschaft. Die Straße steigt an, und wir fahren auf blanke Felswände zu. Die Sarca bildet rechts neben uns eine Schlucht. Hier liegt der ***Elias Adventurepark*** an der Straße. In dem Kletter- und Canopy-Park turnen wir durch eine Felsenlandschaft. Eine der Ziplines überquert die Sarcaschlucht. Ein großer Kies-Parkplatz liegt etwas hinter dem Kletterpark (*N 45°59'34" E 10°55'37", Località Gaggiolo 2, 38074 Dro, eliasadventurepark.com*).

Wir fahren zurück nach Dro und nehmen im Kreisverkehr die SP84 nach Drena. Aus den Weinbergen kommen wir in ein Waldgebiet. Nach einer Doppelkurve parken wir rechts an einem schattigen Picknickplatz (*N 45°58'23" E 10°56'06"*). Nicht weit entfernt startet der reizvolle **Klettersteig Rio Sallagoni**, der durch eine Schlucht führt. Gelegentlich ist das Flussbett komplett ausgetrocknet, so dass wir auch ohne Kletterausrüstung durch die Schlucht nach Drena aufsteigen können.

Industriedenkmal Centrale Idrolettrica di Fies

Klettertour am Rio Sallagoni

2,5 km, 140 hm, 1 h

Diese abenteuerliche Schluchtentour ist nur mit Berg- oder Klettersteigerfahrung machbar.

Vom Parkplatz aus nehmen wir den Weg, der entgegen unserer vorherigen Fahrtrichtung läuft. An einem Weinberg ist der Rio Sallagoni ausgeschildert. Schnell stehen wir am unteren Eingang in die Schlucht. Die Via Ferrata, für die man Kletterausrüstung braucht, steigt links an den steilen Felsen hoch. Wenn die Schlucht trocken liegt, folgen wir einfach dem Flussbett. Das geht rechts meist leichter als links. Stellenweise sind größere Felsstufen zu überwinden. Wo die hohen Felswände auseinanderweichen, finden wir uns in einer feuchtgrünen Zauberwelt mit vielfältigen Farnen und Moosen wieder.

Am oberen Ende der Schlucht haben wir die Wahl, ob wir schnell und steil zur Burgruine aufsteigen wollen (links), oder dem Flussbett weiter folgen, bis wir an den Ortsrand von Drena kommen. Der kurze Weg mündet bald in einen Fahrweg, der am Waldrand mit schönem Blick auf Drena weiter ansteigt. Oben halten wir uns rechts. Die **Bar *Pax Romana*** bietet hier Erfrischungsgetränke. Dahinter geht es rechts hinauf zur Burgruine.

Hinab zum Parkplatz kommen wir anschließend, wenn wir links in der Kurve den Pfad nach links nehmen. Dann geht es zweimal abwechselnd rechts und links, bis wir an die Straße kommen. Nachdem wir sie überquert haben, läuft der Pfad zunächst parallel zur Straße, aber weiter abfallend. Bald haben wir eine tolle Aussicht auf das Sarcatal, und der Pfad kehrt erneut zur Provinzstraße zurück. Ein kurzes Stück folgen wir ihr nach links zum nächsten Pfad, der rechts hinab abzweigt und uns fast zum unteren Schluchteingang zurückbringt.

Das Bergdorf **Drena** (590 Einwohner, 400 hm) liegt malerisch am ruhigen grünen Südhang. Die reizvolle, abwechslungsreiche Umgebung macht es zu einem guten Ausgangspunkt für Wanderungen und MTB-Touren. Eine tolle Aussicht auf das Sarcatal und das nächste Landschafts-Highlight auf der Strecke bietet die Burgruine des mittelalterlichen **Castel Drena**.

Wer mit dem Wohnmobil nach Drena gefahren ist, muss nun wieder umkehren. Denn nach dem Wanderparkplatz setzen wir unsere Tour auf der kleinen Nebenstraße SP214 fort.

Wieder erleben wir einen krassen Wechsel der Landschaft. Urplötzlich scheint es, als wären wir im Hochgebirge. Die schmale Straße führt durch eine beinahe unbewachsene Felsenwüste. Es sieht aus, als hätte ein wütender Riese mit großen Felsbrocken um sich geworfen.

Wir sind in den **Marocche di Dro**. Der Name leitet sich vom Trentiner Begriff *maròc* (Felsblock) ab. Die außergewöhnliche Landschaft steht seit 1989 unter Naturschutz und zählt zu den

Marocche di Dro

Natura 2000 Regionen der Europäischen Union. Entstanden ist sie schon vor rund 10.000 Jahren. Als sich der Gletscher zurückzog, lösten sich große Felsbrocken vom Monte Brento und ergossen sich in das Tal. Zurück blieb die kahlgeschliffene Felswand, die im Westen des Sarcatals aufragt und ein riesiges Felssturzgebiet.

TOUR 6

Durch die Mondlandschaft führt ein **Besucherweg** von insgesamt fünf Kilometern Länge vom zentralen Wanderparkplatz aus (*N45°59'02" E 10°56'29", Nachtparkverbot*). Im Sommer sollte man diese Runde tunlichst morgens oder abends laufen und genug Wasser mitnehmen, denn der Weg ist nicht nur größtenteils schattenlos, sondern auch windgeschützt, und die Steine strahlen zusätzlich Wärme ab. Ein kurzer Spaziergang lohnt sich aber immer. Manche der wenigen Pflanzen, die hier wachsen, sind seltene Trockenpflanzen. Außerdem entstanden natürliche Bonsais von Steineichen und anderen mediterranen Bäumen. Die Felsen erzählen ihre Geschichte: Sie sind mit Rillen und Kratzern vom Gletscher gezeichnet. Aber auch mit **Dinosaurierspuren**. Auf einer Felsplatte haben Raubsaurier viele deutlich sichtbare Fußabdrücke hinterlassen. Dieses Highlight der Marocche di Dro ist vom Besucherparkplatz schon nach 500 Metern erreicht.

Die schmale Straße führt danach langsam wieder bergab zum dritten Landschafts-Highlight im südlichen Valle dei Laghi. Am klaren, blauen **Lago Cavedine** (244 hm) bekommen wir tatsächlich direkt einen Parkplatz für einen Badestopp (*N 45°59'37" E 10°57'00", Nachtpark- und Campingverbot*).

Nach der angenehmen Erfrischung setzen wir unsere Tour am Ostufer des Lago Cavedine fort. Etwa in der Seemitte liegt das **Wassersportzentrum *Windvalley***. Dort können Sie Kurse und Geräte zum Surfen, Segeln und Kajakfahren buchen und in der Sportsbar einen Cappuccino mit Seeblick genießen (*Via Lungolago 6A, windvalley.it*). Das offizielle **Freibad Lido Paradise Lago di Cavedine** schließt an. Wir folgen dem See bis zum Nordende, fahren noch ein Stückchen direkt an der Sarca entlang und nehmen dann die Via Cavedine rechts über den Fluss nach Pietramurata. Dort kommen wir wieder auf die SS45bis, der wir nach Norden folgen. Noch im Ort liegt ein Hotel-Campingplatz links an der Straße.

Lago Cavedine

117 Pietramurata – *Camping Daino*

GPS / Kontakt: N 46°01'26" E 10°56'38", Viale Daino 43, 38074 Pietramurata, +39-0464-507451, campingdaino.com. **Max. WOMOs**: Ca. 50. **Öffnungszeit**: 31. März bis 1. November. **Ausstattung**: Alle Einrichtungen, Minimarkt, Bar / Restaurant, Pool, Spielplatz, Grillplatz, Aufenthaltsraum mit Küche und Kühlschrank, Verleih von Fahrrädern, Sport- und Kletterausrüstung, Hundebereich, auch Bungalows, Mobilheime und Hotelzimmer. **Beschreibung**: Der Campingplatz mit schattigen Wiesen-Stellflächen grenzt an den Fußballplatz und das Gewerbegebiet von Pietramurata. Einige Stellflächen sind direkt vorne an der Durchfahrtsstraße und damit laut. Altes Sanitärgebäude, aber gute Infrastruktur, freundliche Betreiber und großer Pool mit Liegen. **Preise**: 27 – 33 €. **Zufahrt**: Direkt an der Straße.

Hinter dem nächsten Ort Sarche leuchtet uns der **Lago Toblino** türkisblau durch den lichten Uferwald entgegen. Die Straße rückt nah ans Seeufer. Malerisch hockt das Schlösschen **Castel Toblino** auf einer Halbinsel im See. Parken können wir erst am Ende des Sees – und das auch nur mit einem kurzen Fahrzeug (*N 46°03'33" E 10°58'38"*). Hier sind wir direkt am Durchfluss der Sarca vom Lago di Santa Massenza in den Lago Toblino.

Schlossinsel im Lago Toblino

Am Lago Toblino führt ein bequemer Spazierweg am Ufer entlang. Dabei laufen wir teilweise auf Stegen durchs Schilf und halten Ausschau nach Wasserschildkröten. Das Schlosscafé serviert gutes Eis. Den **Lago di Santa Massenza** kann man auf ebenen Wegen auch mit dem Fahrrad komplett umrunden und dabei dem Ort Padergnone und dem **Parco Due Laghi** einen Besuch abstatten (ca. 3 km).

Nach der Brücke zwischen den beiden Seen steigt die Straße spürbar an. Wir erreichen **Vezzano**. Der Ort ist weniger interessant als seine Umgebung. Wir parken am oberen Ortsrand für einen Spaziergang zu einem weiteren Land Art Projekt.

118 Vezzano – *Parcheggio Parco d'Arte Lusan*

GPS: N 46°4›26» E 10°59›54», Via Stoppani, 38070 Vezzano. **Max. WOMOs**: Ca. 5. **Ausstattung**: Keine. **Beschreibung**: Der große schattenlose Asphalt-Parkplatz dient auch dem benachbarten Theater und Sportplatz. Tagsüber ist er sehr ruhig und leer. Kein Nachtparkverbot. **Preis**: Kostenlos. **Zufahrt**: Rechts in die Via Roma und gleich wieder rechts in die Via Stoppani.

TOUR 6

Im Parco Arte Lusan

Durch ein Picknickareal mit Spielplatz spazieren wir in den **Parco d'Arte Lusan**. Der Skulpturenpark zieht sich an einem waldigen Berghang hinauf und geht beinahe nahtlos in den geologischen Lehrpfad Stoppani über. Dieser Themenweg widmet sich der Eiszeit und führt unter anderem zu den **Gletschertöpfen Marmitte di Vezzano** (*3,5 km, 50 hm*). Überall blühen Alpenveilchen.

Mit dem Wohnmobil biegen wir am Kreisverkehr von Vezzano nach links hinten in die SP18*dir* zu den Laghi de Lamar ein. In Covelo finden wir einen netten kleinen Bauernhofcampingplatz.

119 Covelo – *Agricamping da Bery*

GPS / Kontakt: N 46°05'50" E 11°01'01", Via Villa Alta 3, 38070 Covelo, +39-3458-503996, agricampeggiodabery.it. **Max. WOMOs**: 10. **Öffnungszeit**: 31. März bis 1. November. **Ausstattung**: Alle Einrichtungen, Picknicktische, Spielplatz, Grillplätze, Fahrradverleih, E-Bike-Ladestationen, Terrasse. **Beschreibung**: Der kleine private Stellplatz liegt am Ortsrand von Covelo. Die gepflasterten Stellplätze sind sternförmig angeordnet und verfügen jeweils über ein kleines Stück Wiese. Neues Sanitärgebäude. Auf dem Bauernhof mit Hühnern, Ziegen und Kühen sind Besichtigung und Mithilfemöglich. **Preise**: 27 – 33 €. **Zufahrt**: Links in die Via Pooli, zweite Straße links.

Covelo bietet sich als Ausgangspunkt für einen Ausflug zu den Laghi di Lamar an. Die beiden Seen **Lago di Lamar** und **Lago Santo** liegen auf einer Höhe von rund 800 Metern malerisch zwischen Bergen. Badevergnügen ist am vorderen See (Lago di Lamar) angesagt, während der Lago Santo eher von stillen Schilfufern umgeben ist. Für alle, die länger bleiben wollen gibt es im nächstgelegenen Ort Valene zwei Campingplätze.

Weil unser Fahrzeug unter drei Meter Höhe hat, können wir von Covelo auf dem kurzen Weg weiter nach **Terlago** fahren (2000 Einwohner, 450 hm). Dem verschlafenen Dorf sieht man bis heute an, dass es um das alles beherrschende Schloss herum gebaut wurde. Doch das **Castel Terlago** mit seinem großen Schlosspark ist in Privatbesitz und durch hohe Mauern abgeschirmt. Die Straße durch das historische Ortszentrum führt vorbei an der **Chiesa di Sant'Andrea** mit prunkvollen neoklassizistischem Altar und unzähligen Fresken. Von

Castel Terlago

großem kunsthistorischen Wert sind die alten Steinportale, das Taufbecken und Grabplatten auf dem Boden. Durch ein Turmtor verlassen wir die Altstadt und parken am **Lago Terlago** (*N 46°05'55" E 11°03'12"*). Die Strandbar serviert mit schönem Ausblick über den See Kleinigkeiten. Eine **Wakeboard- und Wasserski-Anlage** belebt den See.

Lago di Caldonazzo und Lavarone-Hochebene

Das Valle dei Laghi endet in Terlago. Von Seen haben wir aber noch nicht genug. Wir kehren deshalb auf die breite SS45*bis* zurück und rollen durch einen langen Tunnel hinab nach Trient ins Etschtal (Tour 11). Die Provinzhauptstadt durchfahren wir auf der zweispurigen SS12, die in die SS47 übergeht und gelangen auf der Ostseite durch einen Tunnel hinauf ins Valsugana. Die SS47 umfährt alle Orte und bringt uns schnell zum nächsten See. In San Cristoforo erreichen wir das Nordufer des **Lago di Caldonazzo** (zum Südufer siehe Tour 2). San Cristoforo bietet ein schönes, aber kostenpflichtiges **Strandbad Lido di San Cristoforo** mit dem einzigen Sandstrand am See, Liegestühlen, Spielplatz und Strandbar mit Bootsverleih (*Viale del Lido 6, lidosancristoforo.it*). Daneben liegen der kostenfreie öffentliche Strand und ein Hundestrand. Der einzige Campingplatz im Ort ist oft ausgebucht.

120 San Cristoforo – *Camping San Cristoforo*

GPS / Kontakt: N 46° 2' 17.05" E 11° 14' 13.02", Via dei Pescatori 49, 38057 San Cristoforo al Lago, +39-0461-329642, campingsancristoforo.it. **Max. WOMOs**: Ca. 100. **Öffnungszeit**: Mitte Mai bis Mitte September **Ausstattung**: Alle Einrichtungen, Bar / Restaurant, Brötchenservice, Pool, Kinderpool, Spielplatz, Fahrrad- und Bootsverleih, Mietunterkünfte. **Beschreibung**: Überwiegend schattiger Campingplatz mit großem Pool in zentraler aber ruhiger Lage im Ort in Seenähe. Animation und Kidsclub im Juli und August. Kostenloser Zugang zum Strandbad. **Preise**: 25 – 66 €. **Zufahrt**: In die Viale alle Darsene, hinter dem Parkplatz rechts in die Via dei Pescatori.

Blick von der Uferstraße auf den Lago di Caldonazzo

Auf der SP 1 erreichen wir nach kurzer aussichtsreicher Fahrt am See entlang sehr schnell den nächsten kleinen Ort Valcanover. Dort gibt es einen Campingplatz und einen Wohnmobilparkplatz.

121 Valcanover – *Parcheggio Camper*

GPS: N 46°1'39" E 11°13'49", Via dei Zeloni, 38057 Valcanover. **Max. WOMOs**: 9. **Ausstattung**: Ver- und Entsorgung. **Beschreibung**: Ruhig an einer Seitenstraße im Ort gelegener asphaltierter Parkplatz mit extra für Camper ausgewiesenen Stellflächen und komfortabler, kostenloser Ver- und Entsorgung. Die Automatenzahlung ist auch mit Karte möglich. Supermarkt und Restaurant in der Nähe. Nicht klappstuhlgeeignet. **Zufahrt**: Von der SP1 in die Via die Zeloni einbiegen. Der Parkplatz befindet sich direkt links. **Preise**: Vom 15.4. – 15.9. 7 € / Tag oder 1,5 € / h (9 – 20 Uhr), sonst kostenlos.

Wir folgen der schönen Uferstraße weiter bis Calceranica Al Lago, dem eigentlichen Touristenzentrum al Caldonazzosee (Tour 2). Dort biegen wir rechts Richtung Lavarone und Forte Belvedere ab. Die Straße steigt in Kehren an und gibt bis Bosentino mehrfach den Ausblick auf den See frei. Dann geht es durch Wald weiter bergauf bis Carbonare. Bergwanderer finden unterwegs einige Gelegenheiten für Touren, zum Beispiel vom Albergo del Bosco – Bar / Ristorante Sindech zum Rifugio Casarota (ca. 1,5 h).

Unser nächstes Ziel ist das **Werk Gschwent / Forte Belvedere**. Die Weltkriegsfestung ist so berühmt, dass sie überall gut beschildert ist. Wir folgen also durch Carbonare und den nächsten Ort Lavarone einfach den Schildern. Parken können wir unten an der Straße, von der die schmale, steile Straße zum Parkplatz abzweigt. Von dort erreichen wir die Festung in rund fünf Minuten. Werk Gschwent / Forte Belvedere gilt als *eine der größten und am*

Forte Belvedere

Im Parco Palù in Lavarone

besten erhaltenen österreichisch-ungarischen Festungsanlagen des Ersten Weltkriegs im Trentino. Zwischen 1909 und 1912 erbaut sollte sie den italienischen Truppen den Zugang durch das Astico-Tal versperren. Der gesamte Festungsbau ist 200 Meter lang und 100 Meter breit. Er besteht aus einer zentralen dreistöckigen Kasematte mit Schlaf- und Diensträumen für 220 Soldaten und drei kleineren vorgelagerten Festungen, die mit Kanonen und Maschinengewehren bestückt waren und das obere Astico-Tal überblicken. Die Besichtigung ist ein Erlebnis, denn die Gebäude sind durch Tunnels unterirdisch verbunden. Nehmen Sie eine Jacke mit. Die Räume sind auch im Sommer kühl und feucht.

In der Kasematte ist eine multimediale Ausstellung eingerichtet. Mit einem Audioguide, der auch auf deutsch verfügbar ist, kann man sich die Festung und ihre Geschichte in rund einer Stunde erschließen. Besonders eindrucksvoll sind verschiedene Augenzeugenberichte (*Via Tiroler Kaiserjäger 1, 38046 Lavarone, tgl. 10–18 Uhr, fortebelvedere.org*).

Vom Forte Belvedere fahren wir zurück in den Ort **Lavarone** (1200 Einwohner, 1170 hm). Er war schon zu Beginn der 20. Jahrhunderts ein beliebtes Reiseziel der besseren Wiener Gesellschaft. Unter anderem hat ihn auch der Gründer der Psychoanalyse Sigmund Freud besucht. Viele der *herrschaftlichen Jugendstil-Villen* stehen bis heute. Am Ortseingang liegt links der hübsche Parco Palù mit Spielplatz an einem kleinen See. Daneben gibt es einen gepflasterten Bezahlparkplatz. Umsonst parken wir am anderen Ortsrand (*N 45°56'10" E 11°16'34"*). Einen offiziellen Wohnmobilstellplatz gibt es auch.

122 Lavarone – *Area Sosta Camper „Pra Grando“*

GPS / Kontakt: N 45°56'08" E 11°16'16", Via Padova 9/1, 38046 Lavarone, +39-3332-777945, visitlavarone.com. **Max. WOMOs**: 40. **Öffnungszeit**: Ganzjährig. **Ausstattung**: Alle Einrichtungen, Grillplätze mit Picknicktischen, Beleuchtung, Videoüberwachung. **Beschreibung**: Schöner ruhiger Stellplatz in einem parkähnlichen Gelände mit teilweise schattigen Stellflächen auf Schotter mit Wiese. 1,5 km zum Lavaronesee. **Preise**: 20–25 €. **Zufahrt**: Der Via Padova bis zum Ende folgen.

Am Lago Lavarone

Wer gern regionale Produkte probiert, sollte der *Caseificio* von Lavarone einen Besuch abstatten, die den milden Hartkäse Vezzana herstellt. Falls dort geschlossen ist: Der örtliche Supermarkt verkauft ihn auch. Eine Attraktion in der Umgebung ist der **Drago Vaia** – ein weiteres Kunstwerk aus Holz, das der Sturm Vaia aus den Hängen in der Region gerissen hat. Zwei dieser überdimensionalen Holzskulpturen haben wir im Valsugana bereits erlebt (Tour 2). Erreichbar ist der Drache vom Parco Palù auf einem ausgeschilderten Wanderweg (*ca. 5 km, 200 hm, 2 h hin und zurück*). Wir gehen lieber baden und fahren daher weiter zum **Lago Lavarone**. Ein kostenpflichtiger Tagesparkplatz liegt am Südufer (*N 45°56'01" E 11°15'18"*). Während der Lago di Caldonazzo den Familien gehört, sehen wir am Lago Lavarone eher älteres Publikum. Der traditionelle Kurort hat sich bis heute ein eher gediegenes Ambiente erhalten. Über dem steilen Nordufer thront das **Grand Hotel Astoria**. Gerne flaniert man durch den gepflegten Park um den See (*ca. 2 km, 30 min*). Doch der kleine See verfügt auch über zwei schöne Badestrände mit großen Liegewiesen. An der Strandbar am Südufer kann man zudem Tretboote mieten.

Der Lago Lavarone war der letzte See auf dieser Wohnmobiltour. Wir kehren zurück nach Carbonare und wenden uns dort nach links auf die SS350 in Richtung **Folgaria** (Vielgereuth, 3000 Einwohner, 1170 hm). Im Winter als Skigebiet beliebt, ist der Touristenort auf der Alpe Cimbra im Sommer ein *Eldorado für Mountainbiker und Wanderer*. Der Bikepark umfasst unzählige Routen aller Längen, darunter auch die 100 km lange Tour dei Forti, die mehrere Weltkriegsfestungen besucht, und eine Route, die in das hübsche **Dorf Luserna** führt, das zu den *Borghi più belli d'Italia* (Schönste Dörfer Italiens) zählt. Auch einen Fahrradverleih und einen Pumptrack gibt es (Alpe Cimbra Bike, Via Roma 67, 38064 Folgaria). Einen Wohnmobilstellplatz finden wir ebenfalls.

123 Folgaria – *Area Sosta Camper Albergo Bucaneve*

GPS / Kontakt: N 45°55'06" E 11°11'34", Via Negheli 87, 38064 Folgaria, +39-0464-721336, hotelbucaneve.org. **Max. WOMOs**: 20. **Öffnungszeit**: Juni bis September. **Ausstattung**: Frischwasser, WC, Dusche, Spülen. **Beschreibung**: Einfacher, schattenloser Stellplatz auf der Wiese an einem Hotel mit gemütlichem Restaurant. Keine Reservierung möglich. **Preis**: 15 €. **Zufahrt**: Am Ortseingang von Folgaria links in die Via Negheli.

Von nun an geht es bergab – und zwar zügig. Die Straße hinab ins etwa 20 Kilometer entfernte Rovereto fordert die Bremsen heraus. Wir tauchen in ein grünes Tal mit dicht bewaldeten Hängen ein. Hier und da blitzt ein Wasserfall in der Sonne. Als wir nach unzähligen Kehren das 450 Meter tiefer gelegene **Mezzomonte** (618 hm) erreichen, gönnen wir uns und den Wohnmobil-Bremsen eine Pause mit Aussicht. Wir steuern den Parkplatz am Sportplatz an (*N 45°55'17" E 11°07'57"*) und laufen nur kurz am Sportplatz vorbei zu einem schönen **Aussichtspunkt** mit überdachten Bänken. Dort bekommen wir eine Vorschau auf den letzten kleinen Teil unserer WOMO-Tour. Vor uns öffnet sich das Tal zum Etschtal hin. In der Mitte thront das große **Castel Beseno** auf einem Hügel.

Die Route schließt mit einem weiteren Landschaftsspektakel ab. Denn hinter Mezzomonte führt die Straße an den steilen Felsen von Castel Beseno entlang. Unten empfängt uns der Talort Calliano mit seiner hübschen, venezianischen Kirche inmitten von Weinbergen. Wer das Castel Beseno besichtigen will, hält schon vorher links am Picknickparkplatz der Cascata Zambel del Rio Cavallo (Tour 11). Um unsere nächste Tour 7 anzuschließen, fahren wir von Calliano aus auf der bequemen SS12 weiter nach Rovereto.

Abfahrt ins Etschtal

Tour 7

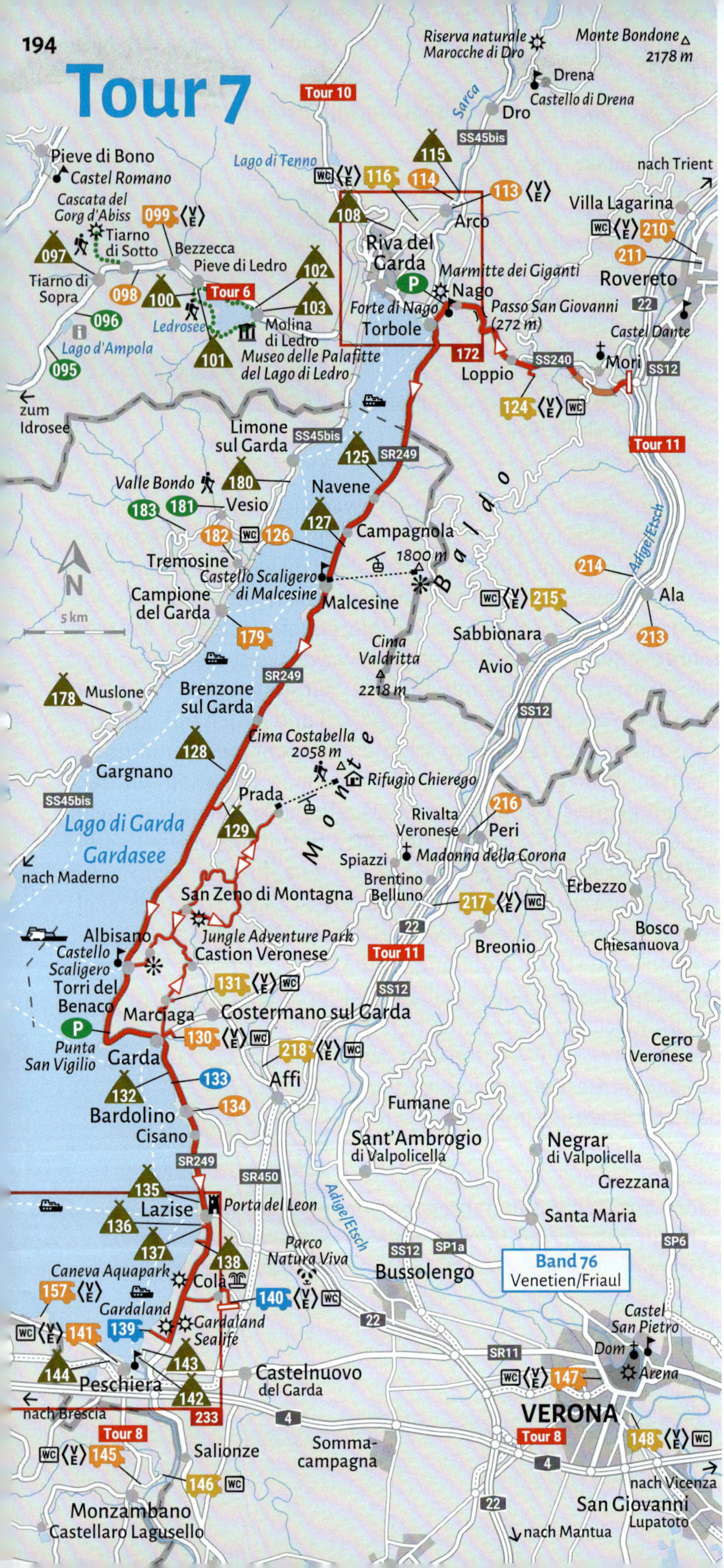

Riserva naturale Marocche di Dro
Monte Bondone 2178 m
Drena
Castello di Drena
Tour 10
Sarca
Dro
SS45bis
115
Pieve di Bono
Castel Romano
Lago di Tenno
116
114
113
nach Trient
Cascata del Gorg d'Abiss
099
Tiarno di Sotto
108
Arco
Villa Lagarina
210
211
097
Bezzecca
Riva del Garda
Tiarno di Sopra
Pieve di Ledro
102
Marmitte dei Giganti
Rovereto
098
100
Tour 6
Nago
096
103
Forte di Nago
Passo San Giovanni (272 m)
22
Ledrosee
Molina di Ledro
Torbole
Castel Dante
Lago d'Ampola
101
Museo delle Palafitte del Lago di Ledro
172
Mori
SS240
SS12
095
Loppio
zum Idrosee
124
Limone sul Garda
SS45bis
Tour 11
125
SR249
Valle Bondo
180
Navene
183
181
Vesio
127
182
126
Campagnola
Tremosine
1800 m
214
Castello Scaligero di Malcesine
Baldo
Campione del Garda
Malcesine
215
Ala
N
5 km
179
Sabbionara
213
Cima Valdritta 2218 m
Avio
SR249
178
Muslone
Brenzone sul Garda
SS12
Cima Costabella 2058 m
128
Gargnano
Rifugio Chierego
Prada
216
SS45bis
Rivalta Veronese
Peri
Lago di Garda
129
Monte
Gardasee
Spiazzi
Madonna della Corona
nach Maderno
Brentino Belluno
Erbezzo
San Zeno di Montagna
217
22
Bosco Chiesanuova
Albisano
Jungle Adventure Park
Castello Scaligero
Castion Veronese
Tour 11
Breonio
Torri del Benaco
131
SS12
Marciaga
Costermano sul Garda
Punta San Vigilio
130
Cerro Veronese
Garda
218
133
Affi
132
Fumane
Bardolino
134
Sant'Ambrogio di Valpolicella
Negrar di Valpolicella
Cisano
SR249
SR450
Grezzana
135
Porta del Leon
Adige/Etsch
Lazise
Santa Maria
136
Parco Natura Viva
SS12
SP1a
SP6
137
138
Band 76 Venetien/Friaul
Caneva Aquapark
Bussolengo
157
Cola
140
Gardaland
Castel San Pietro
22
141
139
Gardaland Sealife
SR11
Dom
143
Arena
144
Castelnuovo del Garda
147
Peschiera
142
VERONA
nach Brescia
233
4
Tour 8
Tour 8
148
145
Salionze
Sommacampagna
4
146
nach Vicenza
22
San Giovanni Lupatoto
Monzambano
Castellaro Lagusello
nach Mantua

Der Sonne entgegen
Gardesana Orientale
140 km

Der Sonne entgegen fahren wir auf dieser Tour am Ostufer des Gardasees. Schon der erste Anblick des «Lago» verspricht Dolce Vita in Bella Italia. Das genießen wir in zauberhaften Städtchen und großartiger Naturkulisse zwischen See und Hochgebirge. Diese Top-Erlebnisse warten auf Sie:

- **Malcesine – Burg und Stadt**
- **Mit dem Linienschiff über den See**
- **Punta San Vigilio – der Schönste Ort der Welt**
- **In Kübeln auf den Monte Baldo**
- **Nicht nur Vino in Bardolino**

Der Gardasee gilt vielen Urlauber aus dem Norden als das erste Stück Italien, nachdem man das deutschsprachige Südtirol hinter sich gelassen hat. Palmen und Olivenhaine säumen das Ufer des *größten Sees Italiens*. Die aufregende Bergkulisse der Südalpen geht am Südufer in eine sanfte Hügellandschaft über, die an die Toskana erinnert. Diesem Weg folgen wir auf der Gardesana Orientale, dem östlichen Abschnitt der Straße, die seit den 1930er Jahren den See auf rund 160 Kilometern umrundet. Abwechslung bietet ein Abstecher hinauf ins Monte Baldo Massiv.

Wer von der Etschtal-Autobahn die Ausfahrt Rovereto Sud / Lago di Garda nimmt, erreicht den Gardasee über die gut ausgebaute SS240 vorbei an Mori und Loppio im Nordosten beim Doppelort Nago-Torbole je nach Saison mehr oder weniger schnell. Wenn Sie Zeit haben, biegen Sie von der zweispurigen Schnellstraße gleich wieder ab und legen einen ersten Stopp in **Mori** ein. Zu sehen gibt es unter anderem die romanische Pfarrkirche Santo Stefano und das Theater Teatro Sociale Gustavo Modena aus dem 18. Jahrhundert. Ein schönes Wanderziel ist die aussichtsreich gelegene Wallfahrtskirche Monte Albano, die über alte Eselspfade erreichbar ist. Möglich sind auch Weinproben.

Mori

Mitten in Weinbergen liegt auch das nächste Dörfchen **Loppio** mit seinem uralten Kirchturm, der von einem Park umgeben ist. Gleich zwei große Delikatessenläden werben an der SS240 dort um Kundschaft. Etwas abseits der Straße liegt ein Agricamping.

124 Loppio – *L'Albero delle Mele*

GPS / Kontakt: N 45°51'12" E 10°56'17", Frazione Loppio, 38065 Mori, +39-3483-311201, alberodellemele.eu. **Max. WOMOs**: Ca. 20. **Öffnungszeit**: März – September. **Ausstattung**: Alle Einrichtungen, Pool, Spielwiese, Hofladen. **Beschreibung**: Zwischen Äpfeln und Wein grenzen die Stellplätze auf Wiese an das Bauernhaus an. Teilweise sind sie durch Hecken voneinander getrennt. Der Pool ist umzäunt, die nahe Durchfahrtsstraße teilweise deutlich zu hören. **Preise**: 31 – 37 €. **Zufahrt**: Ca. 400 Meter vor dem Kreisverkehr von Loppio links abbiegen.

Etwas oberhalb des Ortes liegt der Lago di Loppio. Als Naturreservat und mit seiner Insel mit Überresten historischer Bauten bietet er ein interessantes Ausflugsziel. Kurz vor **Nago** erreicht die Straße am Passo San Giovanni ihren höchsten Punkt. Am Ortseingang befindet sich direkt an der Straße der kleine, ganzjährig geöffnete Agricampeggio Camping Grumèl mit Wiesenstellplätzen (*Strada Rivana 42, grumel.it*). Die Festungsanlage **Forte di Nago** wird gelegentlich für Kulturveranstaltungen geöffnet. Von der Terrasse des nahegelegenen **Bar Ristorante *Al Fortino*** (*Via Europa 3*) genießen Sie den ersten, *wundervollen Ausblick auf den Lago di Garda*.

Direkt hinter Nago gibt die Straße in einer Kehre den Blick auf den größten See Italiens frei. Wer nicht zur Hauptreisezeit unterwegs ist, hat vielleicht die Chance, den Ausblick vom meist gut besuchten Panoramaparkplatz unterhalb der Kurve länger zu würdigen. Mehr Seepanorama können Sie bei einer kleinen Rundwanderung hinab nach Torbole auf historisch bedeutendem Gebiet erleben.

Durch die Hintertür zum Gardasee

6 km, 230 hm, 2 h

Wir starten am Aussichtsparkplatz hinter der Kurve von Nago nach Torbole. Von dort folgen wir kurz der Straße und der Beschilderung zu den *Marmitte*, um gleich das erste Highlight zu erleben: Wir können hier riesige Gletschertöpfe (Marmitte) betreten. Die glatt geschliffenen Felswände sind unten durchlöchert: Mit einer Taschenlampe erkunden wir die in den Fels geschlagenen Räume. An einer Felswand führt eine Eisenleiter hinauf. Von oben blickt man in einen weiteren, kleineren Felsenkessel. Nach diesem Abstecher gehen wir zurück Richtung Parkplatz. Am Kiosk gegenüber führt

ein Fußweg nach oben in den Ort Nago. Wir durchqueren den Ort und nehmen die Strada Vecchia nach unten. Sie führt hinab ins Valle di Santa Lucia. Dieses Tal war die Hintertür, die die Republik Venedig genommen hat, um ihre Schiffe auf den Gardasee zu bringen. Denn um den See gab es im 15. Jahrhundert erbitterte Kämpfe mit den Mailänder Herrschern Visconti, die sämtliche Wasserzugänge im Süden kontrollierten. Die venezianische Flotte zog über die Etsch in den Norden, karrte die Schiffe über den San Giovanni Pass und ließ sie durch das Santa-Lucia-Tal zum See hinabrollen. Wir laufen also buchstäblich auf historischem Pflaster hinab nach Torbole.

Unten kommen wir am großen Olivenhain vorbei in die Altstadt. An der Via Europa haben wir vom Belvedere herrliche Sicht auf die Dächer von Torbole und den See. Beim Abstieg nach rechts erreichen wir bald den Kreisverkehr, folgen kurz der Hauptstraße und biegen rechts in die Strada Piccola ein, die uns durch Siedlungsgebiet zur Strada Granda bringt. Kurz nach dem Ortsende zweigt rechts ein schmaler Pfad ab, dem wir am Zaun entlang nach oben folgen. Wo er auf einen breiteren Schotterweg trifft, biegen wir rechts ab und erreichen so wieder unseren Ausgangspunkt.

Mit dem Wohnmobil rollen wir nun auf der schnurgeraden Rampe hinab nach Torbole und haben den größten See Italiens lange im Blick. In Torbole (Tour 6) biegen wir nach rechts ab und erreichen so die *Gardesana Orientale* – die östliche Uferstraße um den Gardasee. Vorbei am malerischen Fischerhafen mit dem alten Zollhaus fahren wir gleich weiter Richtung Malcesine. Denn Parken könnten wir in Torbole erst nach Ortsende. Hinter dem letzten kurzen Tunnel durch die Steilwände des nördlichen Monte-Baldo-Massivs bietet auf der rechten Seite ein Campingplatz Stellplätze direkt am See.

125 Malcesine – *Campeggio Albergo Bommartini*

GPS / Kontakt: N 45°48'28" E 10°50'52", Via Gardesana 209, 37018 Malcesine, +39-3391-667789, hotelcamping-bommartini.it. **Max. WOMOs**: 27. **Öffnungszeit**: April bis Anfang November. **Ausstattung**: Alle Einrichtungen außer Grauwasserentsorgung, Bar, privater Strand mit Sitzbänken, Garage für Surfsegel, Zimmervermietung. **Beschreibung**: Der Platz liegt rund 500 Meter nördlich des Ortsteils Navene von Malcesine direkt am Gardasee. Die Einfahrt ist etwas eng, die Abfahrt zu den unteren Plätzen steil. Die eher kleinen Stellplätze sind auf drei Terrassen mit Wiesengrund verteilt. Auf der oberen Terrasse hört man die Straße deutlich, unten ist der See höchstens drei bis fünf Meter entfernt. Dort sind die Plätze eher sonnig. In der Mitte und oben spenden Eukalyptus und andere Bäume Schatten. Beliebt bei Surfern. Surfschule und Pizzeria in der Nachbarschaft. Frühstücksangebot im Albergo. **Preis**: 35 – 37 €. **Zufahrt**: Direkt an der Gardesana.

In den Gassen von Malcesine

Nach einer kurzen, aber aussichtsreichen Fahrt direkt am Seeufer entlang, erreichen wir **Malcesine** (3600 Einwohner). Der Ort gilt als einer der schönsten am Gardasee und ist für seine Burg schon seit Goethes italienischer Reise auch in Deutschland berühmt. Der Dichter und Denker wurde dort wegen Spionage festgenommen, weil er Zeichnungen der mittelalterlichen Burg anfertigte. Mehr über diese Episode verrät eine kleine Ausstellung über Goethes Zeit am Gardasee in der Pulverkammer der Scaligerburg.

Die Scaliger herrschten im Mittelalter über Verona. Ihre Burgen haben sie an mehreren Stellen am Gardasee errichtet. Sie sind an den typischen M-förmigen Schwalbenschwanz-Zinnen gut zu erkennen. Vor der Besichtigung der Burg von Malcesine parken wir das Wohnmobil gut einen Kilometer nördlich am offiziellen Wohnmobil-Parkplatz.

126 Malcesine – *Parcheggio Retelino*

GPS: N 45°46'31" E 10°48'51", Via Gardesana 350, 37018 Malcesine. **Max. WOMOs**: 6. **Ausstattung**: Mülleimer, öffentliche Toiletten.

Beschreibung: Auf einem schattigen geteerten Parkplatz am nördlichen Ortseingang von Malcesine direkt am See sind sechs Wohnmobilparkplätze ausgewiesen. Camping ausdrücklich verboten, aber kein Nachtparkverbot. Bezahlt wird am Automaten. Beliebt bei Surfern. Die stark befahrene Gardesana verläuft unmittelbar dahinter. Etwas unverständlich ist das Schild, das Fahrzeugen über 2,10 Meter Höhe die Einfahrt untersagt. Eine Höhenschranke gibt es nicht. **Preis**: 1,80 € / h. **Zufahrt**: Über den Busbahnhof direkt an der Gardesana.

Die **Scaligerburg von Malcesine** thront auf einem Felsen über dem See. Sie bietet daher vor allem vom Schiff aus einen imposanten Anblick. Auch die Ausblicke aus der Burg sind spektakulär. Sie reichen über die gesamte Nordhälfte des Gardasees. Doch nicht nur deshalb lohnt es sich, die Burg zu besichtigen, an der über die Jahrhunderte hinweg Venezianer und Österreicher weitergebaut haben. Neben der kleinen **Goethe-Ausstellung** in

Scaligerburg von Malcesine

der Pulverkammer findet sich im Palazzo Veneziano eine unterhaltsame Ausstellung über die Flora und Fauna der Gardasee-Region (*Via Castello, 37018 Malcesine, visitmalcesine.com*).

Doch nicht nur die Burg ist in Malcesine sehenswert. Den Charme des *historischen Ortskerns* lässt man am besten frühmorgens auf sich wirken, wenn die Zahl der Tagesbesucher sich noch in Grenzen hält. In den engen und verwinkelten Pflastergassen herrscht meist reger touristischer Betrieb. Die Wünsche der zahlreichen Besucher erfüllen unzählige Läden und Restaurants.

Einen Besuch wert ist der äußerlich fast unscheinbare **Palazzo dei Capitani** (*Via Capitanato, 37018 Malcesine, täglich geöffnet, Eintritt frei*). In den herrschaftlichen Räumen mit reicher Wand- und Deckenbemalung sind oft kostenlose Kunstausstellungen zu sehen. Die Via Capitanato führt anschließend weiter zum alten Hafen von Malcesine, wo auch die Linienschiffe der Gardasee-Schifffahrt anlegen. Südlich des Hafens gelangen wir zur Uferpromenade (*Lungolango*), landeinwärts zum historischen Rathaus (*Municipio*) und zur erhöht liegenden Stephanskirche (*Parrocchia di Santo Stefano*).

Mit dem Schiff über den Gardasee

Bevor die Gardesana gebaut wurde, waren die meisten Orte am See nur per Boot verbunden. Auch Goethe kam aus Torbole mit dem Schiff nach Malcesine. Bis heute bietet die Gardasee-Schifffahrts-Gesellschaft *Navigazione Laghi* oft die schnellste Verbindung zwischen zwei Orten am See. Das gilt vor allem für die Verbindungen zwischen dem Ostufer und dem Westufer. So dauert die Seeüberquerung von Malcesine nach Limone gerade mal 20 Minuten. Diese Strecke ist eine der häufigsten Schiffsverbindungen auf dem Lago di Garda. Sie wird im Sommer täglich 16 mal bedient.

Die meisten Schiffe verkehren entweder im Süden oder im Norden des Lago. Nur in Malcesine gibt es neben den regelmäßigen Verbindungen

Richtung Norden täglich mehrere Verbindungen in den Süden. Einige Schnellboote sind zwischen Desenzano im Süden und Riva im Norden unterwegs. Doch selbst mit dem Schnellboot bleibt bei der Fahrt über den gut 50 Kilometer langen See kaum Zeit für eine Besichtigung.

Die Verbindungen zwischen benachbarten Orten sind recht häufig. Mit dem Schiff lässt sich daher gut eine zu lang geratene Wanderung oder Fahrradtour abkürzen. Auch bei Besichtigungstouren in den Touristenzentren ist es zumindest in der Sommersaison schlau, das Wohnmobil stehen zu lassen und den Stau buchstäblich zu umschiffen.

Man kann aber auch mit dem Wohnmobil über den See fahren. Eine Fähre (*Traghetto*) verkehrt zwischen Torri del Benaco und Toscolano-Maderno im Sommer täglich 16 mal. In der Hochsaison setzt die Schifffahrtsgesellschaft *Navigazione Laghi* ein weiteres Traghetto zwischen Limone und Malcesine ein.

Am besten besorgen Sie sich zu Beginn Ihrer Wohnmobiltour am Gardasee einen der quadratisch gefalteten mehrsprachigen Schiffs-Fahrpläne. Sie finden Sie entweder bei Ihrem Campingplatz, bei einer Tourist-Info oder am Ticketschalter in einem der Häfen. Weitere Informationen: *www.navigazionelaghi.it*

Malcesine ist nicht nur als hübscher Ort und Ausgangspunkt für Schiffstouren einen längeren Aufenthalt wert. Das Städtchen bildet zugleich das Tor für Ausflüge auf den Monte Baldo und Wanderungen in dem aussichtsreichen Gebirgszug am Ostufer des Gardasees. Mit einem Zwischenstopp bringt die Seilbahn Besucher in kürzester Zeit auf 1800 Meter Höhe. Moderne Drehkabinen bieten Panoramasicht auf den See und das Bergmassiv (*Via Navene Vecchia 12, funiviedelbaldo.it/de*).

An der Gipfelstation lockt im Frühling neben dem Ausblick vor allem die Blütenvielfalt. Denn der **Naturpark Monte Baldo** gilt als eine der artenreichsten Bergregionen Europas. Oben treffen sich Ausflügler, Wanderer, Mountainbiker und Paraglider. Angeboten werden auch Paragliding-Tandemflüge. Der Abstieg zu Fuß ist gut trainierten und erfahrenen Wanderern vorbehalten. Die Wanderung von der Bergstation nach Malcesine führt über 16 Kilometer und knapp 2000 Höhenmeter bergab. Kleinere Zwischenanstiege summieren sich auf 400 Höhenmeter.

Für einen längeren Aufenthalt in Malcesine empfiehlt sich einer der Campingplätze. Die meisten liegen direkt an der Gardesana, und damit zwar nah am Seeufer, aber auch laut. Oft sind sie durch Tunnels mit der Uferpromenade verbunden, die mit kurzen Unterbrechungen autofrei bis Peschiera führt. Wir bevorzugen den ruhig gelegenen Stellplatz und Campingplatz Lombardi.

127 Malcesine – *Camping Lombardi*

GPS / Kontakt: N 45°47'03" E 10°49'18", Via Navene Vecchia 141, 37018 Malcesine, +39-0457-400849, campinglombardi.com. **Max. WOMOs**: 80. **Öffnungszeit**: April bis Oktober. **Ausstattung**: Alle Einrichtungen, Minimarkt, Bar / Café, Spielplatz. **Beschreibung**: Der eher kleine Campingplatz liegt als einziger in Malcesine etwas abseits der stark befahrenen Gardesana Orientale. Rund 80 Stellplätze ducken sich meist schattig und idyllisch in einen alten Olivenhain. Den angegliederten Wohnmobil-Stellplatz darf man maximal 48 Stunden benutzen. Direkt nebenan befindet sich der bekannte Biergarten *Speckstube Originale*. Bis ins Ortszentrum von Malcesine läuft man etwa 2,5 Kilometer. Zum Strand Spiaggia Campagnola sind es rund 500 Meter. Dort befindet sich auch eine Bushaltestelle. **Preise**: 22 – 42 €. **Zufahrt**: Links in die Via Navene Vecchia, oben der Straße ca. 600 m nach rechts folgen.

Südlich von Malcesine beginnt die sogenannte *Riviera degli Olivi* – die Olivenriviera. Statt senkrechter Fels begleiten nun weite Hänge voller Olivenhaine die Gardesana, die jetzt durch viele kleine Ortschaften führt. Wer Rekorde liebt, sollte direkt im Fischerdorf Cassone wieder stoppen. Denn durch das kleine Cassone fließt **einer der kürzesten Flüsse der Welt**. Doch auf seinen 175 Metern Länge von der eingefassten Quelle im Dorfzentrum bis zur Mündung in den Gardasee überspannen den Aril immerhin drei Brücken.

Hinter Cassone kehrt die Gardesana Orientale direkt ans Seeufer mit Kiesstrand zurück. Vergeblich sucht man das Ortsschild von Brenzone. Denn die ländliche Gemeinde, die sich südlich an Malcesine anschließt, besteht aus 16 kleinen Dörfern, die verstreut am Seeufer und an den unteren Hängen des Monte Baldo Massivs liegen – eines hübscher als das andere. In Assenza

Über Malcesine ragt der Naturpark Monte Baldo auf

liegt dem winzigen Hafen die mittelalterliche Kirche San Nicola gegenüber. Der historische Hafen von Porto di Brenzone bettet sich malerisch zwischen die alten Häuser. Zwei Campingplätze bieten sich als Basis für Erkundungstouren.

128 Brenzone (Marniga) – *Camping Primavera*

GPS / Kontakt: N 45°42'13" E 10°45'49", Via Benaco 5, 37010 Brenzone sul Garda, +39-0457-420421, camping-primavera.com. **Max. WOMOs**: 50. **Öffnungszeit**: 1. Apr. – 31. Okt. **Ausstattung**: Alle Einrichtungen, Bar / Café mit Brötchenservice und Olivenöl aus eigener Produktion, Spielplatz, Bungalows. **Beschreibung**: Der familiengeführte Campingplatz liegt in einem 400 Jahre alten Olivenhain mit großen Bäumen und Seeblick oberhalb der Gardesana Orientale im Fischerdorf Marniga. Sehr gepflegt, mit einigen schönen Details. Zum See mit Promenade und kleinen Kiesbuchten führen zwei Tunnels unter der Gardesana hindurch. Die ebenen Wiesenstellplätze verteilen sich auf 3 Terrassen mit Seeblick und sind durch Jasminhecken sichtgeschützt. Überdachter aber offener, sauberer Sanitärbereich (auch Mittelmeertoiletten). **Preise**: 34 – 40 €. **Zufahrt**: Direkt an der Gardesana.

129 Brenzone (Castelletto) – *Agricamping Paradiso*

GPS / Kontakt: N 45°40'38" E 10°44'36", Via Pasola 28, Castelletto di Brenzone, +39-3490-526718 (Luigi), holidaymantovani.de/campingplatz. **Max. WOMOs**: 15. **Öffnungszeit**: April – Mitte Oktober. **Ausstattung**: Chemietoilettenentleerung an der Einfahrt, Wasser und Strom am Stellplatz, keine Grauwasserentsorgung, 1 Mittelmeertoilette, 1 normale Toilette, 2 Duschen mit Gettoni, Bar mit Getränken, kleinen Snacks und Brötchenservice, Pool, Wifi an Pool und Rezeption. **Beschreibung**: Der kleine, naturnahe Agricamping der Familie Mantovani liegt etwas erhöht mit traumhaftem Blick über den Gardasee in einem alten Olivenhain auf Wiesengrund. Den Ausblick genießt man auch vom Infinitypool mit reichlich Liegestühlen. Die Anfahrt über die kleine Zubringerstraße ist steil, aber für kurze Fahrzeuge problemlos. Begrüßt hat uns Juniorchef Luigi Mantovani mit dem nachdrücklichen Angebot, das WOMO auf dem steilen Gelände auf einen der Stellplätze mit Panoramablick zu rangieren. Die oberen Stellplätze sind nur für kurze Fahrzeuge geeignet. Sie haben zudem wenig Schatten. Die Lage ist ideal zum Wandern zwischen Brenzone und Pai. **Preise:** 30 – 41 €. **Zufahrt**: In Castelletto links in die Via Pasola, der Straße folgen.

Uferpromenade von Brenzone

Eine schöne Wanderung führt von Marniga ins verlassene Dorf Campo. Eine weitere Wanderung bietet sich vom Dorf Pai di Sopra an. Dort in der Nähe überspannt eine Hängebrücke von 34 Metern Länge und bis zu 45 Metern Höhe die Schlucht zwischen Pai di Sopra und Crero im Val Vanzana.

Der nächste hübsche Ort an der Gardesana Orientale ist **Torri del Benaco** (ca. 3000 Einwohner). Doch dort gibt es keinen Parkplatz für Fahrzeuge über 5,50 Meter Länge. Für eine Besichtigung bleiben Wohnmobilurlaubern zwei Möglichkeiten: Entweder sie steigen auf den Bus, das Schiff oder das Fahrrad um, oder sie übernachten auf einem Campingplatz am Ort. Gute Bewertungen hat der **Campingplatz *Olivetti*** (*N 45°36'06" E 10°41'11", +39-0457-225522, Località Camille, 37010 Torri del Benaco,*).

Ein Besuch im Städtchen Torri del Benaco lohnt sich schon wegen des schönen **Scaligerkastell**s am Hafen. Es ist das einzige am Gardasee, das über eine *Limonaia* verfügt. Diese Gewächshäuser zum Zitronenanbau sind sonst eher am Westufer des Gardasees üblich (Tour 9) und haben mit den Scaligern eigentlich gar nichts zu tun. In Torri del Benaco hat man einen Teil der Burg abgetragen, um auf der windgeschützten Südseite Platz für die Limonaia zu schaffen. Im Inneren der Scaligerburg zeigt ein Museum historische Geräte und Dokumente zur Fischerei, zum Bootsbau und zum Olivenanbau in der Region (*Viale Fratelli Lavanda 2, museodelcastelloditorridelbenaco.it*).

Vom Turm der Burg blickt man über den historischen Hafen auf das Hotel Gardesana. In dem prächtigen venezianischen Palazzo mit Bogengängen und schmiedeeisernen Balkons hatte einst die *Gardesana Acqua* ihren Sitz, die den Handel auf dem Gardasee kontrollierte. Dahinter erstreckt sich die hübsche Altstadt.

Ein Bummel durch den **Corso Dante Alighieri** bis zur Kirche San Pedro e Paolo und am Seeufer zurück runden den Besuch in Torri del Benaco ab. Der Torre di Berengario direkt neben der Kirche und der nicht weit entfernte

Blick auf Torri del Benaco

Uhrenturm Torre dell'Orologio lassen erahnen, woher der Name Torri del Benaco (Türme des Benaco) stammt. Als Benaco ist der Gardasee auf historischen Karten aus der Römerzeit verzeichnet. Im **Auditorio San Giovanni** zeigen uralte Fresken, dass die Siedlungsgeschichte hier am südöstlichen Ufer weit zurückreicht. Noch deutlicher wird das an den **Felszeichnungen**, die in den Bergen zwischen Torri del Benaco und Garda gefunden wurden, etwa am Monte Loppio.

Wenige Kilometer hinter Torri del Benaco erreichen wir die **Halbinsel Punta San Vigilio**. Die Landspitze trägt den nicht gerade bescheidenen Titel *Schönster Ort der Welt,* und das schon seit fünf Jahrhunderten. Verliehen hat ihr den Titel der adelige Philosoph Agostino di Brenzone, der die Halbinsel im 16. Jahrhundert erwarb und zu seinem Landsitz mit Renaissance-Villa und Parkanlage umgestaltete. Er stellte folgende Gleichung auf: Italien ist das schönste Land der Welt, der Gardasee ist der schönste See Italiens, und die Punta San Vigilio der schönste Ort am Gardasee – ergo ist die Punta San Vigilio der schönste Ort der Welt.

TOUR 7

Die Zypressenallee und die Villa (in Privatbesitz) sind bis heute erhalten. Auf der Landspitze befinden sich außerdem eine Kapelle und die *Locanda* – ein Hotel mit einem eigenen kleinen Hafen und Panoramablick über den Gardasee. Die Lage hat über die Jahrhunderte Künstler und Adel angezogen. Die exklusive Locanda bewirtet bis heute prominente Besucher, darunter neben diversen Hollywood-Stars auch King Charles und Angela Merkel. Eine kürzlich neugestaltete Parkanlage erschließt die **Badebucht Baia delle Sirene** (Tageskarte 20 €), die als einer der schönsten Strände am gesamten Gardasee gilt.

Punta San Vigilio

Wer sich den Spaß im Vorbeifahren gönnen will, findet links an der Gardesana einen großen Bezahl-Parkplatz. Er liegt in einem Olivenhain, ist aber sehr uneben, und die Bäume sind niedrig. Es ist nicht verboten dort zu übernachten, doch es empfiehlt sich auch aufgrund des Preises nicht (*N 45°34'30" E 10°40'29", 20 € für 6–24 h, bis 5 Stunden 4 € / h*).

Schöner ist es, von Garda aus am Seeufer entlang zur Locanda zu spazieren und dort bei einem – zugegeben teuren – Sprizz auf einem der Stege im Wasser den Sonnenuntergang zu genießen. Außerhalb der Saison müssen Sie sich ihr Getränk jedoch selbst mitbringen. Dafür ist dann der Andrang auch nicht so groß.

Strandspaziergang zum *Schönsten Ort der Welt*

6 km, 1,5 h

Von der Hafenpromenade in Garda spazieren wir immer am Ufer entlang zum *Schönsten Ort der Welt*. Vom Hafen gehen wir Richtung Nordwesten, so dass wir den See auf der linken Seite haben. Die Strandpromenade führt vorbei am Schiffsanleger und an einem Segelclub zu einem kleinen Platz mit einem historischen Turm und öffentlichen Toiletten.

Zur Punta San Vigilio führt von dort ein naturbelassener Kiesweg knapp drei Kilometer am schmalen Strand unter einer Reihe herrschaftlicher Anwesen entlang. Nur ab und zu steht eine Gruppe kleiner Bäume am Ufer. Der Weg ist daher meist der Sonne ausgesetzt. Wer ihn bei Regenwetter außerhalb der Saison geht, hat auch als Normalsterblicher die Chance, den *Schönsten Ort der Welt* ganz für sich allein zu erleben.

Hinter der Punta San Vigilio verläuft die Gardesana Orientale leicht erhöht in einem Bogen nach Osten. Den Hang zwischen See und Straße säumen parkähnliche Anwesen mit herrschaftlichen Villen. Kurz nach der Linkskurve gibt ein Panoramaparkplatz den Blick auf die Stadt Garda und den Burgberg Rocca di Garda frei.

Unter den Laubengängen von Garda kann man auch bei Regen bummeln

Garda (ca. 4000 Einwohner) ist die Stadt, die dem größten See Italiens seinen modernen Namen gab. Sehenswert sind die Uferpromenade Lungolago und die Altstadt. Beide sind Fußgängern vorbehalten. Angesichts des Andrangs, der auf der baumbestandenen Promenade und in den schmalen Gassen spätestens ab Mittag herrscht, macht das Sinn. An der Promenade reiht sich ein Restaurant ans nächste. Sonnenschirme, Stühle und Tische stehen dicht an dicht. Viele Urlaubsgäste sind nicht zum ersten Mal hier und besuchen mit Vorliebe ihr Stammlokal.

Auch das Rathaus steht direkt am See. In einem Nebengebäude zeigt das **Museo Territoriale Lago di Garda** freitags bis sonntags historische Geräte aus der Fischerei, der Landwirtschaft und dem häuslichen Leben in der Region (*Lungo Lago Regina Adelaide 10a, 37016 Garda, www.museoterritorialedelgarda.com*).

Südlich des Rathauses zeigt sich Garda von seiner grünen Seite. Durch die Parkanlage Giardini Publici und die Piazza Roma ist schnell die **Pfarrkirche Santa Maria Assunta** von Garda erreicht (*Corso Italia 10, 37016 Garda*). Bemerkenswert sind der getrennt stehende Glockenturm mit den typischen Schwalbenschwanzzinnen der Scaliger und der rechts an die Kirche angliederte Kreuzgang im früheren Priesterseminar.

Türme in Garda

Von der Strandpromenade zweigen hübsche Altstadtgässchen in die Fußgängerzone ab. Besonders malerisch ist die Via dei Sottoportici mit ihren vielen Torbögen. Sie führt zum Corso Vittorio Emanuele und damit mitten hinein ins Getümmel auf Gardas Einkaufsmeile, wo Souvenirs, Mode, Lederwaren und etwas Kunsthandwerk angeboten werden. In der **Gelateria *Breaks Candy*** (*Corso Vittorio Emmanuele 11/33, 37016 Garda*) lassen wir uns die Spezialität *Noci e Figa* (Nuss und Feige) schmecken. Immer wieder geht es unter Torbögen oder ganzen Bogengängen hindurch. Zum Parken und Übernachten verfügt Garda über einen innerstädtischen Stellplatz mit guter Infrastruktur.

130 Garda – *Area Comunale di Camper*

GPS / Kontakt: N 45°34'36" E 10°42'51", Via C. Preite 13, 37016 Garda. **Max. WOMOs**: Ca. 30. **Öffnungszeit**: Ganzjährig. **Ausstattung**: Alle Einrichtungen. **Beschreibung**: Weitläufiger Wohnmobilstellplatz auf Pflaster im hinteren Bereich eines innerstädtischen Großparkplatzes in ruhiger und zentraler Lage. Wenig Schatten. Keine Reservierungen. Automatenzahlung vorab (nur Münzen!). Dabei wird eine Kaution berechnet. Einige Gäste berichten, dass sie Schwierigkeiten hatten, die Kaution am Automaten zurückzubekommen. **Preise**: 17 € / 24 h, 5 € Kaution. **Zufahrt**: Am 2. Kreisverkehr links in die Via Colombo, oben nach rechts. Der Stellplatz liegt an der nächsten Kreuzung gegenüber.

TOUR 7

In Garda verabschieden wir uns kurzzeitig vom Seeufer und steuern hinauf ins Monte Baldo Massiv. Auf der Via per Marciaga erreichen wir **Costermano sul Garda** (3900 Einwohner, 237 hm). Der Ort ist ein guter Ausgangspunkt, um den südlichen Teil des Monte Baldo und den Südosten des Gardasees zu erkunden und bietet dazu einen feinen kleinen Agricamping.

131 Costermano sul Garda – *Garda Natura*

GPS / Kontakt: N 45°35'32" E 10°43'02", Via della Valletta, 37010 Costermano sul Garda, +39-045-6270787, gardanatura.it. **Max. WOMOs**: 10. **Öffnungszeit**: Mitte März bis Anfang November. **Ausstattung**: Alle Einrichtungen, Restaurant, Shop, Pool, Privatbäder mit Dusche (inkl.), Mobilheime. **Beschreibung**: Am Rand des Ortsteils Marciaga zwischen Weinbergen und Feldern gelegener, gepflegter kleiner Stellplatz eines Agriturismo mit Flächen auf Kies zwischen noch jungen Bäumen. Die nette Betreiberfamilie produziert Wein, Olivenöl, Marmeladen, Chutneys und Kosmetik aus Olivenöl. Keine Haustiere. Restaurants und Klettergebiete in der Nähe. **Preise**: 50 – 85 Euro. **Zufahrt**: In Marciaga rechts in die Via della Valletta und dort der schmaler werdenden Straße folgen.

Ausblick vom Belvedere in San Zeno di Montagna

Unser Ausflug an den Südwesthang des Monte Baldo führt uns weiter in den Ortsteil Castion Veronese von Costermano. Dort steuern wir direkt auf die elegante **Villa Pellegrini Cipolla** zu, die umgeben von einem großen italienischen Garten im kleinen Ortszentrum liegt.

Anschließend erreichen wir den hübschen Ort **San Zeno di Montagna** (1440 Einwohner, 680 hm). Er ist in der ganzen Region für seine Kastanienfeste an den Oktoberwochenenden bekannt. Vom Belvedere bietet sich ein toller Ausblick auf den Gardasee. Montags ist Markt an der Via Val Masson. Ganz in der Nähe können Wohnmobile parken (*N 45°37'52" E 10°43'34", Via Val Masson 4*).

Im Ortszentrum von San Zeno biegen wir in die Via Molino. Sie bringt uns vorbei am **Kletterwald *Jungle Adventure Park*** (*Via Pineta Sperane, jungleadventurepark.com*) weiter hinauf. Im idyllischen Bergdorf Lumini haben wir bereits eine Höhe von 700 Metern erreicht. Wir fahren weiter Richtung Prada. Die Luft wird frischer. Kühe und Ziegen weiden an den Hängen der Almlandschaft.

Prada ist Ausgangspunkt unzähliger Wanderungen. Das Wegesystem schließt alte Gemeinde- und Anliegerwege, charakteristische gepflasterte Saumpfade und Steige ein, die jahrhundertelang den Zugang zu unwegsamen Gebieten des Monte Baldo gewährten. Man durchwandert eine abwechslungsreiche Landschaft mit Laub- und Nadelwäldern, Wiesen, Weiden und Almhütten. Viele Wanderwege starten am Picknickparkplatz in Prada (*N45°39'55" E10°46'31"*).

Wir wollen aber richtig hoch hinaus und fahren daher zur **Seilbahnstation *Funivia Prada – Costabella***, deren großer Kiesparkplatz auch Camper aufnimmt (*N 45°40'23" E 10°46'56"*). Aus einer Höhe von 1015 Metern über dem Meer bringt uns die Seilbahn in zwei Etappen hinauf auf fast 2000 Meter.

Schon die Seilbahn selbst ist spektakulär. Denn die erste Etappe überwindet eine *offene Kübelseilbahn*. Wir springen auf die fahrenden Kübel auf. Das Gitter wird hinter uns geschlossen, und im Stehen gehts hinauf über die Baumwipfel, bis wir freien Blick auf den Gardasee haben. Nach einem Umstieg in den Sessellift kommen wir auf rund 1800 Metern Höhe kurz unterhalb des südlichsten Monte Baldo Gipfels heraus. Die Chance, einen Zweitausender zu erklimmen, lassen wir uns nicht entgehen.

Bergwanderung auf den Cima Costabella

3 km, 220 hm, 1 h

Dieser Ausflug ins Hochgebirge bietet Panorama pur und einen leichten Gipfelsieg. Wir gehen von der oberen Seilbahnstation durch baumlose Wiesen Richtung Norden bergauf. Rechts oben liegt das ***Rifugio Chierego***. Doch das heben wir uns für den Rückweg auf und halten uns an der Gabelung links. Stetig ansteigend bringt der steinige Fahrweg uns am Gipfel vorbei zu einem Taleinschnitt, in den sich einzelne, niedrige Bergkiefern ducken. Vor uns liegt nun die ganze Monte-Baldo-Kette und unter uns der Gardasee. Auch auf die Gardaberge am gegenüberliegenden Westufer blicken wir hinab.

TOUR 7

Unser Weg biegt im rechten Winkel nach rechts ab. Wir folgen ihm bis zu einer Kreuzung. Tourenwanderer gehen hier links weiter zur Monte Baldo Seilbahn nach Malcesine. Mindestens 6 Stunden Gehzeit muss man dafür kalkulieren oder eine Übernachtung in einem Rifugio einplanen. Ein Rücktransport zur anderen Seilbahnstation kann gebucht werden.

Unsere Pläne sind kleiner, führen aber dennoch hoch hinaus. Unter den vielen schmalen Pfaden wählen wir den, der am weitesten rechts liegt und am steilsten nach oben führt und steigen nun zügig hinauf zum Gipfel Cima Costabella (2058 m). Oben pfeift ein scharfer Wind, vor dem wir in eine kreisrunde Ummauerung flüchten. Auf dem Rand dieser Mauer erfahren wir, wie die Orte heißen, die unter uns in der Ferne liegen.

Wir genießen das 360-Grad-Panorama. Steil fällt der Berghang nach Osten zum Etschtal hin ab. In respektvollem Abstand zum Grat verläuft unser Pfad nun wieder bergab. Jetzt haben wir uns die Hütteneinkehr verdient. Bei heißer Schokolade, Cappuccino und Apfelstrudel feiern wir unseren Gipfelsieg. Das letzte Stück hinab zur Seilbahnstation läuft sich wie von selbst.

Wieder unten fahren wir zurück nach San Zeno und halten uns nun Richtung Torri del Benaco. Auf der schmalen SP33a erreichen wir **Albisano**. Der Ort wird gern als Balkon des Gardasees bezeichnet. Auch von der Straße aus haben wir immer wieder das Seepanorama im Blick. Zurück auf der Gardesana geht es nun durch Garda hindurch weiter in den Süden. In Bardolino finden wir einen Campingplatz und einen Bezahlparkplatz direkt am See.

132 Bardolino – *Camping Village La Rocca*

GPS / Kontakt: N 45°33'51" E 10°42'46", Via Gardesana dell'Acqua 37, 37011 Bardolino, www.campinglarocca.com. **Max. WOMOs**: Über 200. **Öffnungszeit**: 1. April bis Anfang November. **Ausstattung**: Alle Einrichtungen, großer Supermarkt mit Feinkostabteilung, Restaurant / Pizzeria, Aquapark, mehrere Spielplätze, Spa mit Sauna Fahrradverleih, Geldautomat, Fitnesscenter, große Showbühne, Miniclub mit Abendöffnung. **Beschreibung**: Der riesige Platz liegt links und rechts der Gardesana zwischen Garda und Bardolino nahe dem namensgebenden Berg Rocca di Garda. Die Stellplätze reichen von 40 bis 130 Quadratmeter Größe und verfügen über unterschiedliche Ausstattung. Die teuersten haben einen privaten Whirlpool. Die Plätze in der ersten Reihe am See sind durch eine dichte Hecke von der Seepromenade abgegrenzt. Das große Versorgungsgebäude hält Straßenlärm vom unteren Platzteil fern, dort ist aber die Animationsbühne, die auch in der Nebensaison bespielt wird. An den Campingplatz schließen sich Pumptrack, Kräutergarten, Streichelzoo, ein Olivenhain und Weinberge an. Familienausflüge mit Eseln oder Alpakas in den Olivenhain können gebucht werden. **Preise**: Eine Preisliste gibt es nicht. Wir sollten für eine Nacht auf einem Standardstellplatz im Mai 65 Euro zahlen. **Zufahrt**: Direkt an der Gardesana.

133 Bardolino – *La Serenella*

GPS:: N 45°33'41" E 10°42'51", Via Gardesana dell'Acqua 21, 37011 Bardolino. **Max. WOMOs**: Ca. 10. **Ausstattung**: Mülltonnen, Grauwasserentsorgung. **Beschreibung**: Der geteerte Bezahl-Parkplatz mit rund 50 gepflasterten Parkplätzen wird auch von Autos genutzt. Er liegt zwischen den Campingplätzen La Rocca und La Serenella direkt neben der sehr guten **Pizzeria *Via Vai***. Das 24-Stunden-Ticket für Camper muss am Automaten gelöst werden (Bargeld oder Kartenzahlung). Das ist etwas kompliziert. Nicht nur unseres zeigte nachher die falsche End-Uhrzeit an. Die Parkplätze sind überwiegend schattig aber leicht abschüssig, ganz unten mit Seeblick. Dort hört man abends noch Spaziergänger, dafür aber nicht den Verkehr der Gardesana. Kein Platz für extrem lange Fahrzeuge. **Preise**: 1,50 € / h 20,00 € / 24 h. **Zufahrt**: Direkt an der Gardesana auf der Seeseite.

Hafen und Piazza Matteotti in Bardolino

Zwischen Garda und Bardolino teilen sich Spaziergänger, Jogger und Radfahrer eine *breite, befestigte Strandpromenade*. Sie verläuft autofrei direkt hinter dem Kiesstrand und bietet immer wieder Gelegenheiten für eine Erfrischung oder einen Espresso. Sie können auf der Promenade eine wunderbare Radtour am Seeufer von Garda bis Peschiera (Tour 8) unternehmen.

Hinter der Rocca di Garda gehen die Hänge des Monte Baldo Massivs unmerklich in sanfte Hügel über. Olivenhaine weichen Weinbergen. Endgültig haben wir die Alpen verlassen. Hier im Süden genießen wir den Blick über einen weiten See, dessen Horizont fast verschwindet.

Genuss verheißt auch der Name des nächsten Ortes am See. **Bardolino** (rund 7000 Einwohner) ist für den gleichnamigen Wein weltbekannt. Viele Weingüter bieten im Hinterland der Gardesana entlang der **Strada del Vino** ihre Produkte im Direktverkauf an. Geräte aus der Herstellung zeigt das private **Museo del Vino** (*Via Costabella 9, museodelvino.it/de*) der Winzerfamilie *Zeni*. In Bardolino selbst parkt der Camper zentral und das auch nachts.

134 Bardolino – *Parco Degli Olivi*

GPS:: N 45°32'49" E 10°43'30", Via Marconi 14, 37011 Bardolino. **Max. WOMOs**: Ca. 10, nur Fahrzeuge bis 6 m Länge. **Ausstattung**: Keine **Beschreibung:** Der Platz liegt innerorts oberhalb der Gardesana. Gegen den Verkehrslärm ist er durch ein vorgelagertes Gebäude geschützt. Auf der anderen Straßenseite befindet sich der Tourist-Infopoint mit öffentlichen Toiletten. 5 Minuten Fußweg in die Altstadt. **Preise:** 2 € / h, 15€ / 24 h. **Zufahrt:** Im Ort Bardolino direkt an der Gardesana auf der Landseite durch eine hohe Überdachung hindurch.

Bardolino bezaubert mit einer autofreien Altstadt, deren Hauptstraße vom Hafen zur **Kirche Santi Nicolò e Severo** verläuft, die leicht erhöht über der Fußgängerzone thront. Kunsthistorisch interessanter sind die beiden kleinen romanischen Kirchen San Severo und San Zeno. Doch die große neoklassizistische Parochialkirche von 1880 dominiert mit ihren römisch anmutenden Säulen das Zentrum von Bardolino. Der Kirchenvorplatz bietet einen herrlichen Ausblick über die langgezogene **Piazza Matteotti** bis zum Hafen mit dem Rathaus in einem Palazzo. Ein Säulenhalbkreis prägt auch das Presbyterium.

Enoteca Guerrieri und Olivenölmuseum in Bardolino

Den Stadtbummel durch die breiten Gassen versüßt ein Eis. Bei ***EisMeeting*** wird es aus Trentiner Bergbauernmilch hergestellt (*Via Borgo Garibaldi 6*). Für Schleckermäuler hat Bardolino noch einiges mehr zu bieten, unter anderem die hübsche **Enoteca *Guerrieri Rizardi*** (*Piazzetta Giuseppe Mazzini 6*) mit lauschigen Außentischen an einem grünen Platz. Im Hafen schaukeln bunte Boote. Landspitzen begrenzen die Promenade in beide Richtungen. Dahinter beginnen die Strände von Bardolino.

Von den Stränden ist auf der Gardesana nun nichts mehr zu sehen. Schon seit Garda verläuft die Straße etwas vom See entfernt durch Ortschaften und Siedlungsgebiet. Wir folgen ihr in den Ortsteil **Cisano** von Bardolino und halten am sehenswerten **Museo dell'Olio** (*Via Peschiera 54, 37011 Cisano, 1. Apr. – 31. Okt., Mo. – Sa. 9.30 – 12.30 und 15 – 18.30 Uhr, So 9.30 – 12.30 Uhr, Eintritt frei, museum.it*). Das private Olivenölmuseum der Familie *Turri* erzählt anschaulich in einem Film und mit historischen Objekten, wie Olivenöl früher gewonnen wurde und wie es heute verarbeitet wird. Es umfasst neben vielen kleineren Sammlerstücken aus der Geschichte der Olivenölproduktion auch raumfüllende Ölmühlen aus verschiedenen Epochen und Ländern. Die älteste Mühle stammt von 1730, und eine der wasserbetriebenen Mühlen kann man in Aktion erleben. Ein Shop mit Olivenölverkostung und ei-

Blick auf Lazises Altstadt vom See aus

nem Verkauf von Olivenölprodukten ist angegliedert. Der Parkplatz vor dem Museum ist für Wohnmobile jedoch zu klein. Eine Alternative bietet sich etwa 200 Meter entfernt vor dem Kreisverkehr landseitig (*N 45°31'36" E 10°43'42"*).

Nur wenige Kilometer trennen Cisano von **Lazise** (rund 7000 Einwohner). Der beliebte Ferienort zieht jedes Jahr Millionen von Gästen an. Ein Grund dafür sind die Sandstrände, die sich südlich an die Altstadt anschließen. Sie sind gesäumt von großen Campingplätzen und Feriendörfern. Am kürzesten ist der Weg zum Stadtzentrum und zum Hafen vom einfachen städtischen Campingplatz. Er bietet sich auch dann an, wenn Sie Lazise als *Ausgangspunkt für Schiffstouren* nach Peschiera, Sirmione und Desenzano nutzen wollen (Tour 8). Unsere Campingplatz-Tipps:

135 Lazise – *Campeggio Municipale*

GPS / Kontakt: N 45°30'31" E 10°43'56", Viale Roma 1, 37017 Lazise, +39-0457-580020, comune.lazise.vr.it. **Max. WOMOs**: 113, auch sehr große Fahrzeuge. **Öffnungszeit**: Mitte März bis Anfang November und Anfang Dezember bis Anfang Januar. **Ausstattung**: Alle Einrichtungen, Autowaschplatz, Getränkeautomat, Bungalows. **Beschreibung**: Der Zwei-Sterne-Campingplatz der Stadt Lazise liegt zentral vor dem nördlichen Stadttor direkt an der Seepromenade und in unmittelbarer Nähe zum historischen Stadtzentrum mit Hafen, Restaurants, Bars und Geschäften. Die Stellplätze auf ebenem erdigem Wiesengelände sind teilweise schattig. Von den beiden sauberen Sanitärgebäuden ist das hintere neuer als das vordere. Da es weder Spielplatz noch Pool noch einen schönen Strand gibt, zieht der Platz eher kinderloses und älteres Publikum an. Check-Out bis 13.30 Uhr, nach Absprache auch später. Achtung: Mittwochs ist wegen des Marktes die An- und Abreise erst ab 15 Uhr möglich. **Preise**: 21 – 35 €. **Zufahrt**: Der Platz ist rechts Richtung See ausgeschildert als *Camping Lazise*.

136 Lazise – *Camping Village du Parc*

GPS / Kontakt: N 45°29'57" E 10°44'02", Via Gardesana 110, 37017 Lazise, +39-0457-580127, campingduparc.com. **Max. WOMOs**: Ca. 200. **Öffnungszeit**: Anfang März bis Anfang November. **Ausstattung**: Alle Einrichtungen, WLAN, Supermarkt, Pizzeria, Strandbar / Restaurant, Poolbar, 3 Pools, Wasserrutsche, Open-Air-Fitnessbereich, Babyclub, Spielplatz, Sportplatz, Tischtennis, Wassersportangebote, Mietunterkünfte. **Beschreibung**: Von den Campingplätzen am Sand-Kies-Strand südlich von Lazise liegt dieser am nächsten zur Stadt. Einige Stellflächen für Spontan-Anreisen. Reserviert werden können auch in der Hochsaison einzelne Übernachtungen. Die Stellplätze sind überwiegend schattig und durch Hecken getrennt. Einige haben Seeblick. Wer lieber offen und naturnah steht und auf Wasser verzichten kann, findet einen neuen Bereich mit frei wählbaren Stellplätzen im benachbarten Olivenhain (Keile nötig). Gepflegte moderne Sanitäranlagen. Sehr gutes Preis-Leistungs-Verhältnis. **Preise**: 29 – 54 €. **Zufahrt**: Beschildert.

137 Lazise – *Camping Spiaggia d'Oro*

GPS / Kontakt: N 45°29'49" E 10°44'16", Via Gardasana 122, 37017 Lazise, +39-0457-580007, campingspiaggiadoro.com. **Max. WOMOs**: Ca. 600. **Öffnungszeit**: Anfang März bis Mitte November. **Ausstattung**: Alle Einrichtungen, Ausflugsbüro, Supermarkt, Strandbar / Restaurant, Poolbar / Restaurant, Wasserpark, Spielplatz, Sportplatz, Fitnessclub, Indoorspielbereich, SUP- und Tretboot-Verleih, Bojenvermietung, Mietbäder, Wifi nicht überall, Mietunterkünfte. **Beschreibung**: Der Drei-Sterne Campingplatz ist besonders bei Familien beliebt. Die schattigen Wiesen-Stellplätze (40 – 100 qm) bieten wenig Privatsphäre und sind oft erdig (Outdoorteppich empfohlen). Ganzjähriger Kidsclub. Hunde nicht überall erlaubt. Pools von 11 – 19.30 Uhr. Toiletten und Duschen nicht ganz neu, aber gepflegt. Reservierungen in der Hochsaison ab sieben Nächten. Die Plätze direkt am See sind dann sehr teuer. In der Nebensaison stimmt das Preis-Leistungs-Verhältnis. **Preise**: 26 – 77 €. **Zufahrt**: Beschildert.

138 Lazise – *Camping La Quercia*

GPS/Kontakt: N 45°29'36" E 10°43'59", Località Bottona, 37017 Lazise, +39-0456-470577, laquercia.it. **Öffnungszeit**: Eine Woche vor Ostern bis Anfang Oktober. **Max. WOMOs**: Ca. 60. **Ausstattung**: Alle Einrichtungen, Supermarkt mit Feinkostabteilung, 2 Restaurants, Beach-Bar, neuer Wasserpark, Whirlpool und Spa, großer Spielplatz, Aufenthaltsraum für Teenager, Minigolf, verschiedene Sportplätze (auch Tennis), Fitnessraum (mit Trainer), Animationsbüro, Ausflugsbüro, Windsurf-Schule und -Verleih, Bojenvermietung, Mietbäder, Hundeduschen, Autowaschplatz, Öl- und Weinladen, Geldautomat, Wifi teilweise, Mietunterkünfte. **Beschreibung**: Elegantes Vier-Sterne-Feriendorf mitten im Grünen mit nagelneuem Wasserpark und Öko-Anspruch. Überwiegend Mietunterkünfte, aber auch einige Stellplätze, manche mit Wifi, Wasseranschluss und Seeblick. Schicke Sanitärs. Sehr freundliches und hilfsbereites Personal. **Preise**: 26 – 87 €. **Zufahrt**: Beschildert.

Zeitgenössische und klassische Kunst in den Gassen von Lazise

Auch in Lazise lohnt sich ein Bummel entlang der Uferpromenade. Am **Lungolago Marconi** ist sie mit einem Wellenmuster gepflastert, nördlich des Stadtkerns und des Freizeithafens mit hochgewachsenen Pinien bestanden. Im Bereich der Altstadt findet am Sonntag ein Markt auf der Promenade statt.

Die Uferpromenade endet am historischen Hafen, dessen Becken sich in die Altstadt hineinbettet. Dort fällt ein Soldatendenkmal auf. Direkt am **Porto Vecchio** liegt die Kirche San Nicolo und daneben das mächtige venezianische Zollhaus. Gelegentlich kann man einen Blick in die riesige Halle werfen, die als Veranstaltungsort genutzt wird. Das Scaligerkastell von Lazise tritt dagegen in den Hintergrund. Es befindet sich in Privatbesitz und kann nicht besichtigt werden.

Wer vom Hafen aus durch die autofreien Altstadtgassen bummelt, trifft immer wieder auf Reste der *historischen Stadtmauern*. Sie sind in keinem anderen Ort am Gardasee so gut erhalten wie in Lazise. Auch drei Tore stehen noch. Das Bekannteste ist das **Löwentor** (*Porta del Lion*), durch das die Fußgänger von den Campingplätzen im Süden in die Altstadt kommen. Zur Gardesana hin markiert die **Porta San Zeno** die Pforte zum historischen Zentrum, und an der nördlichen Stadtmauer liegt die **Porta Cansignorio**. Ganz in der Nähe dieses Tores liegt das empfehlenswerte **Restaurant *Cozzeria*** (*Reservierung empfohlen, Via Cansignorio 16, +39-0456-470644, cozzeria.com*). *Cozze* ist das italienische Wort für Muscheln. Liebhaber dieser Meeresfrüchte finden in der

Abends am Porto Vecchio von Lazise

Strand und Sportboothafen im Süden von Lazise

Cozzeria mehr als zehn Zubereitungsvarianten. Wer es gern scharf mag, nimmt die einheimische Veroneser Soße mit schwarzem Pfeffer und Semmelmehl statt des klassischen Weißweinsuds.

Strandurlauber finden südlich von Lazise ein kleines Paradies. Für Abwechslung sorgen die nahegelegenen **Freizeitparks**. So grenzen die Campingplätze *Fossalta* und *Belvedere* fast direkt an das Caneva World Ressort mit dem **Aquapark *Canevaworld*** und dem **Filmpark *Movieland***. In der Canevaworld steht der Wasserspaß im Vordergrund. Auf und ins Wasser geht es dort mit Reifen, Schlauchboot und Schiffschaukel, über Rutschen oder im freien Fall. Es gibt aber auch Areale zum Entspannen. Höchste Spannung versprechen dagegen die Stuntshows im Movieland. Dort sorgen auch zahlreiche Fahrgeschäfte mit Filmthemen wie Sherlock Holmes, Dinosaurier und Genres wie Science Fiction, Western und Action für Adrenalinschübe. Unterhaltsam sind die Filmsets, in denen man sich selbst in Szene setzen kann. Zudem wirbt der Filmpark mit seinen vielfältigen Themenrestaurants, die auch abends geöffnet sind. Wohnmobile können den zugehörigen Parkplatz nutzen (*Via Dello Sport, 7 € / Tag von 9 – 24 Uhr, Nachtparkverbot, canevaworld.it*).

Der bekannteste und zugleich *größte Freizeitpark in Italien* liegt schon auf dem Gemeindegebiet von Castelnuovo del Garda zwischen Lazise und Pesciera. Das **Gardaland** zählt pro Jahr knapp drei Millionen Besucher auf seinen 35 Hektar Rummelfläche. Der Fahrspaß teilt sich in drei Bereiche: „Fantasy" fängt mit Märchenlandschaften die kleineren Kinder ein, „Adventure" entführt mit Wasserbahnen und Zügen in den Dschungel, nach Ägypten oder zu Piraten, „Adrenalin" ist mit krassen Achterbahnen eher etwas für Hartgesottene. Zusätzlich gibt es täglich mehrere Shows. Außerdem finden über das Jahr hinweg verschiedene Events statt. Von Mitte Juni bis Mitte September ist bis in

Zwischen Lazise und Peschiera

die Nacht (23 Uhr) geöffnet. Anschließend wird Oktoberfest und Halloween gefeiert, und von Anfang Dezember bis Anfang Januar herrscht im Gardaland Magic Winter.

Ein Tag geht in dem riesigen Freizeitpark schnell vorbei. Wer sich vorab über die Attraktionen informiert, hat bessere Chancen, die Highlights zu erleben. Denn meist muss man mit Wartezeiten an den Fahrgeschäften rechnen. In der Hochsaison lohnt sich eventuell ein (extrateures) Skip-the-Line-Ticket. Noch relativ leer ist es morgens um 10 Uhr bei Parköffnung. Die frühen Besucher empfängt direkt am Eingang die erste, kurze Show (*Via Derna 4, 37014 Castelnuovo del Garda, gardaland.it/de*).

Dem Gardaland angegliedert ist das **Gardaland Sealife**. Unter den vielen Aquarien sind auch Tunnel, Tauchglocken und ein interaktives Becken zum Anfassen der Wassertiere. Außerdem gehört der **Lego Waterpark** zu Gardaland. Der Wasserpark im Lego-Design bietet mehrere Pools, einen Kleinkinderbereich, einen großen Strömungskanal, Splash-Park und Wasserrutschen aller Art.

Die Preise unterscheiden sich nach Zahlungsart und Umfang der gebuchten Leistungen. Sparfüchse sammeln im Vorfeld Rabatt-Coupons der *Merlin Entertainment* GmbH, zu der das Gardaland gehört. Rabatte gibt es außerdem bei Onlinebuchungen und oft auch bei den Touristinfos, die von allen Orten am Gardasee Ausflüge ins Gardaland anbieten.

Doch damit nicht genug der Vergnügungen. Der Vollständigkeit halber sei hier noch auf den **Zoo- und Safaripark *Natura Viva*** hingewiesen, der sich rund zehn Kilometer entfernt im Etschtal befindet (*Località Quercia, 37012 Bussolengo, www.parconaturaviva.it/de/*). Einen weiteren Wasserpark gibt es in Vallegio sul Mincio (Tour 8). Wenn Sie das Gardaland mit dem Wohnmobil besuchen wollen, finden Sie direkt unterhalb am Strand einen einfachen Stellplatz für Wohnmobile, der 24 Stunden genutzt werden kann.

Gardaland ist der größte Freizeitpark Italiens

139 Castelnuovo del Garda – *Lido Ronchi*

GPS: N 45°27'28" E 10°42'16", Via Verdi 28, 37014 Ronchi. **Max. WOMOs**: 40. **Öffnungszeit**: Ostern bis Ende Oktober. **Ausstattung**: Strandbar mit Toiletten. **Beschreibung**: Einfacher parkplatzartiger Stellplatz ohne Infrastruktur direkt am Freizeitpark Gardaland bei einer Strandbar am Seeufer. Von den schattenlosen gepflasterten Stellplätzen sieht man eine der Bahnen des Gardalands vorbeifahren. Ein deutschsprachiger Platzwart ist immer vor Ort und kassiert die Gebühr. 50 m zum Seeufer, Spielplatz nebenan. Von Juni bis August abends Party in der Strandbar. **Preise**: 24 h kosten 15 € für Wohnmobile, 10 € für Vans. **Zufahrt**: In der Via Verdi am Gardaland vorbei zum See.

Nach so viel Action wollen wir gegen Ende dieser Tour noch einmal relaxen. Dazu verlassen wir das trubelige Ufer des südlichen Gardasees und wenden uns ins Hinterland Richtung **Colà di Lazise**. Entlang der Straße ziehen sich Weinberge über sanfte Hügel. Vereinzelt ragen Zypressen empor, und vor uns erscheint nach knapp fünf Kilometern auf einem Hügel der hübsche Ort Colà mit seinem historischen Kern. Die Hauptstraße ist so schmal, dass

eine Ampel die Durchfahrt regelt. Unser Ziel ist aber nicht das malerische Weindorf selbst, sondern seine beiden Thermalseen. Dort finden wir einen Wohnmobilstellplatz.

140 Colà di Lazise – *Parco Termale del Garda*

GPS / Kontakt: N 45°28'04" E 10°45'01", Via Possoi 64, 37017 Colà di Lazise, +39-3404-506486, villadeicedri.it. **Max. WOMOs**: Ca. 200. **Öffnungszeit**: Ganzjährig. **Ausstattung**: Ver-/Entsorgung, Müllentsorgung, Strom, Toiletten, Open-Air-Duschen, Spülbecken, WLAN. **Beschreibung**: Der große offizielle Wohnmobilstellplatz liegt absolut ruhig mitten in den Weinbergen des Bardolino nahe den Thermalseen von Colà di Lazise und dem gleichnamigen Ort. Die meist schattigen Stellplätze sind gepflastert. Automatenzahlung (bar oder mit Karte). Bei Vorlage des Übernachtungstickets gibt es im Thermalbad 4 € Rabatt auf den Vor-Ort-Eintrittspreis von 40 €. **Preise**: 1,50€ pro Stunde, 24 Stunden 36 €. **Zufahrt**: Der Beschilderung zum *Camper Parking Terme* folgen.

Die beiden Seen mit bis zu 37 Grad warmem Wasser sind im **Thermalpark *Villa dei Cedri*** zusammengefasst. In der Anlage wachsen teils uralte Bäume, darunter viele Zedern, die dem Park ihren Namen gaben (*ganzjährig geöffnet, Piazza di Sopra 4, villadeicedri.it/deu*). Entspannt klingt unsere Tour im südöstlichen Hinterland des Gardasees aus. Von hier sind es nur wenige Kilometer bis Peschiera (Tour 8).

Tour 8

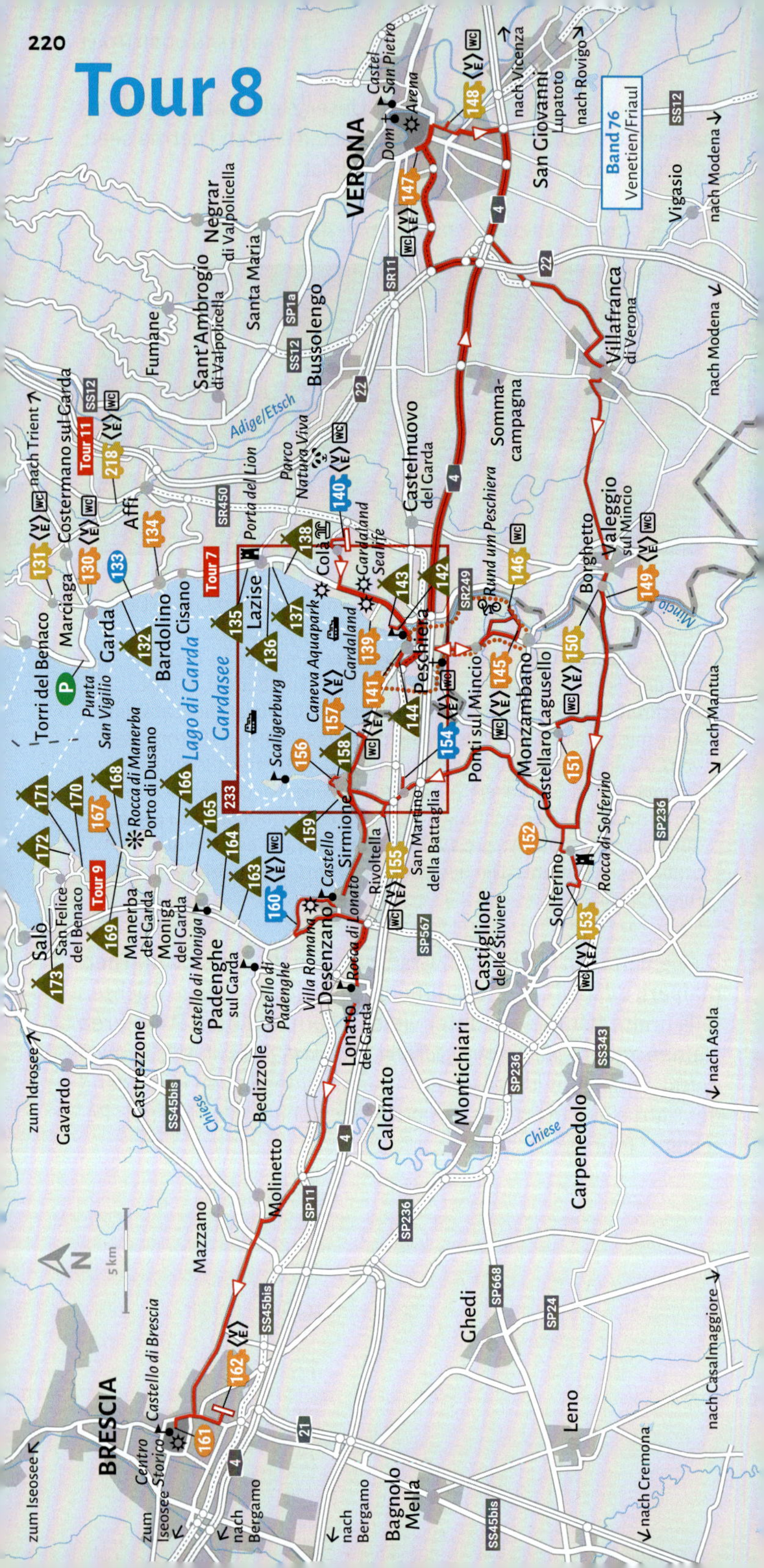
BRESCIA
Centro Storico
Castello di Brescia
zum Iseosee
nach Bergamo
Bagnolo Mella
nach Cremona
Leno
Ghedi
nach Casalmaggiore
Mazzano
Molinetto
Gavardo
zum Idrosee
Castrezzone
Bedizzole
Calcinato
Montichiari
Carpenedolo
nach Asola
Lonato del Garda
Rocca di Lonato
Desenzano
Villa Romana
Castello
Sirmione
Rivoltella
San Martino della Battaglia
Castiglione delle Stiviere
Solferino
Rocca di Solferino
Castellaro Lagusello
Monzambano
Ponti sul Mincio
Peschiera
Rund um Peschiera
Borghetto
Valeggio sul Mincio
nach Mantua
Mincio
Chiese
Padenghe sul Garda
Castello di Padenghe
Castello di Moniga
Moniga del Garda
Manerba del Garda
Rocca di Manerba
Porto di Dusano
San Felice del Benaco
Salò
Lago di Garda
Gardasee
Scaligerburg
Caneva Aquapark
Gardaland
Gardaland Sealife
Lazise
Porta del Lion
Colà
Bardolino
Cisano
Garda
Punta San Vigilio
Torri del Benaco
Marciaga
Costermano sul Garda
Affi
nach Trient
Parco Natura Viva
Castelnuovo del Garda
Sommacampagna
Villafranca di Verona
nach Modena
Bussolengo
Adige/Etsch
Sant'Ambrogio di Valpolicella
Fumane
Santa Maria
Negrar di Valpolicella
VERONA
Dom
Arena
Castel San Pietro
San Giovanni Lupatoto
nach Vicenza
nach Rovigo
Vigasio
Band 76 Venetien/Friaul
Tour 7
Tour 9
Tour 11
5 km
N

Kul-Tour am südlichen Gardasee
Von Peschiera über Verona nach Brescia
150 km

Der Süden des Gardasees steht für Genuss und Badespaß. Dass er auch mit landschaftlichen und kulturellen Reizen nicht geizt, erleben Sie auf dieser Tour. Vom Südufer des Lago besuchen wir geschichtsträchtige Orte und zwei sehenswerte Großstädte. Das sollten Sie sich nicht entgehen lassen:

- **Radtour am Mincio**
- **Geschichtsstunde in Solferino**
- **Halbinsel Sirmione**
- **Aussichtsreiches Lonato**
- **Weltkulturerbe in Brescia**

Diese Tour startet in Peschiera am Südostufer des Lago di Garda. Wir machen einen Abstecher nach Verona und touren dann im Zickzackkurs durch das Hinterland, bevor wir in Sirmione wieder an den See zurückkehren. Hinter Desenzano erkunden wir die lombardische Provinz Brescia und das Weltkulturerbe in ihrer charmanten Hauptstadt. Dabei sind wir durchgehend auf bequemen Straße mit geringen Höhenunterschieden unterwegs.

Meterhohe Festungsmauern ragen aus dem türkisblauen Wasser des Flusses Mincio, das den Ortskern von **Peschiera** (24.100 Einwohner) umschließt. In der Mitte fließt der Canale di Mezzo hindurch. Es war die Republik Venedig, die Peschiera im 15. und 16. Jahrhundert zu einer Festungsinsel ausbaute. Umkämpft war die Stadt schon vorher. Im Mittelalter herrschte die Veroneser Dynastie der Scaliger. Dann übernahmen die Mailänder Visconti die Bastion am einzigen Abfluss des Gardasees. Nach Venedig kamen Napoleon und wenig später die Habsburger. Und während schon die Venezier Kasernen errichteten, ist bis heute das italienische Militär in Peschiera stationiert.

Die venezianischen Befestigungsbauten mit fünf Bastionen, den zwei schönen Stadttoren **Porta Verona** (*Via Venezia*) und **Porta Brescia** (*Piazzale Cesare Betteloni*) und der Voltoni-Brücke über den Canale di Mezzo gehören seit 2017 zum *Unesco Weltkulturerbe*. Auch die Scaliger haben eine Burg in Peschiera hinterlassen. Ausgrabungen förderten zudem die Reste einer römischen Siedlung zutage (*Piazza Ferdinando di Savoia*). Sogar Spuren frühzeitlicher Pfahlbausiedlungen fand man auf dem Gemeindegebiet – wie überall am Südufer des Gardasees.

Wer mit dem Wohnmobil nach Peschiera kommt, steht in der Saison wahrscheinlich erst einmal im Stau – egal aus welcher Richtung. Denn der Ort ist ein Verkehrsknotenpunkt im Südosten

Die Porta Verona in Peschiera zählt zum Unesco Weltkulturerbe

des Gardasees. Das hat auch sein Gutes: Mit Bahn, Bus und Schiff kommen wir überall schnell hin. Das Wohnmobil steht vorerst gut auf einem der zahlreichen Campingplätze oder Stellplätze.

141 Peschiera – *Area Sosta Camper Via Milano*

GPS / Kontakt: N 45°26'24" E 10°41'05", Via Milano 43, 37019 Peschiera del Garda, (im Notfall): +39-3452-302555, areacamperpeschiera.com. **Max. WOMOs**: Ca. 90. **Öffnungszeit**: Ganzjährig. **Ausstattung**: Alle Einrichtungen, Wifi (vorne besser), Rezeption. **Beschreibung**: Gepflegter, bewachter Stellplatz mit Platz fürs Campingmobiliar auf Kies. Die wenigen Bäume spenden nicht viel Schatten. Hinter dem Platz läuft die Bahnlinie deutlich hörbar vorbei, dennoch die leisere Wahl unter den 2 Stellplätzen in Peschiera. Freundliches, hilfsbereites Rezeptionspersonal. Keine Reservierung. Zufahrt 7.30 – 23.30 Uhr. Schrankensystem mit Automatenzahlung. Ein weiterer Stellplatz des gleichen Betreibers liegt in Frassino direkt an der Autobahn. **Preis**: 24 € / 24 h. **Zufahrt**: Vom Zentrum aus an der Hauptstraße Via Milano auf der linken Seite.

142 Peschiera – *Camping Butterfly*

GPS / Kontakt: N 45°26'44" E 10°41'41", Lungolago Guiseppe Garibaldi 11, 37019 Peschiera del Garda, +39-0456-401466, campingbutterfly.it. **Max. WOMOs**: Ca. 30. **Öffnungszeit**: Anfang März – Mitte November. **Ausstattung**: Alle Einrichtungen, Minimarkt, Bar / Restaurant, Pool und Kinderpool mit Wasserrutsche, Spielplatz, mehrere Sportplätze, Tischtennis, Animationsbühne, Wifi, viele Mobilheime. **Beschreibung**: Großes Feriendorf mit einigen Wohnmobilstellplätzen zwischen vielen Bungalows und Mobilheimen am See östlich des Mincio. Die meist großzügigen Stellflächen sind auf zwei schattige Bereiche verteilt und mit Kies befestigt. Im Sommer Animation und Kinderbetreuung direkt neben einem der Bereiche. 2 luftige, gut ausgestattete Sanitärbereiche. Großzügige Checkout-Regelung bis 14 Uhr. **Preise**: 29 – 65 €. **Zufahrt**: Am Kreisverkehr östlich des Zentrums am Wasser entlang. Der Platz liegt hinter der Kurve rechts.

143 Peschiera – *Campeggio del Garda*

GPS / Kontakt: N 45°26'48" E 10°41'44", Lungolago Guiseppe Garibaldi 15, 37019 Peschiera del Garda, +39-0457-551682, campeggiodelgarda.eu. **Max. WOMOs**: Ca. 90. **Öffnungszeit**: Ende März – Ende Oktober. **Ausstattung**: Alle Einrichtungen, Supermarkt, Bar / Restaurant, mehrere Pools, Spielplatz, mehrere Sportplätze, Fahrradverleih, Hundebereich, Animationsbühne, Mietunterkünfte. **Beschreibung**: Großes 4-Sterne-Feriendorf am Seeufer östlich des Mincio. Viele Mobilheime und Dauercamper. Die teilweise schattigen Wiesen-Stellflächen sind bei Nässe matschig. Manche haben Seeblick. Freundliche, italienischsprachige Rezeption. Einfache Sanitärbereiche mit Zugang zu den Duschen von außen. Animation von Mitte April bis Mitte September. **Preise**: 26 – 62,50 €. **Zufahrt**: Hinter Camping Butterfly.

144 Peschiera – *Camping Bella Italia*

GPS / Kontakt: N 45°26'32" E 10°40'41", Via Bella Italia 2, 37019 Peschiera del Garda, +39-0456-400688, camping-bellaitalia.it. **Max. WOMOs**: Ca. 340. **Öffnungszeit**: Mitte März – Mitte September. **Ausstattung**: Alle Einrichtungen, Supermarkt und weitere Shops, mehrere Restaurants, Eisdiele, Imbiss, großer Wasserpark, mehrere Spiel- und Sportplätze, Fahrrad- und Bootsverleih, Wassersportzentrum, Hundebereich, Animationsbühne, Mietunterkünfte. **Beschreibung**: Beliebtes, riesiges 5-Sterne-Camping-Resort mit allem Drum und Dran. Großer Wasserpark mit mehreren Pools, Rutschen, Kleinkindbereich und Spraypark und Sandstrand mit Liegen. Kinderbetreuung, Sportangebote, Ausflugsbuchung, Animation mit abendlichen Shows auch in der Nebensaison. Der Campingplatz liegt westlich des Ortszentrums direkt am schönen Strand. Manche der schattigen Wiesenstellplätze haben Seeblick. In der Hauptsaison kommen die sieben Sanitärbereiche an ihre Grenzen. **Preise**: 32 – 75 €. **Zufahrt**: An der Via Milano rechts.

All diese Campingplätze liegen nicht weit vom Zentrum entfernt. Doch Sie sollten vor der Buchung überlegen, was Ihnen wichtig ist: Der schönere Strand liegt im Westen. Östlich des Mincio ist ist man aber näher am Bahnhof und bei einigen guten Restaurants. Das beste Preis-Leistungs-Verhältnis bietet nach unseren Erfahrungen die **Pizzeria / Ristorante *Sosta e Gusta*** (*Via Venezia 37, sostaegusta.com*). Auf der Karte steht auch ungewöhnliche neapolitanische Pizza. Der Service ist schnell und freundlich, die Atmosphäre entspannt. Wer Grillgerichte wie Burger und Pommes bevorzugt, ist im ***La Carbonaia*** (*Lungolago Guiseppe Garibaldi 5*) richtig. Man sitzt in einer ehemaligen Industriehalle. Pasta und Pizza waren dort aber nicht unser Fall. Nichts für jedermann ist die ***L'Osteria*** (*Via Felice Cavallotti 7*) in der Altstadt. In gemütlicher Atmosphäre serviert sie mit wechselnder Tageskarte vornehmlich Gerichte mit Esels- oder Pferdefleisch, die aus der eigenen Bauernhofmetzgerei stammen.

Absolut nichts falsch machen können Sie dagegen mit einem Eis aus der **Gelateria *La Romana*** (*Piazza San Marco 9*), die unserer Meinung nach zu den besten am ganzen Gardasee gehört. Seit 60 Jahren rührt sie täglich frisches Eis an, und wer weiß, ob die Sorte *Biscotto della Nonna* (deutsch: Omas Kekse) nicht wirklich auf Omas Rezept zurückgeht.

Nun sind wir schon mitten in der **Altstadt von Peschiera del Garda**. Hier konzentrieren sich auch die Sehenswürdigkeiten. Bei der Touristinfo (*Piazza Cesare Betteloni 15, visitpeschieradelgarda.com*) bekommen wir einen Stadtplan. Oder Sie laden sich den kostenlosen Audioguide für Peschiera herunter. Das geht an einigen Sehenswürdigkeiten auch per Scan, zum Beispiel an der schönen **Piazza San Marco**. Während wir dort an der Eisdiele anstehen, staunen wir schon über den Palazzo Provveditori, zwei Obelisken und den Uhrenturm.

Wir bummeln zum **Canale di Mezzo**. Auf unserer Seite ist er von Palazzi gesäumt, gegenüber erstreckt sich auf voller Länge der **Pavillon Grande Ufficiale** aus dem 19. Jahrhundert. Unter dem Uhrenturm hindurch gelangen wir durch charmante Gassen zur weitläufigen **Piazza Fernando di Savoia** mit der Kirche San Martino Vescovo, die über die Jahrhunderte immer wieder erweitert wurde. Daneben finden wir die römischen Ausgrabungen.

Die Festungsmauer ist vor allem auf der südlichen und westlichen Seite beeindruckend hoch und erstaunlich gut erhalten. Aber auch direkt am schönen Hafen von Peschiera ragt sie auf. Aus dem Parco Catull, der sich dahinter erstreckt, hat man Ausblick auf das Ufer und den Canale di Mezzo. Im Park wird außerdem mit einer ungewöhnlichen Skulptur, die aus den ausgebrannten Resten eines Fiat entstanden ist, und mit vielen Informationstafeln eines Mafia-Attentats gedacht. Zu einem Spaziergang am See lädt die grüne Uferpromenade ein, die sich westlich des Hafens bis zum ersten Kiesstrand Lido dei Cappuccini erstreckt. Weitere Strände schließen sich an.

Ein beliebtes Ausflugsziel in der Umgebung von Peschiera ist die **Wallfahrtskirche Madonna del Frassino** (*Località Via Frassino*). Der große Parkplatz nimmt auch Wohnmobile auf. Die von

Pavillon Grande Ufficiale

In der Altstadt von Peschiera

einem Bogengang geschützte Front der Renaissance-Kapelle aus dem 16. Jahrhundert ist über und über mit Fresken geschmückt.

Ganz in der Nähe liegt der **Laghetto del Frassino** mitten in einem Weinanbaugebiet mit vielen Kellereien. Der kleine See ist eine der Stätten, an denen Reste einer Pfahlbausiedlung gefunden wurden. Bei einem kurzen Spaziergang am Ufer kann man Wasservögel beobachten. Einen weiteren Ausflug wert ist der Mincio-Radweg. Er ist Teil des Europaradwegs E6 und der Eurovelo 7. Ausdauernde Rennradfahrer erreichen auf diesem Weg von Peschiera das 50 km entfernte lombardische Städtchen Mantua.

Im Hinterland von Peschiera beeindruckt **Monzambano** (4800 Einwohner) mit einer ausgedehnten Altstadt und einer **Wohnburg**. Die Burganlage gilt als eine der am besten erhaltenen in der Provinz Mantua. Sie wurde im 13. Jahrhundert auf dem Gelände einer anderen Festung errichtet. Im Inneren der gut erhaltenen Burgmauern befindet sich die kleine alte Kirche Santa Maria in Castello, die im 15. Jahrhundert von der großen Kirche San Michele im Ortszentrum abgelöst wurde. Ausblick bietet die Burg nur an Wochenenden nachmittags, wenn der Treppen-Durchgang zwischen den ummauerten Gärten und Häusern innerhalb der Burgmauern geöffnet ist. Wer Monzambano für einen längeren Stopp wählt, findet einen großen Wohnmobilstellplatz direkt im Ort und einen kostenlosen Stellplatz bei einem Agriturismo in der Nähe.

145 Monzambano – *Area Sosta Camper*

GPS / Kontakt: N 45°23'21" E 10°41'35", Via degli Alpini 9A, 46040 Monzambano, +39-3388-341683, camperistimonzambano.it. **Max. WOMOs**: Ca. 115. **Öffnungszeit**: Ganzjährig. **Ausstattung**: Alle Einrichtungen, Minimarkt, Fußballplatz. **Beschreibung**: Diesen großem Wohnmobilstellplatz mit zwei Bereichen betreibt eine örtliche Camper-Kooperative. Oben an der Einfahrt sind die Stellplätze auf Kies ganzjährig beleuchtet und es gibt ein neues Sanitärgebäude. Unten steht man ganz idyllisch auf Wiesenflächen an einem Ententeich, außerhalb der Saison jedoch ohne Beleuchtung. Das untere Sanitärgebäude sollte im Winter 2023/24 erneuert werden. **Preis**: 18 €. **Zufahrt**: Über die Via Generale dall'Ora rechts in die Via degli Alpini am Tagesparkplatz vorbei.

146 Monzambano – *Agriturismo La Montina*

GPS / Kontakt: N 45°23'42" E 10°42'24", Strada Monzambano 51, 46040 Ponti sul Mincio, +39-0376-88202, agriturismolamontina.it.

Max. WOMOs: Ca. 10. **Öffnungszeit**: März bis Januar (Februar geschlossen). **Ausstattung**: Wasser, WC, Restaurant, auch Zimmer. **Beschreibung**: Der *Agriturismo La Montina*, der in Alleinlage am Mincio in der Nähe von Monzambano liegt, überlässt Gästen kostenlose Stellplätze auf zwei großen Wiesen. Sie campen neben Ziegen, Schafen und Hühnern. Die hochgelobte Küche ist von Freitag bis Sonntag geöffnet, zwischen April und September von Mittwoch bis Sonntag. Es gibt hausgemachte Pasta und Süßspeisen, Gegrilltes und Salami. Auch ein Weinkeller gehört zum Agriturismo. **Preis**: Kostenlos. **Zufahrt**: Von der SP19 hinter Ponti sul Mincio links.

Wer Verona nicht mit dem Zug von Peschiera aus besucht hat (ca. 15 min. Fahrt), biegt mit dem Wohnmobil hinter Monzambano nun links ab, überquert den Mincio und hält sich nochmals links nach Salionze. Schon sind wir in der Region Venetien. Verona und die Autobahn dorthin sind bereits ausgeschildert. Wir wählen die mautfreie Zufahrt über Castelnuovo del Garda und die schnurgerade SR11, die wieder durch Weinfelder in immer dichter besiedeltes Gebiet führt. Immer geradeaus kommen wir nach Verona hinein. Zum Parken und Übernachten gibt es mehrere Möglichkeiten. Die zwei besten seien hier genannt. Weitere finden Sie im WOMO-Reiseführer für Venetien (Band 76).

Verona links und rechts der Etsch

147 Verona – *Area Camper Porta Palio*

GPS: N 45°26'04" E 10°58'40", Via G. della Bona, 37138 Verona. **Max. WOMOs**: Ca. 35. **Ausstattung**: Ver- und Entsorgung, Beleuchtung, Mülleimer. **Beschreibung**: Der städtische Wohnmobilstellplatz liegt direkt am Canale Camuzzoni auf Asphalt unter großen Bäumen. Schrankensystem und Kassenautomat regeln die Zu- und Ausfahrt, die 24 h möglich ist. Grillen und Ballspielen verboten. **Preise**: 10 € / 24 h, 4 Stunden 5 €, 1 Stunde 3 €. **Zufahrt**: Von der SR11 an der großen Kreuzung rechts in die Via Colonello Galliano, am nächsten Kreisverkehr wieder rechts. Der Wohnmobilparkplatz liegt links.

148 Verona – *Agricampeggio Corte Agricola Monrò*

GPS / Kontakt: N 45°25'24" E 10°59'34", Via B. Avesani 21, 37135 Verona (Sud), +39-0458-060041, corteagricolamonro.com. **Max. WOMOs**: 12. **Öffnungszeit**: Ganzjährig. **Ausstattung**: Alle Einrichtungen, Produktverkauf, Spielplatz, Grillplatz, Wifi. **Beschreibung**: Keine 2 km von der berühmten Arena von Verona entfernt und dennoch grün und ruhig liegt dieser Agricamping an der Etsch. Er wurde von der Region Venetien mit 4 Sonnen ausgezeichnet, sagt von sich selbst aber, dass man keinen Luxus erwarten soll. Die Stellplätze liegen auf einer Wiese unter schattenspendenden Bäumen. Rabatt ab 3 Nächten. Einige Stellplätze werden nicht reserviert, sondern nach Ankunft vergeben. **Preise**: 28 – 31 €. **Zufahrt**: Von der SR11 an der großen Kreuzung rechts in die Via Colonello Galliano, hinter dem Kreisverkehr an der Porta Palio auf der SS12 bleiben und auch nach dem nächsten Tor noch dem südlichen Stadtring folgen, rechts in die Via Faccio und nach dem ersten Kreisverkehr links in die Via B. Avesani.

TOUR 8

Verona (260.000 Einwohner) steckt voller Sehenswürdigkeiten. Deshalb ist die Stadt als Ganzes zum *Unesco Welterbe* erklärt worden. Bei einem Tagesausflug müssen Sie sich also beschrän-

ken. Die wohl bekannteste Sehenswürdigkeit von Verona ist die 2000 Jahre alte Arena. In der drittgrößten römischen **Arena** der Welt finden seit mehr als 100 Jahren Opern-Aufführungen statt. Die Open-Air-Spektakel mit bis zu 22.000 Zuschauern sind legendär und lässig zugleich. Italiener nehmen gern ein Picknick mit. Falls Sie keines der begehrten Tickets ergattern, können Sie die Arena auch tagsüber besichtigen (*Piazza Brà 1, arena.it*).

Danach sollten Sie sich noch auf dem Platz umsehen, auf dem sie gerade sind. Die **Piazza Brà** ist gesäumt von weiteren Sehenswürdigkeiten, darunter unter anderem das Tor Portoni della Brà mit seiner markanten Uhr. Vielleicht genießen Sie das Ambiente in einem der vielen Cafés auf der Piazza. Im Palazzo Barbieri im Südosten des Platzes befindet sich die Touristinfo.

Nach den Römern haben vor allem die Scaliger Verona mit Sehenswürdigkeiten bereichert. Sie hatten ihren Hauptsitz im **Castelvecchio**. Das Schloss beherbergt ein riesiges Museum (*Corso Castelvecchio 2, Di.–So. 10–18 Uhr, museodicastelvecchio.comune.verona.it*).

Mindestens so berühmt wie für die Arena ist Verona als Stadt der Liebe. Denn Shakespeare machte sie zum Schauplatz seiner Liebestragödie *Romeo und Julia*. Die **Casa de Giulietta** (Haus der Julia) zählt daher ebenfalls zu den Top-Sehenswürdigkeiten von Verona. Regelmäßig pilgern die Massen in den Hinterhof und streicheln die rechte Brust der bronzenen Julia-Statue. Das soll nämlich Glück in der Liebe bringen (*Via Cappello 23*).

Ein weiteres Must-See in Verona ist die **Piazza delle Erbe** mit dem Hübschen Brunnen Fontana della Madonna und dem barocken **Palazzo Maffei** aus dem 17. Jahrhundert. Der mit Statuen gekrönte Palazzo beherbergt eine beeindruckende Kunstsammlung (*Piazza delle Erbe 38–38A, Do.–Mo. 10–18 Uhr, palazzomaffeiverona.com*). Einen fantastischen Ausblick auf die Innenstadt bietet die Aussichtsplattform auf dem 84 Meter hohen **Torre dei Lamberti** (*Via della Costa 2, Mo.–Fr. 10–18, Sa.–So. 11–19 Uhr, Reservie-*

Die Piazza delle Erbe (rechts) liegt inmitten charmanter Altstadtgassen

Die Brückenfestung von Valeggio sul Mincio

rung empfohlen, +39-0459-273027, torredeilamberti.it).Natürlich hat Verona noch weit mehr zu bieten. Man kann durchaus drei oder mehr Tage mit Sightseeing und Shopping in der Scaliger-Stadt verbringen. Tipps und Infos für einen längeren Aufenthalt und die Umgebung finden Sie im WOMO-Reiseführer Band 76.

Wir verlassen Verona Richtung Südwesten auf der SS62. Autoliebhaber halten an der Ortseinfahrt nach Villafranca di Verona am **Museo Nicolis**. Das private Fahrzeugmuseum zeigt mehr als 300 Oldtimer, Motorräder und Fahrräder, aber auch Flugzeuge, Fotoapparate, Musikinstrumente und Schreibmaschinen (*Via Postumia 71, 37069 Villafranca di Verona, Di. – So. 10 – 18 Uhr, museonicolis.com*). Villafranca umfahren wir auf der SP24 Richtung **Valeggio sul Mincio** (15.900 Einwohner). Der Ort an der Grenze von Venetien zur Lombardei feiert alljährlich im Juni das Fest der sogenannten Liebesknoten (*Nodi d'Amore*). Besser bekannt ist die Pastaspezialität, die hier erfunden wurde, unter dem Namen Tortellini.

Auch Valeggio weist ein **Scaligerkastell** auf (geöffnet nur an Wochenenden). Etwas Besonderes ist aber der **Botanische Garten Parco Giardino Sigurtà**. Die 600.000 Quadratmeter große Grünanlage bietet üppige Blütenpracht ebenso wie stille Waldwinkel. Zwischen kleinen Teichen, historischen Gebäuden, grünen Labyrinthen und bunten Blumenbeeten findet sich eine beeindruckende Pflanzenvielfalt. Wer in kurzer Zeit viel sehen will, mietet ein Golfkart (*Via Cavour 1, 5. März – 12. November sigurta.it*). Das Wohnmobil parkt für einen Tagesbesuch am besten auf dem Wiesenparkplatz in der Via Cavour am Nordrand des Städtchens (*N 45°21'46" E 10°44'08*).

Sehenswert ist in Valeggio auch die monumentale Brücke über den Mincio. Die 600 Meter lange und rund 20 Meter breite **Ponte Visconteo** errichteten die Mailänder Herrscher Visconti Ende des 14. Jahrhundert als Damm, um dem verfeindeten Mantua das Wasser abzugraben. Später diente die Brücke als Bollwerk gegen die Republik Venedig. Bis heute sind die Ruinen dreier Festungsbauten zu sehen. Links hinter der Brücke gibt es mehrere Stellplätze und Bezahlparkplätze und eine weitere Sehenswürdigkeit. Unser Tipp:

149 Borghetto – *Area Sosta Camper Parcheggio Virgilio*

GPS / Kontakt: N 45°21'16" E 10°43'17", Via Michelangelo Buonarroti, 37067 Borghetto, +39-3475-567518, parcheggiovirgilio.it. **Max. WOMOs**: Ca. 80. **Öffnungszeit**: Keine Information verfügbar. **Ausstattung**: Alle Einrichtungen, Spielplatz, Grillplätze, überdachte Picknickbänke, Videoüberwachung. **Beschreibung**: Der familienbetriebene Wohnmobilstellplatz liegt im hinteren, abgegrenzten Bereich eines Parkplatzes auf einer baumbestandenen ebenen Wiese. Die Kies-Stellplätze lassen Platz für Campingmöbel. Schrankensystem und Kassenautomat regeln die Zu- und Ausfahrt. **Preise**: Keine Information verfügbar. **Zufahrt**: Hinter der Ponte Visconteo links und nochmal links. Der Stellplatz liegt hinter dem Großparkplatz.

150 Borghetto – *Agricampeggio Borghetto*

GPS / Kontakt: N 45°21'26" E 10°43'17", Via Monte Borghetto 13, 237067 Valeggio sul Mincio, +39-0457-952086, agricampingborghetto.com. **Max. WOMOs**: Ca. 75. **Öffnungszeit**: Keine Information verfügbar. **Ausstattung**: Alle Einrichtungen, 16 Stellplätze mit Strom- und Wasseranschluss und Privatbad, Spülbecken, Pool, Spielplatz, Grillplatz, Wifi-Zone, Fahrradverleih, auch Apartments. **Beschreibung**: Der gepflegte familienbetriebene Agricamping liegt ruhig auf einer großen Wiese. 16 Stellplätze zwischen Hecken und unter Bäumen bieten Schatten. Die anderen Plätze liegen auf der Wiese. **Preise**: Eine Preisliste gibt es nicht. Bei den Wiesenplätzen sind Strom und Duschen extra zu zahlen. **Zufahrt**: Hinter der Ponte Visconteo rechts, an der Gabelung links.

Vom zuerst genannten Stellplatz aus erreichen Sie über eine Holzbrücke das mittelalterliche Dorf **Borghetto**, das auf einer Insel im Mincio liegt. Mit seinen historischen Mühlenbauten zählt es zu den *Borghi più belli d'Italia* (Schönste Dörfer Italiens). Einige Häuser sind malerisch über den Fluss gebaut. Manche der Mühlen sind auch heute noch in Betrieb.

Für Wasserspaß sorgt etwas außerhalb des Ortes der grüne und parkähnliche **Wasserpark *Parco Cavour*** mit vielen Attraktionen (*Via Napoleonica 504, Jun. – Sept., parcoacquaticocavour.it*). Hinter Borghetto nehmen wir die SP3, die in die SP 15 übergeht.

Borghetto

In Castellaro Lagusello

Die Straße steigt an. Wir kommen nun in die Moränenhügellandschaft von Garda (*Colline moreniche*), die sich hervorragend für Fahrradtouren eignet und mit einem 200 Kilometer langen Radwegenetz erschlossen ist. Etwas abseits der Straße liegt ein weiteres der *Borghi più belli d'Italia*: In **Castellaro Lagusello** (2400 Einwohner) herrscht bedeutend weniger touristischer Betrieb als in Borghetto und Valeggio sul Mincio. Der Ort nennt sich Museumsdorf und weist einen vollständig erhaltenen historischen Dorfkern auf. Innerhalb der von den Scaliger errichteten zinnenbewehrten **Befestigungsmauern** stehen Renaissancebauten an der gepflasterten Hauptstraße und in den kleinen Gassen. Außerhalb der historischen Mauern haben sich einige Läden, Pensionen und Restaurants angesiedelt. Den Ortsplatz beherrscht die breite Front der **Villa Arrighi-Tacoli** aus dem 17. Jahrhundert (Besichtigung nur für Gruppen ab 10 Personen am Wochenende). Hierhin soll sich Napoleon nach der Schlacht von Solferino zurückgezogen haben.

Der herzförmige See am südlichen Ortsrand zählt zum *Unesco Weltkulturerbe* der prähistorischen Pfahlbaustätten. Ein Themenweg rund um den See erschließt diese Geschichte in gut einer Stunde. Dort verläuft auch ein Radweg. Der örtliche Parkplatz weist extra Wohnmobilparkplätze aus.

151 Castellaro Lagusello

GPS: N 45°22'28" E 10°38'06", Strada Castellaro Cavriana, 46040 Castellaro Lagusello. **Max. WOMOs**: 3. **Ausstattung**: Keine. **Beschreibung**: Ruhiger Parkplatz am Ortsrand von Castellaro Lagusello mit 5 ausgewiesenen Parkflächen für Camper auf Kies oder auf Wiese. Manche der Parkflächen sind etwas schrägt, manche schattig. Da es der einzige Parkplatz im Ort ist, herrscht Betrieb. **Preis**: Kostenlos. **Zufahrt**: Im Ortszentrum links, am Ortsparkplatz (rechts) vorbei, dann links.

Auf der Weiterfahrt Richtung Westen zweigen wir von der SP 12 bald ab nach **Solferino**. Der Ort ist jedem Italiener bekannt, denn die Schlacht von Solferino brachte die Entscheidung im zweiten italienischen Unabhängigkeitskrieg. Trotz seiner historischen Bedeutung ist Solferino ein netter ruhiger Ort mit einem intakten historischen Ortskern am Fuß eines kegelförmigen Berges.

Obenauf thront ein massiver quadratischer Turm. Die **Rocca di Solferino** überblickt schon seit 1022 die gesamte Region vom Ufer des Gardasees über den Mincio bis in die Po-Ebene hinein. Im Risorgimento bekam sie den Namen *Spia d'Italia* (Spion von Italien). Im Innern des 23 Meter hohen Turms ist eine Ausstellung über die Unabhängigkeitskriege und die Schlacht von Solferino eingerichtet, die sich an einer Holzrampe hinauf bis zum holzgetäfelten Königssaal zieht, den Portraits von Napoleon III. und Vittorio Emanuele II. schmücken. Ganz oben gibt es eine Aussichtsterrasse mit Orientierungstafeln. Die Halbinsel von Sirmione ist aber auch ohne Beschilderung deutlich erkennbar (*Mitte März – Mitte Oktober, Di. – So. 9 – 12.30 und 14.30 – 19 Uhr, solferinoesanmartino.it*). Der Turm liegt inmitten eines grünen Parks, der das **Memoriale Croce Rosso Internazionale** beherbergt. Daneben ragen alte Stadtmauern auf. Vorbei am Torre Gonzaghesca aus dem 18. Jahrhundert kommen wir in den oberen historischen Ortsteil von Solferino. Der weite, schattenlose Platz **Piazza Castello** ist gesäumt von alten Gebäuden, darunter der Palazzo Gonzaga und die große Kirche San Nicolà in aussichtsreicher Lage.

Die Schlacht von Solferino

Eine der folgenreichsten Schlachten in den drei italienischen Unabhängigkeitskriegen (1848-1866) tobte zwischen den italienischen Freiheitskämpfern mit Unterstützung von sardischen und französischen Truppen und der österreichisch-ungarischen Armee am 24. Juni 1859 in Solferino. Napoleon III. und die Sarden schlugen die Österreicher und drängten sie damit hinter den Mincio zurück. Das war ein wichtiger Etappensieg für die italienischen Unabhängigkeitskämpfer.

Die Schlacht von Solferino war zugleich eine der blutigsten in der modernen Kriegsgeschichte. Und das hatte Folgen. Nur zehn Kilometer südlich des Gardasees starben an diesem heißen Junitag rund 10.000 Soldaten, weitere 30.000 wurden verletzt. Viele von ihnen starben in den Folgetagen an Wundinfektionen oder verdursteten. Angesichts dieses Leids bat der Genfer Geschäftsmann Henri Dunant Frauen in Solferino um Unterstützung. Sie sollten den Verletzten Wasser bringen und ihre Wunden säubern.

Dunant veröffentlichte in seiner Heimat ein Buch, das den wohlhabenden Schichten das Elend der Soldaten vor Augen führte und warb um Unterstützung für seine Idee, eine Organisation zu gründen, die sich um die Verletzten kümmert. So entstand aus seiner Initiative eine Bewegung, die bis heute weiterlebt: Das Rote Kreuz.

Die Kriegs-Gedenkstätten in Solferino und dem Nachbarort San Martino della Battaglia werden daher regelmäßig auch von Rot-Kreuz-Verbänden besucht. Das zeigen die Fahnenstäbe in den beiden Beinhäusern.

In einer Sichtachse von der Kirche nach unten ist die ***Cappella Ossario*** (Knochenkappelle) ein weiteres Ziel italienischer Touristen. Durch eine Zypressenallee gelangt man zu dem tempelähnlichen Gebäude. Im Innern sind Knochen und Schädel gefallener Soldaten in Regalen deckenhoch aufgestapelt sind. Am Eingang zu dem Komplex liegt das Geschichtsmuseum **Museo Storico di Risorgimento** (*Via Ossario*). Ein bequemer Parkplatz befindet sich ums Eck. Einige Kilometer außerhalb gibt es einen netten, einfachen Agricamping.

152 Solferino – *Via Francesi*

GPS: N 45°22'22" E 10°34'07", Via Francesi, 46040 Solferino. **Max. WOMOs**: 3. **Ausstattung**: Keine. **Beschreibung**: Ruhiger Parkplatz in grüner Lage an einer Seitenstraße von Solferino. Direkt nebenan liegt eine Grünanlage mit öffentlichen Toiletten, Spielplatz, Mülltonnen und überdachten Picknickbänken. **Preis**: Kostenlos. **Zufahrt**: Direkt an der nordöstlichen Ortszufahrtstraße Via Francesi.

TOUR 8

153 Solferino – *Agricamping Cascina le Volpi*

GPS / Kontakt: N 45°22'15" E 10°32'47", Via Vicinale delle Sorgive 2, 46040 Solferino, +39-0376-854028, lesorgive.it. **Öffnungszeit**: Mai – September. **Max. WOMOs**: Ca. 12. **Ausstattung**: Alle Einrichtungen, Restaurant, Pool, Grillplatz, Wifi-Zone, Fahrradverleih, auch einfache Bungalows und Zeltlodges. **Beschreibung**: Der familienbetriebene, einfache Agricamping liegt auf einer großen Obstbaumwiese mit teilweise niedrigen Bäumen und geschotterter Zufahrt absolut ruhig mitten im Grünen. Nebenan befindet sich ein Pferdehof, der auch Ausritte anbietet. **Preise**: 28 – 32 € (Strom extra). **Zufahrt**: Von der SP12 in die Via Piridello. Der Platz liegt hinter dem Pferdehof rechts.

Auf der SP8 und später SP13 wenden wir uns nach diesem Ausflug in die italienische Geschichte und an den Rand der Po-Ebene wieder dem Gardasee zu. Links fällt ein hoher Turm ins Auge. Es ist der 74 Meter hohe Turm von **San Martino della Battaglia** aus dem Jahr 1893. Wie der Turm von Solferino ist er im Inneren zum Museum gestaltet (*Via Torre 2, 25015 San Martino della Battaglia, solferinoesanmartino.it*). Die Stadt teilt das Schicksal von Solferino. Denn die blutigen Kämpfe am 24. Juni 1859 begannen dort.

Ganz in der Nähe befindet sich die Knochenkapelle **Ossario di San Martino** (*Via Ossario*). Die benachbarte **Osteria *Alla Torre*** hat schöne Sitzplätze im Grünen und bietet neben traditionellen Gerichten der Region eine große Auswahl an Grillspezialitäten.

Nachdem wir die Autobahn unterquert haben, erreichen wir am Ortsrand von San Martino della Battaglia den ***Parco Ninfee***. Der eher kleine Wasserpark im Hinterland des Gardasee-Südufers bietet zum Wasserspaß auch Stellplätze.

154 San Martino della Battaglia – *Le Ninfee*

GPS / Kontakt: N 45°26'31" E 10°36'35", Via del Pilandro 7, 5015 Desenzano del Garda, leninfeedelgarda.it. **Öffnungszeit**: Mai – September (Wasserpark: 10 – 20 Uhr). **Max. WOMOs**: 10. **Ausstattung**: Ver- und Entsorgung, Strom. **Beschreibung**: Der kleine unbewachte Stellplatz grenzt direkt an den Wasserpark. Nutzer erhalten 50 % Rabatt auf den Eintrittspreis. Im Wasserpark gibt es WC und Duschen, einen Grillbereich, Restaurant. Ab 18 Uhr ist der Zutritt zu WC Duschen und Restaurant kostenlos. Zugang nach Onlinebuchung. **Preise**: 20 € / Tag. **Zufahrt**: Von der SP13 am Kreisverkehr am Ortsende von San Martino della Battaglia scharf rechts.

Im dicht besiedelten Hinterland des südlichen Gardasees zwischen Desenzano und Sirmione ist es nicht weit bis zum nächsten Stellplatz. Wir überqueren sie SP 11 und kommen am nächsten Kreisverkehr zur **Risto-Pizza-Hamburgeria *Hops*** (*Via Colli Storici 115, 25015 Desenzano del Garda*). Bierliebhaber probieren in dem Grillrestaurant die Brauspezialitäten des Hauses. Der nächste Stellplatz ist zu Fuß nur 500 Meter entfernt.

155 Rivoltella – *Agricamping Mabellini*

GPS / Kontakt: N 45°26'51" E 10°35'06", Via Mabellini 42, 25010 Rivoltella, +39-3289-529996, camping-mabellini.com. **Max. WOMOs**: 30. **Öffnungszeit**: Mai bis September. **Ausstattung**: Alle Einrichtungen, Shop mit hofeigenen Bio-Produkten, Pool, Spielplatz, Fahrradverleih, Autowaschplatz, Hundedusche, auch Privatbäder und Ferienhäuser. **Beschreibung**: Sehr gepflegter, familiengeführter 4-Sterne Campingplatz mit kleinem Pool in den Weinbergen etwa 2 km vom Gardasee. Die Stellplätze in zwei Größen (50 und 100 qm) liegen zwischen Hecken und Olivenbäumen auf Kies. Gut ausgestattete Sanitärbereiche. **Preise**: 41 – 64 €, Strom nach Verbrauch. **Zufahrt**: Vom Kreisverkehr der Via Colli Storici in den Ort Tassere, dort die erste Straße links bis zum Ende.

Sirmione vom Scaligerkastell (links) bis zu den Grotten des Catull (rechts)

Wir erreichen das Südufer des Gardasees bei der Halbinsel von Sirmione. Da das Zentrum für Autos gesperrt ist, parken wir das Wohnmobil auf dem einzigen offiziell dafür vorgesehenen Platz.

156 Sirmione – *Parcheggio Camper*

GPS: N 45°28'16" E 10°36'30", Via C. Ederle 11, 25019 Sirmione 2,25€ / h an der Parkuhr am oberen Parkplatz zahlen. **Max. WOMOs**: 30. **Ausstattung**: Beleuchtung, Mülltonnen. **Beschreibung**: Der ausgewiesene WOMO-Parkplatz liegt etwa abseits der Straßen.. Kein Nachtpark-, aber ausdrückliches Campingverbot. **Preise**: 2,25 / h, zahlbar am Parkautomaten am vorderen Parkplatz. **Zufahrt**: Von der SR11 am großen Kreisverkehr in die Via Matteotti, am 2. Kreisverkehr rechts in die Via Bagnera und am nächsten Kreisverkehr ganz rechts.

Sirmione (8250 Einwohner) gilt als Ganzes als Sehenswürdigkeit. Einfach einmalig ist die Lage des Städtchens auf einer langgestreckten Landzunge. Anschaulich erleben kann man das, wenn man Sirmione mit dem Schiff besucht. Wer von der Landseite kommt, betritt die autofreie Altstadt über eine Brücke, die die frühere Zugbrücke der Scaligerburg ersetzt hat. Die Highlights der Halbinsel erstrecken sich von hier bis zur nördlichen Landspitze. Die **Scaligerburg** ist mitten ins Wasser gebaut. Sie gilt als *eine der bedeutendsten Wasserburgen Europas*. Die Außenmauern umfassen ein großes Hafenbecken. Das macht das Kastell aus dem 14. Jahrhundert zu einer außergewöhnlichen Festung. Die innere Wehrmauer ist von drei Türmen unterbrochen. Vom 37 Meter hohen Hauptturm kann man die Anlage und die Halbinsel überblicken. (*Piazza Castello, in der Regel Di. – So., museilombardia.cultura.gov.it*).

Eine mindestens ebenso einzigartige Sehenswürdigkeit in Sirmione sind die **Grotten des Catull**. Dabei handelt es sich aber keineswegs um Höhlen, die irgendeinen Bezug zum römischen Dichter Catull hätten, wie der Name nahelegt. Vielmehr sind in der malerischen Parkanlage mit Oliven und Zypressen an der Landspitze von Sirmione die Überreste der größten römischen Villa in Norditalien zu sehen. Mehr als 160 x 100 Meter messen die Gebäudereste. Infotafeln verraten welche Funktion sie hatten und wie sie intakt aussahen. Unter anderem finden sich dort anti-

ke Thermen. Ein archäologisches Museum stellt zudem Fundstücke aus der Region von der frühgeschichtlichen bis zur langobardischen Epoche aus, darunter auch Mosaike (*Piazzale Orti Manara 4, Di. – So., museilombardia.cultura.gov.it*)

Thermen hat Sirmione auch heute noch. Gäste schätzen das schwefelhaltige warme Wasser. Doch wer das schöne **Thermalbad *Terme di Sirmione*** mit Innen- und Außenbecken, Saunen und Wellness-Anwendungen besuchen will, muss rechtzeitig buchen und etwas tiefer in den Geldbeutel greifen (*Piazza Don A. Piatti 1, So. – Do. 9 - 22, Fr. – Sa. 9 – 12 Uhr, aquaria.termedisirmione.com*).

Auf der Landzunge finden sich viele weitere historische Sehenswürdigkeiten. Die *Kirche Santa Maria della Neve* hat einen hübschen Säulengang vor dem Eingangsportal (*Via Santa Maria Maggiore 17*). Daneben zwängt sich der kleine Garten **Giardino Grazia Deledda** mit einem schönen kleinen Brunnen ans Hochufer zwischen die alten Stadtmauern. Etwas oberhalb finden wir Ausgrabungen einer weiteren, wenngleich viel kleineren **römischen Villa** (*Via Antiche Mura*).

Durch die alten Stadtmauern hindurch verlassen wir die engen Gassen der Altstadt und gelangen an den Strand **Spiaggia del Prete**. Weiße Kalksinterplatten verleihen dem flach abfallenden Wasser eine karibische Farbe. Durch den **Parco Maria Callas** gelangt man hinauf zur Villa der Operndiva (*Via Caio Valerio Catullo 7*). Ganz in der Nähe befindet sich die **Kirche San Pietro in Mavino**, die auf den Fundamenten einer älteren Kirche errichtet wurde. In der Altstadt reihen sich in den Gassen auf der Westseite Souvenir-

Scaligerburg von Sirmione

shops aneinander. Rund um die **Piazza Carducci** mit dem Schiffsanleger herrscht stets reges Treiben. Wenn Ihnen nach einer Erfrischungspause zumute ist, finden Sie im Hof der **Gelateria *Gino*** guten Cappuccino, leckere Eisbecher und Süßspeisen (*Piazza Flaminia* 2). Für einen günstigen kleinen Imbiss zwischendurch empfehlen wir Pizza auf die Hand in der **Pizzeria *Antiche Mura*** (*Via Antiche Mura* 27).

Wenn Sie in Sirmione übernachten wollen, bietet der Vorort Colombare einige Möglichkeiten. Der Ort ist sozusagen der Festland-Vorposten des Touristenstädtchens Sirmione mit Supermärkten, Wohngebieten und Stell- und Campingplätzen.

157 Sirmione – *Camper Park Sirmione*

GPS: N 45°27'38" E 10°37'59", Via Cantarane 16, 25019 Sirmione. **Max. WOMOs**: 90. **Öffnungszeit**: Ganzjährig. **Ausstattung**: Ver- und Entsorgung, Beleuchtung, Spüle, Wifi. **Beschreibung**: Schön gelegener privater Stellplatz am Strand unter Bäumen ca. 1 h zu Fuß von Sirmione entfernt, aber ohne jegliche Einrichtungen. Öffentliche (Außen-)Duschen und Toiletten gibt es nur in der Saison am nahegelegenen Strand. Laut Beschilderung ist Camping und sogar das Ausfahren der Markise verboten. Zufahrt zwischen 7 und 22 Uhr. Nicht besonders freundliche Rezeption. **Preise**: 24 – 110 € je nach Fahrzeuggröße, Strom 4 €. **Zufahrt**: Von der SR11 der Beschilderung folgen.

158 Sirmione – *Camping Sirmione*

GPS / Kontakt: N 45°28'07" E 10°36'37", Via Sirmioncino 9, 25019 Sirmione, +39-0309-904665, camping-sirmione.it. **Max. WOMOs**: Ca. 160. **Öffnungszeit**: Anfang April bis Mitte Oktober. **Ausstattung**: Alle Einrichtungen, Minimarkt, Bar / Restaurant, Poollandschaft, Spielplatz, Parkanlage, am Strand Bootsverleih, auch Ferienwohnungen. **Beschreibung**: Der sehr gepflegte 3-Sterne-Campingplatz mit Swimmingpool, Whirlpool und Kinderpool liegt im Südosten der Halbinsel Sirmione direkt am Strand und von allen Plätzen am nächsten zur Stadt Sirmione. Einige Dauercamper, freundlicher Service, Restaurant mit Seeblick, Stellplätze in zwei Kategorien, auch Mittelmeertoiletten. **Preise**: 44 – 68 €. **Zufahrt**: Von der SR11 am Kreisverkehr zwischen Via Brescia und Via Verona in die Via Colombare abbiegen, am zweiten Kreisverkehr rechts in die Via Sirmioncino.

TOUR 8

159 Desenzano – *San Francesco Village*

GPS / Kontakt: N 45°27'57" E 10°35'41", Strada Vicinale San Francesco, 25015 Desenzano del Garda, +39-0309-110245, campingsanfrancesco.com. **Max. WOMOs**: Ca. 300. **Öffnungszeit**: 18. Apr. – 13. Okt. **Ausstattung**: Alle Einrichtungen, Supermarkt (mit Strand- und Campingbedarf), Bar / Restaurant, Imbiss, Pool und Spraypark, eigener Strand, 2 Spielplätze, Spielhalle mit Computerspielen, Sportplätze, Fahrrad-, Tretbootverleih, Ausflugsorganisation, auch Mobilheime und Ferienwohnungen. **Beschreibung**: Das große gepflegte und beliebte 5-Sterne-Feriendorf mit Poollandschaft und Sportflächen liegt auf der Ortsgrenze von Sirmione und Desenzano direkt am westlichen Seeufer der Halbinsel mit eigenem Strandzugang. Manche der meist schattigen, teilweise etwas engen Stellplätze liegen direkt am See und sind für den Sommer oft schon lange voraus ausgebucht. Andere bieten im oberen Bereich der Terrassen-Anlage See-Panorama. Mehrere gut ausgestattete Sanitärblocks. Im Sommer Animation. **Preise**: 18 – 70 € je nach Saison und Stellplatzkategorie. **Zufahrt**: Von der SR11 am großen Kreisverkehr in der Via Brescia Richtung Desenzano, am nächsten Kreisverkehr rechts. Die Rezeption liegt links.

Nun sind wir schon fast in Desenzano. Wir wählen die Uferstraße SR11, die zwar durchgehend durch dicht besiedeltes Gebiet verläuft, aber auch gelegentlich den Blick auf den See freigibt, so etwa zwischen einigen malerischen Altbauten in Rivoltella.

Desenzano del Garda ist mit 29.100 Einwohnern die größte Stadt am Gardasee. Vor allem an ihren südlichen Ausläufern wird das auch an einer ausgedehnten Gewerbezone sichtbar. Am Seeufer herrscht die gleiche Idylle wie in anderen Orten am See, nur wirkt alles etwas größer.

Ein Problem für Wohnmobilreisende ist das Parken in Zentrumsnähe. Fast alle Parkplätze haben eine Höhenbegrenzung oder sind nur durch schmale Gassen erreichbar, in die man mit einem Wohnmobil besser nicht hineinfährt. Ausnahmen sind die Bezahlparkplätze P15 (*N 45°28'25" E 10°32'08"*) und P16 (*N 45°28'17" E 10°32'14", je 2 € / h*). Kostenlose Parkplätze, bei denen längere Camper auf manchen Flächen hinten über Rasen ragen können, gibt es südlich des Bahnhofs (*N45°27'44" E 10°32'08"*).

Wenn Sie sich vor der Ortsbesichtigung einen Überblick über Desenzano verschaffen wollen, dann besuchen Sie zuerst die Burg. Das mittelalterliche **Castello di Desenzano** überragt mit seinen Wehrmauern und einem Turm aus

Porto Vecchio in Desenzano

Mit leckerem Eis bummelt es sich noch schöner durch die Altstadtgassen

dem 15. Jahrhundert die Altstadt. Im Innenhof finden im Sommer häufig Konzerte und Theateraufführungen statt (*Via Castello 63*).

Der Burg zu Füßen liegt die sehenswerte **Piazza Guiseppe Malvezzi** im Zentrum der verkehrsberuhigten Altstadt von Desenzano. Der Platz geht unmittelbar in den ausgesprochen hübschen **Porto Vecchio** über. Nur kleine Boote können hier liegen, denn sie müssen durch eine sehr niedrige Brücke zum Gardasee hinausfahren. Auf der anderen Seite liegt der neue, große Hafen, der durch eine Mole mit Leuchtturm geschützt ist.

Zwischen Porto Vecchio und Piazza Malvezzi fällt der große **Palazzo Todeschini** aus dem späten 16. Jahrhundert ins Auge. Unter seinem Bogengang befinden sich unter anderem die Touristeninformation und eine Kunstgalerie (*Via Porto Vecchio 34*). Wer bummeln will, findet in der Via Generale Achille Papa südlich der Piazza Malvezzi nette Boutiquen und weitere Läden.

Nördlich gelangen wir zum **Dom Santa Maria Maddalena**, den ebenfalls der Architekt Giulio Todeschini Ende des 16. Jahrhunderts geplant hat. Heute präsentiert sich der mächtige Kirchenbau aber als Sammelsurium verschiedener Epochen. So geht der Glockenturm noch auf das Jahr 1504 zurück, während die Kirchenfront aus dem 18. Jahrhundert stammt und das Portal und die Maria Magdalena Statue aus dem Jahr 1696. Das hohe weite Kirchenschiff wirkt auf den ersten Blick vergleichsweise schmucklos. Bemerkenswert sind jedoch die Gemälde, die sich in den Seitenschiffen und -kapellen verbergen. Den Altar der Hauptkapelle ziert eine Darstellung des letzten Abendmahls von Giambattista Tiepolo aus der Mitte des 18. Jahrhunderts (Via Roma 5).

Den weiteren Stadtrundgang versüßt uns ein Eis aus der empfehlenswerten **Gelateria *Cono Loco***. Der Eismacher gibt gern Tipps, wie man seine ungewöhnlichen Geschmacksrichtungen am besten kombiniert, darunter Granatapfel, schwarze Johannisbeere mit Gin und Lavendel oder Maronen mit Whisky (*Piazza Duomo 25*).

Nicht auslassen wollen wir die römischen Ausgrabungen von Desenzano. Die **Villa Romana e Antiquarium** aus dem 4. Jahrhundert nach Christus wird dem römischen Bürger Decentius

Piazzia Malvezzi und Dom in Desenzano

zugeschrieben und gibt damit einen Hinweis auf den Ursprung des Namens der Stadt. Bemerkenswert sind die Bodenmosaike. Zusätzlich zeigen drei Museumsräume Fundstücke aus der Villa (*Via Crocefisso 22, www.villaromanadesenzano.beniculturali.it*).

Weiter in die Geschichte zurück reichen die Ausstellungsstücke im **Museo Civico Archeologico Giovanni Rambotti**. In dem archäologischen Museum ist unter anderem der älteste Pflug der Welt zu bestaunen, der aus einer der Pfahlbausiedlungen in der Umgebung geborgen wurde. Das Museum ist in einem ehemaligen Kloster untergebracht und daher auch architektonisch interessant (*Via Anelli 42, museiarcheologici.net*).

Zu einem Panoramaspaziergang am Seeufer lädt der **Lungolago** von Desenzano ein. Das Seeufer ist immer wieder parkähnlich ausgebaut. Richtung Sirmione (Osten) kommen Sie vom Hafen aus an einen Park mit einer alten Dampflok und einem Spielplatz. Nordwestlich des Hafens haben Sie hinter Springbrunnen einen schönen Ausblick aufs Südwestufer des Gardasees und den Leuchtturm auf der Hafenmole. In beide Richtungen schließen sich mehrere Strände an. Der größte ist die **Spiaggia Desenzanino** im Norden. An dem Steinstrand (Badeschuhe empfohlen) vermietet eine Bar Liegestühle und Sonnenschirme. An der **Spiaggia d'Oro** im Südosten wird gern bis in den Abend hinein gefeiert.

Dienstags findet auf dem Lungolago zwischen der Via Cesare Battisti und der Via Anelli einer der größten Wochenmärkte am Gardasee statt. Zum Shopping stehen außerdem die zwei großen Einkaufszentren *Le Vele* (*Via Marconi 1*) und *Il Leone* (*Via Mantova, 36, 25017 Lonato*) im Süden der Stadt zur Verfügung. Westlich von Desenzano finden Sie einen offiziellen, hübschen Stellplatz in Strandnähe.

Desenzano von oben

160 Desenzano – *Area Sosta Camper La Spiaggia*

GPS / Kontakt: N 45°29'14" E 10°31'19", Via Vò 19, 25015 Desenzano del Garda, +39-3667-869788, areacamperlaspiaggia.it. **Max. WOMOs**: Ca. 40. **Öffnungszeit**: 18. Apr. – 13. Okt. **Ausstattung**: Alle Einrichtungen, überdachter Aufenthaltsbereich mit Grill, Getränke- und Snackautomat, Büchern und Zeitungen. **Beschreibung**: Der einfache Stellplatz liegt strandnah zwischen Desenzano und Padenghe. Sie stehen auf Kiesplätzen und dürfen sich mit Campingmöbeln einrichten. Es gibt nur Mittelmeertoiletten. Nebenan serviert eine Bar Frühstück und kleine Gerichte. **Preis**: 18 €. Der Preis gilt schon seit 2021, daher ist eine Erhöhung nicht ausgeschlossen. **Zufahrt**: Von der Uferstraße aus Desenazano hinter der Halbinsel Vò direkt links. Oder auf der SP572 am ersten Abzweig hinter der Halbinsel Vò 2 x rechts.

Das Südufer des Gardasees endet westlich von Desenzano und geht im Valtenesi in das Westufer über (Tour 9). Wir verlassen die Stadt und den See in Richtung Südwesten und steuern **Lonato** (16.500 Einwohner) an. Obwohl das lombardische Städtchen nur fünf Kilometer von Desenzano entfernt liegt, herrscht hier eine ganz andere, ländliche und deutlich ruhigere Gangart. Wir parken ohne Probleme direkt im Ortszentrum am Straßenrand und erschließen uns das ursprüngliche Städtchen zu Fuß.

Lonato liegt an einem der Moränenhügel südlich des Lago di Garda. Einen Überblick über Lonato und die Umgebung bis hin zum Südwestufer des Sees verschafft die Burg. Die imposante **Rocca – Castello di Lonato** thront anmutig auf dem höchsten Punkt. Ihre zinnenbewehrten Mauern bieten die schönsten Ausblicke in alle Richtungen. Im Inneren befindet sich ein Veranstaltungssaal und im ehemaligen Haus des Burgvogts ist ein ornithologisches Museum eingerichtet, das auch sehr seltene und vom Aussterben bedrohte Vogelarten zeigt.

Direkt neben der Rocca liegt di **Casa del Podestà**. In das ehemalige Schloss des venezianischen Stadtvogts zog zu Beginn des 20. Jahrhunderts der Brescianer Senator Ugo da Como ein. Er gestaltete das Schloss zu einem prächtigen Bürgerpalazzo im Stil der Zeit um. Das Wohnhaus mit reichem Freskenschmuck an den Wänden war von vornherein als Museum konzipiert. Besonders das Arbeitszimmer und der Rote Salon weisen bemerkenswerte Einrichtungsgegenstände und Erinnerungsstücke auf. Von unschätzbarem Wert ist die Bibliothek, die 50.000 Bände umfasst, darunter auch mittelalterliche Handschriften und das sogenannte kleinste Buch der Welt. Das Castello kann bei einer 45-minütigen Führung besichtigt werden (Reservierung empfohlen). Die Führungen starten im Sommer immer zur vollen Stunde. Zusätzlich finden wechselnde Kunstausstellungen statt (*Via Rocca, +39-0309-130060, fondazioneugodacomo.it*).

Ausblick von der Rocca von Lonato auf die Stadt (links) und das Valtenesi

Unterhalb des Komplexes ragt der viereckige **Stadtturm** (*Torre Civica*) aus dem 16. Jahrhundert empor (*Via Ugo da Como 8*). Die barocke **Basilica di San Giovanni Batista** aus dem 18. Jahrhundert beeindruckt vor allem mit ihrer außerordentlichen Kuppel, die von einer vergoldeten Johannes-Statue gekrönt wird (*Via Tarello 20*). Auf der **Piazza Martiri della Libertà** sind das Rathaus und die Markussäule mit dem geflügelten Löwen als Symbol der venezianischen Serenissima sehenswert. Donnerstags und samstags findet hier der Wochenmarkt statt. Bei einem Bummel durch die Altstadtgassen kommen Sie an mehreren Palazzi aus dem 16. bis 18. Jahrhundert vorbei, unter anderem an der Piazza Savoldi und in der Via Tarello. Im ***Le Lasse Café*** können Sie bei einem günstigen Cappuccino, Eis und Kuchen oder Panini im hübschen Hinterhof vom Sightseeing entspannen (*Via Repubblica 45*).

Nur 25 Kilometer sind es von Lonato auf der SP11 bis nach Brescia. Die Fahrt verläuft auf ebener Strecke durch die landwirtschaftlich genutzten Gebiete des Valtenesi. Hinter den Weinfeldern rücken die südlichen Ausläufer der Alpen näher.

Am Stadtrand von **Brescia** (196.000 Einwohner) liegt der **Parco delle Cave di Buffalora e San Polo**. Der Park umschließt mehrere Seen, die durch die Flutung eines ehemaligen Steinbruchs entstanden sind und teilweise in karibischen Farben leuchten. 15 Kilometer Rad- und Fußwege erschließen das Gebiet. Am meisten sieht man, wenn man mit dem Fahrrad unterwegs ist. Aber auch zu Fuß kann man einige Seen umrunden, etwa den Lago del Canetto (ca. 2 km), Lago delle Bosse (2 km) oder den Lago del Gerolotto (mit Abkürzung über die Brücke ca. 3 km). Das Renaturierungs-Gebiet eignet sich auch zum Kanufahren und zur Vogelbeobachtung (*Via Cerca*).

Brescia ist die zweite sehenswete Großstadt auf unserer WOMO-Tour und zugleich ihr Endpunkt. 2023 war Brescia zusammen mit Bergamo *italienische Kulturhauptstadt*. Der Titel ist durchaus berechtigt: Die Stadt zählt zwar nicht als Ganzes zum *Unesco Weltkulturerbe*, beherbergt aber ein großes Areal, das von der Unesco geschützt ist, und daneben zahlreiche weitere Sehenswürdigkeiten aus verschiedenen Epochen. Wir stellen das Wohnmobil ab und erkunden die schöne lombardische Stadt zu Fuß. Für den Tagesbesuch gibt es einige kostenlose Parkplätze in zentraler Lage rund um die Burg, etwa an der Via del Castello oder an der Via Alexander Langer (*N 45°32'27" E 10°13'25"*). Auch der zentrale Schloss-Parkplatz steht Wohnmobilen offen. Für Übernachtungen empfehlen wir den videoüberwachten Stellplatz der Stadt.

161 Brescia – *Castello*

GPS: N 45°32'29" E 10°13'32", Via del Castello 25121 Brescia. **Max. WOMOs**: 3. **Ausstattung**: Keine. Bar nebenan. **Beschreibung**: Zentraler und Geschützter Parkplatz auf Kies an den Burgmauern von Brescia. Keine Markierungen, keine Verbote. Tagsüber viel Betrieb. **Preis**: Kostenlos. **Zufahrt**: Der Beschilderung zum Castello folgen.

162 Brescia – *Area Camper Poliambulanzia*

GPS: N 45°31'01" E 10°14'05", Via Dario Morelli, 25124 Brescia. **Öffnungszeit**: Ganzjährig. **Max. WOMOs**: Ca. 10. **Ausstattung**: Ver- und Entsorgung, Strom, Beleuchtung, Videoüberwachung. **Beschreibung**: Der Stellplatz mit gepflasterten Stellflächen grenzt an den großen Parkplatz an der U-Bahn-Station Poliambulanzia an. Mit der U-Bahn ist man in 15 Minuten im Stadtzentrum. Der Stellplatz wirkt nicht idyllisch, aber sicher. Automatenzahlung. **Preise**: 15 € / Tag, 8 € bis zu 12 h. **Zufahrt**: Auf der SS45*bis* die Ausfahrt Brescia Centro nehmen, im Kreisverkehr nach Norden (links). Am 2. Kreisverkehr liegt der Stellplatz rechts.

Brescia ist vom südlichen Gardasee aus auch sehr gut mit dem Zug zu erreichen. Von Peschiera und Desenzano dauert die Bahnfahrt rund 20 bis 30 Minuten. Wer am Bahnhof von Brescia ankommt, sieht erst einmal nur wenig ansehnliche Hochhäuser. Das Altstadt-Zentrum ist aber Richtung Norden schnell erreicht. Vom Stellplatz aus kommen Sie mit der U-Bahn in 10 Minuten zur Station Vittoria und sind damit mitten im Herz der Altstadt.

Die **Piazza della Vittoria** ist der modernste der drei zentralen Plätze im Centro Storico. In der Tat ist sie ein Werk der faschistischen Stadtplanung aus dem Jahr 1932. Auf der Nordseite steht der Palazzo delle Poste, im Westen der 60 Meter hohe Torrione, der als *einer der ersten Wolkenkratzer Italiens* gilt, und im Osten der Quadroportico mit dem Torre della Rivoluzione. Im Süden mündet der Platz in die Einkaufsstraßen Via Gramsci, Corso Palestra, Via X Giornate und Corso Zanardelli. Dort befindet sich auch das **Teatro Grande**, das 1810 zu Ehren Napoleons errichtet wurde und fünf Logenreihen mit Gold- und Freskenschmuck und Stuck umfasst. Im Rokkokosaal Salone del Ridotto des Theaters können Sie an Wochenenden einen Cappuccino trinken (*Corso Zanardelli 9A*).

Nördlich schließt sich an die Piazza Vittoria die charmante **Piazza della Loggia** an, die von Renaissancefassaden umgeben ist. Dem Palazzo della Loggia aus der ersten Hälfte des 16. Jahrhunderts mit seinem mächtigen Kupferdachgewölbe sieht man deutlich die venezianische Bauweise an. Da er bis heute Sitz der Stadtverwaltung ist, können Sie an Wochentagen auch einen (kostenlosen) Blick ins Innere des monumentalen Palazzo werfen. Gegenüber erstreckt sich ein langgezogener Palazzo mit durchgehendem Laubengang. Ihn überragt der Uhrturm Torre Orologio mit einer **astronomischen Uhr** aus dem 16. Jahrhundert, die nicht nur die Uhrzeit, sondern auch Sternzeichen und Mondphase anzeigt. Die Glocke am Uhrturm schlagen stündlich die sogenannten Verrückten der Zeit – im Brescianer Dialekt: le Macc delle Ure. Die beiden Metallfiguren gelten als Wahrzeichen der Stadt. Im Süden begrenzt der Palazzo Monti di Pietà die Piazza della Loggia. Einen Blick in das Innere des Palazzo mit Jugendstilelementen kann man im Café Anno 1882 werfen.

Östlich erreicht man durch den Uhrturm und eine schmale Gasse die Piazza Paolo VI. – auch **Piazza Duomo** genannt. An der Südwestecke des großen Domplatzes befindet sich die Touristeninformation (*Via Trieste 1*). Gegenüber ragen die Kuppeln des alten Doms und des neuen Doms nebeneinander auf. Der dunkle weite Rundbau des alten Doms (*Duomo Vecchio*) hat eine umwerfende Akustik, die Sie im Rahmen einer Führung erleben. Bemerkenswert sind der Sarkophag eines Bischofs am Eingang, die Heilig-Kreuz-Kapelle und die Krypta, in der die Fundamente der Basilika freiliegen, auf denen der Dom aus dem 11. Jahrhundert aufbaut. Die Kuppel der neueren und größeren Kathedrale di Santa Maria Assunta aus dem 16. Jahrhundert wächst so hoch über die spätbarocke Marmorfassade hinaus, dass sie als dritthöchste Kirchenkuppel in Italien gilt.

An der Nordostecke der Piazza Paolo VI. liegt der **Palazzo Broletto** aus dem 14. Jahrhundert mit dem **Stadtturm Torre del Pègol** und der massiven Loggia della Grida im Innenhof mit grotesken Fresken. Er gilt als ältester öffentlicher Profanbau von Brescia. Auf der Rückseite befindet sich die **Biblioteca Queriniana**

Piazza della Vittoria in Brescia

mit Barock-Dekor und einer Sammlung von 150.000 historischen Büchern, darunter auch mittelalterliche Handschriften und antike Pergamente. Die monumentale Treppe und der große Lesesaal sind mit Statuen und überbordendem Fresken geschmückt (*Di. – Fr. 8.45 – 18, Sa. 8.30 – 12.30 Uhr, Via Mancini 1, Eintritt frei*).

Nicht weit von diesen Plätzen entfernt liegt das *Unesco Weltkulturerbe* Brescias. Es reicht vom **archäologischen Park Brixia** mit römischen Ausgrabungen bis zum **Stadtmuseum Santa Giulia** in einer alten Klosteranlage und mehreren langobardischen Kirchenbauten. Außerhalb der Saison verbindet ein kostenloser Open-Air-Weg die Welterbestätten. Der sogenannte *Corridoio Unesco* beginnt am **Capitolium** (73. n. Chr.) und führt vorbei am **Teatro Romano** zu den langobardischen Klosteranlagen San Salvatore, Santa Maria in Solario und Santa Giulia aus dem 8. Jahrhundert. Neben den von außen sichtbaren Monumenten umfassen die römischen Ausgrabungen in einem schützenden Bau einen Tempel und ein Santuario mit Mosaikböden (1. Jh. v. Chr.), in dem auch eine geflügelte Viktoria-Statue (Vittoria Alata) aus dem altrömischen Brixia ausgestellt ist, die als antikes Wahrzeichen der Stadt gilt.

Das Stadtmuseum im Kloster Santa Giulia zeigt die Geschichte Brescias vom 1. Jahrhundert bis ins 17. Jahrhundert. Ein Schwerpunkt liegt auf der Epoche der Langobarden. Ausgestellt sind viele wertvolle Schmuckstücke, aber auch Alltagsgegenstände aus langobardischer Zeit. Als kunsthistorisch besonders wertvoll gelten die Kapelle der Langobarden und das Kreuz von Desiderio. (*Jun. –Sept. Di. – Fr. 10 – 19 Uhr, Via dei Musei, bresciamusei.com, Eintritt gesamter Unesco-Komplex: 15 €*)

Piazza della Loggia

Über der Altstadt erhebt sich das **Castello** von Brescia. Die österreichische Festung aus dem 19. Jahrhundert war Schauplatz des zehntägigen Aufstands der Brescianer gegen die Österreicher, der der Stadt den Beinamen Löwin von Italien einbrachte. Im Hauptturm gibt es eine Ausstellung über das Risorgimento und eine über Waffen. Im Schlosspark erinnern überlebensgroße Skulpturen von Menschenaffen daran, das in der Burg über viele Jahre ein Zoo Tiere in (engen) Käfigen hielt. Einfach großartig sind die Ausblicke von der großen Burganlage in fast alle Richtungen.

Nach diesen Top-Sehenswürdigkeiten von Brescia sind einige Kirchen einen Besuch wert. Zu den bedeutendsten Sakralbauten der Stadt zählt die **Kirche Santo Cristo** am Burgberg über der Altstadt (*Via Giovanni Piamarta 9*). Man nennt sie auch die ***Sixtinische Kapelle von Brescia***. Ihre Wände sind vollständig überzogen mit Fresken von Fra Benedetto da Marone. Die Kirche gehört zu einem Klosterkomplex mit Innenhof, Kreuzgang und Ausblick.

Im Corso Martiri della Libertà beeindruckt die überreich geschmückte **Renaissance-Kirche Santa Maria dei Miraculi** mit feinsten Skulpturen und Reliefs. Die Kirche **Santi Lazare e Celso** gleicht einem Museum. Sie bewahrt eine große Zahl wertvoller Gemälde des 16. und 17. Jahrhunderts, darunter das Polyptichon Averoldi des Renaissance-Künstlers Tizian, das die Auferstehung Christi zeigt (*Corso Giacomo Matteotti 31*).

Viele Kunstwerke der Renaissance finden sich auch in der **Pinakothek Tosio Martinengo**. Sie zeigt im Palazzo Martinengo aus dem 16. Jahrhundert unter anderem Werke von Raffael, Lotto und Romanino aber auch bedeutende Gemälde des 19. Jahrhunderts (Piazza Moretto). Nicht zu vergessen ist das **Museo Mille Miglia** am nordöstlichen Stadtrand. In einem ehemaligen Klosterkomplex zeigt es die Geschichte und einige der bedeutend-sten Fahrzeuge der berühmten Oldtimerrallye, die seit den 20er Jahren des 20. Jahrhunderts alljährlich Ende Mai in Brescia startet (*Via della Bornata 123, museomillemiglia.it*).

Einen Bummel durch die hübschen Altstadtstraßen sollten Sie sich auch nicht entgehen lassen. Im Centro Storico Sud sind die Einblicke in die Höfe der historischen Palazzi durch die großen

Ausblick vom Castello über Brescia Richtung Nordwesten

Links: Dome von Brescia, rechts: altrömisches Brixia

Torbögen spannend, zum Beispiel in der **Via Moretto**. Einige der Villen in der **Via Fratelli Cairoli** schmücken Balkons und Jugendstilornamente. Im **Corso Giacomo Matteotti** fallen die Fassaden des Palazzo Bargnani und des historischen Theaterbaus Teatro San Carlino auf. Die hübschen Altbauten im **Corso Garibaldi** mischen sich mit Geschäften und Cafés. Dort steht auch der markante Turm Torre della Pallata, der 1248 unter Verwendung der Überreste römischer Bauten an der damaligen Stadtmauer errichtet wurde. Nördlich schließt das Universitätsviertel an. Wer Streetart mag, wird zum Beispiel in der **Via Faustino** fündig.

Wenn Sie einen Tag in Brescia genussvoll ausklingen lassen möchten, dann bestellen Sie wie die Einheimischen einen *Pirlo*. Der Aperitif ähnelt einem Aperol Sprizz, enthält aber Weißwein statt Sekt und Campari statt Aperol. Bekannte Brescianer Spezialitäten sind zudem die Salami *Nostrano* und der *Bagoss*-Käse. Diese Delikatessen bekommen Sie zum Beispiel im Feinkostladen ***La Gastronomie di Via Cattaneo***. Dort gibt es auch fertig vorbereitete Vorspeisen und Pastagerichte zum Mitnehmen (*Via Cattaneo 12A*). Beim Bäcker *El Forner* gibt es feinste Backwaren vom Croissant bis zur Pizza und dazu Delikatessen, Kaffee, Wein und Sekt (*Corso Martiri della Libertà 23A*). Zum Abschluss unserer WOMO-Tour genießen wir ein leckeres Eis im lockeren Ambiente des ***Café Martha*** (*Via dei Musei 20A*).

Von Brescia erreichen Sie Richtung Westen durch das Sektanbaugebiet der Franciacorte nach rund 25 Kilometern den Iseosee. Wir fahren zurück an den südwestlichen Gardasee und nehmen uns auf der nächsten WOMO-Tour das Westufer des Gardasees vor.

Tour 9

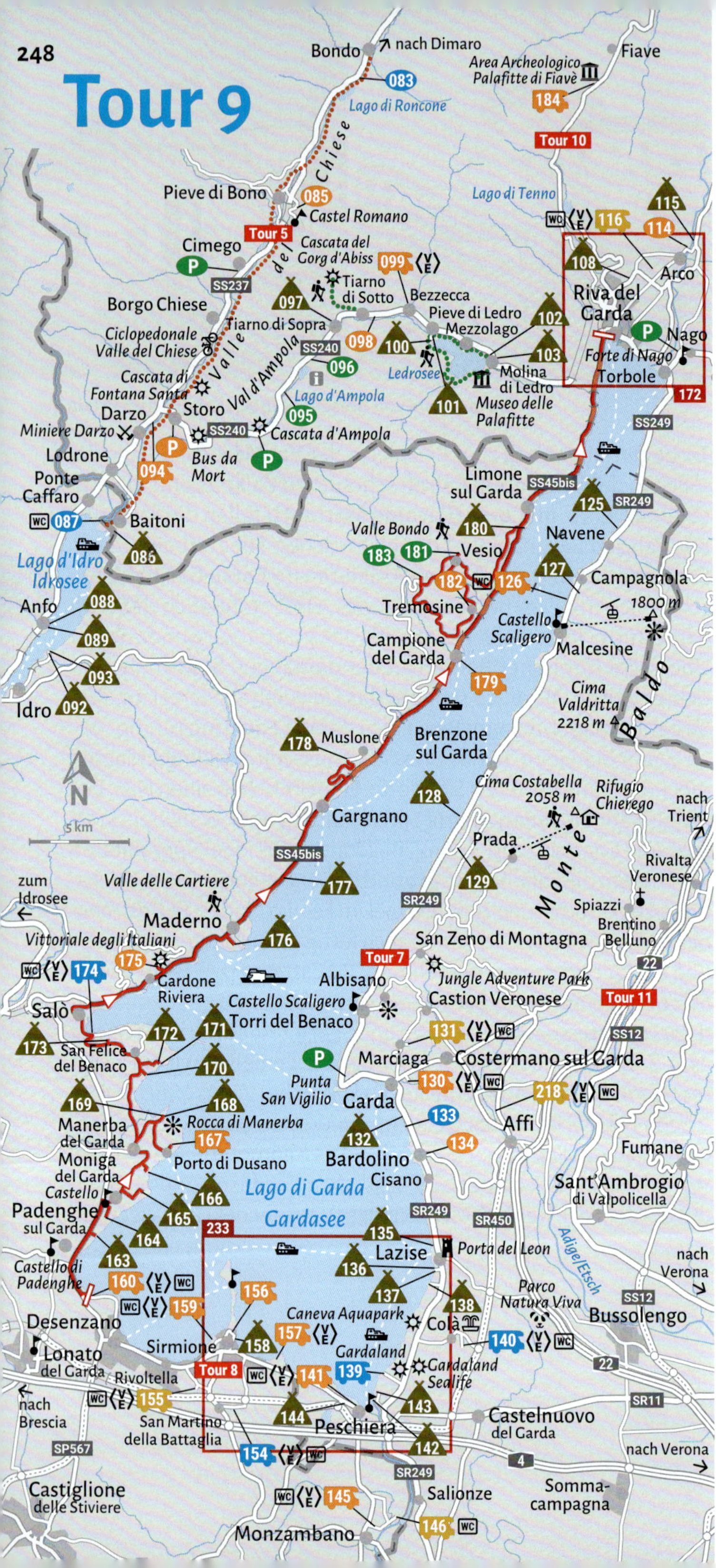
Bondo
nach Dimaro
083
Lago di Roncone
Area Archeologico Palafitte di Fiavè
Fiavè
184
Tour 10
Chiese
Pieve di Bono
085
Castel Romano
Lago di Tenno
116
114
115
Tour 5
Cimego
Cascata del Gorg d'Abiss
099
108
Arco
SS237
Tiarno di Sotto
Bezzecca
Riva del Garda
097
Borgo Chiese
Pieve di Ledro
102
Tiarno di Sopra
Mezzolago
Nago
Ciclopedonale Valle del Chiese
SS240
098
100
103
Forte di Nago
Valle
096
Ledrosee
Molina di Ledro
Torbole
Cascata di Fontana Santa
Val d'Ampola
Lago d'Ampola
Museo delle Palafitte
172
Storo
101
Darzo
095
SS249
SS240
Cascata d'Ampola
Miniere Darzo
Lodrone
094
Bus da Mort
Limone sul Garda
SS45bis
Ponte Caffaro
125
SR249
087
Baitoni
180
Valle Bondo
Navene
Lago d'Idro
Idrosee
086
183
181
Vesio
127
182
126
Campagnola
Anfo
088
Tremosine
1800 m
Castello Scaligero
089
Campione del Garda
Malcesine
093
179
Cima Valdritta
2218 m
Idro
092
Baldo
178
Muslone
Brenzone sul Garda
N
5 km
Cima Costabella
2058 m
Rifugio Chieregro
nach Trient
128
Gargnano
Prada
SS45bis
Monte
Rivalta Veronese
zum Idrosee
Valle delle Cartiere
177
129
SR249
Spiazzi
Maderno
Brentino Belluno
176
Vittoriale degli Italiani
San Zeno di Montagna
175
Tour 7
22
174
Gardone Riviera
Albisano
Jungle Adventure Park
Castello Scaligero
Castion Veronese
Tour 11
Salò
Torri del Benaco
172
171
131
SS12
173
San Felice del Benaco
Marciaga
Costermano sul Garda
170
Punta San Vigilio
130
218
169
168
Garda
Manerba del Garda
Rocca di Manerba
133
Affi
167
132
134
Moniga del Garda
Porto di Dusano
Bardolino
Fumane
Lago di Garda
Cisano
Castello
166
Sant'Ambrogio di Valpolicella
Padenghe sul Garda
165
Gardasee
SR249
SR450
233
135
164
Lazise
Porta del Leon
Adige/Etsch
163
136
nach Verona
Castello di Padenghe
160
156
137
138
Parco Natura Viva
159
SS12
Desenzano
Caneva Aquapark
Colà
Bussolengo
157
140
158
Lonato del Garda
Sirmione
Gardaland
Gardaland Sealife
22
Rivoltella
Tour 8
141
139
nach Brescia
155
143
SR11
San Martino della Battaglia
144
Peschiera
Castelnuovo del Garda
SP567
154
142
nach Verona
4
SR249
Castiglione delle Stiviere
145
Salionze
Sommacampagna
146
Monzambano

Wo die Zitronen duften
Gardesana Occidentale
95 km

Die Gardesana Occidentale ist eine echte Traumstraße. Nachdem wir die sanft hügelige Weinlandschaft des Valtenesi hinter uns gelassen haben, fahren wir unter schroffen Felsklippen am türkisblauen See zwischen Zitronen und Zypressen von einem hübschen Städtchen ins nächste und hinauf in den Naturpark Alto Garda Bresciano. Unsere Top-Erlebnisse am westlichen Gardasee:

- **Wandern an der Rocca di Manerba**
- **MTB-Tour ins Papiermühlental**
- **Vittoriale degli Italiani in Gardone Riviera**
- **Limonaia del Castèl in Limone**
- **Schlemmen auf der Alpe del Garda**

In der sanften Hügellandschaft des Valtenesi mit Olivenhainen und Weinbergen geht das Südufer des Gardasees westlich von Desenzano fast unmerklich ins Westufer über. Hier können aktive Frühaufsteher den Sonnenaufgang am See bei einer Jogging- oder Fahrradtour auf der autofreien Uferpromenade zwischen Padenghe und Manerba erleben. Oder Sie genießen den Sonnenaufgang direkt am Camper auf einem Campingplatz am Ufer. An Auswahl mangelt es nicht. Unser Tipp:

163 Padenghe sul Garda – *Camping La Ca*

GPS / Kontakt: N 45°30'45" E 10°31'27", Via de la Colombaia 6, 25080 Padenghe sul Garda, Tel. +39-0309-907006, campinglaca.it. **Max. WOMOs**: Ca. 120. **Öffnungszeit**: Mitte Februar bis Anfang November. **Ausstattung**: Alle Einrichtungen, Bar / Restaurant, Pool, Spielplatz, Fußball- und Volleyballplatz, Tischtennis, kleiner Park, Tausch-Bibliothek, Bootsrampe, Bootsanleger, Bojen, auch Privatbäder und Bungalows. **Beschreibung**: Schöner, ruhiger und vergleichsweise günstiger familiengeführter Campingplatz mit Terrassen-Stellplätzen, großem Pool, Bar / Pizzeria mit Aussichtsterrasse, Seezugang über die Uferpromenade und netten Details. Viele der meist schattigen Stellflächen auf Kies oder Wiese haben Seeblick. Mehrere große und saubere Sanitärblocks. Ein Grüngelände mit Sportplätzen ist über die Straße zu erreichen. Zufahrt 8 – 22 Uhr. **Preise**: 15 – 37,50 €. **Zufahrt**: In Padenghe am Kreisverkehr der Ausschilderung zu den Campingplätzen folgen, hinter dem ersten rechts.

Die mittelalterliche Wohnburg von **Padenghe sul Garda** (4800 Einwohner) liegt etwas entfernt vom Ufer. Das zypressenumstandene **Castello** mit Natursteinpflastergassen gilt als älteste Burganlage im Valtenesi (Via Antonio Gramsci 57). Es geht zum Teil auf das 10. Jahrhundert zurück, bietet aber bis heute einen tollen Rundblick über den Südwesten des Gardasees.

Der alte Ortskern von Padenghe lädt zu einem Bummel ein. Neben der Burg ist das Rathaus sehenswert. Es ist im **Palazzo Barbieri** aus dem 18. Jahrhundert neben der Pfarrkirche Santa Maria Assunta aus dem 17. Jahrhundert zuhause (Via Italo Barbieri 3). Ausflüge bieten sich zu Weingütern im Valtenesi an oder mit dem Fahrrad auf der gut ausgebauten Uferpromenade in die Nachbarorte Desenzano (Tour 8) und Moniga del Garda. Moniga bietet wie Padenghe mehrere Campingplätze, zum Beispiel:

164 Moniga del Garda – *Camping Piantelle*

GPS / Kontakt: N 45°31'11" E 10°31'48", Via S. Cassiano, 1A, 25080 Moniga del Garda, Tel. +39-0365-502013, piantelle.de. **Max. WOMOs**: Ca. 120. **Öffnungszeit**: Woche vor Ostern bis Anfang Oktober. **Ausstattung**: Alle Einrichtungen, Minimarkt, Bar / Restaurant, Pool, Kinderpool, Sauna, Spielplatz, Sportplatz, Bocciabahn, Grillplatz, Kinderclub, Showbühne, auch Bungalows. **Beschreibung**: Der gepflegte grüne 4-Sterne-Campingplatz mit netten Details bietet überwiegend schattige Wiesen-Stellplätze in unterschiedlichen Größen (auch XXL) und Kategorien. Die Plätze in der ersten Reihe zum See sind meist lange im Voraus ausgebucht. Manche Plätze sind mit Hecken abgrenzt, und manche verfügen über Wasseranschlüsse. Die vier modernen und sauberen Sanitärblöcke sind gut ausgestattet. Eigener Strandabschnitt mit Steg. Freundliches und hilfsbereites Personal. Von Pfingsten bis September Animation und Sportprogramm. **Preise**: 25 – 75 €. **Zufahrt**: Am Kreisverkehr von Moniga del Garda rechts Richtung Manerba und direkt wieder rechts. Hinter der Kirche rechts, der Camping liegt dann links.

Blumenschmuck in Padenghe

Am Sportboothafen von Moniga

Das Bemerkenswerteste an **Moniga del Garda** (2700 Einwohner) ist wie schon in Padenghe die Burg. Zwar schaut man vom Außenbereich des **Castello de Moniga** nicht ganz so weit über das Valtenesi wie vom Castello de Padenghe. Doch die Altstadtgassen innerhalb der hohen von Schwalben bewohnten Burgmauern sind sehr hübsch. Besondere Aufmerksamkeit verdient das Straßenpflaster (Via Castello).

Dem Torturm der Fluchtburg gegenüber steht die barocke **Kirche San Martino**, die mit ihren Ursprüngen aus dem 15. Jahrhundert als älteste Kirche des Valtenesi gilt (*Via Carlo Alberto*). Die umliegenden Straßen sind von hübschen, zum Teil historischen Villen im flachen mediterranen Baustil gesäumt. Besonders sehenswert ist die **Renaissance-Villa Bertanzi**. Besichtigen kann man den Palast in Familienbesitz aber nur bei den Weinfesten, zum Beispiel beim Fest *Rassegna del Chiaretto* im Juli, das sich dem Rosé-Wein Chiaretto aus dem Valtenesi widmet (*Via Dante Alighieri*). Schön ist Moniga auch am **großen Sportboot-Hafen**. Daneben befindet sich der Anleger der Gardasee-Schifffahrt, die Moniga mit anderen Orten am Westufer und mit Sirmione verbindet. In Hafennähe bietet ein Parkplatz auch Wohnmobilen teils schattige Plätze (*N 45°31′21″ E 10°32′04″*). Die Promenade am Seeufer führt im Norden weiter nach Manerba. Auf dem Weg dorthin bieten sich am Seeufer weitere Campingplätze an.

165 Manerba del Garda – *Sivinos Camping Boutique*

GPS / Kontakt: N 45°31′49″ E 10°33′11″, Via Gramsci 78, 25080 Manerba del Garda, +39-0365-552767, www.sivinoscampingboutique.com. **Max. WOMOs**: Ca. 100. **Öffnungszeit**: Woche vor Ostern – Mitte Oktober. **Ausstattung**: Alle Einrichtungen, Brötchenservice, Bar / Restaurant, Spielplatz, Kinderclub, auch Glampingzelte. **Beschreibung**: Ruhig gelegener Campingplatz an einer Landspitze mit Wohnmobilstellplätzen in Panoramalage über dem Seeufer und direktem Strandzugang. Die teils recht kleinen, aber fast immer schattigen Stellflächen liegen auf Wiesenterrassen. Ausflugs- und Sportorganisation (Fahrrad, Tauchen, Schnorcheln etc.). Einfache Sanitärs. Im Sommer Kinder-Animation. **Preise**: 24 – 83 €. **Zufahrt**: Im Kreisverkehr von Moniga del Garda Richtung Manerba rechts in die Via San Sivino einbiegen, der Straße für 2 km folgen.

166 Manerba del Garda – *Camping Zocco*

GPS / Kontakt: N 45°32'24" E 10°33'22", Via del Zocco 43, 25080 Manerba del Garda, Tel. +39-0365-551605, campingzocco.com/de. **Max. WOMOs**: Ca. 100. **Öffnungszeit**: Anfang Mai bis Anfang Oktober. **Ausstattung**: Alle Einrichtungen, Supermarkt, Bar / Restaurant, Pool und Kinderpool, Spielplatz, Sportplatz, Open-Air-Gym, Bocciabahn, Tennisplätze, Fahrradverleih, Wifi teilweise, Internetpoint, Bootslipanlage und Bojen, verschiedene Mietunterkünfte. **Beschreibung**: Der grüne und ruhig gelegene, familiengeführte Campingplatz bietet meist schattige Stellplätze auf Wiesengelände mit Kies. Neben Pool (mit Hydromassage) und Kinderpool gibt es einen direkten Seezugang mit Steg und Strand. Bar mit Aussicht, gut sortierter Supermarkt (auch Camping- und Strandbedarf), saubere moderne Sanitäranlagen, freundliche Gastgeber, sehr gutes Preis-Leistungs-Verhältnis. **Preise**: 27 – 44 €. **Zufahrt**: Von der SP39 rechts in die Via del Zocco. Der Straße um die Rechtskurve folgen.

TOUR 9

Manerba del Garda (5100 Einwohner) bezeichnet eher eine Region als einen Ort. Rund *zehn Kilometer Strand* liegen auf dem Gemeindegebiet, das in den Gardasee hineinragt. Die einzelnen Ortsteile könnten unterschiedlicher nicht sein. Als kulturelles und wirtschaftliches Zentrum kann vielleicht am ehesten **Solarolo** gelten. Touristische Bedeutung hat das etwas höher gelegene **Montinelle**. Zwischen den beiden hübschen Orten findet freitags der Wochenmarkt statt (*Via della Rimembranza*). Beim Bummel können Sie auch einen Blick in die spätbarocke Kirche San Giovanni Battista Decollato (*Via Vittorio Emanuele II*) und auf die bemerkenswerte Orgel der neoklassizistischen Kirche Santa Maria Assunta (*Piazza Aldo Moro*) werfen. Stellen Sie das Wohnmobil aber am besten an einer Hauptstraße ab, ohne in die Ortszentren zu fahren (zum Beispiel auf dem Großparkplatz an der Via Noveglie). Denn die Gassen sind eng und durch Einbahnstraßenregelungen auch verwirrend. Oder fahren Sie direkt den Stellplatz an.

167 Manerba del Garda – *Area Camper*

GPS: N 45°33'01" E 10°34'13", Via Agello 15, 25080 Manerba del Garda. **Max. WOMOs**: Ca. 30. **Öffnungszeit**: Mai bis September. **Ausstattung**: Wasserbrunnen und Entsorgung. **Beschreibung**: Sonniger Wiesenparkplatz für Wohnmobile in ruhiger Lage am Rand der Siedlung Dusano / San Giorgio. Der Platz wird von der Bar am gegenüberliegenden Auto-Parkplatz verwaltet. Anreise bis spätestens 20 Uhr, nicht bei schlechtem Wetter. Max. 48 h. Kein Camping erlaubt. **Preise**: Je 8 € pro Tag und pro Nacht, also mindestens 16 € bei Übernachtung. **Zufahrt**: Der SP39 in die Via d'Annunzio folgen, am Hotel Splendid Sole rechts (Einfahrtsverbot für Busse), der Via Carducci folgen, bis links ein schmales Sträßchen Richtung Parkplatz ausgeschildert ist. Die Parkplatzschilder führen zum Ziel.

Der Stellplatz liegt nicht weit vom malerischen Hafen **Porto Dusano** entfernt. Das Highlight von Manerba ist aber eindeutig der (ebenfalls fußläufig erreichbare) **Parco archeologico naturalistico Rocca di Manerba**. Die markante Felsnase mit den Überresten einer sehr alten Burg ist vom südlichen Gardasee überall zu sehen. Denn sie erhebt sich mit mehr als 200 Höhenmetern deutlich aus der flachen Umgebung. Wir erkunden das Gebiet bei einer kurzen, aber erlebnisreichen Wanderung.

Rund um die Rocca di Manerba

2,5 km, 100 hm, 1 h

Wir starten am Informationszentrum des Riserva Naturale Orientata della Rocca e del Sasso mit dem archäologischen Museo Civico (*Via della Rocca 20*), wo ein Parkplatz zur Verfügung steht. Wenn Ihnen der letzte Straßenabschnitt mit dem Wohnmobil zu eng ist, parken Sie am Feldrand an der Ecke Via Pisenza / Via della Rocca, und laufen Sie 200 Meter zum Museum. Von dort führt ein Sträßchen in Kehren steil bergauf und mündet oben in den archäologischen Rundgang (*Percorso archeologico*).

Mehrere dreisprachige Informationstafeln erzählen die Geschichte der Rocca. Verschiedene Grabungen förderten Überreste von Bauten aus den unterschiedlichsten Epochen vom Mittelalter über die Römerzeit bis in die Frühgeschichte zutage – manche eher zufällig, andere gezielt. Wir sehen zunächst die Überreste eines Wohngebäudes. Dann führt der Weg mitten in die freigelegte Ruine der mittelalterlichen Festung (Rocca) hinein. Sie liegt auf einem Felsplateau, das daran erinnert, dass die Alpen hier nicht weit weg sind. Zwischen meist niedrigen historischen Mauerresten, die aber deutlich die Umrisse der Räume erkennen lassen, geht es spiralförmig nach innen und oben, bis das Gipfelkreuz erreicht ist.

Nachdem wir den Ausblick genossen haben, nehmen wir den steilen Pfad hinab zum *Sasso* (Sattel). Wanderschuhe sind in dem felsigen und gerölligen Gelände hilfreich. Im Frühsommer blühen Mohn und Thymian am Wegrand. Bald finden wir uns am Fuß einer steilen Felswand wieder und biegen in ein Waldstück ein.

An einer mit Wanderwegweisern beschilderten Wegkreuzung halten wir uns Richtung *Sasso*. Durch ein schattiges Steineichenwäldchen kommen wir zu dem Aussichtssattel, der der Rocca vorgelagert ist. Der Blick reicht über den gesamten Gardasee von Salò im Westen bis Sirmione im Südosten. Unter uns liegen die Inseln San Biagio und Garda.

Wer Lust hat, noch mehr von dem Naturschutzgebiet zu sehen oder zum Stellplatz gehen will, kann hier einem Trail hinab nach Pieve und San Giorgio folgen. Das geht von der Wegkreuzung aus auch mit dem MTB. Wir nehmen den Mittelweg. Der führt uns durch das Wäldchen und an einem Olivenhain vorbei zurück zum Parkplatz.

Zum Naturschutzgebiet Rocca di Manerba zählt die kleine **Insel San Biagio**, die auch Haseninsel genannt wird. Die Insel ist ein beliebtes Ausflugziel. Taxiboote starten vom Hafen Porto Torchio. Der eigentliche Clou liegt aber darin, die Insel ohne Hilfsmittel zu besuchen. Bei niedrigem Wasserstand geht das trockenen Fußes. Meist muss man aber mindestens durch knietiefes Wasser waten und gelegentlich sogar schwimmen. Man startet auf der Halbinsel Punta Belvedere. Dort befindet sich ein beliebter Campingplatz, und direkt daneben mehrere weitere.

168 Manerba del Garda – *Camping San Biagio*

GPS / Kontakt: N 45°33'49" E 10°34'02", Via Cavalle 19, 25080 Manerba del Garda, +39-0365-551549, campingsanbiagio.net/de. **Max. WOMOs**: Ca. 160. **Öffnungszeit**: 1. Apr. – 30. Sept. **Ausstattung**: Alle Einrichtungen, Minimarkt, Bar / Restaurant, Spielplatz, Tischtennis, Boot-Slip-Anlage, eigener kleiner Hafen, Bojen, auch Bungalows und Glampingzelte. **Beschreibung**: Beliebter 4-Sterne-Campingplatz auf einer Halbinsel mit vorgelagerter gleichnamiger Insel. Für Campingplatzbesucher ist der Inselbesuch kostenlos. Die meisten Stellplätze auf der terrassenförmigen Anlage mit vielen Olivenbäumen haben Seeblick. In einer alten Villa aus dem 18. Jahrhundert gibt es ein sehr gutes Restaurant. **Preise**: 35 – 61 €, Strom nach Verbrauch. **Zufahrt**: Von der Rocca di Manerba gut 1 km entlang der Via Pisenze, dann rechts in die Via Mazzini.

169 Manerba del Garda – *Camping La Rocca*

GPS / Kontakt: N 45°33'44" E 10°33'52", Via Cavalle 22, 25080 Manerba del Garda, +39-0365-551738, laroccacamp.it. **Max. WOMOs**: Ca. 200. **Öffnungszeit**: 29. März – 6. Okt. **Ausstattung**: Alle Einrichtungen, Supermarkt, Bar / Restaurant, Pool und Kinderpool, Spielplatz, mehrere Sportplätze, Tennisplatz, SUP- und Surfboard-Verleih, Hundedusche, einige Mobilheime. **Beschreibung**: Der gepflegte 4-Sterne-Campingplatz hat direkten Zugang zu zwei Stränden und einige aussichtsreiche Wiesen-Stellflächen mit Seeblick. Die meisten Plätze liegen schattig – oft unter Olivenbäumen und zwischen Oleanderhecken. 2 neue Sanitärblöcke mit Kindertoiletten. Aufenthalt ab 12 Uhr bis 12 Uhr. Juli und August (Kinder-)Animation. Sonderkonditionen für Langzeitaufenthalte in der Vor- und Nachsaison. **Preise**: 20 – 56 €. **Zufahrt**: Wie Camping San Biagio, dann nach links in die Via Cavalle. Einfahrt links.

Am Lido di Manerba mit seinem langen öffentlichen Sand- und Steinstrand schließen sich viele weitere Campingplätze an. Die Strände sind touristisch gut erschlossen. Neben Surf- und SUP-Boards kann man auch Motorboote mieten (zum Beispiel bei nauticabenaco.com). Vom Hafen Porto Torchio zieht sich eine Strandpromenade sich bis in die Bucht von **San Felice del Benaco**. Erst der Privatstrand des großen Feriendorfes Europa Silvella unterbricht sie. Dahinter bietet sich in der Via Gardiola ein strandnaher Kiesparkplatz (*N 45°34'41" E 10°33'14"*). Am Seeufer folgen rund um den Ortsteil Porto di San Felice mehrere Campingplätze.

170 San Felice – *Camping Ideal Molino*

GPS / Kontakt: N 45°34'43" E 10°33'17", Via Gardiola 1, 25010 San Felice del Benaco, +39-0365-62023, campingmolino.it. **Max. WOMOs**: Ca. 70. **Öffnungszeit**: Woche vor Ostern bis Mitte Oktober. **Ausstattung**: Alle Einrichtungen, Minimarkt, Bar / Restaurant, Spielplatz, Mini-Pool, Spielraum, Wäschereiservice, Verleih von Fahrrädern, Kanus und SUPs, Bootslipanlage und Bojen, Miet-Caravans, Mobilheime, Bungalows und Apartments. **Beschreibung**: Kleiner, ruhiger 4-Sterne-Campingplatz mit Stellflächen direkt am befestigten Seeufer und eigenem Kiesstrand mit Liegen, Boots- und Badesteg. Schöner alter Baumbestand rund um eine alte Mühle, in der das Restaurant mit See-Terrasse untergebracht ist. Es serviert auch Spiedo – riesige Fleischspieße vom Grill, die für die Region typisch sind. Gelegentlich Life-Musik. Im Sommer Kinderprogramm. **Preise**: 38 – 80 €. **Zufahrt**: Am Kreisverkehr an der SP39 Richtung Porto di San Felice, an der Gabelung rechts.

171 San Felice – *Camping Mo's*

TOUR 9

GPS / Kontakt: N 45°35'04" E 10°33'51", Via Fornella 7, 25010 San Felice del Benaco, +39-0365-62391, gardacampingmos.it. **Max. WOMOs**: Ca. 90. **Öffnungszeit**: Ostern bis Anfang Oktober. **Ausstattung**: Alle Einrichtungen, Bar / Restaurant, Brötchenservice, Pool und Kinderpool, Hundedusche, Fahrradverleih, einige Mobilheime. **Beschreibung**: Vor allem bei Hundefreunden beliebter, 3-Sterne-Campingplatz mit direktem Zugang zum schönen Kiesstrand mit Blick auf die Rocca di Manerba. Bis auf die Stellflächen direkt am Strand sind die meisten schattig. Mit Ausnahme der Stellplätze im oberen Bereich (Kategorie Hill) haben die Stellflächen auf meist offenem Wiesengelände Wifi und sind eben. Supermarkt auf dem Nachbarcamping. **Preise**: 22 – 63 €. **Zufahrt**: Hinter Porto di San Felice durch die Via S. Fermo in die Via Fornella einbiegen.

172 San Felice – *Fornella Resort*

GPS / Kontakt: N 45°35'07" E 10°33'53", Via Fornella, 1, 25010 San Felice del Benaco, +39-0365-62294, fornella.it. **Max. WOMOs:** ca. 270. **Öffnungszeit**: Ostern – Mitte Oktober. **Ausstattung:** Alle Einrichtungen, Supermarkt, Bar / Restaurant, Eisdiele, Imbiss, 3 Pools (auch beheizt), mehrere private Strände, großer Wellnessbereich, Spielplatz, Kinderclub, Sportplatz, Tennisplatz, Verleih von Fahrrädern, Scootern, Autos, SUPs und Booten, Bootszentrum, Hundestrand, Strand, Mobilheime, Bungalows und Apartments. **Beschreibung:** Der große und beliebte 5-Sterne-Campingplatz heißt vollständig Fornella Camping und Wellness Family Resort. Der Name ist Programm. Stellplätze in 5 Kategorien von 60 – 140 qm, auch direkt am See (schnell ausgebucht) oder mit Privatbad auf dem Platz. Kinderbetreuung, Animation. Betrieben wird der Platz von der Familie Borghese Cavazza, der auch die Isola del Garda gehört. **Preise:** ca. 25 – 90 €. **Zufahrt:** Hinter Porto di San Felice durch die Via S. Fermo in die Via Fornella, dort direkt links.

San Felice del Benaco (ca. 3500 Einwohner) zieht vor allem Boots- und Badeurlauber an. Besonders schön ist der **Kies- und Sandstrand Baia del Vento**. Auch rund um den Hafen Porto di San Felice gibt es einige schöne Strandabschnitte. Hier genießt man beim Sonnenbaden Aussicht auf die Rocca di Manerba.

Der Ortskern von San Felice liegt nicht direkt am See, sondern etwas erhöht im Landesinneren. Sehenswert sind dort die **Ortskirche** Chiesa dei Santi Felice, Adauto e Flavia (Piazza Innocenzo Moniga) und der direkt benachbarte **Palast Monte di Pietà** aus dem Jahr 1570 mit seinem Säulengang, der heute als Gemeindesitz dient (*Piazza Municipio*).

In den engen Altstadtgassen sieht man viele schöne Natursteinhäuser und -mauern. Das Wohnmobil parkt zum Beispiel in der Via Dietro Castello, wo mittwochs der Wochenmarkt stattfindet. Im Sommer verkehrt ein Touristenbähnchen zu den Campingplätzen an den Stränden. Es fährt auch den nördlich gelegenen Ortsteil Portese mit seinem Jachthafen mit Blick auf die Brescianer Gardaberge an.

Eine der wichtigsten Sehenswürdigkeiten von San Felice del Benaco ist das **Santuario Madonna del Carmine.** Die äußerlich schlichte romanisch-gotische Kirche aus dem 15. Jahrhundert ist im Innern mit historischen Fresken geschmückt. Eine kapellenähnliche Apsis enthält eine Madonnen-Statue, die alljährlich am vierten Juli-Wochenende in einer Prozession zur Pfarrkirche von San Felice getragen wird und wieder zurück (*Via Carmine 11*).

Direkt vor San Felice del Benaco liegt die größte Insel des Gardasees. Die **Isola del Garda** befindet sich in Privatbesitz, kann aber mit einer organisierten Bootstour besichtigt werden. Eine

Blick über San Biagio zur Isola del Garda

Schlossinsel Isola del Garda

herrschaftliche Villa im neugotisch-venezianischen Stil aus dem frühen 19. Jahrhundert bettet sich dort charmant in blühende Terrassen, italienische Gärten und eine grüne Parkanlage mit seltenen und exotischen Pflanzen, aber auch mit den typischen Pinien, Zypressen, Akazien und Zitronenbäumen der Region. Die prunkvolle Villa wird bis heute von der Familie Borghese Cavazza bewohnt, kann aber in Teilen besichtigt werden. Die reservierungspflichtigen Bootstouren mit rund zweistündiger Führung starten dienstags und donnerstags in Portese, freitags und sonntags in San Felice, und sonntags an einigen weiteren Orten am See, auch im Südosten (*isoladelgarda.com*).

Portese liegt bereits in der Bucht von Salò. Hier wandelt sich der Gardasee vom Badesee mit scheinbar endlos weitem Horizont zum fjordartigen Bergsee, der von steilen Felsenhängen umrahmt wird. Wir verlassen das Valtenesi mit seinen Dörfern und kommen an die **Gardesana Occidentale** mit ihren historisch gewachsenen Städten zwischen den Steilhängen der Brescianer Gardaberge. Die Campinginfrastruktur wird nun erst einmal dünner. Doch kurz vor Salò haben wir noch einmal die Auswahl zwischen einem vollausgestatteten Campingplatz und einem schönen Stellplatz. Beide bieten bestes See-Panorama.

173 Portese – *Weekend Glamping Resort*

GPS / Kontakt: N 45°26'44" E 10°41'41", Via Vallone della Selva 2, 25010 San Felice del Benaco, +39-0365-388019, weekend.it. **Max. WOMOs**: 56.

Öffnungszeit: 21. März – 3. Nov. **Ausstattung**: Alle Einrichtungen, Supermarkt, Bar / Restaurant, Poollandschaft, Spielplatz, Spielraum, Open-Air-Gym, Animationsbühne, viele Mobilheime. **Beschreibung**: Die familien- und hundefreundliche Ferienanlage mit Stellflächen auf einem Wiesenterrassen liegt umgeben von Olivenhainen an der Bucht von Salò. Restaurant mit Terrasse und Seeblick. Grüne Anlage mit hübschen Details, fantasievoller Poollandschaft. Animation. **Preise**: 34,50 – 61 €. **Zufahrt**: An der SP39 ausgeschildert.

174 Salò – *Parcheggio Paradiso*

GPS: N 45°35'47" E 10°31'25", Via Tavine, 25087 Salò. **Max. WOMOs**: Ca. 45. **Öffnungszeit**: Ganzjährig. **Ausstattung**: Alle Einrichtungen, Videoüberwachung. **Beschreibung**: Schön gelegener Stellplatz mit direktem Seeblick auf Terrassen oberhalb der Uferstraße. Zwei Terrassen sind für alle Fahrzeuge erreichbar. Die oberste hat eine sehr steile Zufahrt. Auf jeder Terrasse liegen zwei Reihen Stellplätze auf Kies. Campingmöbel nicht erlaubt. Kiesstrand 50 Meter oder direkt gegenüber an der Strandbar mit Liegen. Einfache aber saubere Toiletten. Automatenzahlung. Keine Reservierung. **Preise**: 24 € / 24 h. **Zufahrt**: Direkt an der Uferstraße Via Tavine.

Salò (10.500 Einwohner) bezaubert mit einer charmanten Altstadt und einer hübschen historischen Seepromenade. Vielen gilt sie als schönste Stadt am Lago. Immer am Ufer entlang spazieren wir vom Stellplatz etwa zwei Kilometer bis ins Zentrum. Wer lieber stadtnah parkt, findet einen großen Bezahlparkplatz an der Via Zane (*N 45°36'17" E 10°30'55"*, nicht an Markttagen).

Doch schon auf dem Uferweg gibt es einiges zu sehen und das herrliche Panorama der Bucht von Salò zu genießen. Die schönen *Kiesstrände Spiaggia Mulino und Spiaggia Conco d'Oro* laden zum Baden ein. Vorbei an charmanten Villen in idyllischen Gärten kommen wir zum Centro Nautico Salò Arcangeli – besser bekannt als **Riva-Werft**. Die Uferpromenade führt als Steg direkt über den privaten Hafen der Werft. Giuliano Arcangeli lernte sein Handwerk bei Serafino Riva am Idrosee. Seit 1970 betreut und restauriert er in Salò Riva-Boote. Für die eleganten Motorjachten aus Holz zahlen Liebhaber bis zu eine Million Euro (*Via Pietro da Salò 85, arcangelicentronautico.it*).

Durch einen Uferpark erreichen wir den Segel- und Jachthafen. Bald öffnet sich ein großartiges Panorama auf die **Uferpromenade Zanardelli** von Salò mit ihren historischen Palazzi. Die prächtigsten sind der Palazzo Magnifica Patria und der Palazzo Del Podesta, der das Rathaus beherbergt (*Lungolago Zanardelli 55*). Die beiden venezianischen Palazzi aus dem 16. Jahrhundert verbindet ein Bogengang mit Seeblick. In der parallellaufenden **Fußgängerzone Via San Carlo** können Sie Sightseeing mit Shopping verbinden. Der Uhrenturm **Torre dell' Orologio** aus dem 17. Jahrhundert markiert das westliche Ende der Shoppingmeile von Salò (*Piazza Angelo Zanelli*). Das andere ist beim mächtigen spätgotischen **Dom Santa Maria Annunziata** erreicht. Das breite Kirchengebäude wirkt unter dem hohen Glockenturm niedrig. Die Fassade erhielt ein Marmorportal, blieb aber sonst unvollendet. Im Inneren befinden sich bedeutende Renaissance-Gemälde und Fresken (*Piazza Duomo*).

Bedeutende Gebäude weist Salò aber auch aus jüngerer Vergangenheit auf. Denn die Stadt war Regierungssitz der von 1943 bis 1945 bestehenden faschistischen Italienischen Sozialrepublik (RSI), die auch als Republik von Salò bezeichnet wird. Noch heute streiten Historiker, ob Staatsoberhaupt Benito Mussolini zu dieser Zeit noch mehr war als eine Marionette Adolf Hitlers. Fest steht aber, dass die sogenannte Republik mit Mussolini an der Spitze im Zweiten Weltkrieg an Hitlers Seite kämpfte. Die Villa Simonini war Sitz des Außenministeriums, das Mussolini selbst innehatte (*heute Hotel Laurin, Viale Angelo Landi 9*). Die Villa Amadei diente der Propagandaabteilung als Zentrale (*Piazza Carmine*).

Dieser Epoche Salòs widmet sich eine Dauerausstellung im **Museo di Salò MuSa**. Das Museum ist in einer ehemaligen Kirche untergebracht und umfasst auch eine archäologische, eine wissenschaftshistorische, eine Saiteninstrumenten- und eine Gemäldesammlung (*Via Brunati 9, museodisalo.it*). Als Heimat des Geigenbauers Gasparo da Salò, dem ein Denkmal an der Seepromenade gesetzt ist, veranstaltet die Stadt jeden Sommer das renommierte internationale **Klassik-Festival *Estate musicale del Garda*** zu seinen Ehren.

Ermüdungserscheinungen beim Stadtbummel wirken Cappuccino oder Aperitivo und die ausgezeichneten Dulces in der **Pasticceria *Vassali*** entgegen (*Via San Carlo 82*). Außerdem finden

An der Uferpromenade von Salo

Salo am Ufer und in der Via San Carlo

sich an den beiden Enden der Bummelmeile von Salò *zwei der besten Eisdielen am Gardasee*. Das Eis Amarena Crocante aus der **Gelateria *Amor di Gelato*** überrascht mit großen Schokoladenstückchen (*Via Zambellino Bolzati 1*). In der ***Casa del Dolce*** schmeckt uns besonders die Sorte Estranocciola (*Piazza Duomo*).

Salò eignet sich zudem gut als Ausgangspunkt für Erkundungen im südlichen Teil des **Naturparks Alto Garda Bresciano** mit Wanderstiefeln oder Mountainbikes. Auch der Idrosee (Tour 5) ist schnell erreicht.

Wir fahren mit dem Wohnmobil nun wieder direkt auf der malerischen Uferstraße Gardesana Occidentale weiter. Der Blick auf den See ist allerdings meist durch charmante Villen in herrschaftlichen Anwesen versperrt. Hinter Barbarano wird es kurzzeitig grüner. Dort können sich Familien im **Kletterwald Rimbalzello Adventure** austoben (*Via Trento 37, rimbalzelloadventure.com*). Einladend ist auch der gleichnamige kleine Strand.

Schon ist **Gardone Riviera** erreicht (ca. 2600 Einwohner). Auf der Seeseite der Gardesana reiht sich ein prachtvoller historischer Hotelbau an den nächsten. Ihre ganze Schönheit zeigen die Fassaden des Savoy Palace (*Corso Zanardelli 2/4*) und des Grand Hotel Gardone (*Corso Zanardelli 84*) nur zur Seeseite hin. Schon deshalb lohnt ein Bummel auf der kurzen Seepromenade und noch viel mehr ein Bootsausflug. Dann können Sie auch die anderen schmuckvollen Villen am Ufer würdigen, wie etwa die Villa Fiordaliso (*Corso Zanardelli 150, villafiordaliso.it*) und den von Gabriele D'Annunzio im neugotischen Stil umgebauten Torre di San Marco (*Corso Zanardelli 132, torresanmarco.it*). Nicht zu vergessen das Grand Hotel Fasano von 1888 und die Villa Principe, die den österreichischen Kaisern als Sommerresidenz diente (*Corso Zanardelli 190*). Die Innenräume dieser historischen Prachtbauten am Seeufer können Sie als Gäste der Cafés, Restaurants oder Weinbars kennenlernen. Das hat allerdings seinen Preis.

Gardone Riviera hat weder einen Campingplatz noch einen Stellplatz. Auch die Parkplatzsituation für Wohnmobile hat sich in den letzten Jahren immer weiter verschlechtert. Die Polizei verteilt gern Strafzettel an Fahrzeuge, die über die Markierungen hinausragen. Wir steuern deshalb direkt den großen Bezahlparkplatz an einer der wichtigsten Sehenswürdigkeiten von Gardone Riviera an.

175 Gardone Riviera – *Vittoriale*

GPS: N 45°37'24" E 10°33'58", Via al Vittoriale, 16, 25083 Gardone Riviera. **Max. WOMOs**: Ca. 8. **Ausstattung**: Mülleimer, teilweise Beleuchtung. **Beschreibung**: Einfacher Bezahlparkplatz für Wohnmobile und Autos auf Kies zum Teil in einem Olivenhain. Die Parkflächen für Wohnmobile befinden sich im oberen, weniger idyllischen Bereich. Zentrale Lage für Stadtbesichtigung. Teilweise auch abends viel Betrieb. **Preise**: 1 € / h, min. 6 €. **Zufahrt**: Der Ausschilderung zum Vittoriale folgen.

Das **Vittoriale degli Italiani** («Sieg der Italiener») ist die wohl eigentümlichste Sehenswürdigkeit am gesamten Gardasee. Sie geht zurück auf die Fantasien des exaltierten, nationalistischen Schriftstellers Gabriele d'Annunzio (1863–1938). Der Vorreiter des italienischen Faschismus eignete sich 1920 ein beschlagnahmtes Grundstück im oberen Teil von Gardone Riviera an und lebte nach seinem Engagement im Ersten Weltkrieg von der Politik zurückgezogen in der Villa, die er später den Italienern widmete. Seine Kriegsbegeisterung spiegelt sich im Vittoriale wider. So ist dort unter anderem der Bug eines Kriegsschiffes im Berghang verbaut, und an der Decke des Auditoriums hängt das Militärflugzeug, mit dem d'Annunzio am 9. August 1918 über Wien flog, um Flugblätter abzufeuern. Das große Parkgelände umfasst viele weitere Sehens- und Merk-

Ein Schiffsbug ragt aus dem Berghang des Vittoriale in Gardone Riviera

An der Via Caduti in Gardone Riviera

würdigkeiten. Ein Amphitheater wird von einem Pferd überragt. Auf den Aussichtsterrassen des Mausoleums, das d'Annunzio sich selbst auf der Bergspitze des Parks errichtete, liegen Hundeskulpturen. Die historische Villa – das sogenannte Priorat – birgt noch mehr Kunstwerke, aber auch Bücher und Designgegenstände, die der Künstler in symbolistische Bezüge zueinander setzte. Ein Museum zeigt einiges davon. Für den Besuch des Vittoriale sollten Sie mindestens zwei bis drei Stunden einplanen (*Via al Vittoriale 12, im Sommer tgl. 9–20 Uhr, vittoriale.it*).

Nicht weit vom Vittoriale entfernt hat sich der Österreicher Künstler André Heller verewigt. Er weckte 1988 einen botanischen Garten aus dem späten 19. Jahrhundert aus seinem Dornröschenschlaf. Dabei beließ der Universalkünstler einige Gebiete des 10.000 Quadratmeter großen Areals in dem verwilderten Zustand, in dem er sie vorfand. Rund 3000 Pflanzenarten leben im **Giardino Botanico Fondazione André Heller**. Dazwischen stehen Skulpturen und Installationen populärer Künstler der Moderne, wie Keith Haring, Roy Lichtenstein, Auguste Rodin oder Fernand Leger (*Via Roma 2, März–Okt. tgl. 9–19 Uhr, 12 €, hellergarden.com*). Zwischen diesen beiden Hauptsehenswürdigkeiten von Gardone Riviera liegen die charmanten Altstadtgassen rund um die **Piazza del Caduti** und in aussichtsreicher Lage die **Kirche San Nicolò da Bari**.

Hinter Gardone Riviera verläuft die Gardesana Occidentale zunächst weiter durch bebautes Gebiet, bevor wir kurz vor der nächsten Stadt den See direkt neben uns haben. Der Doppelort **Toscolano Maderno** (ca. 7500 Einwohner) bietet vier Campingplätze und großzügige Parkplatzflächen, zum Beispiel an der Viale Guglielmo Marconi (*N 45°38′27″ E 10°36′56″*). Donnerstags findet dort der große Wochenmarkt statt. Die Campingplätze liegen alle dicht beieinander auf beiden Seiten des Flüsschens Toscolano. Unser Tipp:

176 Toscolano Maderno – *Camping Promontorio*

GPS / Kontakt: N 45°38'00" E 10°36'46", Via Promontorio 73, 25088 Toscolano Maderno, +39-0356-541540, campingpromontorio.it. **Max. WOMOs**: Ca. 80. **Öffnungszeit**: Ende April– Ende September. **Ausstattung**: Alle Einrichtungen, Pool, Spielraum mit Tischtennis, Wifi an der Rezeption, einige Mobilheime. **Beschreibung**: Überschaubarer, ruhiger, familienbetriebener Campingplatz mit Pool und Strandzugang. Die Stellflächen liegen eben auf überwiegend offenem Wiesengelände unter Eukalyptus und Ahornbäumen. Der hintere Bereich ist schattiger. Saubere moderne Sanitärbereiche. Freundliche hilfsbereite Rezeption (englisch) **Preise**: 30 – 50 €. **Zufahrt**: In Maderno rechts in die Via Promontorio einbiegen. Der Straße bis zum Ende folgen.

Toscolano Maderno liegt auf einer flachen Halbinsel, die den Bergen am Westufer des Gardasees vorgelagert ist, und wird vom Bach Toscolano geteilt. Der Ort wirkt im Vergleich zum mondänen Gardone bodenständig. Doch mit seiner *kilometerlangen Uferpromenade* ist er ein Eldorado für Strandspaziergänger und auch das Hinterland hat einige Reize.

Von Süden kommend erreichen wir zuerst Maderno. Die beiden wichtigsten Sehenswürdigkeiten des Ortsteils liegen bei der Einfahrt in die Stadt direkt an der Gardesana: links die dreischiffige romanische **Basilika Sant'Andrea di Apostolo**, rechts die **Pfarrkirche Sant'Ercolano**. Die wichtigste Sehenswürdigkeit von Toscolano befindet sich am anderen Ortsende: Die Ausgrabungen der **römischen Villa Nonii Arrii**, die als eines der größten Anwesen römischer Zeit am Gardasee gilt. Zu sehen sind Bodenmosaike und Mauerreste aus dem 2. Jahrhundert nach Christus (*Piazza SS. Maria del Benaco, Mai – Sept., Sa. bis So. 10 – 12 und 15 – 18 Uhr, +39-0365-546023*).

Die hübsche Altstadt von Maderno liegt von der Gardesana landeinwärts. Hinter manchen der historischen Mauern verbergen sich schöne Palazzi, wie etwa der private **Palazzo Bulgheroni** mit einer spektakulären Marmortreppe (*Via Benamati 79*). Darüber ziehen sich ausgedehnte Zitronengewächshäuser (*Limonaie*) am Hang entlang, die früher wie der Palazzo zum Kloster San Pietro Martire gehörten.

Bummeln am Markt und an der Seepromenade von Toscolano-Maderno

Bogenbrücke und Museo della Carta

An der drei Kilometer langen Seepromenade Lungolago Zanardelli legen hinter dem Sportboothafen die Fähren ans Ostufer nach Torri del Benaco ab. Der schöne **Strand Lido Azzurro** schließt sich direkt an. An der **Spiaggia Toscolano** endet die Promenade. Dort landen die Paraglider nach Tandemflügen aus den Brescianer Garda-Alpen.

In Toscolano beeindruckt der **Parco Bernini** direkt an der Gardesana mit einem historischen Baumbestand (*Via Statale 131*). Mehr Pflanzenvielfalt bietet der leider selten geöffnete **Orto Botanico G. E. Ghirardi**, der von der Universität von Mailand verwaltet wird (*Via Religione 25*).

Im Ortszentrum am Ufer des Toscolano steht die alte runde Steinbrücke **Ponte Vecchio** und daneben das historische Rathaus (*Via Trento 5*). Von hier kommen wir ins spannende Hinterland. Ein schmales Sträßchen führt ins **Valle delle Cartiere** (Papiermühlental). Schon im 14. Jahrhundert haben die Bewohner des Tals sich die Wasserkraft des Wildbachs Toscolano für Mühlen zunutze gemacht. Doch wurde hier nicht Mehl gemahlen, sondern Papier gepresst. Das Tal versorgte lange Zeit große Teile Europas mit seinem Papier. Auch die erste Lutherbibel wurde auf Papier aus dem Toscolano-Tal gedruckt. Die Papiermühlen drehten sich bis ins frühe 20. Jahrhundert und verfallen seitdem.

Seit 2007 erläutert das **Museo della Carta** die Geschichte und Technik der Papiermühlen im Tal am Originalschauplatz in der Papiermühle von Maina Inferiore, die vom 15. Jahrhundert bis 1962 in Betrieb war (*Via Valle delle Cartiere 57 / 59, 15.3. – 15.9. tgl. 10 – 18 Uhr, 7 €, valledellecartiere.it*). Achtung: Zum Museumsparkplatz kommen Sie nur mit einem Wohnmobil, das niedriger als 2,80 Meter und nicht zu breit ist. Niedrige Rundbogen-Tunnels versperren den

Weg. Am besten parken Sie in der Stadt und unternehmen von dort eine Wanderung oder MTB-Tour ins Papiermühlental – sofern es nicht regnet, denn dann ist der Weg auch für Fußgänger gesperrt.

Durch das Valle delle Cartiere

6 km, 100 hm

TOUR 9

Wir starten am Parkplatz an der Viale Guglielmo Marconi (*N 45°38'27" E 10°36'56"*) und spazieren durch den Parco Bernini zur Via Trento, der wir nach links folgen, bis wir vor dem Rathaus stehen. Dort biegen wir rechts ab und wählen gleich wieder die kleine Straße rechts. Jetzt sind wir schon auf der Via Valle delle Cartiere und können wir uns nicht mehr verlaufen. Das Sträßchen führt uns an einer Ruine vorbei in die wildromantische Schlucht des Rio Toscolano. Ein dreisprachiges Infoschild verrät, dass die Ruine einst ein Wasserkraftwerk war. Diese Schilder des Ecomuseo Valle delle Cartiere über Kultur, Technik und Natur im Tal begleiten uns von nun an.

Apropos Natur: Der Wildbach Toscolano hat ein spannendes Flussbett gegraben. Wenn viel Regen gefallen ist, zeigt sich noch vor dem ersten Tunnel am gegenüberliegenden Berghang ein Wasserfall. Auf unserer Hangseite wachsen Farne, darunter auch der zarte kleine Venusfarn.

Hinter dem letzten Tunnel befindet sich auf der anderen Seite des Flusses das Museum. Auch wenn Sie das Museum selbst nicht besuchen möchten, bietet sich im Museumscafé mit lokalen Produkten auf dem Rückweg eine Einkehr an.

Vorerst lassen wir den Fluss links liegen und folgen weiter dem breiten Fahrweg. Hinter der nächsten Kurve erwartet uns eine alte steinerne Brücke, an der die einst prachtvolle Villa der Unternehmerfamilie Maffizzoli steht. Ein großes Gebiet mit vielen verschiedenen Gebäuden der Papierproduktion schließt sich an: Im verlassenen Ort Maina Superiore strahlen die meisten Gebäude den morbiden Charme von Lost Places aus.

Nach 2,5 km endet der breite Fahrweg an einer Brücke. Die Wanderung muss hier nicht zu Ende sein. Diverse Wanderwege führen weiter hinauf in die Berge, darunter auch der Themen-Fernwanderweg Sant'Ercolano. Wir spazieren noch ein Stück am Flussufer entlang. An einem bewohnten Bauernhof grasen Esel. An der nächsten Brücke finden wir einen Zugang zum Fluss und erfrischen die Füße, während wir auf bequemen Findlingen eine Pause einlegen. Dann geht es auf dem gleichen Weg zurück.

Hinter Toscolano Maderno wird die Gardesana selbst zur Sehenswürdigkeit. Bis zum nächsten Ort verläuft sie etwas über dem Seeufer. Allenfalls stören hochgewachsene Zypressen der Villen am Seeufer den Blick über den See bis zum Monte Baldo Massiv auf der anderen Seeseite. Kurz vor dem nächsten Ort liegt ein kleiner Campingplatz direkt am See.

177 Toscolano Maderno – *Camping Chiaro di Luna*

GPS / Kontakt: N 45°39'42" E 10°38'35", Via Statale 218, 25088 Toscolano Maderno, +39-0365-641179, chiarodiluna.org. **Max. WOMOs**: Ca. 20: Anfang April bis Ende September. **Ausstattung**: Alle Einrichtungen, Minimarkt, Snackbar, privater Strand, Spielplatz, Tischtennis, Mietcaravans. **Beschreibung**: Kleiner, familiengeführter Campingplatz zwischen Gardesana und See. Insgesamt 60 Plätze liegen auf Terrassen unter Olivenbäumen. Viele davon sind nur für Zelte geeignet, andere an Dauercamper vergeben. Für große Fahrzeuge sind fast alle Plätze zu klein. Vans haben die besten Chancen auf einen Platz direkt am Wasser. Die oberen Plätze liegen nah an der viel befahrenen Straße. Einfache Sanitärs mit Mittelmeer-Toiletten. **Preise**: 30 – 37 €. **Zufahrt**: Direkt an der Gardesana rechts.

Wenig später folgt der Camping Lefà, der aber wegen seiner engen und niedrigen Zufahrt nur für Vans erreichbar ist. Dahinter wird die Bebauung wieder dichter. Wir kommen in den Ortsteil **Bogliaco** von Gargnano. Der überschaubare Ort hat einen netten kleinen Kiesstrand mit großen Felsen und einen hübschen Sportboothafen. Weithin sichtbar überragt der Glockenturm der Ortskirche **San Pier d'Agrino** aus dem 16. Jahrhundert den Ort (*Via della Chiesa 6*). Den mehrfarbigen Marmoraltar hat die ortsansässige Adelsfamilie Bettoni in Auftrag gegeben.

Der **Palazzo Bettoni Cazzago** aus dem Jahr 1751 ist die bedeutendste Sehenswürdigkeit in Bogliaco. Auffällig sind die unzähligen Skulpturen, die sich nicht nur im Treppenhaus, sondern auch im geometrischen Park, auf Terrassen und den monumentalen Freitreppen wiederfinden. Im Innern beeindrucken die Gemäldesammlung, Originalmobiliar und die Bibliothek. Besonders schön sind aber die Gartenanlagen, die einige der Zitronenhaine integrieren, denen die Adelsfamilie ihren Reichtum verdankte. Zwischen Palazzo und Garten läuft die Gardesana hindurch. Die abblätternde Straßenfassade lässt die Pracht im Inneren der Palastanlage zwar kaum erahnen. Umgekehrt verbirgt aber auch der erhöht liegende Garten die viel befahrene Straße vor dem

Blick auf den Palazzo und den See im Hintergrund (*Via della Libertà 77, villabettoni.it*)

Der nördlichste Zitronenanbau Europas

An der Nordhälfte des westlichen Gardaseeufers sehen wir immer wieder Terrassen aus denen quadratische Säulen in den Himmel ragen, die teilweise durch Holzbalken verbunden sind. Diese sogenannten *Limonaie* dienen dem traditionellen Anbau von Zitrusfrüchten. Die Franziskanermönche haben sie schon im 13. Jahrhundert am Gardasee eingeführt und damit den Anbau von Zitrusfrüchten in Breitengraden ermöglicht, in denen er bis dahin nicht möglich war.

Hohe Außenmauern schützen die Pflanzen von drei Seiten gegen Wind und Kälte. An den Säulen werden im Winter im oberen Teil Holzbohlen und im vorderen Teil hölzerne Fensterwände befestigt. So sind die Pflanzen geschützt und können regelmäßig Früchte bilden. Die Wasserversorgung ist quasi automatisiert. Nicht nur Zitronen, sondern auch Orangen wachsen in den *Limonaie*.

Ihre Blütezeit erlebten die Zitronenhaine im Westen des Gardasees ab dem 18 Jahrhundert. Gargnano war das Zentrum dieser Landwirtschaft. Mehr als acht Millionen Zitronen pro Jahr reiften Mitte des 19. Jahrhunderts hier. 1840 gründeten die Limonaia-Betreiber in den Räumen des ehemaligen Franziskanerklosters von Gargnano die Gardasee-Gesellschaft. Sie organisierte die Ernte, den Vertrieb und die Vermarktung der Früchte und dehnte die Liefergebiete bis nach Nordeuropa und ins Zarenreich aus. Gegen Ende des 19. Jahrhunderts lohnte sich der Anbau aus verschiedenen Gründen nicht mehr. Viele Limonaie wurden aufgegeben.

Aktuell sind nur noch wenige traditionelle Zitronenhaine in Betrieb, obwohl man sich auf die alten Techniken zurückbesinnt. In Gargnano und Limone kann man nicht nur bedeutende Überreste der Anlagen sehen, sondern auch aktive Limonaie besuchen. In Gargnano pflegt die Limonaia La Malora das traditionelle Agrarhandwerk (*limonaialamalora.it, Via Libertà 2*). In Limone kann man es in der Limonaia del Castel auch im angeschlossenen Museum studieren (*Via Orti 9, +39-0365-954008*).

Blick über eine Limonaia auf Gargnano

Gargnano (2700 Einwohner) ist ein Kleinod am westlichen Gardasee. Ein zentraler Parkplatz für die Ortsbesichtigung findet sich in der Via Rucc 2 (*N 45°41'31" E 10°40'07"*). Wie kaum ein anderer Ort ist Gargnano vom traditionellen Zitronenanbau geprägt.

Viele Limonaie wurden inzwischen jedoch in Ferienhäuser oder Restaurants verwandelt. Eine der Hauptsehenswürdigkeiten von Gargnano hat das gleiche Schicksal ereilt. Die neugotische **Villa Feltrinelli** direkt am Seeufer gehört heute zu einem 5-Sterne-Grandhotel (*Via Rimembranza 38, villafeltrinelli.com*). Gebaut wurde sie in den 90er Jahren des 19. Jahrhunderts von der illustren Unternehmerfamilie Feltrinelli, die auch den Palazzo Feltrinelli errichten ließ (*Via Castello 3*). Das Gebäude im Stil der Neo-Renaissance ist im Besitz der Universität von Mailand, nachdem es Benito Mussolini während der Republik von Salò bewohnte. Die Feltrinellis ließen in Gargnano auch einen Kindergarten und eine Schule (*Via Roma 39*) bauen, die bis heute das historische Stadtbild an der Uferpromenade von Gargnano bereichern.

Besonders malerisch gruppieren sich die Altbauten um die beiden Hafenbecken im Ortsteil Villa und im zentralen Ortskern von Gargnano. An der **Piazza Feltrinelli** steht das Rathaus aus dem 16. Jahrhundert mit seiner Loggia. Sehenswert ist außerdem das traditionsreiche **Franziskanerkloster** mit Kreuzgang und der romanischen Kirche San Francesco. Zitrusfrüchte zieren die Säulenkapitelle des ungewöhnlichen Bogengangs. Die Kirchengründung wird dem Heiligen Franz von Assisi selbst nachgesagt. Im Inneren hat die Kirche im 17. Jahrhundert ein neues Aussehen mit mehrfarbigen Marmoraltären erhalten (*Via Roma 47*). Bedeutend ist auch die örtliche **Pfarrkirche San Martino** mit ihrer neoklassizistischen Fassade und dem barocken Zwiebelturm (*Via Don Primo Adami 46*).

Doch nicht nur für den Kulturgenuss ist Gargnano gut. Im Feinkostladen **Caseificio Artigianale *Bignotti*** (*Via Roma 13*) kommen nicht nur Käseliebhaber auf ihre Kosten. Der Wochenmarkt findet immer mittwochs, abwechselnd auf der Piazza Nazario Sauro in Bogliaco und auf der Piazza Feltrini in Gargnano statt. Wer die Kalorien wieder abtrainieren will, findet in der Umgebung den drittältesten Golfplatz Italiens, zahlreiche MTB-Routen und Wanderwege in den **Naturpark Alto Garda Bresciano**.

Die reizvolle Umgebung lohnt auch Ausflüge, etwa auf die Hochebene Tignale oder zum 15 Kilometer entfernten Stausee **Lago di Valvestino** – auch genannt Lago dei 7 Borghi, weil für den Wasserspeicher mehrere Gebäude geflutet wurden. Bei niedrigem Wasserstand tauchen einige Ruinen auf. Theoretisch ist die Weiterfahrt zum Idrosee möglich. Doch für Fahrzeuge ab 2,30 Meter Breite ist die Straße ab dem Stausee gesperrt.

Auf halber Strecke zum Stausee findet man nach vielen Kurven, sechs Kehren und ca. 700 Höhenmetern den Campingplatz Giglio (*Via A Feltrinelli, Fraz. Navazzo*). Der zweite Campingplatz auf dem Gemeindegebiet von Gargnano liegt nicht ganz so hoch und weit außerhalb.

TOUR 9

178 Gargnano – *Camping Paradiso*

GPS / Kontakt: N 45°42'24" E 10°41'05", Via Muslone 48, 25084 Gargnano (360 hm), Tel. +39-0365-71223, paradisogarda.it. **Max. WOMOs**: 17. **Öffnungszeit**: 1. Apr. – 30. Sept. **Ausstattung**: Alle Einrichtungen, Bar / Restaurant, Spielplatz, Tischtennis, einige Bungalows. **Beschreibung**: Kleiner, naturnaher 2-Sterne-Camping auf steilem Gelände mit Oliven und Zitronenbäumen. Sehr gutes Restaurant und Seepanorama. Min. 2 Nächte. Reservierung empfohlen. Anreise ab 8.30, wenn der Platz frei ist. Guter Ausgangspunkt für Wanderungen im Naturpark Alto Garda Bresciano, u.a. zur Eremitage San Valentino, Bushaltestelle vor dem Platz. **Preise**: 34 €, Strom 6 € / Tag. **Zufahrt**: Im Ortsteil San Giacomo von Gargnano scharf links in die Via Muslone einbiegen, der Straße 3 km folgen.

Hinter Gargnano folgt der mit Abstand schönste Streckenabschnitt auf der Gardesana Occidentale. Für Fahrzeuge mit mehr als 3,50 Meter Höhe ist er jedoch gesperrt. Auf der einen Seite liegt der See mal mehr, mal weniger tief unter uns, auf der anderen Seite ragen steile Felsen auf. Vereinzelte Zypressen machen das Panorama perfekt. Damit Sie die Traumstraße genießen können, sollten Sie sie unbedingt in nördliche Richtung fahren. Dann sehen Sie mehr vom See, müssen an den steilen Felswänden nicht laufend um Ihre Markise bangen und können spontan die Haltebuchten an den Aussichtspunkten anfahren.

Die schönste Straße Europas und der Welt

Der 27 Kilometer lange Abschnitt der Gardesana Occidentale (SS45*bis*) zwischen Gargnano und Riva del Garda ist das zuletzt gebaute Teilstück der Gardesana rund um den See. Auch wenn eine Verbindungsstraße schon im 19. Jahrhundert vermisst wurde, konnte dieses Teilstück der Gardesana erst zwischen 1928 und 1931 fertiggestellt werden. Bei der Eröffnung wurde sie als schönste Straße Europas betitelt.

Der Bau war extrem aufwendig. Steile in den Gardasee hineinragende Felsen und Erdrutschhänge bereiteten den Planern ernsthafte Schwierigkeiten. Zwölf Arbeiter starben bei den Bauarbeiten. Dennoch schuf der Ingenieur Riccardo Cozzaglio ein Meisterwerk der Straßenbaukunst. Unterstützung bekam er von Gabriele d'Annunzio, der nachher den 74 Tunneln und Galerien Namen aus der Mythologie gab, wie etwa *Galleria dei Titani*.

Cozzaglio plante die Straße von Beginn an als Panoramastrecke und sah daher auch Aussichtspunkte zum Anhalten vor. Bis heute überrascht sie durch die Höhenunterschiede, die die Tunnel kaum merklich überwinden.

Im Zweiten Weltkrieg wurden die Tunnel und Galerien für Rüstungsfabriken genutzt. In der Nachkriegszeit brummte der Schwerlastverkehr durch die Felswände, bis in den 50er Jahren die Touristen kamen. Anhaltende Probleme durch Erdrutsche der Hänge und der wachsende Verkehr haben inzwischen zu Modernisierungen geführt, so dass sich nun alte und neue Tunnel und Galerien mischen.

Die schönste Straße Europas machte einer Nachbarstraße Konkurrenz, die bei ihrer Eröffnung 1913 als schönste Straße der Welt galt. Die sechs Kilometer lange *Strada della Forra* windet sich mit Tunneln, Brücken und schmalen Felsdurchfahrten steil durch die enge Schlucht des Flusses Brasa. Sie verbindet die Hochebene von Tremosine mit dem Hafen Porto di Tremosine. Die Straße ist bei Motorradfahrern beliebt, für Wohnmobile aber ungeeignet. Genau wie die Gardesana Occidentale ist auch die Strada della Forra filmreif: Über beide Straßen tobt in der Eröffnungsszene zum James Bond-Film «Ein Quantum Trost» eine wilde Verfolgungsjagd.

Mitten in einem neu ausgebauten Tunnel zweigt die Straße nach **Campione del Garda** ab. Der Ort liegt traumhaft schön auf einer kleinen Landzunge unterhalb fast senkrecht aufragender Felswände und gehört zur Gemeinde Tremosine, deren bekanntere Ortsteile rund 400 Meter über dem See liegen. Leider wird er durch eine riesige Bauruine verschandelt. Geplant war der Bau einer großen Hotelanlage. Doch der Investor ging pleite, und was aus dem Gelände wird, ist seit Jahren ungeklärt. Wer über die Dauerbaustelle hinwegsehen kann, dem zeigt sich ein netter ruhiger Ort mit einem hübschen Strand und einem Parkplatz, auf dem Wohnmobile auch über Nacht nicht stören.

179 Campione – *Area di Parcheggio Camper*

GPS: N 45°45'11" E 10°44'59", Via Monsignor Giacomo Tavernini 527, 25010 Campione. **Max. WOMOs**: Ca. 20. **Ausstattung**: Platzwart, Mülleimer, Beleuchtung. **Beschreibung**: Der Stellplatz auf Kies im hinteren Teil eines Parkplatzes liegt zwar nicht idyllisch, aber ruhig zwischen Häusern. Hilfsbereiter deutschsprachiger Platzwart. **Preis**: 18 €. **Zufahrt**: Durch Campione hindurch zum Seeufer, dort dreimal rechts.

Viel zu sehen gibt es im kleinen Campione nicht. Die Kirche Sant'Ercolano und der Palazzo Archetti direkt am Parkplatz sind die bemerkenswertesten historischen Gebäude. Die Gardasee-Schiffe halten am Ende der Seepromenade am Segelclub. Den Strand teilen sich Badegäste und Surfer. Beide versorgt die **Strandbar *Long Island***. Wanderer sollten schwindelfrei sein, wenn sie zum 400 Meter höher gelegenen Pregasio aufsteigen wollen. Mit dem Wohnmobil gelangen wir durch weitere Tunnel nach Limone. Kurz vor dem Ortseingang liegt ein Campingplatz.

180 Limone – *Camping Nanzel*

GPS / Kontakt: N 45°48'02" E 10°47'08", Via IV Novembre 3, 25010 Limone Sul Garda, +39-0365-954155, campingnanzel.it. **Max. WOMOs**: Ca. 20. **Öffnungszeit**: Woche vor Ostern bis Mitte Oktober. **Ausstattung**: Alle Einrichtungen, Minimarkt, Bar / Pizzeria, Privatstrand, Kicker, einige Bungalows. **Beschreibung**: Sehr gepflegter, familienbetriebener Campingplatz am südlichen Ortsrand von Limone, unterhalb der Gardesana direkt am Seeufer mit privatem Strand und kleiner Liegewiese für Wohnmobile, die nicht länger als 6 m sind. Von den 65 Plätzen auf mehreren Terrassen sind etwa 20 für Wohnmobile geeignet, einige davon direkt am See. Gut sortierter Minimarkt. Die Bar serviert Frühstück, Eis und Pizza. In den Ort führt ein Fahrrad- und Fußweg oberhalb der Gardesana. Bushaltestelle 50 m. Zwei gut ausgestattete, saubere Sanitärbereiche. Freundliches, hilfsbereites Personal. **Preise**: 28 – 44 €. **Zufahrt**: Am Ortsanfang von Limone ausgeschildert.

Limone sul Garda (1150 Einwohner) ist schon des Namens wegen für seine Limonaie bekannter als Gargnano, obwohl viele der Zitronengewächshäuser hier früher der Familie Bettoni aus Bogliaco gehörten. Am nördlichen Westufer hat sich Limone zum Touristenzentrum entwickelt. Das liegt vor allem an den *hübschen und langen Stränden* im Süden des Ortszentrums. Nicht ganz einfach ist es, mit dem Wohnmobil einen Parkplatz zu finden. Fahrzeuge bis 5,5 m Länge haben die wenigsten Probleme. Auf dem Parkdeck in der Via Caldogno kommen Sie auch mit sechs Meter Länge

Campione (links) und Limone (rechts)

gerade noch unter (*N 45°48'47" E 10°47'29"*). An der Ecke der Gardesana zur Via Caldogno befindet sich die Touristeninformation von Limone (*Via IV Novembre 29*).

Zu den Sehenswürdigkeiten von Limone zählen neben dem Museum der **Limonaia del Castel** (siehe Seite 268), das Fischereimuseum und das Tourismusmuseum. Das kleine **Museo dei Pescatori** (Fischereimuseum) ist in einer glasverkleideten ehemaligen Limonaia zuhause, umgeben von einem hübschen Stadtpark mit Kakteen, Sukkulenten und Palmen (*Via IV Novembre 38, 1.4. - 31.10. tgl. 10 – 22 Uhr, Eintritt frei*). Oberhalb liegt das Rathaus von Limone. Im **Tourismusmuseum** dokumentieren Flugblätter und Reiseführer aus früheren Zeiten, wie rasant sich der Tourismus in Limone nach dem Bau der Gardesana zum einzigen Wirtschaftszweig des Ortes entwickelte (*ehemaliges Rathaus, Via Comboni 3, 1.4. – 31.10. tgl. 10 – 22 Uhr, Eintritt frei*). Sehenswert ist auch das uralte romanische Kirchlein **San Pietro in Oliveto** aus dem 9. Jahrhundert. Die einschiffige Kirche mit weißem Marmorstuck und einigen Fresken ist die Älteste in Limone (*Via San Pietro*).

Am schönsten ist es in Limone, einfach am Ufer entlang zu bummeln. Die engen Altstadtgassen laufen unter Bogengängen hindurch und öffnen sich immer wieder auf hübsche Plätze zum See hin. Wenn Ihnen der Trubel dort zu groß ist, bietet sich alternativ ein Spaziergang am San Giovanni Bach an. Der Wildbach fließt an der Spiaggia Cola in den Gardasee. Wie weit Sie ihm in die Berge hinauf folgen, bleibt Ihnen überlassen. Nach dem Ortsende wird die Schlucht enger und felsiger und der Spazierweg geht in einen Wanderweg über, der aber auch für MTBs noch weit befahrbar ist.

Unsere WOMO-Tour führt uns nun ebenfalls hinauf in die Garda-Berge. Die **Hochebene von Tremosine** ist über die Via Tamas (SP115) von Limone nach einer teils steilen Auffahrt in weniger als zehn Kilometern erreicht. Dort oben verteilen sich rund 2100 Einwohner auf 17 Dörfer. Den ersten Stopp legen wir an der **Kirche San Lorenzo Martire** im Weiler Voltino ein. Hinter der Kirche bietet sich ein Panoramablick auf den Gardasee. Gegenüber lädt die **Trattoria *Primavera*** zu Pizza, Pasta und Fleischküche ein (*Piazza San Lorenzo* 5). Danach führt die Straße nur noch leicht ansteigend in den hinteren Teil der Hochebene nach **Vesio**. Dort empfängt uns die Ortskirche San Bartolomeo mit einem hübschen Glockenspiel. Oberhalb des Ortes liegt ein komfortabler Wanderparkplatz.

180 Tremosine – *Bicigrill Vesio*

GPS: N 45°47'40" E 10°44'53", Via Dalvra, 25010 Tremosine (656 hm). **Max. WOMOs**: 4. **Ausstattung**: Trinkwasser, Müll, Bar, Spielplatz, große Wiese, Fahrradverleih. **Beschreibung**: Offen zwischen Wiesen gelegener großer Wanderparkplatz an einer *Bicigrill*-Bar. Eine wenig befahrene Nebenstraße führt vorbei. Dort gibt es neben gutem Cappuccino, hausgemachtem Gebäck und kleinen Speisen auch Toiletten und einen Fahrradverleih. Guter Ausgangspunkt für Wanderungen und MTB-Touren. **Preis**: Kostenlos. **Zufahrt**: Am Ortseingang von Vesio rechts, in der ersten Kehre direkt wieder rechts. Der Via Berna bis zum Ende folgen, dann erneut rechts in die Via Orsino bis zur nächsten Kreuzung.

Vesio hat einen hübschen alten Ortskern, zu dem wir vom Parkplatz absteigen müssten. Wir wollen aber höher hinaus. Zum Wandern bieten sich hier zwei Möglichkeiten: Entweder Sie erklimmen die Dalvra und betrachten Tremosine von oben (ca. 10 km, 450 hm), oder Sie sehen sich im Valle Bondo das landwirtschaftliche Hinterland der Hochebene an.

Spaziergang durch das Valle Bondo

3 km, 40 hm, 45 min

Wir nehmen das Sträßchen hinter dem Bicigrill nach unten und biegen dort rechts auf einen breiten Fahrweg ein. Vor uns bettet sich ein landwirtschaftlich genutztes Hochtal in die Berge. Wir folgen dem aussichtsreichen Fahrweg am Talrand entlang bis zum ersten Abzweig nach links in die ausgedehnten Maisfelder hinein. Würden wir hier geradeaus weiter gehen, könnten wir eine größere Runde wandern (ca. 6 km, wahlweise 9 km).

Der Feldweg führt hinab zu einem kleinen Bachlauf, den wir im Spätsommer

problemlos trockenen Fußes überqueren können und steigt auf der anderen Seite wieder an. Oben gehen wir links. Der Weg verläuft nun schattig unter abwechslungsreichen Bäumen. Noch einmal haben wir einen schönen Blick auf das Hochtal.

Kurz nachdem ein Weg von rechts in unseren einmündet, biegen wir links in einen schmalen Pfad, der weiter aufwärtsführt. Auf der rechten Seite sehen wir nun hinter einigen hoch gelegenen Häusern von Vesio das obere Monte Baldo Massiv auf der anderen Seite des Gardasees. Der Pfad bringt uns zurück zu dem Sträßchen am Bicigrill.

Der Weg durch das Valle Bondo ist auch mit dem Mountainbike gut machbar. Beliebt ist die Verlängerung hinauf zum Passo Noto (ca. 20 km, 750 hm).

Wir fahren mit dem Wohnmobil weiter nach Pieve. Die Straße wird hinter Vesio und Villa abenteuerlich schmal. Zum Glück kommt uns nicht der Linienbus nach Limone entgegen. Denn Ausweichstellen sind rar. Am Ortseingang liegt ein Parkplatz, auf dem kurze Wohnmobile (bis 6 m) unterkommen.

181 Pieve di Tremosine

GPS: N 45°46'25" E 10°45'34", Via Cavalieri di Vittorio Veneto, 2, 25010 Tremosine (415 hm). **Max. WOMOs**: 3. **Ausstattung**: Müll, WC, Bar, Spielplatz, Picknickplatz, Supermarkt. **Beschreibung**: Der zentrale Ortsparkplatz von Pieve di Tremosine nimmt auf wenigen Längsstellflächen im hinteren Bereich auch Wohnmobile auf. Er grenzt direkt an einen Park mit Spielplatz, Picknickbänken und öffentlichen Toiletten. Supermarkt und Bar liegen gegenüber. Parken ist auch nachts erlaubt, allerdings herrscht lange viel Betrieb. **Preis**: Kostenlos. **Zufahrt:** Am Ortseingang von Pieve links.

Pieve ist das kulturelle Zentrum von Tremosine. Rund 400 Meter über dem Gardasee geht es zwar deutlich gemütlicher zu als unten am Seeufer, aber an Touristen und entsprechender Infrastruktur mangelt es nicht. Das liegt vor allem an einer Attraktion: Die

Terrazza del Brivido

sogenannte **Schauderterrasse** (*Terrazza del Brivido*) des **Hotel *Miralago*** zählt zu den bekanntesten Aussichtspunkten über den Gardasee. Die Felswand fällt hier senkrecht zum See ab.

Pieve ist ein hübscher Ort mit verwinkelten Gässchen und vielen uralten Natursteinhäusern. Alles liegt dicht beisammen. Lassen Sie sich einfach durch die alten Gassen treiben, dann entdecken Sie das Haus des Cozzaglio mit der Touristinfo (*Piazza Marconi 1*), das alte Rathaus (*Vecchio Municipio, Via Scala Tonda*) und die Scala Tonda selbst – eine markante halbrunde Steintreppe an einem Hauseingang, die dem ganzen Viertel seinen Namen gab (*Vicolo della Scaletta*). An der Piazza Copani liegt das neue Rathaus und etwas oberhalb die barocke Ortskirche San Giovanni Battista mit dem Glockenturm aus Naturstein, dessen schlichte Spitze wirkt, als wäre sie zu klein geraten (*Piazza San Giovanni Battista*). Neben der Kirche bietet sich noch einmal ein Panoramablick auf den See. Dahinter liegt die repräsentative Villa Paradiso, die das regionalgeschichtliche Museum von Tremosine beherbergt (*Viale Europa, museotremosine.it*).

Ein Ausflug zu Fuß oder mit dem Fahrrad empfiehlt sich von Pieve in die **Brasaschlucht**. Durch die enge Schlucht des Wildbachs Brasa führt die *Strada della Forra*, eine der abenteuerlichsten Bergstraßen der Welt (siehe Seite 271). Für Wohnmobile ist sie zu eng, und für Fahrzeuge über 2,20 Breite oder 3 Meter Höhe gesperrt. Aber es gibt auch einen Wanderweg durch die Schlucht.

Wenn Sie nun hungrig sind, serviert Ihnen die **Trattoria *da Angelo*** hausgemachte Antipasti, Pasta und Steaks *al punto* im hübschen historischen Innenhof oder Gewölbe (*Via Comunale 4, Reservierung empfohlen, +39-0365-953529*). Oder halten Sie noch etwas durch? Dann fahren wir über Pregasio auf schmaler Straße weiter zur **Alpe del Garda**.

183 Tremosine – *Alpe del Garda*

GPS: N 45°46'58" E 10°43'29", Via Provinciale 1, 25010 Tremosine sul Garda (620 hm). **Max. WOMOs**: 2. **Ausstattung**: Keine. **Beschreibung**: Ruhig gelegener Wanderparkplatz etwa 200 Meter vor der Alpe del Garda, dort bei Öffnung Bar / Restaurant und Toiletten. Guter Ausgangspunkt für Wanderungen und MTB-Touren. **Preis**: Kostenlos. **Zufahrt**: Der Beschilderung zur Alpe del Garda folgen.

Die Alpe del Garda ist ein Schlaraffenland. Die Genossenschaft verarbeitet die Produkte der Bauern von Tremosine und stellt *her-*

Alpe del Garda

vorragenden Käse, Salami und Speck her. Im Feinkostladen gibt es außerdem ein großes Sortiment Olivenöl, Wein, Gewürze, Marmeladen, Honig, Pasta, Knödel, Saucen, eingelegte Gemüse und eigentlich alles aus der Region, was Schlemmer und Schleckermäuler begehren. Zur Alpe gehört auch ein großes Restaurant im modernen Alpen-Stil. Es serviert eine bunte Vielfalt an Speisen aus den lokalen Produkten und typische Gerichte der Region wie Carne Salada (Pökelfleisch). Sonntags und auf Vorbestellung gibt es auch Spiedo mit Polenta (Fleischspieß mit Maisgrießbrei). Freitag- und Samstagabend spielt gelegentlich Livemusik. Für einen Verdauungsspaziergang bietet die ruhige Umgebung genug Möglichkeiten, ebenso zum Wandern und Mountainbiken, zum Beispiel zur Eremo di San Michele *(ca. 8 km, 250 hm)*.

Unsere Wohnmobiltour geht auf der Alpe del Garda genussvoll dem Ende entgegen. Die Weiterfahrt auf die Hochebene von Tignale ist nur Fahrzeugen unter 3,5 Tonnen oder 2,20 Meter Breite gestattet und auch für Wohnmobile, die unter diesen Maßen bleiben, nicht empfohlen. Daher fahren wir weiter nach Vesio, womit wir die Tremosine-Hochebene einmal umrundet haben. Durch den engen Ortskern geht es wieder nach Voltino und dann aussichtsreich und steil hinab nach Limone.

Nun liegt noch einmal ein Stück Traumstraße vor uns. Denn die Gardesana Occidentale verspricht auch auf dem Abschnitt von Limone bis Riva del Garda Fahrspaß und Augenschmaus. In Riva können Sie entweder in Tour 6 einsteigen, oder unsere nächste Tour anschließen.

Tour 10

nach Meran
nach Meran
Band 30 Südtirol
San Felice
Bacino di Dovena
Castelfondo
Fondo
Brez
Arsio
Ronzone
Sarnonico
Tour 4
Tour 4
Ruffré
5 km
N
Romallo
Novella
Revò
Coler
Fonti di Rabbi
Bagni di Rabbi
San Bernardo di Rabbi
Sole
SS42
Molino Ruatti
Rabbies
Val di Rabbi
Terzolas
Caldes
Castello di Cles
Cles
Museo Retico
San Romedio
Sanzeno
Lago di Santa Giustina
Val
Malè
Croviana
Castello dei Pezzen
Tuenno
Smarano
Daolasa di Commezzadura
SS42
Dimaro
Taio
Tres
Mezzana
Noce
zum Passo del Tonale
Folgarida
SS43
Val di Non
Rifugio Orso Bruno (2160 m)
Alpe Daolasa (2060 m)
Castel Thun
Tour 5
Passo Campo Carlo Magno (1681 m)
SS239
Lago di Tovel
nach Bozen
Naturpark Adamello-Brenta
Patascoss
Madonna di Campiglio
Noce
Mezzocorona
Mezzolombardo
Spormaggiore
Rif. Spinale (2103 m)
SS43
Val Rendena
Castel Belfort
Belpark-Parco Faunistico
Sant'Antonio di Mavignola
Cima Brenta 3152 m
Paganella-
SS12
SP235
Rif. La Montanara
Andalo
Laghetto Multiuso
Pinzolo
Brentagruppe
Cima Paganella 2125 m
Molveno
Lavis
22
nach Tione di Trento
Lago di Molveno
Lago di Lamar
Lago Santo
Hochebene
Tour 6
Terlago
Lago Terlago
Lago di Nembia
Covelo
nach Levico Terme
San Lorenzo
Vezzano
Tour 6
SS45bis
Bosco Arte Stenico
Lago di Santa Massenza
Coltura
Sardagna
Trento
Preore
Castel Toblino
Castel Stenico
Stenico
Sarche
Lago di Toblino
Sarca
Comano Terme
Ponte Arche
Sarca
Palon 2098 m
22
SS349
Pietramurata
Mattarello
Fiave
SP214
Area Archeologico Palafitte di Fiavè
Lago di Cavedine
Monte Bondone 2178 m
del
Riserva naturale Marocche di Dro
Aldeno
SS12
Tour 6
Drena
Valle
Castello di Drena
Tour 11
Sarca
Lago di Tenno
Dro
SS45bis
Canale di Tenno
Castello di Nomi
Calliano
Castel Beseno
Nomi
Villa Lagarina
Arco
Volano
Mezzomonte di Sopra
22
Riva del Garda
Marmitte dei Giganti
Rovereto
Nago
nach Peschiera

Das heimliche Herz des Trentino
Von Riva del Garda über die Paganella-Hochebene ins Val di Non

130 KM

Typisch Trentino! Auf dem Weg von Riva del Garda Richtung Norden erleben wir noch einmal den ganzen Charme unserer Reiseregion: Blaugrüne Badeseen, erhabene Aussichtsberge, aufregende Flusstäler, mächtige Burganlagen, historische Dörfer und leckeres Essen. Unsere Highlights:

- **Türkisblauer Tennosee**
- **Kunst und Natur am Castel Stenico**
- **Molvenosee**
- **Paganella-Ausblick**
- **Sanzeno**

Vom Nordufer des Gardasees führt uns diese Tour zunächst ins Tennogebirge und zum *Unesco Weltkulturerbe* der Pfahlbausiedlung von Fiavè. Danach entdecken wir in den Tälern der Inneren Judikarien Kunst im Wald, einen Badeort mit Stellplatz, uralte Dorfstrukturen und eine ganz spezielle Salami. Vom bildschönen Molvenosee schwingen wir uns hinauf auf die Paganella-Hochebene. Dort liegt uns das ganze Trentino zu Füßen. Vorbei an Burgen und Bären erreichen wir schließlich das verträumte Nonstal.

Wir starten in Riva del Garda (Tour 6) und kurven hinauf nach **Tenno**. Die gut ausgebaute SS421 gewinnt in etlichen Kehren zügig an Höhe. Die Aussicht über die Weinberge auf den Gardasee wird immer besser. Genießen können wir sie zum Beispiel an einem Panorama-Picknickplatz kurz vor dem Ort Tenno (*N 45°54'59" E 10°50'15"*). Durch Tenno mit seinem Schloss in Privatbesitz fahren wir hindurch, weiter zum gleichnamigen See. Der Parkplatz dort ist für Wohnmobile sehr eng. Einen weiteren gibt es oberhalb des Sees (*N 45°56'02" E 10°49'02"*). Der **Lago di Tenno** hat dank seiner intensiven türkisblauen Farbe und einer malerischen (Halb-)Insel Karriere als Instagram-Spot gemacht. Bei einer kurzen Wanderung lernen wir ihn rundum kennen.

Vom Tennosee nach Canale

6 km, 70 hm, 1,5 h

Wir starten am Parkplatz bei den Hotels im Südwesten des Lago di Tenno und nehmen den direkten Weg über Treppen hinab an den See. Dort gehen wir nach links. Wir haben die Wahl zwischen mehreren Trampelpfaden, die im Norden des Sees aber alle in einen Steig zusammenlaufen, der sich etwas weiter über den See erhebt. Das Ufer fällt steil ab, gelegentlich beobachten wir Klippenspringer.

Wir folgen ein kurzes Stück dem Tennosee-Zufluss Rio Secco. Seit 2023 führt eine 120 Meter lange Hängebrücke in rund 10 Metern Höhe über den Bach. Ebenso abenteuerlich ist der Weg durch den Bach etwas weiter oben. Danach geht es weiterhin leicht erhöht am Seeufer entlang, nun Richtung Süden. Bald macht der See einen Knick nach links. Hier geht es wieder hinab und ein weiterer Bach sprudelt glitzernd in den See. Danach folgt flacheres Ufergebiet, das im Sommer gern zum Baden genutzt wird (Badeschuhe empfohlen). Am steinigen Strand stehen massenweise Steinmännchen.

Nach dem Besuch auf der Halbinsel wenden wir uns vom See weg. Der etwas erhöht liegende *Chiosco* mit Toiletten, kleinen Speisen und einem schönen Blick über den See ist unser nächstes Ziel. Danach folgen wir den Wegweisern nach Canale bergauf vom See weg. Auf einem bequemen fast ebenen Weg, der mal Aussicht bietet, und mal schattig durch Wald läuft, erreichen wir den mittelalterlichen Ort.

Zurück geht es auf dem gleichen Weg bis zum Chiosco und dann nur kurz links am See entlang. Wer weiter laufen will, kann von Canale durch Weinberge nach Tenno absteigen und dort den Bus zurück zum Parkplatz am See nehmen (ca. 8 km).

In das mittelalterliche Dorf **Canale di Tenno** kommen Autos gar nicht hinein. Die historischen Gassen sind einfach zu schmal und in vielen Fällen auch zu niedrig. Denn die Wege zwischen den Häusern verlaufen oft in Durchgängen unter den Häusern. Dennoch ist das winzige Dorf noch – oder besser gesagt wieder – bewohnt und so hübsch herausgeputzt, dass es zu den *Borghi più belli d'Italia* (Schönste Dörfer Italiens) zählt. Viele interessante Details an den alten Häusern sind einen genaueren Blick wert. Außerdem gibt es eine Bar mit einem lokalen Produktverkauf und zwei Restaurants.

Canale di Tenno

Eine Attraktion für sich ist die **Casa d'Artisti**, der das Dorf sein zweites Leben verdankt. Der Amateurmaler Giacomo Vittoni verliebte sich in die alten Häuser und Gassen und eröffnete hier einen Künstlertreff und eine Galerie. Bis heute finden in dem Gebäude am unteren Dorfrand wechselnde Ausstellungen, Kunsttreffs und Workshops statt (*Villa Canale* 49).

Comano-Tal

Auf der Weiterfahrt mit dem Wohnmobil sehen wir den Lago di Tenno von oben. Die bequeme Straße mündet bald in Wald, den sie erst verlässt, als es wieder bergab geht. Wo die Berghänge auseinander weichen, folgen wir den Schildern zum Parkplatz der Area Archeologico Palafitte di Fiavè.

184 Fiavè – *Area Archeologico Palafitte di Fiavè*

GPS: N 45°59'16" E 10°49'47", SS421 (666 hm). **Max. WOMOs**: 2. **Ausstattung**: Keine. **Beschreibung**: Ruhiger, etwas abseits der Straße zwischen Feldern und einem Wäldchen gelegener Ausflugsparkplatz auf Erde und Kies. Für Wohnmobile sind 2 Parkflächen freigegeben. Eine Pizzeria befindet sich etwa 200 m entfernt. **Preis**: Kostenlos. **Zufahrt**: Direkt an der SS421 links.

Die **Pfahlbauten (Palafitte) von Fiavè** zählen wie die am Ledrosee zum *Unesco Weltkulturerbe*. Wie dort gibt es auch in Fiavè Nachbauten, die das frühzeitliche Leben am See veranschaulichen sollen. Außer dem hübschen Freilichtmuseum sieht man in einem flachen Teich tatsächlich historische Holzpfähle. Die Anlage ist mit Stegen erschlossen. Vom Parkplatz aus läuft man etwa einen Kilometer durch Wiesen und Felder eben dorthin. Dabei kommt man über den Hügel Dos dei Gustinaci. Dort hat man Ausblick auf das Biotop von Fiavè und Zugang zu der archäologischen Stätte Dos die Gustinaci. 1970 wurden hier weitere Überreste einer prähistorischer Siedlung entdeckt. Die Ruinen gehen auf die Frühbronzezeit (1300 – 1100 v. Chr.) zurück, also auf die Zeit nach den Pfahlbauten. Anderthalb Stunden sollten Sie für den Besuch des gesamten Areals einplanen – und das am besten nicht an einem heißen Sommertag, denn das Gelände ist weitgehend schattenlos.

Das Wissen über das Unesco Welterbe der Pfahlbauten im Alpenraum kön-

Unesco Welterbe Palafitte di Fiavè

nen Sie anschließend im **Museo delle Palafitte di Fiavè** vertiefen. Das interessante Museum macht deutlich, wieviele wissenschaftliche Disziplinen an der Erforschung der Pfahlbauten beteiligt sind. Es zeigt auch archäologische Funde aus den Pfahlbausiedlungen, die zum Teil bis ins 4. Jahrtausend vor Christus zurückreichen. Die meisten stammen aber aus dem 18. bis 13. Jahrhundert vor Christus. Im Modellbau und in Filmen sind Szenen aus dem alltäglichen Leben in der Frühzeit nachgestellt. Regelmäßig finden Workshops und Vorträge statt (*Via III Novembre 53, +39-0465-735019*). Die einzige für Wohnmobile geeignete Parkmöglichkeit in Fiavè finden Sie direkt am Ortseingang links zwischen dem Kirchlein San Rocco und der Bäckerei *Panificio Ceres*.

Den nächsten Stopp legen wir im Weiler **Campo Lomaso** ein. In der Siesta wirkt der Ort wie ausgestorben, und seine schönsten Bauten sind offensichtlich tatsächlich ungenutzt. Das ehemalige Rathaus (*Municipio*) ziert ein Bogengang. Die eigenwillige **Villa Lutti** aus dem Jahr 1859 im eklektizistischen Lombardesco-Stil schmücken zahlreiche Außenfresken. Ein großer achteckiger Turm diente als Salon. Darin empfing die Adelsfamilie Lutti, die die Villa erbauen ließ, ihre Gäste mit Musik und Literatur. Ein schöner Wanderweg verbindet Lomaso mit Comano Terme und Ponte Arche, die praktisch zusammengewachsen sind. Dort finden wir einen komfortablen Wohnmobilstellplatz.

185 Ponte Arche – *Area Sosta Camper Comano Terme*

GPS / Kontakt: N 46°02'14" E 10°51'57", Via Lungo Sarca 38077 Ponte Arche, Tel. +39-0465-702626. **Max. WOMOs**: Ca. 40 . **Öffnungszeit**: Keine Angabe. **Ausstattung:** Alle Einrichtungen, Aufenthaltsraum mit Büchern und Informationsmaterial, Wiese. **Beschreibung**: Nagelneuer Stellplatz mit modernem großzügigen Sanitärgebäude, Aufenthaltsraum und überdachtem Außenbereich. Die ebenen Stellflächen auf Wiese erlauben den Aufbau der Campingmöbel, sind allerdings (noch) nicht sehr schattig. Zahlung vorab entweder bei der Touristinfo (Via C. Battisti 74), oder per Barcode-Scan und Kreditkarte auf dem Platz. Zufahrt 8 – 20 Uhr **Preise**: 20 € / Tag, für Inhaber der Garda Guest Card 18 €. **Zufahrt**: In Ponte Arche am Kreisverkehr Richtung Stenico, dann kurz rechts und noch vor der Brücke gleich wieder links in di Via Lungo Sarca.

Comano Terme

Ponte Arche ist das Verwaltungszentrum der Region der Judikarien, wie die Täler zwischen Brenta und Paganella und an der mittleren Sarca genannt werden. Das Bemerkenswerteste an dem kleinen Ort ist die namensgebende steinerne Brücke über die Sarca mit ihren drei Bögen (*Ponte delle tre Arche*). Von hier aus kann man wunderbar am Sarcaufer entlang ins benachbarte **Comano Terme** (2900 Einwohner) spazieren.

Ein großer, blühender **Kurpark** umgibt die **Thermalanlagen** des traditionsreichen Kurortes. Schon in der Antike wurden die Thermalquellen genutzt. Bis heute kann man in der Therme von Comano nicht nur kuren, sondern auch entspannen. Sie umfasst neben dem dermatologischen Kurzentrum ein großes Wellnesscenter mit Swimmingpool und Dampfbädern, das auch als Day-Spa besucht werden kann (*Infos und Buchung beim Grandhotel Comano Terme: Località Terme di Comano 8, +39-0465-763400, ghtcomano.it*). Etwas schwierig ist die Parkplatzsituation in unmittelbarer Nähe zur Therme. Der Parkplatz an der Hauptstraße, der groß genug für Camper wäre, ist Autos vorbehalten. Ein schattiger und ruhiger Parkplatz ohne Verbotsschilder, der aber etwas eng ist, findet sich auf der anderen Seite der Sarca unterhalb der Kirche Madonna del Rosario (*N 46°02'32" E 10°53'04"*).

Über die steinerne Bogenbrücke von Ponte Arche erklimmen wir das obere Comano-Tal. Dort thront das **Castel Stenico** einsam auf einem steilen Hügel über dem gleichnamigen Ort. Das mächtige Anwesen der Fürstbischöfe von Trient gilt als eine der bedeutendsten Burgen des Trentino und beherrschte die äußeren Judikarien vom 12. bis ins 18. Jahrhundert. Über die Jahrhunderte hinweg wurden der mittelalterlichen Burg immer weitere Gebäude hinzugefügt. Der mittelalterliche *Torre del Fame* (Hungerturm) war als Gefängnis berüchtigt. Der Legende nach hallten die Schreie der Gefangenen im ganzen Tal wider.

Castel Stenico

Bei einem Besuch entdecken Sie in den gut erhaltenen und restaurierten Gemäuern antike Möbel und eine Sammlung von Truhen der Fürstbischöfe. Die Kapelle San Martino ist mit Fresken aus dem 13. Jahrhundert geschmückt. Ein archäologisches Museum er-

Bosco Arte Stenico

zählt die lokale Geschichte. Hinzu kommen wechselnde Kunstausstellungen. Anderthalb Stunden Zeit sollten Sie für die große Anlage einplanen (Val Giudicarie, 38070 Stenico, +39-0465-771004, buonconsiglio.it/castel-stenico). In der **Snack-Bar *Clarissa*** können Sie anschließend Durst und Hunger mit sehr guten Panini stillen (Piazza Dante Alighieri 8).

Nach einem Blick in die Kirche San Vigilio bietet sich eine kurze Wanderung in der reizvollen Umgebung von Stenico an. Dort liegen unter anderem der Botanische Garten und die **Casa Flora** des *Unesco Biosphärenreservats Adamello-Brenta* (*Zugang an der SP34, im Sommer täglich 10 – 18 Uhr, 4 €*). Das Informationszentrum widmet sich den Pflanzen im Naturpark. Wir erfahren dort zum Beispiel, wie sie verwendet werden – in der Küche oder in der Medizin. Leider ist alles nur auf italienisch erklärt, aber man kann einiges ausprobieren und an den Pflanzen schnuppern. Außerdem gibt es Informationen über die unmittelbare Umgebung und einen bequemen, schattigen Parkplatz ohne Verbotsschilder hinter dem Ortsschild von Stenico. Auf dem gesamten Gemeindegebiet herrscht ausdrückliches Campingverbot – auch für Wohnmobile.

186 Stenico – *Cascata Rio Bianco*

GPS: N 46°03'18" E 10°50'40", 652hm. **Max. WOMOs**: Ca. 2. **Ausstattung**: 3 Picknicktische, Brunnen. **Beschreibung**: Schattiger Parkplatz an einer Seitenstraße mit insgesamt rund 15 Parkflächen, davon etwa 5 längere. Toiletten während der Öffnungszeiten im Kassenhäuschen für den Botanischen Garten des Naturparks Adamello-Brenta ca. 150 m. **Preis**: Kostenlos. **Zufahrt**: In Stenico von auf die SP34 links einbiegen. Der Platz befindet sich rund 150 Meter hinter dem Wasserfall und wird auch von Kletterern genutzt.

Im Wald oberhalb von Stenico wird Kunst in der Natur ausgestellt. Die Kunstwerke des **Bosco Arte Stenico** fügen sich harmonisch in die grüne Umgebung ein. Sie sind alle aus Holz gefertigt, jedoch auf ganz unterschiedliche Weise, mal geschnitzt, mal geflochten, mal gezimmert. Wir haben offen gesagt nicht verstanden, ob man für den Besuch ein Ticket lösen müsste, haben dazu keine Möglichkeit gesehen, und sind daher bei unserer Wanderung einfach in Teilen hindurch spaziert (*boscoartestenico.eu*).

Kunst, Wasserfall und Biosphäre bei Stenico

4 km, 110 hm, 1,5 h

Bei dieser abwechslungsreichen Wanderung sehen Sie Stenico und Kunst in der Natur. Sie erleben das Biosphärenreservat Adamello-Brenta und seine Pflanzenwelt und begleiten einen Wasserfall den Berg hinab.

Wir starten an der Bar Clarissa und erklimmen in zwei Kehren die oberen Gassen von Stenico. Der Blick reicht über die Kirche zum Schloss. Wir verlassen den Ort Richtung Nordwesten auf der zweiten Straße rechts. Sie wird zum Feldweg und biegt nach links oben auf einen Fahrweg ein, der uns zu einem Picknickplatz mit Trinkwasserbrunnen bringt. Rechts am dazugehörigen Parkplatz vorbei kommen wir an eine Wegkreuzung, wo wir kurz rechts und gleich wieder links bergauf gehen. Bald tauchen am Wegrand die ersten Kunstwerke der Land-Art-Ausstellung *Bosco Arte Stenico* auf. An der nächsten Wegkreuzung gehen wir scharf links und finden weitere Kunstwerke. Dazwischen blühen Alpenveilchen. In einer steilen Linkskurve nach unten kommen wir zum Picknickplatz zurück.

Links am Parkplatz vorbei, dann erneut links und direkt rechts auf einen leicht bergab führenden Waldpfad kommen wir in den wilden Bergwald der *Area Natura Rio Bianco* des *Unesco Biosphärenreservats Adamello Brenta*. Auf einer Strecke von rund 1,5 Kilometern führt ein leichter Wanderweg zum oberen Ende des Wasserfalls des Rio Blanco. Wo der Wald aufhört, liegt die Casa Flora des Naturparks Adamello Brenta. Ein Stück oberhalb unseres Wanderweges liegen Höhlen. Doch der Wasserfall lockt uns mehr.

TOUR 10

Wir folgen dem gut gesicherten Weg, der an einem ehemaligen Kanal entlang in schwindelerregender Höhe in die Schlucht des ausgetrockneten Rio Cogulo hineinführt und sie quert. Auf der anderen Seite der Schlucht gehen wir auf Holzstegen am Fels entlang. Immer wieder finden wir nun Infotafeln über die Umgebung, und dann rauscht auch schon der Wasserfall des Rio Bianco.

Über dem Wasserfall befindet sich ein Aussichtsplateau. Etwas unterhalb kommt man dem Wasserfall näher. Dann schlängelt sich der Weg sonnig den Hang hinab, und wir genießen den Ausblick auf das Valle Giudicarie. Der steile Kiespfad mündet unten in einen kleinen botanischen Garten. Wir kommen an der Straße neben einem Kassenhäuschen mit Toiletten heraus und zahlen brav 4 € Eintritt pro Person nach, die den Naturpark unterstützen.

Von unten wirkt der Wasserfall noch mächtiger. Nachdem wir uns in seinem kühlen Sprühnebel erfrischt haben, spazieren wir auf der kaum befahrenen Straße zurück nach Stenico.

Paganella-Hochebene

Unsere WOMO-Tour geht nun auf der SP34 zurück durch Stenico weiter nach Villa Banale. Dort biegen wir auf die SS421 Richtung Molveno nach links ein. Deutlich ist zu spüren, dass wir das Valle Giudicarie hinter uns lassen, denn es geht immer weiter bergauf, teilweise in Kehren. Nachdem wir einige Orte durchfahren haben, halten wir in San Lorenzo Dorsino, auch genannt San Lorenzo in Banale. Der zentrale Ortsparkplatz an der Hauptstraße bietet genau eine Längsparkfläche (*N 46°04'35" E 10°54'28"*). Einen weiteren (Kies-)Parkplatz gibt es oberhalb des Ortes (*N 46°04'41" E 10°54'44"*)

San Lorenzo in Banale (ca. 1500 Einwohner, 760 hm) ist bekannt für seine ganz spezielle Salami. Die grobe ***Ciuiga del Banale*** geht aufs 19. Jahrhundert zurück und ist eigentlich eine sogenannte Grützwurst der armen Leute. Neben Fleisch werden dafür auch weiße Rüben verarbeitet. Heute gilt die geräucherte Rohwurst als Slow Food Delikatesse. Wir bekommen sie im örtlichen Coop (*Strada Nòa 2*). Fast direkt gegenüber befindet sich die Touristinfo, in der Sie eine Karte für die Ortsbesichtigung erhalten (*Via per Promeghin 4*). Geräuchert wird die Ciuiga bis heute in der traditionellen Räucherei (*Affumicatorio*) aus dem 16. Jahrhundert im Viertel Senaso (*Salita di Podregn*).

TOUR 10

Einmal mehr befinden wir uns in einem der *Borghi più belli d'Italia*. Das zeigt sich besonders in der obersten Straße von San Lorenzo in Banale. In der Via di Berghi und Via di San Sebastiano stehen reihenweise **historische Trentiner Häuser**. Holzbalkons überragen Natursteinmauern, Torbögen überspannen enge niedrige Durchgänge, kleine Brünnchen stehen an den Ecken, größere Brunnen auf kleine Plätzen, die die Sicht über die Dächer der darunterliegenden Häuser freigeben. An der stattlichen **Casa de Martinoni** mit ihrer Loggia trocknen Maiskolben.

Casa de Martinioni

Der viereckige Kirchturm der **Chiesa San Rocco** macht uns neugierig. Durch eine enge Gasse steigen wir hinab zu der Kirche aus dem 16. Jahrhundert mit der schlichten Natursteinfassade, dem spitzen Marmorportal und Fresken der berühmten Trentiner Freskenmalerfamilie Baschenis im Inneren.

Für diesen kurzen Ortsrundgang sollten Sie etwa 45 Minuten einplanen. Wenn Sie auch die historischen Viertel Senaso und Donaso sehen möchten, brauchen Sie etwa doppelt so viel Zeit.

Auf der Weiterfahrt Richtung Norden wird die Landschaft immer alpiner. Felswände rücken näher, wir durchqueren einen Tunnel, und dann liegt links unten in einer Kurve der hübsche kleine **Lago di Nembia**, der sich gut für einen Spaziergang eignet. Unser nächstes Ziel ist der **Lago di Molveno**. Der Molvenosee ist mehrfach zum *schönsten See Italiens* gewählt worden. Am südlichen Ende des Sees bieten sich direkt an der viel befahrenen Straße drei einfache Parkplätze ohne Service aber auch ohne Verbotsschilder zum Halten für Spaziergänge und Badestopps und für Notübernachtungen, falls in Molveno alles ausgebucht ist. (*N 46°06'24" E 10°56'35", N 46°06'30" E 10°56'37", N 46°06'33" E 10°56'49"*). Wir fahren weiter nach Molveno, wo es einen Campingplatz und einen Stellplatz gibt. Der Ort ist für Camper allerdings ein teures Pflaster.

187 Molveno – *Camping Spiaggia Lago di Molveno*

GPS / Kontakt: N 46°08'17" E 10°57'30", Via Lungolago 27, 38018 Molveno, +39-0461-586978, campingmolveno.it. **Max. WOMOs**: Ca. 220. **Öffnungszeit**: Ganzjährig. **Ausstattung**: Alle Einrichtungen, Minimarkt, Bar, 2 Spielplätze, Aufenthaltsraum, Grillbereich, Wellnesszentrum, Bungalows. **Beschreibung**: Der grüne und ruhig gelegene Campingplatz bietet viele schattige, ebene Stellflächen mit Trinkwasserbrunnen auf Wiesengelände und Kies und teilweise Seeblick. Direkter Seezugang, zwei saubere moderne Sanitäranlagen, freundliche Gastgeber. **Preise**: 37 – 84 €. **Zufahrt**: In Molveno links der Via Lungolago bis zum Ende folgen

188 Molveno – *Area Camper Molveno*

GPS / Kontakt: N 46°08'28" E 10°57'30", Via Lungolago 30, 38018 Molveno. **Max. WOMOs**: Ca. 100. **Öffnungszeit**: Ganzjährig. **Ausstattung**: Ver- und Entsorgung, teilweise Strom, Brunnen, Spielplatz, Wifi. **Beschreibung**: Sonniger Wiesenstellplatz für Wohnmobile in ruhiger Lage hinter dem Großparkplatz ca. 400 m vom See und Sporteinrichtungen entfernt. Dort öffentliche Toiletten. Supermarkt ca. 300 m. Dolomitenpanorama aus dem Klappstuhl heraus. Der Platz dient auch als Wohnmobilparkplatz. **Preise**: 35 – 45 € / Tag, 1,50 – 3 € / h. **Zufahrt**: In Molveno links in die Via Lungolago, unten rechts Richtung Parkplatz und daran vorbei (im Zweifelsfall die Schlange zum Parkplatz umfahren).

Molveno (1100 Einwohner, 840 hm) ist mit seiner traumhaften Lage zwischen Brenta-Dolomiten und Paganella-Massiv ebenso schön wie beliebt. Im Sommer herrscht nicht weniger Betrieb als am Gardasee und auch als Winterurlaubsziel hat sich Molveno einen Namen gemacht. Die touristische Infrastruktur ist mitgewachsen.

Das nette kleine Ortszentrum ist umgeben von mehrstöckigen Hotel- und Apartmenthäusern. Eine Fußgängerzone bietet kleine Boutiquen, Geschäfte und Restaurants für jeden Geschmack. In der Saison sollten Sie überall reservieren. Sehr gute Pizza und hausgebrautes Bier zu moderaten Preisen serviert zum Beispiel die **Pizzeria Birreria Taverna *La Botte*** (Via Cima Tosa 4, +39-0461-586948, tavernalabotte.it). Auf der **Piazza San Carlo** vor der gleichnamigen Kirche finden im Sommer Open-Air-Konzerte und -Ausstellungen statt. Eine Aussichtsterrasse bietet dabei Seepanorama. In den Seitengassen sind einige hübsche alte Häuser zu sehen.

Im Sommer ist das Seeufer das eigentliche Zentrum von Molveno. Die **Bar *La Aquilone*** verkauft gutes selbstgemachtes Eis. Wenn Sie den Rio Maso auf der Fußgängerbrücke überquert haben, liegt ein **Bootsverleih** (Tretboote, Elektroboote, SUPs) vor Ihnen. Ein **Minigolfplatz** und ein **Pumptrack** schließen sich an. Dahinter folgen ein öffentliches **Schwimmbad** mit Schwimmer- und Kinderbecken mit Rutschen (*Centro Piscine Molveno Acquapark, Via Lungolago 17*), ein Kinderspielplatz und ein Fahrradverleih. Alles bettet sich in einen hübschen grünen und schattigen **Uferpark mit Tierskulpturen** aus Holz, von denen einige auch den breiten weißen und flach abfallenden Steinstrand am Seeufer zieren. Eine Bade- und Aussichtsplattform führt mitten in den See hinein.

Die Umgebung von Molveno bietet viele interessante Touren für Wanderer und Mountainbiker, zum Beispiel rund um den See. Besuchen Sie dabei auch die alte **venezianische Säge** am Ortsausgang gegenüber des Campingplatzes (*Antica Segheria veneziana, Via Marocchi 5*).

Am weißen Strand des Molvenosees

Rund um den Molvenosee

11 km, 230 hm

Den Molvenosee umrunden Sie mit dem Fahrrad oder zu Fuß quasi ohne auf Autos zu treffen. Der Rundweg ist als Themenweg gestaltet und bietet einige Informationen über die Umgebung. Sie erfahren zum Beispiel, wie der Molvenosee entstanden ist, warum es am See eine Festung Napoleons gibt und ob die sogenannte Römische Brücke wirklich aus der Römerzeit stammt.

Wir empfehlen, den See im Uhrzeigersinn zu umrunden und morgens zu starten. Das Ostufer ist nicht ganz so schattig und idyllisch wie das Westufer. Dafür bietet es tolle Aussichten über den See auf den Ort.

Der Weg ist durchgehend für Mountainbikes geeignet. Er verläuft meist eben und auf der Westseite durchgehend schattig durch Uferwald. Nur an der Halbinsel Corno di Napoleone ist eine größere Steigung zu überwinden. Dort finden sich noch Überreste einer Festung aus den napoleonischen Kriegen und der Berg Cima del Doss (889 hm), von dem man mit etwas Kraxelei einen tollen Ausblick auf den See hat. So eignet sich die Halbinsel gut als Ziel für einen Spaziergang (ca. 5 km hin und zurück).

Die **Seilbahn Molveno – Pradel** bringt Sie direkt hinauf in das Brenta-Massiv. Oben lockt das **Rifugio *La Montanara***, das für seine traditionelle Trentiner Küche (zu stolzen Preisen) bekannt ist. Dort starten Gleitschirmflieger nach unten und Tourenwanderer weiter hinauf in die Berge. Die Überquerung der Brenta-Dolomiten mit Abstieg nach Madonna di Campiglio (Tour 5) ist eine beliebte Mehrtagestour. Eine aussichtsreiche Tageswanderung führt zum 1445 Meter hohen Croz del Altissimo (ca. 8 km, 260 hm). Auch Mountainbiker kommen auf ihre Kosten. Der **Dolomiti Paganella Bike Park** pflegt an der Gipfel- und an der Mittelstation der Seilbahn fünf leichte bis mittlere Trails (*dolomitipaganellabike.com*). Eine davon führt ins fünf Kilometer entfernte Andalo – unser nächstes Ziel mit dem Wohnmobil.

Andalo (1150 Einwohner, 1000 hm) ist das Skizentrum in der Dolomiti-Paganella-Region. Der recht weitläufige Ort ist nicht wirklich hübsch, sondern vor allem ein Touristenzentrum, das aber jede wünschenswerte Infrastruktur bietet, einschließlich einem Touristenbähnchen, mehreren Park- und Stellplätzen für Wohnmobilisten und einem Campingplatz. Der **Family Activity Park *Andalo Life*** vereint Sport, Spaß und Erholung. Sauna und Wellnesscenter, (Indoor-)Wasserpark, Kletterwand, Sport- und Tennisplätze, (Indoor-)Spielplatz, Trampolinpark, Kinder-Kartbahn und Fahrradverleih gehören zu den Angeboten. Auch Ausritte und Kutschen- oder Pferdeschlittenfahrten sind möglich.

Einen kostenlosen Tagesparkplatz finden Sie direkt am Ortseingang von Andalo bei der Talstation der Seilbahn Laghet – Prati di Gaggia (*N46°09'40", E11°00'06", Via Laghet 2 – 4*). Nachts ist das Parken dort verboten, aber es gibt drei Alternativen.

189 Andalo – *Agriturismo Maso Grezi*

GPS / Kontakt: N 46°09'43" E 11°00'03", Via Laghet 8A, 38010 Andalo, +39-0461-585875, agriturmasogrezi.it. **Max. WOMOs**: 5. **Öffnungszeit**: Auf Anfrage ganzjährig. **Ausstattung**: Ver- und Entsorgung, Restaurant, dort Toiletten, Tiere. **Beschreibung**: Fünf sonnige Stellplätze direkt am Bauernhof der Familie Maines. Angeboten werden nicht nur traditionelle Trentiner Gerichte und hausgemachte Produkte (u.a. Käse), sondern auch Bauernhof-Führungen. **Preis**: 30 €. **Zufahrt**: Kurz nach dem Ortsschild von Andalo Rechts Richtung Laghet.

190 Andalo – *Area Camper Le Rindole*

GPS / Kontakt: N 46°09'39" E 11°00'23", Via Rindole 6, 38010 Andalo, +39-3369-12325. **Max. WOMOs**: Ca. 100. **Öffnungszeit**: 16.5. – 20.9. **Ausstattung**: Ver- und Entsorgung, Mülltonnen, Toiletten und (Münz-) Duschen, Bar mit kleinen Gerichten. **Beschreibung**: Der Parkplatz Le Rindole am Ortsrand dient im Sommer als Stellplatz für Wohnmobile. Die asphaltierten Stellflächen sind alle sonnig und wären ruhig, würde die Bar nicht laute Musik spielen. Etwa 300 m ins Ortszentrum. **Preise**: 20 – 35 € / Tag. **Zufahrt**: Im Zentrum von Andalo Richtung Fai de Paganella, dann rechts in die Via Rindole.

191 Andalo – *Camping Andalo Life*

GPS / Kontakt: N 46°10'17" E 11°00'22", Viale del Parco 4, 38010 Andalo. **Max. WOMOs**: Ca. 25. **Öffnungszeit**: Ende Mai bis Mitte Oktober und Anfang Dezember bis Mitte April. **Ausstattung**: Alle Einrichtungen, Multisport- und Freizeitzentrum, Shops, Supermarkt, Bar, Pizzeria, Pool, Spielplatz, Grillplätze, einige Hütten. **Beschreibung**: Der Zwei-Sterne-Campingplatz mit etlichen Dauercampern und einigen Holzbungalows gehört zum großen Multisport- und Freizeitzentrum Andalo Life am Ortsrand. Campinggäste genießen dort die Preisvorteile der Dolomiti Paganella Card. Die ebenen Wiesenstellplätze sind teilweise schattig, Sanitäranlagen sauber und ordentlich. Bushaltestelle vor dem Freizeitzentrum. **Preise**: 35 – 47 € / Tag. **Zufahrt**: Von der SS421 vor dem Fußballplatz links, dahinter rechts.

Die Umgebung des Wintersportortes Andalo hat auch im Sommer ihre Reize. Zum Spazieren lädt zum Beispiel der idyllische

Auf der Cima Paganella

Karstsee von Andalo ein (Rundweg ab Campingplatz ca. 2 km). Mehrere Seilbahnen bringen Sie ins Paganella-Massiv. Aus dem Ortszentrum fährt eine Seilbahn in zwei Etappen direkt zum Cima Paganella selbst hinauf (*Via Rindole 3b*). Zuerst fahren wir mit der Kabinenbahn. An der Mittelstation spazieren wir über Almwiesen zum Sessellift. Der bringt uns direkt auf das Gipfelplateau.

Der **Cima Paganella** (2125 hm) fällt nach Osten steil zum Etschtal ab. So liegt ihnen Trient zu Füßen. Dahinter öffnen sich Valsugana (Tour 2), die Täler von Cembra und Fiemme (Tour 3) und am östlichen Horizont sehen Sie bei guter Sicht die Pale di San Martino (Tour 1). Im Norden erblicken Sie einige Burgen, die Sie später auf dieser Tour noch besuchen werden. Im Westen ragt die blendende Brenta mit ihrem weißen Dolomitgestein auf, und nach Süden sehen Sie die gesamte Region bis zum Gardasee, der sich im Horizont verliert. Das Panorama zieht viele Besucher an. Sollten Sie den Aussichtsgipfel in der Hochsaison besuchen, packen Sie sich ein Picknick und genug zu trinken ein, wenn Sie nicht mindestens eine halbe Stunde Wartezeit bis zur Bestellung im Rifugio in Kauf nehmen wollen.

Mountainbiker können sowohl an der Gipfelstation als auch an der Mittelstation in diverse Downhillrouten des **Dolomiti Paganella Bike Park**s einsteigen, darunter auch schwarze Trails. Wer ein bisschen wandern will, folgt dem *Sentiero del Aquile* (Adlerweg) hinab zu einem weiteren Aussichtspunkt über das Etschtal, muss dann aber wieder hinauf (ca. 2,5 km, 240 hm). Möglich ist es auch, über die (durchgehend sonnige) Skipiste zur Mittelstation abzusteigen.

Gegen Unterzuckerung nach dem Bergausflug serviert unten im Ort das ***Café Vienna*** gutes Eis, Cappuccino und Gebäck auf einer schönen ruhigen Terrasse (*Via Piz Gallin 2A*). Die **Kondito-**

Kirchlein San Tomaso

rei *La Stua* hat ein breites Angebot an leckerem Gebäck bis hin zu Pizza zum Mitnehmen (*Via Ponte Lambin* 10).

Wir setzen unsere Fahrt auf der SS421 nach Norden fort. Ab Daldoss fällt die Straße aus der Paganella-Hochebene spürbar ab und gibt den Blick auf unsere weitere Route ins Val di Non frei. Eine herrliche Aussicht kann man zum Beispiel bei einem Stopp an der **Kirche San Tomaso** genießen (*N 46°10'58" E 11°01'12"*). Im Innern der Kirche sind mittelalterliche Fresken und der Holzreliefaltar bemerkenswert. Am Hang dahinter liegt unser nächstes Etappenziel klar erkennbar vor uns. Am Castel Belfort ist Parken kein Problem.

192 Spormaggiore – *Castel Belfort*

GPS: N 46°12'15" E 11°02'27", Località Belfort 1-3, 38010 Spormaggiore. **Max. WOMOs**: Ca. 3. **Ausstattung**: Keine. **Beschreibung**: Teilweise schattiger Kiesparkplatz oberhalb der Straße unterhalb einiger Häuser ohne Service, aber auch ohne Verbotsschilder. **Preis**: Kostenlos. **Zufahrt**: Gegenüber von Castel Belfort.

Castel Belfort wird auch das Kastell der 100 Familien genannt. So oft hat es seit seiner Erbauung im Jahr 1311 die Besitzer gewechselt und genauso oft war es in kriegerische Auseinandersetzungen verwickelt. Mehrfach ist die Burg zerstört und wieder aufge-

Castel Belfort

baut worden, um nun schließlich doch als Ruine dazustehen – wenngleich als sehr reizvolle Ruine. Schon 1901 beschrieb ein Historiker, dass kaum noch Überreste vorhanden sind. Zu den Überresten zählt der Turm, den man auf einer modernen Treppe besteigen kann. Ein Holzsteg führt aussichtsreich durch den oberen Teil der Mauern. Die zweigeschossigen großen Bogenfenster und die vollständig erhaltenen Tordurchgänge schaffen interessante Perspektiven. Die Ruine steht immer offen, und nach der Besichtigung können wir den Parkplatz gleich als Wanderparkplatz weiternutzen. Rund zwei Kilometer sind es von hier zum Wildtierpark von Spormaggiore.

Der ***Belpark* – Parco Faunistico di Spormaggiore** ist Teil des Geoparks Adamello Brenta. Während die Casa Flora in Stenico uns die Pflanzenwelt des *Unesco Biosphärenreservat*s vorgestellt hat, lernen wir im Wildtierpark die Tierwelt kennen. Rehe, Hirsche, Eulen, Füchse, Luchse und sogar Wölfe kann man in den recht großen Gehegen entdecken, wenn sie sich zeigen. Auch die berühmtesten Vertreter der Trentiner Tierwelt fehlen nicht: die Bären. Genau genommen ist der mehr als fünf Hektar große Park 2004 sogar um ein Bärengehege herum geplant worden.

Den Belpark erreichen sie auch aus Spormaggiore (*ca. 1 km, Località Via Albare, Jun. – Sept. tgl. 9.30 – 18.30 Uhr, 9,50 €, belpark.it*). Im Ortszentrum können Sie problemlos parken, und etwas außerhalb finden Sie einen Agricamping.

193 Spormaggiore – *Via Trento*

GPS: N 46°13'01" E 11°02'51", Via Trento, 38010 Spormaggiore. **Max. WOMOs**: Ca. 3. **Ausstattung**: Keine. **Beschreibung**: Betonierter Parkplatz ohne Schatten oder Service, aber auch ohne Verbote mitten im Ort. Der Platz an der Hauptstraße ist durch eine Mauer vor Lärm und Blicken geschützt. **Preis**: Kostenlos. **Zufahrt**: Direkt an der SS 421.

194 Spormaggiore – *Agritur al Bait Osti Marco*

GPS / Kontakt: N 46°13'10" E 11°02'40", Frazione Meano 16, 38010 Spormaggiore, +39-3283-626483, lasorgentebiologicaosti.it. **Max. WOMOs**: Ca. 3. **Ausstattung**: Toilette und Dusche, Brötchenservice, Frühstück, Restaurant. **Beschreibung**: Marco und seine Familie stellen auf ihrem Biobauernhof unterhalb von Spormaggiore schattenlose, aber aussichtsreiche Kies-Stellflächen zur Verfügung. Im Hofladen gibt es selbstgemachte Bioprodukte. Brötchen, Frühstück und ein Abendmenü können bestellt werden. Telefonische Anmeldung empfohlen. **Preise**: 20 – 25 €. **Zufahrt**: Am Kirchplatz von Spormaggiore links durch die enge Via Don Giuseppe Maurina, anschließend um zwei enge Kehren. Schwierig für Fahrzeuge über 7 m Länge.

Spormaggiore (1270 Einwohner, 580 hm) ist deutlich weniger touristisch als Andalo oder Molveno. Der Ort am nördlichen Ende der Paganella-Hochebene ist natürlich gewachsen. Am weitläufigen Dorfplatz sind zwei Kirchen aneinandergebaut. Die Ältere schmücken fast verblasste Außenfresken unter einem Vordach. In einem Durchgangsraum befindet sich ein Marienaltar. Die neuere, klassizistische Kirche wirkt mit rot-gold verkleideten Säulen beinahe kitschig. Kunstvolle Stuckaturen zieren die Marmorkapitelle.

Spormaggiore weist einige hübsche Gassen und schöne alte Palazzi auf. Den **Palazzo Corta Franca** können Sie besichtigen. Darin ist die **Casa Orso** des Naturparks Adamello-Brenta eingerichtet. Das Museum hat drei Teile. Ein Teil zeigt die historischen Räume des Palazzo mit dem Originalmobiliar der Grafen von Alt-

Spormaggiore

spaur. Die anderen Teile des Museums erzählen die Geschichte des Braunbären im Trentino, informieren über seine Lebensgewohnheiten und darüber, wie Bären in der Kunst, im Film und im Märchen erscheinen. Zwischendurch simuliert ein Raum einen Wald. Vögel zwitschern, (ausgestopfte) Eichhörnchen sitzen in den Bäumen, unten scheinen Füchse entlang zu schleichen (*Via Alt Spaur 82. Jul., Aug. Di. – So. 10 – 13 und 14 – 18 Uhr, Eintritt frei*).

Der Bär im Trentino

Erinnern Sie sich noch an Bruno? Den Braunbären, der in den bayerischen Alpen den Menschen zu nahe kam und schließlich getötet wurde? Bruno, der bayerische „Problembär", stammte aus dem Trentino. Seine Geschichte zeigt die Bedeutung der Bären im Trentino.

Der Braunbär (italienisch: *orso bruno*) ist das größte Wildtier in den europäischen Wäldern. Weil er bis in die Mitte des 20. Jahrhundert gejagt wurde, war er fast ausgestorben. Wie der Wolf findet er erst langsam wieder zurück in einige besondere Schutzzonen Mitteleuropas. Eine davon ist der Naturpark Adamello Brenta. Dort war der europäische Braunbär schon immer zuhause. Daher ziert er auch das Logo des Naturparks. Seit der Lebensraum des Trentiner Braunbären 1967 unter Schutz gestellt wurde, haben sich die Bestände erholt. Das freut jedoch nicht alle gleichermaßen.

Der Bär im Trentino ist immer wieder Gegenstand heißer Debatten. Bei den Regionalwahlen im Herbst 2023 wurde er zum Politikum. Ein halbes Jahr zuvor war ein Jogger im Val di Sole von einer Bärin getötet worden. Viele forderten ihren Abschuss, Provinzpräsident Fugatti gab den Forderungen nach. Doch Tierschützer klagten erfolgreich gegen seine Verfügung und brachten die inzwischen eingefangene Bärin in das Wildtier-Pflegezentrum Casteller bei Trient. Im Sommer 2023 kam es erneut zu einem Bärenangriff. Wieder hatten Tierschützer mit einer Klage gegen die Abschusserlaubnis Erfolg. Doch einfangen konnten sie die zweite Bärin nicht. Wenig später wurde sie tot aufgefunden. Vor ihr waren im Jahr 2023 bereits sechs weitere Bären tot geborgen worden. Tierschützer machten Wilderer dafür verantwortlich und auch Politiker sprachen von Selbstjustiz.

Normalerweise sind Bären scheue Tiere. Daher ist es äußerst unwahrscheinlich, dass man ihnen beim Wandern, Joggen oder Mountainbiken begegnet. Zudem sind sie meistens nur in der Dämmerung aktiv. Detaillierte Verhaltenstipps für den seltenen Fall einer Bärenbegegnung gibt es in allen Naturpark-Zentren und meist auch an Hütten oder Seilbahnstationen in der Adamello-Brenta-Region. Der beste Schutz vor Bärenbegegnungen besteht jedoch darin, sich rechtzeitig bemerkbar zu machen. Wenn Sie beim Wandern lauthals singen, suchen Bären in der Regel das Weite – egal wie schön Ihre Stimme ist.

Val di Non

Hinter Spormaggiore verlassen wir endgültig die Adamello Hochebene. Die Straße windet sich in einigen Kehren immer tiefer hinab und mündet unten am Flussufer des Noce in die SS43. Diese Schnellstraße verbindet das Etschtal mit dem Val di Non. Nach rechts erreichen Sie schnell den Einstieg in unsere nächste WOMO-Tour bei Mezzolombardo (4 km). Wir biegen links auf die alte SS43 ins Val di Non ab und gewinnen langsam wieder an Höhe.

Durch Apfelfelder folgen wir den braunen Schildern zum **Castel Thun**. Das dritte und letzte Kastell auf unserer Tour zählt zu den meistbesuchten Schlössern im Trentino. Der erste (Bezahl-) Parkplatz liegt knapp zwei Kilometer vor dem Schloss. Wir fahren bis zum letzten Parkplatz, wo es links mit Glück eine freie Parkbucht für Camper gibt. Sonst müssen wir zahlen.

195 Ton – *P1 Castel Thun*

GPS: N 46°16'23" E 11°05'17", 38010 Ton (550 hm). **Max. WOMOs**: 3. **Ausstattung**: Toilette. **Beschreibung**: Parkplatz mit Wiesenpflaster ohne Schatten oder Service, aber auch ohne Verbote direkt am Fuß des Schlossparks von Castel Thun. Längere Wohnmobile können an einigen Plätzen hinten überstehen. Eine öffentliche Toilette steht während der Besichtigungszeiten des Schlosses zur Verfügung. Automatenzahlung. **Preise**: Tagesticket für Camper 7 €. **Zufahrt**: Der Ausschilderung zum Castel Thun folgen.

Vom Parkplatz führt ein sehr steiler Fußweg durch den schönen alten Wald des Schlossparks zum Schloss hinauf. Alternativ können Sie einen Busservice von den Parkplätzen nutzen. Rund zwei Stunden sollten Sie für den Besuch von Castel Thun einpla-

Die Fahrt zum Schloss Thun führt durch Apfelfelder

Eingang zum Castel Thun

nen. Vom Mittelalter bis ins 20. Jahrhundert war Castel Thun der Sitz der mächtigen Familie Thun. 1992 übergab die Familie das Schloss mitsamt Einrichtung und Kunstsammlungen an die Provinz Trentino. Nach der Restaurierung steht es als seltenes Beispiel einer vollständig eingerichteten Adelsresidenz zur Besichtigung offen.

Das Schloss präsentiert sich mit harmonischer Architektur, gewaltigen Befestigungsbauten und einem großen Garten. Durch das erste Tor gelangen wir in den nördlichen Garten mit Nadelhölzern, Buxbäumen, einem Brunnen und schöner Aussicht. Das zweite Tor führt auf eine Brücke über den Burggraben. Danach betreten wir den inneren Burghof mit der großen überdachten Loggia der Kanonen. Das Innere des großen Schlosses veranschaulicht auf vier Stockwerken das höfische Leben früherer Zeiten. Im Speisezimmer im zweiten Stock mit edlen Möbeln ist wertvolles Geschirr angerichtet. Das Zimmer der Gräfin gleicht einer Gemäldegalerie. Eines der Highlights ist das Bischofszimmer mit seiner Holztäfelung (*Via Castel Thun 1, 38010 Vigo di Ton, im Sommer Di. – So. 10 – 18 Uhr, 8 €*).

Vom Castel Thun fahren wir nun auf die stark befahrene neue SS43 Richtung Cles. Auf der Suche nach einem Wohnmobilstellplatz kommen wir in den hoch über dem Val di Non gelegenen Ortsteil Smarano von Predaia und finden danach einen wunderschönen Übernachtungsparkplatz am See.

196 Smarano – *Area Sosta Camper Merlonga*

GPS / Kontakt: N 46°20'59" E 11°06'35", Via Merlonga 48A, 38012 Smarano (1006 hm), +39-0463-722484. **Max. WOMOs**: Ca. 40. **Öffnungszeit**: Ganzjährig. **Ausstattung**: Alle Einrichtungen, Restaurant, Spielplatz, Ballspielfläche. **Beschreibung**: Der ruhig und grün am Waldrand gelegene Stellplatz mit Stellflächen auf Rasenpflaster wird von der **Pizzeria *I Tre Briganti*** verwaltet. Gute Pizza. Schöne Wandermöglichkeiten, u.a. zum Santuario San Romedio und zu den Laghi di Coredo. **Preise**: 17 – 20 €. **Zufahrt**: Von Dermulo auf der SP7 durch Coredo, dann links nach Smarano und dort in der Kurve wieder links.

197 Predaia – *Le Plaze di Lago Santa Giustina*

GPS: N46°21'10" E11°03'43", Località Le Plaze, 38012 Predaia (545 hm). **Max. WOMOs**: Ca. 5. **Ausstattung**: Teilweise Beleuchtung, Bar. **Beschreibung**: Der Parkplatz der Strandbar *Le Plaze* liegt mitten im Wald oberhalb des Santa Giustina Stausees. Sie stehen auf Wiese, an manchen Plätzen mit direktem Seeblick. Die Polizia kommt, um zu kontrollieren, dass die Fahrzeuge nur geparkt sind und kein Camping stattfindet. Die Bar serviert kleine Speisen wie Bowls und Pommes. Dort gibt es auch Liegestühle mit Seeblick, einen Kanuverleih, Toiletten und sogar eine Dusche. Im Sommer ist einiges los und das bis nachts. **Preis**: Kostenlos. **Zufahrt**: Von der SS43 kurz hinter dem Abzweig nach Cles links hinunter.

Der **Lago di Santa Giustina** liegt wie ein Fjord im Herzen des Val di Non. Während wir auf Tour 4 den Norden und Westen des Stausees kennengelernt haben, erleben wir nun den Südosten. An der **Bar *Le Plaze*** können wir aus Liegestühlen das Treiben am Strand und auf dem See und den Sonnenuntergang beobachten. Ein Drachenboot rudert trommelnd über die spiegelnde Wasserfläche. Am steilen Ufer entlang spazieren wir vom Strand zur Talsperre. Mit dem Kajak erkunden wir die Arme des Fjordes. Auch SUPs stehen zur Vermietung.

Wer halbwegs trainiert ist, schließt sich einer **geführten Kajaktour in die Novellaschlucht** an. Von Le Plaze aus bietet ***Ursus Adventures*** Touren an (*ursusadventures.it*). Ein Motorboot schleppt die Paddler über den See näher an die Schlucht heran.Dann paddeln wir gegen die Strömung in die tiefe Felsenschlucht, deren oberes Ende wir in Tour 4 besucht haben.

Bar Le Plaze

Bis **Sanzeno** (920 Einwohner, 640 hm) ist es vom Strand Le Plaze ein Katzensprung. Der Ort ist das kulturelle Zentrum am südlichen Lago di Santa Giustina. Sehenswert ist neben der **Basilica dei Santi Martiri Anauniensi** (*Via Pra della Fiera*) di **Casa di Gentili** im Ortszentrum (*Piazza della Fontana Vecchia 3*). Der Adelspalast aus der Renaissance zählt zu den wichtigsten Profanbauten im Val di Non. Er beherbergt die Touristinfo und zeigt wechselnde Ausstellungen. Im ruhigen Hof und im historischen Gewölbe serviert eine empfehlenswerte **Osteria** Trentiner Küche mit regionalen Produkten (Reservierung nötig, +39-0463-434136, osteriacasadegentili.it) und verkauft Grappa, Marmeladen und Honig aus eigener Herstellung. Falls Sie dort keinen Platz mehr bekommen: Auf der Terrasse der **Bar *Alla Fontana*** schmecken kleine Gerichte wie Salumi e Formaggi oder Crepes bei schöner Aussicht auf den Dorfplatz ebenfalls.

Überregional bedeutend ist das Archäologie-Museum **Museo Retico** (Rätisches Museum) von Sanzeno. Dort gibt es einen großen Bezahlparkplatz, auf dem auch Platz für Camper ist. Ein kostenloser Parkplatz liegt hinter der Basilika am Ortsrand.

198 Sanzeno – *Basilica dei Santi Martiri Anauniensi*

GPS: N 46°21'50" E 11°04'17, Via dei Santi Martiri Anauniensi 1, 38010 Sanzeno (648 hm). **Max. WOMOs**: 1. **Ausstattung**: Beleuchtung. **Beschreibung**: Kleiner, ruhiger und teilweise schattiger Parkplatz ohne Parkflächenmarkierungen und Verbote am Ortsrand hinter der Basilika. Die Plätze sind nicht ganz eben. Nicht weit in den Ort mit Supermarkt, Bars und Restaurants und zum Strand. **Preis**: Kostenlos. **Zufahrt**: An der Basilika vorbei, links.

199 Sanzeno – *Museo Retico*

GPS: N 46°22'09" E 11°04'47", 38010 Sanzeno (680 hm). **Max. WOMOs**: 2. **Ausstattung**: Beleuchtung, Mülleimer, Picknickbänke, Dixi-Clo. **Beschreibung**: Der Parkplatz an der stark befahrenen Durchgangsstraße schräg gegenüber des Museo Retico bietet größeren Wohnmobilen Längsparkflächen auf Rasenpflaster im hinteren Teil. Kein Schatten. Tagsüber viel Betrieb. **Preise**: 7,50 Euro / Tag. **Zufahrt**: An der SS43dir.

In einem interessanten dekonstruktivistischen Gebäude des Trentiner Architekten Sergio Giovanazzi zeigt das Museo Retico unzählige archäologische Funde aus dem Val di Non. Die Dauerausstellung

Museo Retico Sanzeno

TOUR 10

hat der Innenarchitekt Mario Buffa wie eine Zeitreise gestaltet. Am Eingang bekommen wir einen Museumsführer, der die gesamte italienische Beschriftung im Museum auf deutsch übersetzt. Wir fahren erst einmal in den Untergrund und graben uns dann sozusagen aus der Frühgeschichte nach oben bis ins Mittelalter.

Eine rund 15 Meter lange Vitrine zeigt Schmuck, Werkzeug, Münzen und kleine Alltagsgegenstände aus der frühen Eisenzeit. Aus der römischen Epoche sehen wir unter anderem Statuen und einen Film. Die nächsten Fundstücke stammen aus frühchristlicher Zeit. In der Mittelalter-Abteilung wird die Geschichte von SanRomedio erzählt. Die gesamte Ausstellung ist eingerahmt mit Episoden von Indiana Jones, dem wohl bekanntesten Film-Archäologen. Einen Schwerpunkt setzt sie auf die Räter, die das Val di Non in der Eisenzeit besiedelten. Eines der wertvollsten Exponate ist der sogenannte Rätische Reiter, der auch das Logo des Museums ziert (*Via Rezia 7, im Sommer Di. – So. 10 – 13 und 14 – 18 Uhr, Tel. +39-0463-4341259*). Das Museum liegt am Ausgangspunkt eines spannenden Wanderwegs zur Wallfahrtsstätte des Heiligen Romedius.

TOUR 10

Felsenweg San Romedio

6 km, 160 hm, 2 h

Ein abenteuerlicher Weg führt in schwindelerregender Höhe durch die Schlucht zur Wallfahrtsstätte San Romedio. Wir starten an dem Parkplatz gegenüber des Museo Retico und folgen dem Wegweiser *San Romedio*. Während wir oben am Berg bleiben, wird das Tal rechts unter uns immer tiefer. Nach einem Rechtsbogen kommen wir an ein Tor. Dort beginnt der Felsenweg. Als Pilgerweg bildet er eine Etappe des Jakobswegs durch die Region. Der Weg ist in die Felswand hinein gehauen. Wir müssen nun immer wieder gebückt laufen, um nicht an die Felsendecke zu stoßen. Rechts fällt die Steilwand mehr als 100 Meter senkrecht ab. Doch keine Angst: Der Weg ist gut gesichert.

Nach rund 2 km ist der Felsenpfad zu Ende. Die letzten 500 m laufen wir auf einem kleinen Sträßchen und erklimmen schließlich mit vielen anderen Besuchern die Stufen zur Wallfahrtsstätte. Neben der geistlichen Anlage gibt es auch ein Bärengehege. Zurück geht es auf dem gleichen reizvollen Weg.

San Romedio ist die wichtigste Wallfahrtsstätte im Trentino. Der Ort, der Heilige und seine Geschichte mit dem Bären sind in ganz Italien bekannt. Der Reiz der Anlage besteht in ihrer verschachtelten Architektur. Die Wallfahrtsstätte besteht nicht aus einer

Kirche, sondern aus einer Ansammlung von insgesamt vier Kirchen und Kapellen und vielen weiteren Gebäuden, die aneinander angebaut wurden. Die ältesten Gebäude sind die Kapelle des Heiligen Georg, die alte Gedächtniskirche hinter der heutigen Hauptkirche und die obere Kirche mit dem spitzen gotischen Glockenturm. Sie standen bereits um 1500. Im 18. Jahrhundert wurde die Anlage ausgebaut. Der heutige Kirchhof mit seiner Loggia entstand. Die große Freitreppe kam erst 1864 hinzu, obwohl der Torbogen, durch den sie hindurchführt, aus dem Jahr 1770 stammt.

San Romedio

Im Innern sind vor allem die Romedio-Kapelle mit den Fresken und der Glockenturm mit dem Aussichtsbalkon sehenswert. Eine Ausstellung in einem Seitengebäude zeigt Votivgaben aus vielen Jahrhunderten, darunter auch echte Kunstwerke. Spenden werden gern gesehen (*Via San Romedio 1, im Sommer tgl. 8.30 – 18.30 Uhr, sanromedio.org*). Die Wallfahrtsstätte ist im Sommer auch mit einem Shuttlebus aus Sanzeno erreichbar.

Von Sanzeno fahren wir nun weiter Richtung Passo di Mendola (Mendelpass). Am Ortsausgang des übernächsten Ortes **Romeno** liegt die schöne **Kirche Sant'Antonio in Abate** mit Außenfresken am Straßenrand. Bei Cavareno kommen wir für kurze Zeit auf eine Strecke, die wir aus Tour 4 bereits kennen. Bei dieser Tour haben wir das Dorf Fondo ausgelassen, das wir nun als nächstes besuchen. Das Wohnmobil parken wir oberhalb des Ortes am Eisstadion.

200 Fondo – *Palasmeraldo Stadio del Ghiaccio*

GPS: N 46°26'47" E 11°08'59", Via Lago Smeraldo, 38013 Fondo (1021 hm). **Max. WOMOs**: Ca. 3. **Ausstattung**: Beleuchtung, Bar. **Beschreibung**: Der asphaltierte Parkplatz am Eisstadion von Fondo bietet zwar keinerlei Service, und leider liegt auch viel Müll herum. Am Eisstadion gibt es aber eine Bar mit Toilette, und der kurze Wanderweg in den Ort ist traumhaft. Einige längere Parkflächen am Rand. **Preis**: Kostenlos. **Zufahrt**: In Fondo der SS238 Richtung Tret und Passo Palade rechts abbiegen. Am Ortsende erneut rechts Richtung Palaghiaccio und Lago Smeraldo.

Fondo (1500 Einwohner, 1000 hm) ist ein hübscher Ort mit einem historischen Zentrum. Im oberen Teil stehen die Kirche San Martino (Via San Martino 2) und eine große **astronomische Wasseruhr** (Piazza San Giovanni), die ein echtes Wunderwerk der Uhrmachertechnik darstellt. Sie zeigt nicht nur die Uhrzeit, sondern auch die Mondphasen, Monats- und Wochentage und die Tierkreiszeichen an. Dazu kommt alle halbe Stunde ein Glockenspiel.

Unten am Fluss Rio Sass ist in einer historischen Mühle die **Casa dell'Acqua** untergebracht (*Via Giovanni Segantini*). In dem kleinen, interaktiven Museum dreht sich alles ums Wasser und seine Nutzbarmachung. Eine weitere Mühle, die Bertagnolli-Mühle ist so gut erhalten, dass sie bis heute die Technik vorführt, mit der bis 1961 Weizen, Buchweizen, Roggen und Mais gemahlen wurden.

Die größten Sehenswürdigkeiten von Fondo hat aber die Natur geschaffen. Der **Rio Sass** fließt in dem Dorf in einen abenteuerlichen Canyon, den man nur mit einer Führung besuchen kann (*Buchungsbüro an der Piazza San Giovanni, canyonriosass.it*). Wer lieber auf eigene Faust unterwegs ist, spaziert von der Casa dell'Acqua zum **Lago Smeralda**.

TOUR 10

Spaziergang Burrone di Fondo und Lago Smeralda

4 km, 80 hm, 1 h

Von der Casa dell'Acqua in Fondo verläuft ein schattiger Weg immer am Rio Sass entlang zum Lago Smeralda. Auf einer Strecke von gerade mal zwei Kilometern erleben wir ein idyllisches Bachtal, eine dunkle Felsenschlucht, einen donnernden Wasserfall und einen smaragdgrünen See.

Der Weg verläuft zunächst bequem und ohne Schwierigkeiten am Rio Sass entlang. Am linken Ufer liegen die Überreste einer ehemaligen Mühle. Kurz nachdem wir das Flüsschen überquert haben, wandelt sich das Bachtal in eine enge Schlucht und das Vogelgezwitscher im Auenwald wird vom Rauschen des Wassers übertönt. Gitterstege und Treppen erleichtern den Weg über die Felsen. Ab und zu heißt es: Kopf einziehen. Die Schlucht ist nicht lang, aber dennoch ein Erlebnis. Sie führt zu einem breiten Wasserfall, der von einer Staumauer rund zehn Meter in die Tiefe donnert.

Eine Treppe an der Seite des Wasserfalls bringt uns hinauf zum smaragdfarbenen Lago Smeralda. Das Wasser ist so klar, dass die Wasserpflanzen deutlich zu sehen sind. Sie verleihen dem See seine spezielle Farbe. Wir umrunden den See gegen den Uhrzeigersinn und gehen danach auf dem gleichen Weg doch nun mit anderer Perspektive zurück.

Auf der SS238 Richtung Norden klingt unsere Tour aus. Wir kommen nun aus dem Trentino nach Südtirol. Die kleine Gemeinde **St. Felix** liegt genau auf der Grenze. Sie zählt zwar noch zum Val di Non (Nonstal) – genauer gesagt zur Region Deutschnonsberg, aber auch bereits zu Südtirol. Eine Pension bietet dort einen kleinen Stellplatz mit Fullservice.

In Fondo

201 San Felice – *Area Sosta Camper Laugen*

GPS / Kontakt: N 46°29'07"N 11°08'20"E, Via Palade 39, 39010 San Felice, (Gampenstraße 39, 39010 Unsere liebe Frau im Walde - St. Felix), +39-0463-886226, laugen.info. **Max. WOMOs**: 12. **Öffnungszeit**: Mitte April bis Mitte Oktober. **Ausstattung**: Alle Einrichtungen, Café, Konditorei, Eisdiele, Pizzeria, E-Bike-Verleih. **Beschreibung**: Der geschützte und sonnige Stellplatz auf Kies ist erst 2020 ausgestattet worden. Die hilfsbereiten, deutsch sprechenden Gastgeber servieren auch Frühstück. **Preise**: 20 – 30 €. **Zufahrt:** Direkt an der Straße zum Gampenpass rechts zwischen Tret und St. Felix.

Rund 350 Höhenmeter müssen wir von dort hinaufsteigen, um zum schönen **Felixer Weiher** zu kommen. Der See auf 1650 Metern Meereshöhe ist tatsächlich zum Baden geeignet. Allerdings sollte man nicht allzu kälteempfindlich sein. Ein weiteres schönes Wanderziel ist der **Wasserfall von Tret**, aber auch diese Tour ist mit einigen Höhenmetern verbunden. In jedem Fall fahren wir erfrischt weiter.

Wenn Sie sich auf dem Nachhauseweg befinden, kommen Sie über den Gampenpass in einigen Kehren vorbei an Völlan hinab nach Lana in Südtirol (ca. 25 km). Dort trifft die Passstraße auf die SS38, die Bozen und Meran verbindet (siehe WOMO-Reiseführer Band 30). Wollen Sie unsere nächste WOMO-Tour anschließen, führt der schnellste und bequemste Weg auf der SS43 durch Fondo und das Nonstal zurück bis Mezzolombardo (ca. 33 km). Von der Strecke über den Mendelpass hinab zum Kalterer See raten wir aufgrund des teilweise extremen Gefälles eher ab.

Tour 11

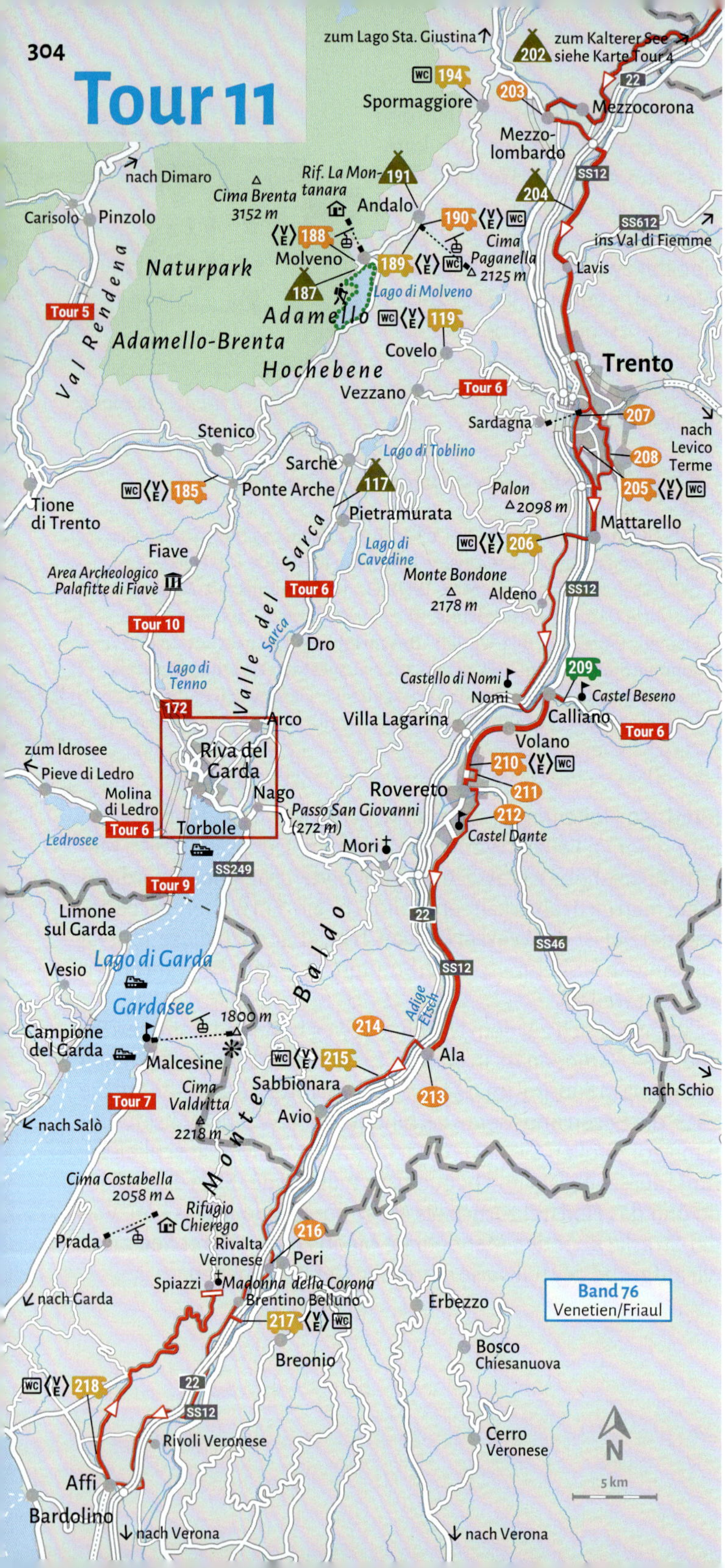
zum Lago Sta. Giustina
zum Kalterer See siehe Karte Tour 4
Spormaggiore
Mezzocorona
Mezzolombardo
nach Dimaro
Cima Brenta 3152 m
Rif. La Montanara
Andalo
Carisolo
Pinzolo
Naturpark Adamello-Brenta
Molveno
Cima Paganella 2125 m
ins Val di Fiemme
Lavis
Lago di Molveno
Val Rendena
Tour 5
Covelo
Trento
Hochebene
Vezzano
Tour 6
Sardagna
nach Levico Terme
Stenico
Lago di Toblino
Sarche
Ponte Arche
Tione di Trento
Pietramurata
Palon 2098 m
Mattarello
Fiave
Lago di Cavedine
Monte Bondone 2178 m
Aldeno
Area Archeologico Palafitte di Fiavè
Tour 10
Valle del Sarca
Dro
Lago di Tenno
Castello di Nomi
Nomi
Castel Beseno
Calliano
Arco
Villa Lagarina
Volano
zum Idrosee
Riva del Garda
Pieve di Ledro
Molina di Ledro
Nago
Rovereto
Passo San Giovanni (272 m)
Castel Dante
Ledrosee
Torbole
Mori
Tour 9
Limone sul Garda
Lago di Garda
Gardasee
Vesio
Monte Baldo
Adige Etsch
1800 m
Campione del Garda
Malcesine
Sabbionara
Ala
Tour 7
Cima Valdritta 2218 m
Avio
nach Schio
nach Salò
Cima Costabella 2058 m
Rifugio Chierego
Prada
Rivalta Veronese
Peri
Spiazzi
Madonna della Corona
Brentino Belluno
Erbezzo
nach Garda
Band 76 Venetien/Friaul
Bosco Chiesanuova
Breonio
Rivoli Veronese
Cerro Veronese
Affi
Bardolino
nach Verona
5 km

Das unbekannte Etschtal
Von Mezzocorona nach Affi
150 km

Alle Italienurlauber kennen das Etschtal. Denn es ist das Tal, durch das die Brennerautobahn läuft. Aber was befindet sich links und rechts der Autobahn? Das entdecken wir auf dieser Tour. Unsere Highlights:

- **Trentiner Weinstraße**
- **Giardino dei Ciucioi**
- **Altstadt von Trento**
- **Museen und Gassen von Rovereto**
- **Wallfahrtskirche Madonna della Corona**

Das Etschtal ist wohl das erschlossenste Tal im Trentino. Während auf deutsch das gesamte Tal vom Brenner bis kurz vor Verona Etschtal genannt wird, trägt das Tal im Italienischen verschiedene Namen. Im Norden des Trentino heißt es Piana Rotaliana. Da es bis kurz vor Trient keine gute Übernachtungsmöglichkeit auf Trentiner Gebiet gibt, starten wir am Kalterer See in Südtirol.

202 Kaltern am See – *St. Josef am Kalterer See*

GPS: N 46°22'20" E 11°15'09", St. Josef 75, 39052 Kaltern am See, +39-0471-960170, camping-kalterersee.com. **Max. WOMOs**: 100. **Öffnungszeit**: Mitte März bis Anfang November. **Ausstattung**: Alle Einrichtungen, Minishop, Bar / Pizzeria, Bade- und Bootssteg, kleiner Spielplatz. **Beschreibung**: Ruhig direkt am Seeufer gelegener Campingplatz mit schattigen Wiesenstellflächen in drei Größen. **Preis**: 47–50 €. **Zufahrt**: Direkt an der Weinstraße.

Vom Kalterer See folgen wir der Südtiroler Weinstraße am westlichen Steilhang des Etschtals entlang nach Süden. Wir kommen durch einige hübsche Weindörfer, unter anderem auch durch Tramin, wo der Gewürztraminer herkommt. Kurz nachdem der Steilhang nach rechts zurückweicht, verlassen wir Südtirol und erreichen das Trentino im kleinen Dörfchen Roverè della Luna (Eichholz). Ab hier folgen wir nun der SP90. Die Trentiner Weinstraße führt uns zunächst nach Mezzocorona (Kronmetz). In dem Städtchen am Zugang zum Val di Non legen wir den ersten Stopp ein.

Mezzocorona (5500 Einwohner) liegt direkt unterhalb fast senkrecht aufragender Felswände. Den Gesamteindruck dominiert die ungewöhnlich große und bunte Kuppel der **Pfarrkirche Santa Maria Assunta**. Ihre Südseite ziert eine große Sonnenuhr. Über dem großen Doppelportal mit Marmorsäulen und einer Mutter Gottes befindet sich ein Rosettenfenster (*Piazza della Chiesa*).

Mezzolombardo

Schnell sieht man dem Städtchen an, dass es auf großen Wohlstand zurückblickt. Etliche Adelspaläste sind in den Straßen verteilt. Direkt an der zentralen Piazza della Chiesa liegt der langgezogene **Palazzo Firmian**, den die Kommune als Rathaus nutzt. Er war schon im Mittelalter Sitz der Rechtsprechung. Äußerlich ist er eher schlicht. Doch die Restaurierungsarbeiten der Gemeinde brachten im Jahr 1985 im Inneren barocke Fresken des österreichischen Kunstmalers Paul Troger aus dem frühen 18. Jahrhundert zum Vorschein. Gegenüber befindet sich der hübsch restaurierte **Palazzo Martini** aus der zweiten Hälfte des 17. Jahrhunderts mit blauen Fensterläden, der im Inneren ebenfalls mit barocken Fresken geschmückt ist. An den Wohnsitz der Adelsfamilie Martini schließen sich die historischen Bauten der Landwirtschaft und der Kellerei an (*Via Dante Alighieri 4*).

Entlang der Via Giovanni Barone Cristani gelangt man vorbei an weiteren Palazzi, wie dem Palazzo Vogtenhof und dem Palazzo Vicinia schließlich zum **Castel Firmian**, dem Schloss der Tiroler Adelsfamilie Firmian, die Mezzocorona lange Zeit beherrscht hat. Das Schloss am Ortsrand befindet sich bis heute in Privatbesitz. Es löste die oberhalb in den Felswänden gelegene mittelalterliche Höhlenburg Castel San Gottardo als Herrschaftssitz ab, um die sich eine schaurige Basiliskensage rankt (Via Castello).

Mit der *Funivia* erreicht man aus dem oberen Ortsteil schnell den Monte de Mezzocorona (*Via alla Grotta 1*). Oben befindet sich ein spektakulärer Skywalk. Zugleich starten dort zahlreiche Wanderwege. Der Parkplatz der Seilbahn liegt am Hang und ist nur mit kleinen Campingbussen erreichbar. Man muss durch eine historisches Tordurchfahrt mit einer Höhenbegrenzung von 2,80 Meter fahren. Ein kurzer aussichtsreicher Spaziergang führt von der Talstation in rund zehn Minuten zu einer Mariengrotte.

Wer es sportlich mag, kann auf einer 50 km langen Radtour die Weinzone der **Piana Rotaliana** erkunden. Auf dem reichhaltigen Kiesboden, den der Fluss Noce aus dem Val di Sole und Val di Non herabgeschwemmt hat, gedeihen geschützt von senkrechten Bergwänden einige spezielle Trentiner Trauben, darunter der süffige Teroldego. Die Radtour führt aber nicht nur zu Weinkellereien. Auch die Grappaherstellung hat in der Region jahrhundertelange Tradition. Davon kann man sich im Nachbarort **Mezzolombardo** überzeugen. Die große **Grappabrennerei *Villa de Varda*** beherbergt auch ein Museum (*Via Rotaliana 27A*).

Einen *schönen Ausblick* über die Piana Rotaliana hat man vom Friedhof von Mezzolombardo, der mit einem Laubengang, einer Franziskanerkirche und einigen repräsentativen Grabmälern auch architektonisch interessant ist oder vom **Turm Toresela**. Beide soll künftig eine Hängebrücke verbinden. Die schmale und steile Auffahrt zum Friedhof über einen Kreuzweg ist für Wohnmobile nicht zu empfehlen. Besser ist ein Parkplatz im Ort.

203 Mezzolombardo – *Via Milano*

GPS: N 46°12'31" E 11°05'47", Via Milano 1, 38017 Mezzolombardo. **Max. WOMOs**: 4. **Ausstattung**: Beleuchtung. **Beschreibung**: Einfacher, ebener, asphaltierter Parkplatz, der ausdrücklich auch für große Fahrzeuge ausgewiesen ist und an den Sportflächen von Mezzolombardo in einer Seitenstraße liegt. **Preis**: Kostenlos. **Zufahrt**: Von der Piazza Battisti rechts in die Via Trento, gleich wieder rechts in die Via Milano.

Nach dem Besuch in Mezzolombardo wechseln wir die Talseite. Wir fahren durch das Gewerbeviertel, in dem die außergewöhnliche Architektur der großen **Weinkellerei *Rotari*** (*Via Tonale 110, 38010 San Michele all'Adige*) auffällt, und erreichen **San Michele all'Adige** (Sankt Michael an der Etsch, 3050 Einwohner). Dort folgen wir der Etsch zunächst einen Kilometer nach Norden bis zur ***Cantina Endrizzi***. Das exklusive Bio-Weingut ist bekannt für seinen Gran Masetto. Es bietet Degustationen und Besichtigungen – und einen schönen Blick auf das oberhalb in den Weinbergen gelegene Castello di Monreale (*Località Masetto 2, endrizzi.it*). Das

Ausblick auf Mezzocorona und die westliche Piana Rotaliana

Kirche San Michele Archangelo

Schloss, in dem die Grafen von Eppan herrschten, ist in Privatbesitz und nur zu besonderen Anlässen geöffnet.

Zurück im Ort San Michele all' Adige parken wir das Wohnmobil für die Ortsbesichtigung auf einer großen asphaltierten aber schattenlosen Parkfläche auf dem Gelände der ***Fondazione Edmund Mach*** (*Parcheggio Via Maso Barco, N 46°11'43"N, E 11°08'06"*). Die Fondazione Mach unterhält ein in der gesamten Provinz Trentino angesehenes Landwirtschafts- und Weinbauinstitut und das Institut für Alpenökologie, und prägt mit mehreren großen Gebäuden und der Kellerei den gesamten Ort. Wenige Schritte bergab erreichen wir die prächtige namensgebende **Barockkirche San Michele Archangelo**, zu der steile Stufen hinaufführen. Die barocke Fassade unterbrechen zahlreiche Nischen mit lebensgroßen Statuen von Bischöfen. Über dem Portal befindet sich eine Skulptur des Erzengels Michael, der hier in einer äußerst lebendigen Szenerie mit seiner Lanze keinen Drachen, sondern einen pferdefüßigen Teufel mit Eselsohren niederringt. Auf dem Dach wird eine riesige Uhr von zwei weiteren Skulpturen flankiert.

Direkt neben der Kirche befindet sich das **Trentiner Volkskundemuseum**. Mit insgesamt 40 Sälen gilt es als eines der größten volkskundlichen Museen in Italien. Es zeigt die traditionellen Berufe des Trentiner Berglandes und verortet die bäuerlichen und handwerklichen Tätigkeiten in den Naturlandschaften der Region. So sind etwa in der Abteilung über den Wald die verschiedenen Phasen der Waldarbeit durch die Werkzeuge dokumentiert, die für die einzelnen Vorgänge erforderlich sind: Vom Fällen, Entasten und Transportieren mit Schlitten und Kutschen über das Entrinden bis zum Zersägen der Stämme in den bekannten venezianischen Sägen und zur Weiterverarbeitung in Tischlereien und Kunstschnitzereien. Auf ähnliche Weise folgt das Museum dem Weg der Wolle vom Schaf bis zum Pullover. Es erklärt auch die Käserei mitsamt den besonderen Käsesorten, die das Trentino bietet, und viele weitere traditionelle Berufe. Zudem zeigt es historische Einrichtungsgegenstände und Kostüme.

Die Detailbeschriftung ist leider nur auf italienisch. Es gibt jedoch zu Beginn jeder Abteilung deutsche Informationstafeln. Für den Besuch sollte man durchaus zwei Stunden oder mehr einplanen. Da das Museum in einem alten Augustiner-Kloster logiert, ist es auch architektonisch interessant (*Via Mach 2, museosanmichele.it*).

Von San Michele nehmen wir den oberen Ortsausgang und schwingen uns auf der SP 131 hinauf auf die ***Strada del Vino del***

Trentino Richtung Lavis. Die Trentiner Weinstraße führt hier aussichtsreich am östlichen Hang des Etschtals durch die Weinberge. An der Route liegen immer wieder Weingüter, manche traditionsreich, andere modern, manche günstig, andere exquisit. Den herrlichen Ausblick über das Etschtal kann man zum Beispiel auf der Terrasse des ***Maso Poli*** genießen. Das Weingut aus dem frühen 17. Jahrhundert ist um einen Verkostungsraum und einen modernen, unterirdischen Weinkeller ergänzt worden. Es baut vor allem Pinot Grigio, Pinot Nero, Teroldego, Lagrein, Chardonnay und Nosiola an (*Strada del Vino 33, 38015 Lavis*). Der einzige Campingplatz im Trentiner Etschtal nördlich von Trento liegt in Sichtweite unten im Tal leider nicht annähernd so idyllisch.

204 Lavis – *Camping Moser*

GPS: N 46° 10' 5" E 11° 6' 53", Via Nazionale 64, Loc. Nave San Felice, 38015 Lavis, +39-461-870248. **Öffnungszeit**: keine Information verfügbar. **Max. WOMOs**: Ca. 20. **Ausstattung**: Alle Einrichtungen, auch Zimmer. **Beschreibung**: Der Platz gehört zu einem Hotel und liegt hinter dem Albergo Moser direkt zwischen der Hauptverbindungsstraße SS12 und der Bahnlinie. Er ist daher auch nachts nicht ruhig. Dafür gibt es neue Sanitäranlagen und schattige, ebene, teils parzellierte Wiesen-Stellplätze unter großen alten Bäumen. **Preise**: 26 – 44 Euro. **Zufahrt**: Direkt an der SS12.

Auch wenn wir nun bereits ins Einzugsgebiet von Trento kommen, lassen wir uns einen Stopp in **Lavis** (Laifs, 8900 Einwohner) nicht entgehen. Die Stadt an der Mündung des Avisio in die Etsch zeigt sich Reisenden, die von Norden kommen, mit Hochhäusern und Gewerbebauten nicht gerade von ihrer Schokoladenseite. Ganz anders sieht es jedoch am Ufer des Avisio und in der hübschen Altstadt aus, deren enge Gassen man besser zu Fuß erkundet. Das Wohnmobil parkt zum Beispiel am Parkplatz des Friedhofs (*N 46°08'29" E 11°06'17"*). Kurze Fahrzeuge finden einen zentrumsnahen Parkplatz an der Brücke **Pont del Fer** (*N 46°08'16" E 11°07'06"*).

In der Altstadt von Lavis

Die 48 Meter lange Brücke ist mit ihrer Eisenkonstruktion selbst eine Sehenswürdigkeit. Zugleich gibt sie den Blick auf den Avisio frei, der hier aus dem Val di Cembra herabrauscht. Unten befindet sich ein kleiner Strand. Dort startet ein Spazierweg, der am Fluss-

Giardino del Ciucioi

ufer entlang bis ins **Naturreservat Foci dell Avisio** führt. Man erreicht ihn, wenn man die Brücke Richtung Altstadt überquert hat und sich dann nach rechts wendet.

Dort befinden sich auch die ersten Sehenswürdigkeiten von Lavis. Rechts sehen wir direkt das kleine **Kirchlein Madonna di Loreto**, links steht ein Denkmal für den Tiroler Freiheitskämpfer Andreas Hofer, dessen Geschichte eng mit der Piana Rotaliana verknüpft ist. Schließlich hatte er sein Hauptquartier zeitweise bei Mezzolombardo aufgeschlagen. Mehr Infos gibt es beim thematischen Stadtrundgang mit dem Titel »Hofer war hier« über einen Barcode an den einzelnen Stationen. Am Denkmal erfahren wir etwa, dass französische Truppen am 2. Oktober 1809 an der Loretokirche 60 gefangene Tiroler Aufständische erschossen haben. Doch einer überlebte, versteckte sich zwischen den Leichen und berichtete von dem Vorfall, als er sich in Sicherheit gebracht hatte.

Wir folgen der Hauptstraße nach links und erreichen so die Altstadt mit ihren charmanten, engen Gassen. An der Chiesa di San Udalrico beginnt eine Fußgängerzone mit kleinen Läden. Hübsch präsentiert sich auch die historische **Piazza Grazioli**.

Eine echte Besonderheit ist der **romantische Garten Giardino dei Ciucioi**, den die Gemeinde Lavis aufwendig restauriert und 2019 wiedereröffnet hat. Er schmiegt sich teils als hängender Garten, teils als Terrassengarten an die steil aufragende Felswand des Hausbergs Doss Paion. Geschaffen hat ihn der Architekt Tommaso Bortolotti um die Mitte des 19. Jahrhunderts. Deshalb wird er auch Giardino Bortolotti genannt. Der Garten ist eine große Illusion mit einem architektonischen Stilmix. So bettet sich etwa die Fassade einer neugotischen Kirche in die Felsenwand. Doch eine Kirche ist dort nicht. Man flaniert durch den Bogengang eines nie vollendeten Schlosses und kann einen *Giardino Secreto* (geheimer Garten) erkunden. Die große Orangerie, die ursprünglich zu der außergewöhnlichen Parkanlage gehörte, wurde im Ersten Weltkrieg zerstört, und auch andere Gebäude litten. Bis heute bieten aber zahlreiche Balkons schöne Ausblicke.

Der Garten kann normalerweise nur nach Voranmeldung mit einer Führung (italienisch) besichtigt werden. In der Nebensaison gibt es aber oft noch freie Plätze bei den Führungen, die im Abstand von 90 Minuten starten und etwa eine Stunde dauern (*Vicolo de Ciucioi, +39-0461-1752525, ecoargentario.it/giardinodeiciucioi*).

Hinter Lavis führt die SS12 durch Gewerbe- und Industriegebiete am Stadtrand von **Trento** (Trient, 118.000 Einwohner). Die lebendige Provinzhauptstadt ist die größte Stadt im Trentino und gilt vielen Italienurlaubern als *Tor zum Süden*. Wenn man von Norden kommt, ist sie die erste italienischsprachige Großstadt. Die Universität haucht den altehrwürdigen Mauern der historischen Altstadt unterhalb des berühmten Castel del Buonconsiglio studentisches Leben ein. Rund um das interessante Naturwissenschafts-Museum MUSE ist ein modernes, grünes Stadtviertel entstanden, und eine Seilbahn führt hinauf in den Vorort Sardagna. Um diese spannende Mischung aus Tradition und Moderne, urbanem Flair und Naturnähe zu erleben, ist ein Tag sehr kurz. Folgende Übernachtungsmöglichkeiten bieten sich an:

205 Trento – *Area Camper Fersina*

GPS / Kontakt: N 46°02'54" E 11°07'12", Via Fersina, 38123 Trento, +39-3357-877747, www.trentinomobilita.it/sosta-camper. **Max. WOMOs**: 33. **Öffnungszeit**: Ganzjährig. **Ausstattung**: Alle Einrichtungen. **Beschreibung**: Komfortabler Wohnmobilstellplatz, der von der Autobahn schnell erreicht und dennoch ruhig und gut ans Zentrum angebunden ist. Sie stehen auf großzügigen Plätzen mit Rasenpflaster zwischen Büschen und Bäumen. WC und Duschen sind sauber und beheizt. Der Platz ist videoüberwacht und abgeschlossen, wenn der Platzwart nicht vor Ort ist. Dann muss man die Telefonnummer am Eingangstor anrufen, um eingelassen zu werden. Empfehlenswert ist auch die etwa 20 Geh-Minuten entfernte **Pizzeria *Niky's*** (*Via Enrico Fermi 7*). Max. 48 h. **Preise**: 21,20 € / 24 h, Nachttarif 18 – 10 Uhr: 12,75 €. **Zufahrt**: An der Autobahnausfahrt Trento-Sud Richtung Norden, leicht rechts in die Tangenziale Sud und kurz nach einer Abzweigung erneut rechts.

206 Trento – *Agricamping Bauer Trento*

GPS / Kontakt: N 46°00'37" E 11°06'38", Via Delle Ischie 35B, 38123 Trento, agricampingbauertrento.it. **Max. WOMOs**: 16. **Öffnungszeit**: April bis Oktober und Dezember. **Ausstattung**: Alle Einrichtungen, Picknicktische, Sonnenterrasse, Hofverkauf, Wifi an der Rezeption, Zeltplätze, Zimmer. **Beschreibung**: Die Wiesenstellplätze liegen idyllisch zwischen Apfel- und Kiwi-Bäumen und sind teilweise etwas abschüssig (Keile empfohlen). Die nahen Straßen und die Hubschrauberpilotenschule sind tagsüber zu hören. Sanitäranlagen neu und beheizt. Die freundliche Betreiberin Lorenza verkauft im Herbst frische Äpfel, Granatäpfel, Kiwis und Apfelsaft zu günstigen Preisen. **Preise**: 28 – 34 €. **Zufahrt**: An der SP 131 zwischen Mattarello und Valle links der Beschilderung durch die Apfelplantagen über einen Feldweg folgen.

Trento weist außerdem einige öffentlichen Parkflächen aus, die auch Wohnmobile aufnehmen.

207 Trento – *Parcheggio San Severino P7*

GPS: N 46°03'58" E 11°06'53", Via R. da Severino, 38123 Trento. **Max. WOMOs**: 4. **Ausstattung**: Beleuchtung. **Beschreibung**: Zentraler, asphaltierter Großparkplatz ohne Höhenbeschränkung und Nachtparkverbot auf halber Strecke zwischen Zentrum und Museum MUSE. **Preise**: 1,20 € / h (8–19.30 Uhr). **Zufahrt**: SS12 Ausfahrt Piedicastello (A22 Trento Nord), über die Etschbrücke und gleich rechts.

208 Trento – *Parcheggio Zuffo*

GPS: N 46°02'40" E 11°08'22", Via Asiago, Ortsteil Villazzano. **Max. WOMOs**: 6. **Ausstattung**: Beleuchtung, Ver- und Entsorgung. **Beschreibung**: Kameraüberwachter, geteerter Großparkplatz direkt an der Schnellstraßenausfahrt Trento Centro mit 17 markierten Stellflächen für Wohnmobile und günstiger Ver- und Entsorgung. Auch nachts laut, weil er zwischen Schnellstraße und Autobahn liegt. Max. 48 h. **Preise**: 1 € / h incl. Ver- und Entsorgung, 5 € / 24 h. **Zufahrt**: Im Kreisverkehr Trento Centro an der SS12.

Zwei kostenlose Wohnmobil-Parkplätze für Aufenthalte bis zu vier Stunden tagsüber stehen am Lungadige Montegrappa zur Verfügung (*N 46°04'06" E 11°06'54"*). Aufgrund seiner zentralen Lage im Trentino ist Trento aber auch sehr gut mit öffentlichen Verkehrsmitteln erreichbar. Aus dem Valsugana (Tour 2), dem Val di Non (Tour 4) und durch das Etschtal fahren regelmäßig Züge.

Direkt neben dem Bahnhof fällt die alte romanische Kirche **Badia di San Lorenzo – Tempio Civico** ins Auge. Die Benediktinerabteil aus dem 12. Jahrhundert spielte während des Konzils von Trient (siehe S. 314) eine wichtige Rolle (*Piazza Dante 7*). Gegenüber des Bahnhofs befindet sich im Park Giardini Pubblici ein monumentales Dante-Denkmal. Dahinter schließt sich schon die *verkehrsberuhigte Altstadt mit prächtigen Renaissancepalästen* an. Das Zentrum der Altstadt bildet die **Piazza Duomo**.

Der Dom von Trient – offizieller Name: **Cattedrale di San Vigilio** – wirkt von außen dezenter als von innen. Der dreischiffige romanische Kirchenbau gilt mit Werken von der frühchristlichen Periode bis ins 19. Jahrhundert als *Schatztruhe sakraler Kunst*. Wertvolle Fresken aus dem 14. Jahrhundert und Gemälde aus Renaissance und Barock machen ihn zu einer Perle für Kunstinteressierte. An der Südflanke wurde im 17. Jahrhundert die barocke Kreuzkapelle angebaut. Sie bewahrt das hölzerne Kreuz auf, vor dem die Beschlüsse des Konzils von Trient verkündet wurden. An der Nordflanke befindet sich eine Vorhalle mit romanischen Elementen und Säulen, die von Löwen getragen werden.

Das Konzil von Trient

Das wohl bedeutendste Ereignis in der Geschichte der Stadt Trient mit nachhaltiger weltweiter Wirkung war das Konzil der Kirchenväter im 16. Jahrhundert. Von 1545 bis 1563 berieten 220 Kardinäle, Bischöfe, Äbte und Patriarchen im mehr als 25 Sitzungen über die Kirchenstrukturen – freilich unter dem Eindruck von Martin Luthers kurz zuvor abgeschlossener Bibelübersetzung. Die Sitzungen fanden nicht im Castello del Buonconsiglio statt, wie der Name des Stadtschlosses vermuten lässt, sondern im Dom, der damals noch Santa Maria Maggiore gewidmet war.

Einberufen hatte die Versammlung der katholische Kaiser Karl V. mit dem Ziel, die durch die Lutheranische Reformation gespaltene christliche Kirche wieder zu vereinen. Doch die reformierten Christen blieben der Versammlung fern, weil sie Verfolgung fürchteten. Das nutzten die strengen Katholiken, um ihre Überzeugungen durchzusetzen. Am 4. Dezember 1563 endete das Konzil schließlich mit Beschlüssen, die die Gegenreformation einleiteten und die katholische Kirche in Abgrenzung von der Reformation definierten, unter anderem mit einer starken Rolle des Papstes. Damit besiegelte das Konzil schließlich die Spaltung, die es eigentlich überwinden sollte.

Südlich des Domes befindet sich auf der kleinen schattigen Piazza Adamo d' Arogno ein Modell der Stadt Trient. Zum Bummeln lädt die hier anschließende Einkaufsstraße Via Giuseppe Garibaldi ein, die in die Via Giuseppe Mazzini übergeht.

Vom Dom in Richtung Westen zur Etsch hin protzen in der **Via Guiseppe Verdi** mehrere gigantische Palazzi, in denen Institute der Universität von Trient untergebracht sind. Dagegen wirkt die historische Philharmonie bescheiden. Eine Querstraße weiter serviert die **Pizzeria *Da Albert*** einfallsreiche Kuchen und täglich wechselnde ungewöhnliche Pizzen. Statt mit Tomatensoße ist der dünne Boden zum Beispiel mit Zucchini-Basilikum-Pesto bestrichen. Zu der modernen, nicht ganz billigen Bio-Küche passt die moderne Einrichtung (*Via Verdi 15*).

Auf der nördlich an den Dom anschließenden Piazza Duomo ist der barocke **Neptunbrunnen** (*Fontana del Nettuno*) Wahrzeichen und Mittelpunkt. Der **Palazzo Pretorio** mit dem Turm Torre Civica aus dem 11. Jahrhundert schließt sich direkt an den Kirchenbau an. In dem Palast residierten im Mittelalter die Fürstbischöfe von Trient. Im nun darin eröffneten **Museo Diozesano Tridentino** (Tridentiner Diözesanmuseum) können Besucher einen reichen Kirchenschatz bestaunen (*Piazza del Duomo 18, museodiocesanotridentino.it*).

Ganze Geschichten erzählen die überbordenden Außenfresken der beiden Häuser **Case Cazuffi-Rella** auf der Piazza Duomo. Unten lädt das ***Café Italia*** zu einem Cappuccino ein, und der Adlerbrunnen spendet Trinkwasser. An dieser Ecke startet die prachtvolle **Via Rodolfo Belenzani**. Dort reiht sich ein Palazzo an den nächsten. Die Fassaden sind mit Fresken, Statuen, Marmor-

Piazza Duomo mit Neptunbrunnen, Kathedrale und Palazzo Pretorio

balkons oder Laubengängen geschmückt. Einige der Palazzi stehen offen, so etwa der Palazzo Geremia. Er wurde um die Wende vom 16. zum 17. Jahrhundert errichtet wurde und gilt als eines der ersten Beispiele der Trentiner Renaissance. Im Innenhof befindet sich ein Modell des historischen Trient aus Porphyrgestein. Der rötliche Stein, der im benachbarten Val di Cembra (Tour 3) abgebaut wird, bildet auch den Boden mancher Altstadtgassen. Die **Eisdiele *La Gelateria*** verkauft hausgemachtes regionales Eis mit besonderen Namen wie etwa Consiglio (*Via Belenzani 50*). In der Straße befindet sich außerdem eine Außenstelle des MART (*Museo di Arte Moderna, Galleria Civica di Trento, mart.tn.it, Via Belenzani 44*) und das alte Rathaus *Municipio Vecchio* (*Via Belenzani 54*).

Die Prachtstraße läuft direkt auf die Kirche **San Francesco Saverio** zu. Die Barockkirche mit Marmorfiguren am Portal wurde zu Beginn des 18. Jahrhunderts um ein mittelalterliches Gebäude herum errichtet, dessen Spuren noch an der Fassade sichtbar sind. Sie gilt unter anderem wegen ihrer Altarbilder als einer der Höhepunkte barocker Sakralkunst in Trento (*Via Roma 57*).

Wer sich von hier nach rechts wendet, gelangt zum sogenannten **Teufelspalast** (*Palazzo del Diablo, eigentlich Palazzo Fugger-Galasso*), der 1602 auf Betreiben eines Angehörigen der Augsburger Fugger-Familie errichtet wurde. Johann Wolfgang von Goethe greift im Bericht von seiner Italienischen Reise die Sage auf, besagter Fugger-Sohn habe den Palast in einem Pakt mit dem Teufel in nur einer Nacht errichtet (*Via Manci 5*). Wenig weiter befindet sich der **Palazzo Salvadori**, der an die wiederkehrende Verfolgung der Juden im Trentino erinnert. Er wurde im frühen 16. Jahrhundert an der Stelle der ehemaligen jüdischen Synagoge errichtet. Die

Castello Buonconsiglio von oben

beiden Steinmedaillons am Eingangsportal zeigen einen angeblichen, in Wirklichkeit jedoch nie verübten Ritualmord der jüdischen Gemeinde an einem Knaben. Die Gemeindemitglieder wurden mit dieser Anschuldigung verfolgt und aus der Stadt vertrieben (*Via Manci 69*).

Die Straße führt als Via San Marco geradewegs auf die wohl bedeutendste Sehenswürdigkeit der Stadt Trient zu. Wir betreten das **Castello del Buonconsiglio** durch das Diamantentor. Rund um den geometrisch angelegten Garten des Schlosses, das die Fürstbischöfe vom 13. bis ins 18. Jahrhundert bewohnten, verlaufen zwei idyllische Laubengänge. Bedrückend hingegen sind die Gefängniszellen, die die österreichische Regierung im Ersten Weltkrieg eigens für die italienischen Widerstandskämpfer einrichtete. Unter anderem warteten dort Cesare Battisti und Fabio Filzi auf ihr Todesurteil, das im Burggraben vollstreckt wurde.

Das Schloss hat es in sich. In mehreren Ausstellungen zeichnet es die Geschichte des Trentino von der Steinzeit bis zur Neuzeit nach. Zu sehen sind unter anderem Hölzer der Pfahlbauten der Region, keltische Waffen, sowie Werkzeuge und Schmuck der rätischen Kultur, die sich in vorchristlicher Zeit in dieser Alpenregion herausgebildet hat.

Der Schlossbau selbst ist ein Konglomerat aus mehreren Epochen. Sechs Türme weist das Castello auf. Der Hauptturm Il Mastio, auch als Torre del Augusto bezeichnet, ist der älteste Kern des Castel Vecchio (altes Schloss). Ein wunderschöner Ausblick auf die Stadt Trient bietet sich von der venezianischen Loggia. Ganz oben im Castel Vecchio befindet sich der prachtvolle Bischofssaal mit Bildnissen der Kaiser und (Fürst-)Bischöfe. Die Wände des Torre dell' Aquila (Adlerturm) ziert der sogenannte Ciclo dei Mesi (Kalenderzyklus), ein Fresken-Meisterwerk der Gotik.

An das Castel Vecchio schließt der Magno Palazzo aus dem frühen 16. Jahrhundert an. Mit dem prunkvollen Bau stellte Fürstbischof Bernhard von Cles Macht, Einfluss und Reichtum zur Schau. Kunstvolle Fresken zieren die Loggia im Cortile di Leon (Löwenhof), das dort anschließende Treppenhaus und die Decken der umliegenden Säle, in denen sich eine Ge-

Via Bellenzani

Galerien in ehemaligen Tunnels

mäldeausstellung befindet. Für den Besuch des Castello del Buonconsiglio, das als *bedeutendstes Schloss im Trentino* gilt, sollten Sie mindestens zwei Stunden einplanen (*Via Bernardo Clesio 5, buonconsiglio.it*). Den Altstadtspaziergang können Sie danach fortsetzen.

Der *Giro al Sass* (Runde durch die Gemäuer) der Einheimischen führt vom Castello weiter in die Via San Pietro mit der gleichnamigen neugotischen Kirche aus dem 19. Jahrhundert. Die charmanten Altbauten beherbergen hier zahlreiche kleine Geschäfte. Am **Largo Carducci** bieten Straßencafés Gelegenheit zur Pause. Der klassische Giro al Sass führt dann durch die Via Oriola zurück zur Piazza Duomo. Wer noch mehr von der Altstadt sehen möchte, folgt der Via Mantova zur Piazza delle Erbe und nimmt dort die Via Carlo Dordi zurück zum Piazza Duomo.

Eine weitere wichtige Sehenswürdigkeit von Trento liegt versteckt unter dem Pflaster der Gassen: Seit kurzem können im SASS (*Spazio Archaeologico Sotteraneo*) die Ausgrabungen des römischen Tridentum besichtigt werden. Von der **Piazza Cesare Battisti** gelangt man hinab in die römische Stadt aus dem ersten Jahrhundert vor Christus. Zur Besichtigung steht ein Gebiet von etwa 1700 Quadratmetern offen. Es umfasst einen Abschnitt der östlichen Stadtmauer, ein breites Pflasterstraßenstück und Häuserreste mit Mosaiken.

Schließlich hat Trento auch außerhalb der Altstadt einiges zu bieten – allem voran das bemerkenswerte **Museum MUSE**. Der Bau des Architekten Renzo Piano ist von außen ein echter Hingucker. Drinnen ist es mit Schauen nicht getan. Vielmehr vermittelt das Naturkundemuseum und Science Center mit Experimenten Wissen aus den Bereichen Biologie, Naturwissenschaft, Nachhaltigkeit und Technik. Dabei dreht sich die Dauerausstellung um das Thema Berge. Einen Besuch wert ist auch das Tropenhaus. Das MUSE ist bei Touristen und Einheimischen gleichermaßen beliebt. Daher empfiehlt es sich, Tickets online vorab zu kaufen. In dem Museum kann man mindestens einen halben Tag verbringen (*Corso del Lavoro e della Scienza 3, Di.–Fr. 10–18, Sa.–So. 10–19 Uhr, www.muse.it*). Direkt daneben befindet sich das

Das beliebteste Museum im Trentino

Renaissanceschloss Palazzo Albere mit einem schönen Park. Das Schloss und der Garten sind derzeit wegen Renovierung geschlossen. Der weitläufige Park setzt sich aber am Ufer der Etsch entlang nach Süden fort. Sehr gutes Eis haben wir im angrenzenden neu entstandenen Stadtviertel in der ***Pasticceria Dolcemente*** gegessen (*Viale della Costituzione 28*). Ganz im Süden der Stadt befindet sich schließlich am Flughafen von Trento das **Luftfahrtsmuseum *Museo dell' Aeronautica*** (*Via Lidorno 3, museostorico.it*).

Den schönsten Ausblick über Trento bietet die Panoramaterrasse im hoch gelegenen Vorort **Sardagna** von Trento. Sie ist mit der Seilbahn in weniger als fünf Minuten erreicht. Die Talstation der *Funivia Trento–Sardagna* befindet sich direkt am Ufer der Etsch (*Lungadige Monte Grappa 1, am Ponte San Lorenzo*). Unterhalb der Panoramaterrasse ragt der *Busa degli Orsi* (Bärenkäfig) über die senkrechte Felswand hinaus. Vorsicht: Nur für Schwindelfreie! Durch den Gitterboden hindurch blickt man mehrere hundert Meter nach unten. Das Dorf Sardagna mit der Kirche San Filipo e Giacomo erreicht man nach rund einem Kilometer. Der Weg hinab nach Trento ist mit 30 Minuten angegeben.

Ein weiterer Aussichtsberg ist der **Doss Trento** mit dem Mausoleum für Cesare Battisti. Am Fuß des Berges liegt das ungewöhnliche **Museum Le Galerie Piedicastello**. In zwei ehemaligen Straßentunneln finden Installationen und Themenausstellungen statt. Eine Ausstellung handelt vom Zweiten Weltkrieg, eine weitere informiert über die Entwicklung der (militärischen) Flugzeugtechnik und die dritte beschreibt die Geschichte des Alpinismus. Nehmen Sie eine Jacke mit. In den Tunneln ist es auch im Sommer kühl (*Piazza di Piedicastello, Di.–So. 10–18 Uhr, Eintritt frei*).

Nach dem Besuch in Trento bringt uns die SP90 auf der anderen Seite der Etsch Richtung Süden durch Weinberge und an Felsen entlang bis nach **Nomi** (1300 Einwohner). Das Wohnmobil parkt bequem und kostenlos auf dem Gelände der ehemaligen Cantina, die

Die Burgruine von Nomi thront über dem Vallagarina

seit 15 Jahren geschlossen ist, zur Not auch über Nacht (*N 45°55'42" E 11°04'28", Via Roma 1-3, kein Service, Betonuntergrund*). Der Ort ist bekannt für seine Schaumweine. Ein Hingucker ist die alte Wohnburganlage mit mehreren Türmen, der sogenannte Palazzo Vecchio. Wir sind aber wegen der Aussicht über das Etschtal hier, die eine oberhalb des Ortes gelegene Burgruine verspricht. Das **Castello de Nomi** ragt auf einem senkrecht abfallenden Felsen über das Etschtal, das hier südlich von Trento bereits Vallagarina heißt. Von der Burg ist nur der malerische Rest eines Turms, ein zentrales Gewölbe und in Grundzügen der Eingang erhalten. Auf den Mauerresten blühen Blumen und der Ausblick ist umwerfend. Denn hier liegt uns das ganze Vallagarina zu Füßen. Das kleine Nomi präsentiert sich direkt unter uns als historisches Dächermeer.

Spaziergang zum Castello de Nomi

2 km, 60 hm, 45 min

Vom zentralen Festplatz an der Via Roma biegen wir vor der wuchtigen Ortskirche mit ihrem aufgestockten Turm rechts in die Gasse Via Baroni dell' Moll ein und folgen ihr an der zinnenbewehrten Mauer entlang bis in die Via Monte Corona. Dort halten wir uns links. Von nun an geht es der kaum befahrenen Straße folgend stetig bergauf. Bald kommen wir in die Weinberge oberhalb des Dorfes und die Straße überwindet einen kurzen, extrem steilen Anstieg. Oben zweigt ein breiter Feldweg nach rechts ab, der uns sanft ansteigend und befestigt mit einem Holzgeländer zu unserem Ziel bringt.

Wir erreichen schnell einen schattigen Picknickplatz unter einer Gruppe von Bäumen. Halten wir uns rechts, gelangen wir über Steinstufen zur markanten weißen Marienstatue, um die sich weitere Aussichtsbänke gruppieren. Folgen wir vom Picknickplatz dem Wiesenweg nach links an einem verfallenen Steinwall entlang auf zwei majestätische Zedern zu, so gelangen wir zur Burgruine. Ein Holzgeländer geleitet uns nach oben in die Burganlage, wo wir den Ausblick genießen.

Zurück geht es zunächst auf dem gleichen Weg. Im Ort wählen wir nun die Via Dante Alighieri, die vorbei an traditionellen Trentiner Häusern mit Holzbalkons zurück zur Kirche führt.

Cascata Zambel

Von Nomi aus gelangen wir über die SP59 auf die andere Seite der Etsch. Unser nächstes Ziel ist das bedeutende **Castel Beseno**. Dort kann man zwar theoretisch mit dem Wohnmobil hinauffahren. Oben wird jedoch oft so eng geparkt, dass man Probleme mit dem Wenden bekommen kann. Wir empfehlen daher, den Schlossbesuch mit einer Wanderung zu kombinieren. Ein guter Ausgangspunkt ist der Picknickplatz an der SS350.

209 Calliano – *Cascata Zambel*

GPS: N 45°55'46" E 11°06'10", SS350. **Max. WOMOs**: 2. **Ausstattung**: Wasser, Grillstelle, Picknicktische. **Beschreibung**: Parkplatz mit leicht abschüssigen Stellflächen für kürzere Fahrzeuge. Steile Einfahrt! Hinter den Parkflächen befindet sich ein schattiges grünes Picknickgelände. Ein kurzer, erlebnisreicher Spaziergang von ca. 20 Minuten führt zum Wasserfall des Rio Cavallo (an der Straße entlang nach oben, dort rechts in den Weg einbiegen und dem Weg am Wasserkanal entlang nach unten folgen. Der Wanderweg *Sentiero del Gac* zum Castel Beseno ist mit einer Stunde angegeben. **Preis**: Kostenlos. **Zufahrt**: In Calliano auf die SS350.

Alternativ können Sie das Wohnmobil im Ort Calliano auf dem Gratisparkplatz in der Via III Novembre abstellen (*N 45°55'56" E 11°05' 39"*), oder im Ort Besenello auf dem Gratisparkplatz in der Via Carducci 19 halten (*N 45°56' 22" E 11°06'45"*) und von dort auf der Straße zum Castel Beseno laufen.

Castel Beseno gilt als *größte Burganlage des Trentino*. Die gut erhaltene Festung aus dem 12. Jahrhundert stand im 15. Jahrhundert im Zentrum der historischen Schlacht von Calliano zwischen Venedig und Tirol. Dem Ereignis ist eine Ausstellung im Palazzo

Castel Beseno

Marcabruno der Burg gewidmet, in der Sie sich mit Helm, Schild und Rüstung wappnen können. Seit dem 14. Jahrhundert herrschten die Tiroler Grafen von Trapp in der Burg über die dazugehörigen Ländereien. Ihr Wappen ist noch heute an einigen Stellen zu sehen, etwa an der markanten Nordbastion.

Die Burg ist von mehreren Ringmauern geschützt. Die Kasse befindet sich hinter dem Tor der zweiten Ringmauer. Das sogenannte „Dunkle Tor“ führt schließlich zum ersten Hof. Dort kann man den Besuch auf der Festungsmauer mit Blick auf das Vallagarina fortsetzen. An der Piazza Grande im Burginneren steht neben Stallgebäuden und der Pulverkammer auch das hohe Palais, in dem noch einige Fresken erhalten sind und der Palazzo Marcabruno. Zudem darf man auf Castel Beseno im Rahmen von Museumsprogrammen in die Rolle der Ritter schlüpfen. Für den Besuch sollten Sie auch ohne Ritterspiele rund anderthalb Stunden einplanen.

Die gut ausgebaute SS12 führt bald darauf in die Vororte von Rovereto. Wer nicht direkt in die zweitgrößte Stadt des Trentino fahren will, kann in Volano einen Stopp einlegen. Ein bequemer, aber lauter asphaltierter Parkplatz befindet sich direkt am Ortseingang unterhalb der SS12 (N 45°55'01" E 11°3'26". Die ***Pasticceria Dario*** serviert ums Eck eine riesige Auswahl an Gebäck, Kuchen und sonstigen süßen Teilchen, aber auch Panini (*Via Europa 2A, 38060 Volano*).

TOUR 11

Rovereto (40.000 Einwohner) ist zur Etsch hin von einem Gürtel aus Gewerbe und Industrie umgeben. Ihren Charme enthüllt die Stadt nur den Besuchern, die sich Zeit nehmen, um sich durch die Altstadtgassen und Museen treiben zu lassen. Wie Trento ist auch Rovereto Universitätsstandort. Zudem beherbergt die Stadt gleich zwei wichtige Kunstmuseen, die einen Ruf in ganz Italien genießen. Die Atmosphäre ist entsprechend locker und modern, während in den autofreien Altstadtgassen praktisch jedes Haus Geschichte geschrieben haben könnte. Nördlich der Innenstadt gibt es einen kommunalen Stellplatz und Parkplätze für den Tagesbesuch.

210 Rovereto – *Area Camper Sosta La Quercia*

GPS / Kontakt: N 45°54'08" E 11°02' 12", Via Palestrina 3, 38068 Rovereto, +39-0464-357821, areacamperquercia.it. **Max. WOMOs**: 14. **Öffnungszeit**: Ganzjährig. **Ausstattung**: Alle Einrichtungen, Picknicktische, Wifi. **Beschreibung**: Neu gestalteter kommunaler Wohnmobilstellplatz mit Plätzen auf Rasenpflaster zwischen der Durchgangsstraße SS12 und dem Fußballstadion. Dadurch ist der Platz selten leise. Zudem ist er rund 30 Minuten Fußweg vom Zentrum entfernt (20 Minuten vom MART). Ver- und Entsorgung während der Rezeptionsöffnungszeiten (9.30 – 12 und 17.45 – 19.45). Reservierungen möglich. Automatenzahlung auch mit Kreditkarte. **Preise**: 16 € / 24 h, 8 € / 12 h **Zufahrt**: An der SS12 ausgeschildert (Richtung MART, Stadion).

211 Rovereto – *Via Graser*

GPS: N 45° 53' 50" E 11° 02' 27", Via Giovanni Battista Graser 6, 38068 Rovereto. **Max. WOMOs**: 3. **Ausstattung**: Keine. **Beschreibung**: Großzügiger asphaltierter Parkplatz mit insgesamt rund 30 Parkflächen, von denen etwa fünf für Camper geeignet sind. Längere Fahrzeuge können hinten überstehen. Kein Nachtparkverbot, kaum Schatten. Rund 5 Gehminuten zum MART, 15 Minuten in die Altstadt. **Preis**: Kostenlos. **Zufahrt**: Von der SS12 der Ausschilderung zum MART folgen, am Kreisverkehr am Ende der Via Magazol erste Ausfahrt rechts in die Via Baratieri, dort nach 200 Metern rechts.

Die mit Abstand bedeutendste Sehenswürdigkeit von Rovereto ist das **Museo di Arte moderno i contemporaneo** – kurz: MART. Das große Kunstmuseum gilt nicht nur als wertvollste Sammlung moderner und zeitgenössischer Kunst in ganz Italien. Es beeindruckt zudem durch seine moderne Architektur. Der Tessiner Architekt Mario Botti und der Ingenieur Giulio Andreolli aus Rovereto haben das Gebäude um einen überdachten runden Innenhof nach dem Vorbild einer antiken Agora herum konzipiert. Die Glas-Metall-Konstruktion des Daches erinnert an ein Spinnennetz. Das Museumsgebäude rahmt den runden Platz zu rund drei Vierteln ein. Die glatte zylindrische Fassade ist unten durch einige Zugänge (unter anderem auch zur Bibliothek und zu einem beliebten Café) und oben durch schmale Glasschlitze unterbrochen.

Wer das Museum betritt, findet sich in einem monumentalen Saal mit einem wandfüllenden Gemälde wieder, das durch das dahinterliegende Treppenhaus unterbrochen wird. Zwei Etagen voller moderner und zeitgenössischer italienischer Kunst war-

Rovereto im historischen und modernen Gewand

Die Burg (links) und die Casa Depero beherbergen bedeutende Museen

ten nun auf die Besucher. Die Sammlung des Mart umfasst etwa 20.000 Werke. Eine Auswahl aus diesen Meisterwerken zeigt das Museum im ersten Stock. Wechselnde thematische Ausstellungen in der zweiten Etage vertiefen und ergänzen einzelne Aspekte auch um eine internationale Perspektive. Wer alle Ausstellungen sehen will, ist mindestens drei Stunden beschäftigt. Zum MART gehört außerdem ein *Parco Sculptura* (Skulpturenpark) neben dem Museumsgebäude (*Corso Bettini 43, Di. – So. 10 – 18, Fr. bis 21 Uhr, mart.tn.it*).

Das MART unterhält eine Dependance in Trento und verwaltet auch die **Casa d' Arte futurista Depero** in Rovereto. Das einzige Futurismusmuseum in Italien sei ausdrücklich auch Menschen empfohlen, die mit Kunst im Allgemeinen nicht viel anfangen können, aber Humor haben. Denn Fortunato Depero hat in seinem von ihm selbst bereits 1957 als Museum gestalteten Haus Kunst und Design auf witzige und populäre Weise vereint. Unter anderem geht das 0,1l-Camparisoda-Fläschchen auf ihn zurück, und auch der Campari-Affe stammt aus seiner Feder. Ähnlich lustige Figuren und poppige Formen finden sich in dem von ihm selbst in Details gestalteten Haus an vielen Stellen (*Via Portici 38, Di. – So. 10 – 18 Uhr, mart.tn.it*).

Drei weitere Museen in Rovereto bedienen unterschiedliche Interessen: Das **Museo della Citta** erzählt die Geschichte der Stadt von der Frühzeit über das Mittelalter und die bedeutende Epoche der Seidenindustrie bis hin zur Moderne anhand von archäologischen Funden, Gemälden, Fotos, Archivdokumenten und mit Multimedia-Installationen. Es residiert im Palazzo Sichart (*Via Calzinari 18, www.fondazionemcr.it/museo_della_citta*). Das **Museo di Scienze e Archeologia** widmet sich den Wissenschaften und der Archäologie mit regionalem Bezug zum Vallagarina (*Borgo Santa Caterina 41, www.fondazionemcr.it*). In der Burg von Rovereto ist schließlich das Italienische Kriegsmuseum **Castello Rovereto Museo Storico de la Guerra** untergebracht. Das bereits 1921 geschaffene Museum zeigt zahlreiche Originalgegenstände aus dem Ersten Weltkrieg und aus vorangegangenen Kriegen. Die Ausstellung wurde erst kürzlich modernisiert. Das Gebäude ist auch architektonisch interessant (*Via Castelbarco 7, Di. – So. 10 – 18 Uhr, museodellaguerra.it*).

Rovereto an der Ponte Forbato (links) und in der Via Dante Alighieri

Rovereto besteht aber nicht nur aus Museen. Sehenswert sind vor allem die alten Stadtviertel. Schon das MART ist links und rechts von repräsentativen historischen Bauten flankiert, die Institute der Universität beherbergen. Auf dem Weg in die Altstadt passiert man am **Corso Bettini** weitere Palazzi und das historische Theater Zandonai. An der **Piazza Rosmini** zieht der Renaissancepalast Palazzo del Ben mit seinen Außenfresken die Blicke auf sich. Fast direkt zum Bahnhof führt von hier die Prachtstraße **Corso Antonio Rosmini**, die von zahlreichen weiteren monumentalen Altbauten gesäumt ist, darunter der bedeutende Palazzo Al Frassem, die Philharmonie und der Justizpalast.

Während Rovereto in diesem Teil der Altstadt protzt, umfangen die verwinkelten Gassen zwischen der Piazza Rosmini und der Burg die Besucher mit weniger monumentalen historischen Gebäuden und idyllischen Plätzen. Am besten lassen Sie sich hier einfach treiben. Im traditionsreichen ***Café Bontadi*** mit eigener Rösterei können Sie die Atmosphäre auf der Piazza Cesare Battisti auf sich wirken lassen. Das etwas modernere Flair in der Via Portici können Sie bei Panini und frischgepresstem Saft im ***Café Al Portico*** genießen. Auf der Piazza delle Erbe findet samstags ein Bauernmarkt statt. Regionale Köstlichkeiten verkauft auch der alteingesessene **Feinkostladen *Finarolli Alimentari*** (8 Via Mercerie 8). Für den größeren Mittags-Hunger wählen die Einheimischen in Rovereto gern die ***Trattoria Bar Christian*** mit üppigen Pastagerichten (*Via Orefici* 17).

Beim Bummel durch die Gassen sollten Sie die **Kirche San Marco** an der gleichnamigen Piazza di San Marco nicht versäumen. Sie erinnert an die venezianische Herrschaft in Rovereto. Nicht weit entfernt befinden sich der Stadtturm **Torre Civica** (*Via della Terra* 5). Unterhalb der Burg fällt das **Rathaus von Rovereto** mit einem Laubengang und Außenfresken auf (*Piazza del Podestà* 11).

Über die historische Brücke **Ponte Forbato** erreichen wir das Viertel Santa Maria südlich des Flusses Leno. Die gleichnamige Straße Via Santa Maria ist zwar nicht autofrei aber mit ihren uralten, eher niedrigen Häusern aus dem 18. Jahrhundert dennoch sehr charmant. Sie läuft auf die Kirche Santa Maria di Carmine zu. Von dort erreichen wir über eine neuere Brücke über den Leno die Via Dante Alighieri, die vorbei an Villen aus dem 19. Jahrhundert zur Shoppingzone zwischen Via Tartarotti, Via Garibaldi und Via Fontana führt.

Viel Sehenswertes gibt es auch in der Umgebung von Rovereto. An erster Stelle sei die **Friedensglocke Campana dei Cadutti** auf dem Hügel Miravalle genannt. Die Glocke mit dem Namen Maria Dolens läutet jeden Abend, meist um 20.30 Uhr, 100 mal, um zum Frieden zu mahnen. Die Legende sagt, dass sie aus der Bronze der Kanonen der Länder, die im Ersten Weltkrieg gekämpft haben, verschmolzen wurde. Ein bequemer Parkplatz befindet sich am Eingang zu dem Park mit der Glocke (*N 45°52' 27" E 11°02' 29", Via Miravalle*).

Ein Rundwanderweg von gut einer Stunde verbindet die Friedensglocke mit dem Militärdenkmal **Sacrario Militare di Castel Dante**. Ein Osario bewahrt dort die Knochen der ermordeten Soldaten aus dem Ersten Weltkrieg auf. Wer mit dem Wohnmobil hinfährt, sollte der Ausschilderung auf der SS12 durch Lizzana folgen. Andere Straßen sind sehr eng. Dafür findet sich am Sacrario Militare ein komfortabler Parkplatz ohne Nachtparkverbot. Dort erzählen Informationstafeln die dramatische Geschichte des Vallagarina im Ersten Weltkrieg auch auf deutsch.

TOUR 11

212 Rovereto – *Parcheggio di Castel Dante*

GPS: N 45°52'21" E 11°02'09", Via Costari 11A, 38068 Rovereto. **Max. WOMOs**: 3. **Ausstattung**: Beleuchtung. **Beschreibung**: Ebener, asphaltierter Parkplatz mit 3 Längsparkflächen für lange Fahrzeuge am Ortsrand. Bushaltestelle direkt nebenan. Etwas Straßenverkehr und Spaziergänger. **Preis**: Kostenlos. **Zufahrt**: Über die SS12 und durch Lizzana der Beschilderung zum Sacrario Militare folgen, an der Via Dante links.

Vom Sacrario Militare kann man mit einem Wohnmobil, das nicht länger als 8,70 Meter und höchstens 2,50 breit ist, auf der schmalen, von Gedenksteinen gesäumten **Strada degli Artiglieri** etwa vier Kilometer weiter zur Baita degli Alpini fahren. Dort starten mehrere Wanderwege. Unter anderem findet sich ein Einstieg in den Fernwanderweg Sentiero della Pace (Friedensweg), der Stätten des Ersten Weltkriegs verbindet. Gesperrt war zuletzt jedoch der etwa zwei Kilometer lange, familienfreundliche Wanderweg zu den Dinosaurierspuren in den Felsen südlich von Rovereto. Gesperrt war 2023 auch die Straße SS46, die landschaftlich reiz-

San Colombiano

voll durch das Vallarsa über die sogenannten kleinen Dolomiten ins Veneto und dort nach Vicenza führt. Ein kurzer Abstecher lohnt sich dennoch. Denn bereits wenige Kilometer hinter Rovereto klammert sich die **Eremitage San Colombiano** in die senkrechte Felswand. Zu der Klause führt ein kurzer Spaziergang durch das tief eingeschnittene Tal des Flusses Leno. Für Fußfaule gibt es an der SS 46 hinter einem kurzen Tunnelabschnitt einen Aussichtspunkt.

Von Rovereto zweigt die SS240 zum nördlichen Gardasee ab (Tour 7). Wir bleiben jedoch im Vallagarina. Westlich schließt nun der **Naturpark Monte Baldo** an, dessen andere Seite zum Gardasee hin abfällt. Das Schutzgebiet zeichnet sich durch extreme Höhenunterschiede von fast 2000 Metern und eine große Artenvielfalt aus. Schon im 16. Jahrhundert bezeichnete man die Monte Baldo Hänge als *Hortus Italiae* (Garten Italiens), und sammelte Arzneipflanzen.

Wir sparen die kurvigen Bergstraßen an den östlichen Monte Baldo-Hängen vorerst aus und bleiben im Tal. Die SS12 führt von Rovereto durch Weinberge, kleine Waldstücke und Felsenstürze am linken Talrand entlang durch Serravalle nach Ala. Dort bieten sich in Ermangelung eines offiziellen Wohnmobilstellplatzes oder Campingplatzes mehrere kostenlose Parkmöglichkeiten zur Not auch für eine Übernachtung an. Unser Tipp:

213 Ala – *Via Basilio Anzelini*

GPS: N 45°45'20" E 11°00'11", Via Basilio Anzelini 6, 38061 Ala.
Max. WOMOs: 3. **Ausstattung**: Keine. **Beschreibung**: Einfacher, zentrumsnaher, schattenloser Kies-Parkplatz zwischen einem verlassenen Haus und einer Wiese. Ruhig, aber etwas abschüssig. **Preise**: Kostenlos.
Zufahrt: Von der Viale IV Novembre links in die Via Anzelini. Der Parkplatz befindet sich links gegenüber von ummauerten Parkplatz.

Ala (8900 Einwohner) ist vom italienischen Touring Club mit der Bandiera Arancione ausgezeichnet worden. In manchen Straßen der barocken Altstadt reiht sich ein Palazzo an den nächsten. Die kleine dreieckige **Piazza delle Erbe** ist bei jedem Wetter charmant. An vielen Plätzen und Ecken stehen zudem hübsche historische Brunnen zwischen den hochherrschaftlichen Gebäuden, die vom früheren Reichtum zeugen.

Brunnen in Ala

Im **Palazzo Pizzini** soll Napoleon genächtigt haben. Heute beherbergt der Palazzo das **Museo del Pianoforte Antico** (Museum des antiken Klaviers) mit Instrumenten aus der Zeit Mozarts, Schuberts, Beethovens und Chopins (*Via Santa Caterina 1*). Im venezianischen **Palazzo Taddei** verbrachte dagegen der Tiroler Freiheitskämpfer Andreas Hofer eine seiner letzten Nächte, bevor er in Mantua von den Franzosen erschossen wurde. Hinter der schlichten Fassade des Palastes aus dem 15. Jahrhundert, der als ältestes Gebäude von Ala gilt, verbirgt sich ein Innenhof mit Bogengängen. Im Palast soll künftig das Regionalmuseum für Webkunst eröffnen. Schon heute ist dort ein restaurierter historischer Webstuhl für glatten Samt zu sehen. Für diesen Samt war Ala im 18. Jahrhundert europaweit bekannt (*Via Nuova 43*).

Alas Altstadt wird von der Pfarrkirche Santa Maria Assunta überragt. Die Chiesa di San Giovanni gegenüber des Rathauses Municipio beherbergt einen prächtigen Barockaltar mit Marmorsäulen (*Via Cesare Battisti 20*). Bescheiden nimmt sich dagegen die Chiesa di San Francesco und das angrenzende Kloster aus dem frühen 17. Jahrhundert aus (*Piazza Papa Giovanni XXIII 14*). An der Piazza bietet das ***Café Bistrot Le Bastie*** Snacks und kleine Speisen in großer Vielfalt und guter Qualität zu günstigen Preisen (*Piazza Papa Giovanni XXIII 19*). Einen Kontrast zur historischen Altstadt bildet der **Skulpturenpark im Parco Bastie** mit moderner Bildhauerkunst.

Liebhaber historischer Orte überqueren in Ala erneut die Etsch. Auf der rechten Seite des Flusses liegt der kleine Ortsteil **Pilcante** von Ala mit seiner **Barockkirche San Martino** (*Via Padre Ilario Dossi 2*) malerisch auf einem Hügel. Ein ausgewiesener Wohnmobilparkplatz findet sich am Ortsrand.

TOUR 11

214 Ala – *Parco del Pilcante*

GPS: N 45°46'03" E 10°59'58". **Max. WOMOs**: 3. **Ausstattung**: Beleuchtung, Park mit Picknicktischen nebenan. **Beschreibung**: Drei Parkflächen, die ausdrücklich für Wohnmobile ausgewiesen sind reihen sich in einer kleinen Seitenstraße am Ortsrand hintereinander. Alle Plätze sind etwas abschüssig. **Preise**: kostenlos. **Zufahrt**: Direkt am Ortseingang.

Wir bleiben nun auf der rechten Seite der Etsch und folgen der SP90 zum Doppelort Avio-Sabbionara. Die Straße zwängt sich hier malerisch direkt zwischen die breite Etsch und den bewaldeten Berghang. Noch vor dem Ortseingang von Sabbionara bietet das ***Ristorante Garni Erta*** Wohnmobilstellplätze an.

215 Sabbionara – *Ristorante Garni Erta*

GPS / Kontakt: N 45°44'35" E 10°58'07", Via Pozza 2, 38063 Sabbionara, ristorantegarnierta.it. **Max. WOMOs**: 12. **Öffnungszeit**: Ganzjährig. **Ausstattung**: Alle Einrichtungen. **Beschreibung**: Stellplätze auf einer (bei Regen sumpfigen) Wiese hinter dem Restaurant. Man muss durch eine Tordurchfahrt mit 3,70 Metern Höhe fahren. Kein Schatten, sehr einfache Sanitäranlagen. Autobahn und Bahn führen in der Nähe hörbar vorbei. Die Bezahlung erfolgt im Restaurant bei dem netten Betreiber ohne Verpflichtung, dort etwas zu konsumieren. Das Essen wird aber gelobt. **Preise**: 15 €. **Zufahrt**: Direkt an der Ortszufahrt rechts.

Die enge Ortsdurchfahrt von **Sabbionara** (1200 Einwohner) und **Avio** (4100 Einwohner) sollten Sie sich mit dem Wohnmobil sparen. Parken Sie besser direkt an der SP90, wenn Sie die Orte besichtigen wollen. Kurze Fahrzeuge finden im Ort am Sportplatz einen schattigen asphaltierten Parkplatz (*N 45°44'26" E 10°57'37"*). Ein geräumiger Parkplatz für längere Fahrzeuge findet sich am Kreisverkehr am Ortsausgang (*N 45°44'20" E 10°57'11"*). Sehenswert ist vor allem das große **Castello di Sabbionara d' Avio** oberhalb des Ortes. Die mittelalterliche Burg mit Festungsmauern aus dem 13. Jahrhundert umfasst neben dem Bergfried fünf weitere Türme und einen Palast, der wie das Wachhaus mit Fresken geschmückt ist (*fondoambiente.it/castello-di-avio-eng*). Es bietet sich an, den Burgbesuch mit einem Spaziergang auf historischen Wegen durch und um die Orte Avio und Sabbionara zu verbinden (ca. 4 km, 75 Minuten, 160hm).

Castello di Sabbionara

Hinter Avio-Sabbionara führt unsere Wohnmobilroute fast immer am Canale Biffis entlang, der unter anderem Wasserstandsregulierung der Etsch dient. Bald kommen wir an einem ehemaligen Zollhaus der Habsburger vorbei. Auch heute noch befindet sich hier die Grenze zwischen der Provinz Trentino und der Provinz Verona. Hier heißt das Etschtal nun auch auf italienisch Valdadige. Die SP90 wird zur SP11 und führt unter der Autobahn hindurch in den Weiler **Rivalta** (500 Einwohner). An der ***Cantina Valdadige*** stoppen wir. Die typischen Weine und die Grappas der regionalen Kellerei bieten sich als Mitbringsel an. Auf dem Parkplatz gegenüber am Etschufer kann man sicher auch über Nacht verweilen, falls man beim Verkosten zu tief ins Glas geschaut haben sollte. Fragen Sie zur Sicherheit in der Cantina nach.

216 Brentino Belluno – *Rivalta*

GPS: N 45°39'33" E 10°53'41", Via Don Cesare Scala 45, 37020 Brentino Belluno.
Max. WOMOs: 2. **Ausstattung**: Keine.
Beschreibung: Einfacher, schattiger Parkplatz auf Kies gegenüber der Cantina Valdadige. Restaurant und Supermärkte in der Nähe. **Preise**: Kostenlos. **Zufahrt**: Direkt an der Straße.

Ein weiterer Parkplatz findet sich wenige Kilometer weiter außerorts, nachdem wir erneut die Autobahn unterquert haben, in einem Waldstück zwischen Canale Biffis und der Etsch, die hier im Norden der Provinz Verona ihren Lauf verlangsamt und noch viele Schleifen zieht (*N 45°38'44" E 10°52'45", SP11*). Etwa 350 Meter weiter liegt ein Picknickplatz an einem Verbindungskanal zwischen Canale Biffis und Etsch, der aber zum Parken mit dem Wohnmobil sehr eng ist. Dort erfahren wir auf Infotafeln einiges über die Etsch, ihre Geschichte und die Fischerei. Wussten Sie, dass die Etsch mit einer Länge von 410 Kilometern der zweitgrößte Fluss Italiens ist?
Der folgende Ort **Brentino Belluno** ist vor allem für ehrgeizige Bergwanderer und Kletterer interessant. Denn hier startet der sogenannte *Sentiero della Speranza* (Weg der Hoffnung) hinauf zur Wallfahrtskapelle Madonna della Corona. Der abenteuerliche Bergpfad überwindet auf 2,5 Kilometern rund 550 Höhenmeter und ist zum Teil mit Seilen gesichert. Wir nähern uns der spektakulär gelegenen Kirche später auf dieser Tour lieber auf einem bequemen Weg. Vorerst folgen wir weiter der SP11 und erreichen nun endlich wieder einmal einen komfortablen Campingplatz – den ersten seit Trento.

217 Brentino Belluno – *Agriturismo Revena*

GPS / Kontakt: N 45°37'58" E 10°52'32", Località Revena 3, 37020 Brentino Belluno, +39-3292-785560, revena.it. **Max. WOMOs**: 15. **Öffnungszeit**: März bis September. **Ausstattung**: Alle Einrichtungen, Grillplätze, Pool mit Garten, auch Zimmer. **Beschreibung**: Der Agriturismo liegt zwischen Weinfeldern direkt an der Etsch. Die Plätze befinden sich zum Teil in geschützter Lage auf Kies zwischen hohen Hecken hinter dem Haus, zum größeren Teil auf einer Wiese. Die freundlichen Betreiber bieten gegen Aufpreis auch Frühstück an. **Preise**: 35 €. **Zufahrt**: Von der SP11 der Ausschilderung folgend links über die schmale Autobahnbrücke, danach erneut links, dann rechts. Dort liegt der Agriturismo links.

Die SP11 rückt nun ganz nah an den Fuß der südlichen Südost-Hänge des Monte Baldo-Massivs, und bald gesellt sich die Etsch auf der anderen Seite dazu. Nach einigen Kilometern parallel zur Autobahn windet sich die bislang flache Straße Richtung Westen den Hang hinauf. Auch im Etschtal tun sich nun Hügel auf. Wir sehen hinüber zum scheinbar kreisrunden **Forte Rivoli**. Die Habsburger Festungsanlage auf dem Monte Castello hieß bei der Erbauung im Jahr 1850 Fort Wohlgemuth. Sie wird heute von der Gemeinde Rivoli Veronese für Veranstaltungen genutzt und bietet einen tollen Ausblick auf die Etsch im Veroneser Hügelland (*Via Castello, 37010 Rivoli Veronese, nur an Wochenenden geöffnet*).

Rivoli Veronese (2200 Einwohner) verströmt ein deutlich südlicheres Flair als die anderen Orte, die wir auf dieser Tour bisher erlebt haben. Der Ort schrieb Geschichte, als Napoleon hier im Jahr 1797 die Österreicher schlug. Daran erinnert nicht nur das 1806 errichtete Napoleon-Denkmal auf einem Hügel nördlich des aussichtsreichen Forte Rivoli Wohlgemuth. Im Ort gibt es auch ein Napoleon-Museum, eine Locanda Bonaparte und eine Piazza Napoleone. Reizvoll ist vor allem die Umgebung. Neben dem Forte Rivoli lohnt die **Rocca** mit Resten einer mittelalterlichen Festung und archäologischen Funden einen Ausflug. Der Berg ragt in eine Etschschleife hinein und fällt nach Osten zum Fluss hin fast senkrecht ab. Es empfiehlt sich, im Ort zu parken, zum Beispiel auf dem asphaltierten Großparkplatz am Campo sportivo (*N 45°34'06" E 10°48'23"*). Von dort sind es über die Ciclabile Bussolengo Rivoli Veronese bis zur Rocca etwa drei Kilometer.

Über Bussolengo und Pescantina, wo sich ein Etsch-Spaziergang anbie-

Etschtal bei Rivoli

tet, sind es von Rivoli rund 25 Kilometer bis nach Verona (Tour 8). Wir verlassen bei Rivoli aber die SP11 und das Etschtal und orientieren uns Richtung Monte Baldo. Denn schließlich wollen wir ja noch die bekannte **Wallfahrtskirche Madonna della Corona** erleben. Über die SP 9a und die kurvenreiche SP8 erreichen wir nach 15 waldigen Kilometern bergauf das Bergdorf Spiazzi. Der Ort selbst ist unspektakulär. Wir parken das Wohnmobil auf dem Parkplatz für das Sanctuario (*N 45°38'53" E 10°51'09"*). Der Weg zur Wallfahrtskirche führt von dort durch Laubmischwald bergab – wahlweise über Stufen oder über einen asphaltierten Weg. Letzterer ist als Kreuzweg mit Bronzefiguren des Veroneser Bildhauers Raffaele Bonente gestaltet. Nach ungefähr 20 Metern befindet sich rechts die Fonte di Indipendenza von 1866. Vom Asphaltweg zweigt ein kurzer Weg zu einem Aussichtspunkt ab, der die Kirche in ihrer spektakulären Lage am senkrechten Felshang zeigt. Bevor man zur Kirche kommt, führt der Weg durch einen Tunnel und an einem Gasthaus vorbei. Von dort steigt man über eine große Freitreppe hinauf zu der hoch aufragenden Wallfahrtskirche mit ihrer markanten Fensterrosette in der neugotischen Fassade aus dem 19. Jahrhundert.

Die Wallfahrtsstätte geht auf das Jahr 1522 zurück. Der Sage nach tauchte in diesem Jahr in einer Kapelle in den Felshängen des Monte Baldo auf wundersame Weise eine kleine, 70 Zentimeter hohe Skulptur der Mater Dolorosa auf, die vorher auf der Insel Rhodos war. Die Holzskulptur befindet sich statt eines Altars zentral an der Frontwand in der Kirche. Sie ist bis heute Anlass für viele Pilgerfahrten und -wanderungen. Daneben ist auch eine Freske der Mutter Gottes auf dem Thron aus dem 14. Jahrhundert Gegenstand der religiösen Verehrung. Kunsthistorisch bemerkenswert sind die Malteserkreuze, einige uralte Votivtafeln an der rechten Wand und die Skulpturen aus Carrara-Marmor des Veroneser Bildhauers Ugo Zannoni. Ansonsten ist die Einrichtung jüngeren Datums, da die Kirche mehrfach umgebaut wurde, um dem wachsenden Andrang der Pilger gerecht zu werden.

Madonna della Corona

Von Spiazzi führt unsere Wohnmobiltour nun wieder zurück hinab an den Südhang des Monte Baldo Massivs. Oberhalb von Pazzon hat man eine schöne Aussicht über den kleinen Ort und seine Kirche. Unterhalb des Ortes gibt die Straße den Blick auf die schöne Berg- und Hügellandschaft zwischen dem südlichen Gardasee und dem südlichen Etschtal frei. In **Caprino Veronese** (8600 Einwohner) sind einige herrschaftliche historische Villen zu bestaunen. Der **Palazzo Carlotti** bettet sich mitten im Ortszentrum in eine große, barocke Gartenanlage. Die venezianische Villa aus dem 17. Jahrhundert beherbergt heute das Rathaus und das Museo Civico. Dort ist die Skulpturengruppe „Beweinung des toten Christus" zu sehen – eine lebensgroße Marmor-Bildhauerarbeit aus dem 14. Jahrhundert (*Piazza Roma 6*).

Die SP29 führt weiter nach Affi. Kurz vorher versteckt sich rechts im Gewerbegebiet ein kleiner neuer Campingplatz.

218 Costermano sul Garda – *Agricampeggio Le Corniole*

GPS / Kontakt: N 45°33'58" E 10°46'13", Via Cà Balotta 16, 37010 Costermano sul Garda, +39-3271-385631. **Max. WOMOs**: 28. **Öffnungszeit**: März bis November. **Ausstattung**: Alle Einrichtungen, Pool mit Bar. **Beschreibung**: Neu erbauter, dadurch noch nicht schattiger, familiengeführter Campingplatz mit Stellplätzen auf Kies mit Wiesenstücken. Die Betreiber organisieren auch Verkostungen ihrer Weine und Wurstwaren. **Preis**: 30 – 55 €. **Zufahrt**: Im Gewerbegebiet vor Affi scharf rechts in die Traversa Montebaldo, dort links.

Affi (2300 Einwohner) wird als Schlechtwetter-Ausflugsziel für seine beiden großen Einkaufszentren *Grand Affi* und *Affi Uno* geschätzt. Der Parkplatz des Grand Affi Shopping Centers ist auf eine Zufahrtshöhe von 2,80 Meter begrenzt. In der Realität geht mehr (*N 45°33'10" E 10°46'54"*).

Mit seinem großen Kreisverkehr und der Autobahnausfahrt ist Affi aber auch das Verteiler-Zentrum für Urlauber am südöstlichen Gardasee. Nach Lazise und Bardolino (Tour 7) sind es jeweils acht Kilometer, nach Peschiera (Tour 8) fährt man 20 Kilometer auf einer Schnellstraße. Auch Verona ist schnell erreicht. Die Brenner-Autobahn bringt Sie von hier aus aber auch auf dem schnellsten Weg zurück nach Hause.

Tipps und Infos

Anreise

Das Trentino ist die italienischsprachige Region, die aus dem Norden am schnellsten erreicht ist. Grob gesagt: Hinter Bozen beginnt das Trentino. Aus dem Süden Deutschlands, der Schweiz und aus Österreich sind die Anfahrtswege daher kurz, und auch aus Mittel- und Norddeutschland sind sie überschaubar. Die schnellste Strecke von Berlin nach Trient schafft man bei normalem Verkehr mit kurzen Pausen in rund elf Stunden. Landschaftlich reizvollere Routen nehmen mehr Zeit in Anspruch.

In (fast) jedem Fall fahren Sie durch **Österreich**. Dort gilt auf Autobahnen und manchen Schnellstraßen **Vignettenpflicht** für PKW und Wohnmobile bis 3,5 Tonnen zulässiges Gesamtgewicht (tzGg). Fahrzeuge über dieser Grenze brauchen eine GO-Box, die die Maut anhand der Fahrleistung ermittelt. Für Wohnmobile mit Erstzulassung vor Dezember 2023 und mehr als 3,5 Tonnen zulässiger Gesamtmasse, aber weniger als 3,5 tzGg gilt noch bis 2029 eine Übergangsregelung ohne GO-Box.

Die Vignette für die österreichischen Autobahnen gibt es digital und als Pickerl zum Aufkleben. Angeboten werden vier Varianten: Die Tagesvignette (2024: 8,60 €) ist nur digital verfügbar. Außerdem gibt es Vignetten für zehn Tage (11,50 €), für zwei Monate (28,90 €) und für ein ganzes Jahr (96,40 €). Zehn-Tages-Vignetten werden an vielen Autobahnraststätten südlich von München verkauft. Die digitale Variante können Sie direkt bei der österreichischen Autobahnverwaltung Asfinag (asfinag.at) oder beim ADAC (adac.de) bestellen. **Ausnahmen von der Vignettenpflicht** gelten nur für wenige Autobahnstrecken in Österreich. Dazu zählt aber das kurze Autobahnstück vor dem Brennerpass ab der Auffahrt Innsbruck Süd.

Anfahrt über die Brennerautobahn

Die klassische Anfahrt nach Norditalien erfolgt aus Deutschland über die mautpflichtige Brennerautobahn (2024: 11 €). Die Maut wird an Mautstellen kassiert (bar oder mit Karte), es sei denn Sie haben sich vorab mit einer digitalen Mehrfahrtenkarte (2024: 66 €) ausgestattet. Vom Brenner bis Bozen sind es auf der mautpflichtigen italienischen Autobahn A22 rund 75 Kilometer. Für den Einstieg in Tour 1 biegen Sie schon vorher ab. Zur Brennerautobahn führen verschiedene Wege.

Die klassische, schnellste Route von München führt über die Autobahn A8, A93 und die österreichische Inntal-Autobahn A12 / E45 (ca. 165 km). Wenn Sie vorher schon eine längere Anfahrt hatten, bietet sich ein Übernachtungsstopp in der Nähe der Autobahn A8 hinter München an.

Zum Brennerpass gibt es Alternativen

Anreise über den Zirler Berg im Herbst

A01 Frasdorf – *Wohnmobilstellplatz Lederstube*

GPS / Kontakt: N 47°47'43" E 12°17'16", Lederstube 3, 83112 Frasdorf, +49-8052-1356. **Max. WOMOs**: 4. **Öffnungszeit**: Ganzjährig. **Ausstattung**: Strom, Wasser, Supermarkt im Ort. **Beschreibung**: Einfacher, naturnaher Stellplatz am Ortsrand von Fraßdorf mit teilweise schattigen Stellflächen am Waldrand und Bach. Am besten vorher anrufen. **Preise**: 15 €. **Zufahrt**: Autobahnausfahrt A8 Fraßdorf, geradeaus über die Kreuzung Aschauer Straße, links in die Sagbergstraße, am Hof Bäckermühle rechts,dann leicht links.

Wenn Sie noch etwas länger durchhalten, ist der Stellplatz und Campingplatz in Hall / Tirol eine gute Alternative. An der Ausfahrt Hall-West finden Sie einen großen Supermarkt und eine günstige Tankmöglichkeit.

A02 Hall / Tirol – *Schwimmbad*

GPS / Kontakt: N 47°17'03" E 11°29'47", Scheidensteinstraße 26, A-6060 Hall in Tirol, Tel. +43-5223-5855550, camping-hall.at. **Max. WOMOs**: Stellplatz 8, Campingplatz 80. **Öffnungszeit**: Stellplatz ganzjährig, Campingplatz 1. Mai – 30. September. **Ausstattung**: Alle Einrichtungen. **Beschreibung**: Campingplatz mit Stellflächen auf einer ebenen Wiese und modernen Sanitäreinrichtungen direkt neben dem schönen Schwimmbad von Hall und nahe der Innenstadt. Der Stellplatz liegt auf Asphalt vor der Schranke zum Camping. **Preise**: Camping 20 – 36 €, Stellplatz 10 – 20 €. **Zufahrt**: Von der Ausfahrt Hall-Mitte über die B171a und Speckbacherstraße in die Scheidensteinstraße.

Ohne Vignette kommen Sie mit einem Fahrzeug unter 7,5 Tonnen von München über Garmisch-Partenkirchen, Mittenwald, den steilen Zirler Berg und durch Innsbruck zur Brenner-Autobahn (ca. 150 km). Aus dem Westen Deutschlands können Sie ebenfalls diese vignettenfreie Variante durch das Allgäu nach Garmisch-Partenkirchen wählen. Die Campingplätze, die in Österreich in der Nähe von Innsbruck an der Strecke liegen, sind vergleichsweise teuer. Aber im äußersten Süden von Bayern bieten sich mitten im Karwendelgebirge zwei nette Campingplätze mit vielen schönen Wandermöglichleiten auch für einen längeren Zwischenstopp an.

A03 Krün – *Alpen-Caravanpark Tennsee*

GPS / Kontakt: N 47°29'25" E 11°15'18", Am Tennsee 1, 82494 Krün, Tel. +49- 0882-5170, camping-tennsee.de. **Max. WOMOs**: Stellplatz 37, Camping ca. 150. **Öffnungszeit**: 15. Dezember – 3. November. **Ausstattung**: Alle Einrichtungen, Supermarkt, Café / Restaurant, Spielplatz, Jugendraum, Hundebad, Autowaschplatz, Winter-Service-Raum, auch Apartments. **Beschreibung**: gepflegter 5-Sterne-Campingplatz mit Stellflächen auf Kies zwischen Wiesenflächen und modernen, beheizbaren Sanitäreinrichtungen in schöner, ruhiger Lage direkt am kleinen Biotop Tennsee (siehe Foto, nicht zum Baden geeignet). Sie haben die Wahl zwischen schattigen und sonnigen Camping-Stellflächen auf verschiedenen Terrassen und direkt am Seeufer. Stellplatzgäste finden auf großzügigen, meist sonnigen Kiesflächen Platz für die Campingmöbel und nutzen die Einrichtungen des Campingplatzes mit etwas weiteren Wegen. Schöne Wandermöglichkeiten. Bushaltestelle nah. **Preise**: Camping 29,50 - 37 €, Stellplatz 18,50 – 32 €, Strom jeweils nach Verbrauch. **Zufahrt**: An der B2 hinter Garmisch rechts (ausgeschildert).

A04 Mittenwald –*–Naturcamping Isarhorn*

GPS / Kontakt: N 47°28'22" E 11°16'41", Am Horn 4, 82481 Mittenwald, info@camping-isarhorn.de, camping-isarhorn.de. **Max. WOMOs**: Stellplatz 37, Camping ca. 150. **Öffnungszeit**: Anfang Dezember – Ende Oktober. **Ausstattung**: Alle Einrichtungen, Minimarkt, Campingstüberl mit Biergarten, Spielplatz, auch Hütten und Schlaffässer. **Beschreibung**: Einfacher, naturnaher Campingplatz direkt am Ufer der rauschenden Isar. Die Stellflächen liegen nicht alle ganz eben unparzelliert auf natürlichem Wiesen- und Waldboden. Reservierung nur per Mail. Kein Wifi. Schöne Wandermöglichkeiten. Bushaltestelle nah. **Preise**: 24,50 – 30 €, Strom nach Verbrauch. **Zufahrt**: Direkt an der B2 hinter der ersten Isarbrücke rechts (ausgeschildert).

Aus dem Westen Deutschlands und der Schweiz erreichen Sie die Brenner-Autobahn über Bregenz, das Rheintal und die österreichische A12 Richtung Innsbruck. Eine Alternative bietet der Fernpass bei Reutte: Über die A7 bis Füssen, auf der B179 an Reutte vorbei, danach die österreichische B189 bis Mötz und A12 bis Innsbruck.

Alternativen zur Brennerautobahn

Aus dem Westen Deutschlands ist der Reschenpass eine reizvolle Alternative zur Brennerautobahn. Die landschaftlich schöne Strecke führt Sie vorbei am Reschensee mit seinem versenkten Kirchturm, Einige Kurven und Kehren machen Arbeit am Steuer. Dazu über Bregenz und die österreichische A14 / S16 in die E60 und B 180 Richtung Reschenpass / Meran fahren. Von Meran auf der Schnellstraße SS38 Richtung Bozen.

Aus Österreich über Lienz die B100 bis zur italienischen SS49, dort weiter über Innichen nach Toblach. Für die Touren 1- 3 durch die Dolomiten weiter auf der SS51 über Cortina d'Ampezzo und dann auf der SR 48 Richtung Passo Pordoi, oder auf der SS13 / E55 durch Venetien an Udine vorbei auf die A4 Richtung Westen. Wenn Sie bis Verona weiterfahren, erreichen Sie auf dieser Strecke auch die anderen Touren.

Aus der Schweiz bietet sich für die Touren 4 und 5 die Zufahrt auf der Bundesstraße 29 über Brusio ins italienische Tirano, dann über SP 25 und SS39 weiter Richtung Edolo und zum Passo Tonale. Die Touren 5 bis 10 erreichen Sie aus der Schweiz auch gut über Lugano, Como und Bergamo.

Mehr Stellplätze und Campingplätze für Etappenstopps und Detailbeschreibungen für diese Anfahrtswege bieten die WOMO-Reiseführer für Süd-Tirol (Band 30), Venetien (Band 73), Schweiz (Band 50, 51), Österreich Westen (Band 60), Bayern Südosten (Band 84) und Allgäu (Band 24).

Campingplätze, freies Übernachten, Stell- und Parkplätze

Italien ist kein Billigreiseland für Camper. Die **Preise** für Stellflächen auf **Campingplätzen** sind dort im internationalen Vergleich hoch. Das gilt vor allem an Badeseen. Der Campingboom der letzten Jahre hat zu weiteren Preissteigerungen geführt. An der Spitze der Preispyramide steht der Gardasee. Ähnlich teuer ist der Molvenosee. An den anderen Seen und im übrigen Trentino kommen Sie bislang meist deutlich günstiger unter. Einfache Plätze in nicht ganz so begehrten Lagen sind in der Nebensaison ab 25 Euro zu bekommen.

Nach oben hin sind sowohl bei den Preisen als auch bei der Ausstattung kaum Grenzen gesetzt. Am südlichen Gardasee (Touren 7, 8 und 9) finden Sie einige Campingresorts, die Clubhotel-Ausstattung bieten, wie etwa eigene Wasserparks, Wellnessabteilungen mit Saunalandschaft, Kinderbetreuung, Chill-Areas für Teenager und natürlich Sport- und Ausflugsangebote. Das alles zahlen Sie auch mit, wenn Sie es nicht nutzen.

Tagesparkplatz an der Pradel-Seilbahn (Tour 1)

Camping unter Palmen am Gardasee (Tour 6)

Wenn Sie einen bestimmten Ort ansteuern wollen und nur begrenzt Zeit haben, sollten Sie **in der Hochsaison möglichst reservieren**. Das gilt vor allem für die Woche rund um den 15. August (*Ferragosto*). Kurze Aufenthalte klappen mit etwas Flexibilität aber oft spontan. Denn am Gardasee, Idrosee und Caldonazzosee ist die Auswahl an Campingplätzen groß. Am Ledrosee und am Molvenosee sind die Kapazitäten deutlich geringer, der Andrang aber nicht.

Wesentlich günstiger als Campingplätze sind die meisten **Stellplätze** im Trentino und am Gardasee. Allerdings gibt es **große Unterschiede beim Preis-Leistungs-Verhältnis**. Es gibt parkplatzartige Stellplätze ohne jeden Service zu horrenden Preisen, aber auch preiswerte Stellplätze, die in Ausstattung und Gestaltung einem Campingplatz nahekommen. Wählen können Sie jedoch nur an den wenigsten Orten. Denn mehr als ein Stellplatz ist selten vor Ort. Oft sind auch an Campingplätze Stellplätze für Kurzzeit-Aufenthalte bis 48 Stunden angegliedert. Für diese sogenannten *Camperstops* gelten ähnliche Unterschiede im Preis-Leistungs-Verhältnis.

Wildcampen ist in der Regel verboten. Ob Sie auf **normalen Parkplätzen** (*Parcheggio*) übernachten dürfen, ohne Ihre Campingmöbel auszupacken, ist von Kommune zu Kommune unterschiedlich geregelt. Manche Kommunen erlauben Wohnmobilen nicht einmal das Parken außerhalb gekennzeichneter Wohnmobil-Parkplätze, andere gestatten auf solchen Plätzen auch eine oder mehrere Übernachtungen. Wenn eine Kommune ein Campingverbot für das gesamte Gemeindegebiet verhängt, ist das Schild oft nicht direkt an einem Parkplatz angebracht, sondern am Ortsschild. Achten Sie in jedem Fall auf die genaue Beschilderung, bevor Sie irgendwo übernachten. Denn die kommunalen Regelungen ändern sich schnell. Wenn Übernachtungen auf Parkplätzen gestattet sind, dann jedoch in der Regel nur, wenn kein campingähnlicher Zustand entsteht.

Auch ausdrücklich gekennzeichnete **Wohnmobil-Parkplätze** (*Parcheggio Camper*) sind in der Regel Parkplätze, auf denen Campingverhalten, wie etwa das Auspacken der Klappstühle – verboten ist. Sicherheitshalber fahren Sie

Camperstop am Levicosee (Tour 2)

auch die Trittstufe ein. Uns wurde berichtet, dass manche Gesetzeshüter bereits das als unerlaubtes Campieren werten und mit einem teuren Knöllchen quittieren.
Etwas verwirrend sind die vielen Bezeichnungen für Stellflächen für Wohnmobile. Neben dem *Parcheggio Camper* und der *Area Sosta Camper* tragibt es auch die *Area Camper* und die *Area attrezzata*. Bei diesen Plätzen kann es sich nach Angaben der Trentiner Tourismusagentur sowohl um Stellplätze als auch um Parkplätze handeln. Es muss also auch nicht auf jeder *Area Camper* oder *Area Attrezzata* das Übernachten erlaubt sein. Eine *Area Attrezzata* (wörtlich: ausgestatteter Bereich) stellt aber meist Stromanschlüsse oder Ver- und Entsorgung zur Verfügung.

Beim **Parken** gilt außerdem eine Farbenlehre: Weiße Markierungen zeigen kostenlose Parkplätze an, blaue markieren gebührenpflichtige Parkplätze. Gelb markierte Parkflächen sind öffentlichen Fahrzeugen vorbehalten und gelb-schwarze Flächen sind tabu. Außerdem muss das Wohnmobil mit allen vier Rädern innerhalb der Markierung stehen. Auf manchen Parkplätzen zeigen Schilder extra an, dass Fahrzeuge insgesamt nicht über die Markierungen hinausstehen dürfen. Das ist besonders beim Übernacht-Parken zu beachten. Denn auch dafür gibt es Strafzettel.

Nützliches Campervokabular

Bauernhofcamping	Agricampeggio, Agricamping
Campingplatz	Campeggio
Dusche	Doccia
Gasflasche	Bombola de Gaz
Müll	Rifiuti
Pool	Piscina
Stellflache	Piazzola
Strom	Corrente
Trinkwasser	Acqua Potabile
Ver- und Entsorgung	Carico / Scarico
Wohnmobil	Camper
Wohnmobilbereich	Area Camper
Wohnmobilparkplatz	Parcheggio Camper
Wohnmobilservicebereich	Area Attrezzata
Wohnmobilstellplatz	Area Sosta Camper

Einkaufen, Essen und Trinken

Die Küche des Trentino vereint das Beste aus zwei Welten: Deftige alpenländische Speisen treffen hier auf mediterrane Kost. So entsteht eine große Vielfalt. Pizza, Pasta, Fisch und Meeresfrüchte zählen ebenso zum Repertoire wie Speckknödel, Pilze und Wildgulasch.

Restaurants und Feinkostläden setzen gern auf **regionale Produkte**. Das ist nicht schwer, da im Trentino viele hochwertige Lebensmittel hergestellt werden. Der Mais aus Storo gilt zum Beispiel als bester *Polenta*-Mais Italiens. Zudem hat jede Region ihr eigenes Salami-Rezept. Bekannt sind *Lucanica* (auch Lucanega) und *Ciuiga*. Dem Käse ist ebenso wie dem Wein eine eigene Themenstraße durch das Trentino gewidmet. Mehr über die lokalen Spezialitäten erfahren Sie in den Tourenbeschreibungen.

Neben dem Weinanbau haben die Sektkelterei und die Grappabrennerei Tradition, und an handwerklichen Bierbrauereien mangelt es auch nicht.

Snack im Café

Wo keine Weintrauben gedeihen, wächst anderes Obst. Bei der Apfelproduktion hält das Trentino locker mit Südtirol mit. Apfelstrudel fehlt folglich auf keiner Dessert-Karte.

Restaurants

In Italien gibt es unterschiedliche Kategorien von Restaurants, die sich in Preisen und Angebot unterscheiden. Wenn Sie Pizza möchten, müssen Sie in eine **Pizzeria** gehen. Die Preise dort sind eher günstig, die Atmosphäre oft leger. Eine **Trattoria** gilt ebenfalls als eher familiäre Gaststätte und hat meist ein kleines, täglich wechselndes Speisenangebot. Das gilt auch für eine **Osteria** und für die meisten **Agritur**-Gaststätten. Ein **Ristorante** ist ein großes Gasthaus mit umfangreicher Menükarte. Dort zahlen Sie fast immer *Pane e Coperto* (Brot und Gedeck).

Gemeinsam ist allen, dass sie in der Regel **nur mittags und abends** (ca. 12 – 14.30 und 19 – 22.30 Uhr) warme Kost servieren. Mittags werden oft günstige Komplettmenüs angeboten. Die Speisekarte ist auch abends nach *Antipasti* (Vorspeisen), *Primi* oder *Pasta* (Nudel- und Risottogerichte), *Secondi* (Hauptspeisen mit Fleisch oder Fisch) und *Dolces* (Nachtisch) gegliedert.

Sollte Sie der Hunger zu anderen Zeiten überfallen, weichen Sie am besten in eine **Bar**, **Snackbar** oder ein **Café** aus. Dort erhalten Sie kleine Speisen wie belegte Brötchen in verschiedenen Varianten (*Panini, Piadini, Tramezzini*), Eis (*Gelato*) und Kleingebäck (*Pasticcini, Dolce*). In Städten finden Sie als günstigen Imbiss oft auch *Pizza al Taglio* (geschnitten vom Blech) zum Mitnehmen.

Einige typische Gerichte der Trentiner Küche

Minestra d'Orzo	Gerstensuppe, auch Zuppa d'Orzo
Salumi e Formaggi	Vorspeisenplatte mit Salami, Räucherspeck und Käse
Carne Salada	Pökelfleisch (wörtlich: gesalzenes Fleisch), wird als Vorspeise in dünnen Scheiben (*Carpaccio*) oder warm mit Bohnen (*Fasoli*) serviert
Canederli	Knödel
Strangolapreti	(wörtlich: Priesterwürger) Kleine Semmelknödel mit Spinat oder Kräutern und Käse, die oft mit Salbei oder Lucanica serviert werden
Polenta	Maisgriesbrei, gibt es gern als Beilage zu Hirschgulasch (*Goulash diCervo*) oder Pilzen (*Funghi*)
Tortel de patate	Kartoffeltarte
Strudel	Apfelstrudel
Tarta di mele	Apfeltorte

Einkaufen

Regionale Spezialitäten sind nicht nur in Feinkostläden, sondern auch auf den Wochenmärkten und nicht selten sogar im Supermarkt erhältlich. Beide bieten oft auch warme Gerichte – eine günstige Alternative zum Restaurantbesuch. Käse erhalten Sie direkt beim Hersteller. Das ist in der Regel die regionale Käsereigenossenschaft (*Caseificio*). Verbreitet ist auch der Direktverkauf von Wein (bei Winzern), Grappa (bei Brennereien) oder Olivenöl. All das eignet sich hervorragend als Mitbringsel oder Urlaubserinnerung für Zuhause.

Gas

Die italienischen Gasflaschen haben andere Anschlüsse als die deutschen. Sorgen Sie also vor und fahren Sie mit gefüllten Flaschen los oder statten Sie sich vor der Reise mit einem Adapter aus.

Geld

In Italien zahlen Sie mit Euro – wahlweise mit Debit- oder Kreditkarte. Alle gängigen Karten werden akzeptiert. Gelegentlich kommt es in Restaurants oder auf kleineren Camping- oder Stellplätzen vor, dass nur **Barzahlung** möglich ist. Bargeld brauchen Sie auch für Münz-Duschen und -Toiletten. Ein Vorrat an 50 Cent- und 1-Euro-Stücken ist hilfreich. Wer einen Cappuccino in der Bar mit Karte bezahlt, muss sich mitunter schief ansehen lassen, weil die Geschäftsleute relativ hohe Gebühren für die Kartenzahlungen berappen müssen.

Euro für die Urlaubskasse

Beim Tanken dagegen ist Kartenzahlung üblich. Viele **Tankstellen** sind am Wochenende nur mit **Kartenzahlung** geöffnet und berechnen für den Service deutliche Aufschläge. Kartenzahlung ist auch für viele Parkplätze und für automatisierte Stellplätze die Voraussetzung. Für **Parkplätze** kann oft die **App Easypark** genutzt werden (am besten schon vor der Reise einrichten).

Sollte Ihnen eine Geldkarte abhanden kommen, rufen Sie schnellstmöglich die +49 116 116 an. Das ist die zentrale Rufnummer, um Kartensperrungen auch außerhalb der Banköffnungszeiten zu veranlassen. Sie brauchen dafür aber Ihre Bankdaten und die Kartennummer. Also fertigen Sie am besten vorher Kopien der Karten an.

Geschichte

Das Trentino ist seit jeher eine Durchgangs- und Grenzregion. Denn mitten drin liegt das Etschtal, das schon seit der Antike als wichtigster Verbindungsweg durch die Alpen gilt. Besiedelt ist unsere Reiseregion noch länger.

Erste Siedlungsspuren im Etschtal stammen aus der späten Steinzeit (12.000 – 10.000 v. Chr.). Am Ledrosee und rund um den Gardasee sind **Pfahlbauten** aus der Bronzezeit heute als Unesco-Weltkulturerbe geschützt (Touren 6, 10). Im Nonstal kann man Spuren aus der **Eisenzeit** im Archäologischen *Museo Retico* betrachten (Tour 10).

Römische Ausgrabungen in Peschiera (Tour 8)

Römische Ausgrabungen zeugen vielerorts von der Zeit zwischen dem 1. Jahrhundert vor und dem 3. Jahrhundert nach Christus. Ab dem 4. Jahrhundert ist das Trentino christianisiert. Mit dem Untergang des weströmischen Reiches im Jahr 476 beginnt das Hauen und Stechen. Die Ostgoten vertreiben die Weströmer aus dem Trentino und müssen Ende des sechsten Jahrhunderts den Langobarden weichen, denen die Bajuwaren im siebten Jahrhundert Teile des Gebiets abjagen. 774 holt Karl der Große die **Langobarden** auf Trentiner Gebiet als Grafschaft unter die Fittiche des **Frankenreichs**. Otto I. schlägt das Gebiet von Trient 951 den Bayern zu.

70 Jahre später erhält der Bischof von Trient das Lehensrecht über rund die Hälfte des Gebietes des heutigen Trentino. Fortan bleibt das Gebiet Reichsbistum, auch als es im 12. Jahrhundert in die Grafschaft Tirol und im 14. Jahrhundert ins Habsburger Reich eingeht. Die **Fürstbischöfe** garantieren die erwünschte Stabilität am wichtigsten Alpenpass. Der Versuch einer Machtübernahme durch die aufstrebende Republik **Venedig** im Spätmittelalter scheitert im Trentino, während der Gardasee, wo seit dem Mittelalter die **Scaliger** aus Verona herrschen, zu großen Teilen an Venedig übergeht. Unzählige Fehden mit den benachbarten **Visconti** aus Brescia folgen.

Erst 1803 endet die Ära der Fürstbischöfe, die dem Trentino zahlreiche pompöse Schlösser und Burgen hinterlassen haben. Erneut beginnt eine Periode der Kriege. In der Schlacht von Austerlitz 1805 spricht **Napoleon I.** die Region den verbündeten Bayern zu. 1809 ist die Region in die Tiroler Freiheitskämpfe um Andreas Hofer verwickelt. 1810 übergibt Napoleon den Etschkreis an das Königreich Italien. Nach einem Volksaufstand geht der Etschkreis beim Wiener Kongress 1815 wieder in Österreich auf.

Die Epoche des sogenannten *Risorgimento* bringt weitere Unruhen. Bei den 1848 beginnenden **italienischen Unabhängigkeitskriege** verlaufen die Frontlinien quer durch die Region. Napoleon und die Habsburger errichten Festungen, die zum Teil bis heute stehen. Eine der größten Schlachten wird fünf Kilometer südlich des Gardasees in Solferino geschlagen (Tour 8). Im Gegensatz zu Venetien und der Lombardei am südlichen Gardasee bleibt das Trentino in

Castel Buonconsiglio schrieb und zeigt Trentiner Geschichte (Tour 11)

Folge diplomatischer Vereinbarungen auch nach den Unabhängigkeitskriegen bei **Tirol**. Doch nun geht es wirtschaftlich steil bergab. Das hat unter anderem mit dem erschwerten Handel mit den angrenzenden Gebieten im Königreich Italien zu tun. Die Landbevölkerung verarmt, eine Auswanderungsbewegung setzt ein und Autonomiebestrebungen kommen auf.

Im Ersten Weltkrieg (*Grande Guerra*) verlaufen die Frontlinien erneut mitten durchs Trentino, zum Teil in den vergletscherten Alpenregionen. Nun kommt die Region schließlich doch zu **Italien**. Die faschistische Regierung unterzieht sie mehreren Gebietsreformen. Das heutige Trentino nimmt Form an. Nach der Niederlage Italiens im zweiten Weltkrieg errichtet der faschistische Diktator Benito Mussolini 1943 die sogenannte **Republik von Salò** am westlichen Gardasee (Tour 9).

Nach dem Zweiten Weltkrieg kommt der Trentiner Politiker **Alcide de Gasperi** ins Ministerpräsidentenamt (Tour 2). Er verschafft seiner Heimatprovinz Provinz Trient den Status einer **autonomen Provinz**, den sie bis heute genießt. Mit dem Wirtschaftswunder kommt der Aufschwung, und er bleibt – nicht zuletzt dank der Touristen. So zählt das Trentino heute zu den wohlhabendsten Regionen Italiens.

Haustiere

Baden ist für Hunde nicht überall erlaubt

Ein Wohnmobilurlaub mit Hund ist in Italien meist unproblematisch. Der Tierarzt stellt Ihnen vor der Reise einen **EU-Heimtierausweis** aus. Damit sind Sie in der gesamten EU – also auch im Durchreiseland Österreich - auf der sicheren Seite.

Des Menschen bester Freund ist auf fast allen Campingplätzen gern gesehen. Viele Campingplätze bezeichnen sich selbst ausdrücklich als **hundefreundlich** und stellen für die Vierbeiner Duschen, Bäder oder Auslaufgelände zur Verfügung.

An Stränden sieht es mitunter anders aus. Zumindest während der Hochsaison sind Hunde an stark frequentierten Stränden nicht willkommen. Es gibt aber extra gekennzeichnete **Hundestrände** (*Bau-Beach / Spiaggia Bau*). Probleme kann es auch beim Besuch von Museen, Sehenswürdigkeiten und in manchen Restaurants geben.

Kriminalität

Italien ist ein **sicheres Reiseland**. Das gilt besonders für den Norden. Das Trentino zählt innerhalb des Landes zu den Regionen mit der geringsten Kriminalität. Nichtsdestotrotz sollten Sie in touristischen Regionen ein Auge auf Ihre Wertsachen und Papiere haben. **Taschendiebe** treiben sich nun mal gern dort herum, wo sie schnell in der Menge verschwinden können und Touristen durch Sehenswürdigkeiten abgelenkt sind.

Wer Statistiken über **Autodiebstähle** in Italien liest, mag erschrecken. Meist werden aber nur Kleinwägen gestohlen. Wohnmobildiebstahl ist nicht häufiger als in den meisten anderen europäischen Ländern. **Einbrüche und Überfälle in Wohnmobile** können grundsätzlich überall passieren. Am besten schützen Sie sich dagegen, indem Sie Ihr fahrendes Zuhause bewacht abstellen. Campingplätze sind grundsätzlich bewacht und Stellplätze meistens mindestens videoüberwacht.

Doch auch dann sollten Sie das Schicksal nicht herausfordern. Lassen Sie wichtige Dokumente und die teure Fotoausrüstung nie im Fahrzeug, und verlassen Sie das Wohnmobil am besten nicht ohne Tasche oder Rucksack. Wenn Sie Wertvolles im Wagen zurücklassen müssen, sichern Sie es in einem versteckten Safe. Türriegel, die von innen angebracht werden und / oder Alarmsysteme für Türen und Fenster bieten noch etwas mehr Sicherheit. Improvisieren können Sie bei den Vordertüren, indem Sie die Gurtschlaufe durch die Armlehne der Tür ziehen und den Gurt einstecken.

Landkarten, Navigation, GPS

Drei **Karten auf Papier** decken die komplette Region ab, die dieser Reiseführer vorstellt. Das sind die *Michelin*-Karte Trentino-Südtirol und die Karte Trentino – Südtirol – Venezien aus dem Verlag *Freytag und Berndt*. Beide Freizeitkarten sind mit einem Maßstab von 1 : 200.000 relativ genau und verorten auch Sehenswürdigkeiten und einige Campingplätze. Die *Kompass* Autokarte Südtirol, Dolomiten, Gardasee, Venedig hat einen etwas kleineren Maßstab von 1 : 250.000

Für den Gardasee gibt es eine Extrakarte von *Freytag und Berndt* im Maßstab 1 : 50.000, die sich auch zum Radfahren und Wandern eignet. Wer gern und viel wandert, ist mit den kleinteiligen *Kompass*-Wanderkarten in Maßstäben von 1 : 20.000 bis 1 : 35.000 besser beraten.

Eine Alternative bieten **Karten-Apps**. Solange Sie mit dem Auto unterwegs sind, leistet Google Maps gute Dienste. Mit dem Fahrrad, zu Fuß und vor allem abseits von Autostraßen empfehlen sich andere Apps. Gute Erfahrungen haben wir mit Maps.me gemacht. Auch spezielle **Outdoor-Apps** sind hilfreich. Das in Deutschland verbreitete Komoot ist in Italien allerdings weniger gebräuchlich als Outdooractive. Auf der Kartenbasis von Outdooractive hat die offizielle Tourismusorganisation des Trentino die **App Outdoor Trentino** entwickelt, die Tourenvorschläge für Wanderer, Radfahrer und Kletterer enthält.

Wenn Sie sich mit einer **Navigation auf dem Handy** orientieren, prüfen Sie, ob Sie vor der WOMO-Tour **Offline-Karten** herunterladen können. Das ist nicht nur bei Google Maps und maps.me problemlos möglich. Wenn Sie online über Roaming navigieren, sollten Sie die Satellitenansicht ausschalten, die große Datenmengen braucht.

Für die Navigation mit einem **Navigationsgerät** geben wir für Park-, Stell- und Campingplätze GPS-Daten im Format Grad / Minuten / Sekunden an. Sehenswürdigkeiten finden Sie bei den meisten Navis unter dem Namen oder mit der angegebenen Adresse. Die **GPS-Daten** in diesem Buch stellt Ihnen der WOMO-Verlag auch als **Datei** zum Aufspielen auf Ihr Navi zur Verfügung.

Literatur

Weitere Tipps und Infos zu unserer Reiseregion bieten die Reiseführer Gardasee und Dolomiten aus dem Michael Müller Verlag. Für den Gardasee mit Verona und Breschia ist auch ein gleichnamiger Titel aus dem Reise Know-how Verlag erhältlich. Und wie wärs literarisch mit einem Klassiker? Johann Wolfgang von Goethes «Italienische Reise» führte auch durchs Trentino und an den Gardasee.

Notfälle, Gesundheit, Dokumente

Eine ärztliche Basisversorgung erhalten Sie normalerweise in der gesamten EU mit Ihrer gesetzlichen Krankenversichertenkarte. Eine Reisekrankenversicherung mit Rückholservice bietet zusätzliche Sicherheit. Deutschsprachige Ärzte in der Nähe Ihres Urlaubsortes erfragen Sie am besten bei Ihrem Campingplatz oder bei der örtlichen Touristinfo. Mitgliedern vermittelt auch der ADAC deutschsprachige Ärzte in der Umgebung. Apotheken haben in der Regel in der Mittagszeit geschlossen.

Wenn Sie Ihre Papiere verloren haben, wenden Sie sich an eine Deutsche Vertretung in Italien. Neben der Botschaft in Rom gibt es unter anderem in Bozen und in Venedig eine Deutsche Honorarkonsulin.

Wichtige Notruf-Nummern und Kontaktdaten
Notrufnummer: 112 (Rettung, Feuerwehr, Carabinieri, Polizei)
Deutsche Botschaft Rom: +39-06-492131, außerhalb der Öffnungszeiten +39-335-7904170, rom.diplo.de
Honorarkonsulin Deutschlands in Bozen: +39-0471-972118, außerhalb der Öffnungszeiten +39-335-7904170
Honorarkonsulin Deutschlands in Venedig: +39-0415-237675, außerhalb der Öffnungszeiten +39-335-7904170
Österreichische Botschaft Rom: +39-06-8440141, bmeia.gv.at/oeb-rom
Schweizerische Botschaft Rom: +39-06-809571, eda.admin.ch/countries/italy/de/home/vertretungen/botschaft.html
Automobilclub Italien (ACI) 116
ADAC-Auslandsnotruf: +49-89-222222
ÖAMTC-Notruf: +43-1-3831111

Preise

Das Preisniveau im Trentino ist allgemein höher als in südlichen Regionen Italiens. Aufgrund der Inflation in Deutschland ist es aber inzwischen niedriger als in Deutschland. Im Vergleich günstig sind vor allem Getränke in Cafés und Restaurants und Lebensmittel, sowohl im Supermarkt also auch im Direkteinkauf. Auf Wochenmärkten gibt es ein breites Warenangebot. Die Preise sollten Sie im Einzelfall prüfen. Bei (Outdoor-)Kleidung und Schuhen lassen sich auch in Läden mitunter Schnäppchen finden.

Radfahren

Radfahrer finden im Trentino und am Gardasee **großartige Panoramastrecken** – egal ob Sie mit Mountainbike, Rennrad oder Tourenrad fahren. Viele Flusstäler sind mit **autofreien Radwegen** (*Ciclabile* oder *Ciclovia*) oder kombinierten Rad- und Fußwegen (*Ciclopedonale*) erschlossen. An diesen Strecken bieten sogenannte *Bicigrills* als **Servicestationen** Rundum-Service für Radfahrende – vom schnellen Café über kleine Speisen bis zu Luftpumpen, Fahrradwerkzeug, Pannenhilfe und **Leihfahrrädern**. Letztere gibt es fast überall.

In Bergregionen gibt es oft gut ausgebaute **Bikeparks**, in denen auch Training angeboten wird. Viele Liftanlagen bieten spezielle **Bikepässe** für Downhillfahrer an. Wenn Sie nicht auf eigene Faust loswollen, wenden Sie sich an die örtlichen Tourismusagenturen. Viele bieten **geführte Fahrradtouren** an. Zehn **Vorschläge** für einfache individuelle Radtouren finden Sie in den Touren. Einen Überblick erhalten Sie am Ende der Tipps und Infos.

Nicht nur der Val Rendena Radweg ist gut ausgebaut (Tour 5)

Reisezeit, Klima, Feiertage

Das Trentino ist im Prinzip ein **Ganzjahres-Reiseziel**. Das zeigt sich an den Öffnungszeiten der Campingplätze: In Bergregionen mit ausgeprägtem Skitourismus sind sie meist auch im Winter offen. Mit der richtigen Ausstattung können Sie im Trentino also auch Wintercamping mit einem Skiurlaub kombinieren. Ende April bis Mitte Mai und im November stehen Sie aber vielerorts vor verschlossenen Türen.

Auch am Gardasee öffnen manche Campingplätze im **Winter**. Doch selbst wenn man den Lago wohl selten so leer erlebt, sind dann die Tage sehr kurz und die Temperaturen nicht nur nachts niedrig. Zudem läuft von November bis März die gesamte touristische Infrastruktur am Gardasee auf Sparflamme. Das bekommt man schon im Oktober und bis in den April hinein zu spüren. Viele Campingplätze öffnen in der Woche vor Ostern. Der Vollbetrieb startet meist erst im Mai und reicht bis Ende September. Unter Volllast läuft er im Juli und vor allem im August.

Klima

Unser Reisegebiet reicht vom Gardasee auf rund 60 Metern über dem Meeresspiegel bis zum höchsten Trentiner Gipfel, dem Presanella auf 3556 Metern Höhe. Die klimatischen Bedingungen sind entsprechend unterschiedlich.

Während am südlichen Gardasee im März schon Blumen sprießen, blüht in den Dolomiten dann noch der Skitourismus. Der **Frühling** am Gardasee ist meist mild, aber auch regenreich. In den Bergregionen beginnt er erst im Mai. In hohen Lagen kann auch im Juni noch Schnee liegen.

Im **Juli und August** zeigt sich unser gesamtes Reisegebiet von der sommerlichen Seite. In den Dolomiten und den Nationalparks im Westen sind dann alle Hütten geöffnet und die Wanderwege meist schneefrei. Die Hochtäler bieten angenehm mildes Sommerklima. Am nördlichen Gardasee sorgen kräftige Winde für gemäßigte Temperaturen. Knallig heiß wird es allenfalls im Süden des Lago di Garda. Der Hochsommer bringt dem Trentino und dem Gardasee jedoch oft auch heftige Unwetter. Sie können golfballgroße Hagelkörner und Orkanböen mitbringen. Behalten Sie also die Wetter-App und den Himmel im Auge oder aktivieren Sie die Unwetterwarnungen. Im **September** ist der touristische Ansturm vorbei und das Wetter an den Seen noch sommerlich genug für ein Bad. In den Bergen sorgt mitunter schon die klare **Herbst**luft für beste Sicht. Auch in der ersten Oktoberhälfte können Sie noch warme Tage an den Seen und Wandertage in den Bergen mit Weitblick erleben. Ende Oktober kommt in den Dolomiten mitunter schon der erste Schnee, und an den Seen zieht der Herbstnebel auf.

Feiertage

Neujahr	1. Januar
Heilige Drei Könige	6. Januar
Ostersonntag / Ostermontag	März / April
Tag der Befreiung Italiens	25. April
Tag der Arbeit	1. Mai
Pfingstsonntag / Pfingstmontag	Mai / Juni
Tag der Republik (Nationalfeiertag)	2. Juni
Mariä Himmelfahrt (*Ferragosto*)	15. August
Allerheiligen	1. November
Mariä Empfängnis	8. Dezember
Weihnachten	25. und 26. Dezember

Sehenswürdigkeiten, Eintrittspreise, Öffnungszeiten

Die angegebenen **Eintrittspreise** gelten für eine erwachsene Person unter 65 Jahren, die nicht studiert, kein Handicap hat und keine Ermäßigungskarte besitzt. Kinder erhalten oft Ermäßigungen oder bis zu einem bestimmten Alter freien Eintritt. Studierende und Senioren kommen ebenfalls in den Genuss von reduzierten Preisen. Es ist also bei den Preisen etwas unübersichtlich. Daher sollten Sie die Angaben nur als Richtschnur verstehen.

Saftige **Rabatte** bis hin zu kostenlosem Eintritt in Museen, Sehenswürdigkeiten und Gratisnutzung der öffentlichen Verkehrsmittel bietet die **Trentino Guest Card**. Die meisten Campingplätze stellen sie ihren Gästen (auf Nachfrage) für die Dauer des Aufenthalts zur Verfügung, Stellplätze jedoch nur in Ausnahmefällen. Manche Regionen haben ihre eigenen Gästekarten. Der Leistungsumfang der Garda Trentino Card oder der Val di Fassa Card ist aber praktisch identisch. In manchen Bergregionen gibt es auch Rabattkarten für die Nutzung mehrerer Seilbahnen innerhalb eines bestimmten Zeitraums, zum Beispiel im Fassatal und im Val di Sole.

Wenn Sie sich die wichtigsten Burgen und Museen des Trentino auf keinen Fall entgehen lassen wollen, dann lohnt sich der **Museum Pass** (22 €). Nach einer Registrierung haben Sie damit für drei Monate freien Eintritt in mehr als 40 Museen und Sehenswürdigkeiten des Trentino und können zu ermäßigten Preisen Festivals besuchen und an Führungen teilnehmen (visittrentino.info/de/erleben/museum-pass).

Öffnungszeiten werden nach unserer Erfahrung in Italien durchaus **flexibel** gehandhabt und sind insgesamt noch unübersichtlicher als Preise. Das gilt nicht nur für Sehenswürdigkeiten und Museen, sondern auch für Läden und Restaurants. **Geschäfte** machen in der Regel zwischen 12 und 15 Uhr **Mittagspause**. An einem gewittrigen Nachmittag öffnen sie mitunter einfach nicht mehr, und in einem gutlaufenden Familienbetrieb ist der Geburtstag der Großmutter Grund genug für einen außerordentlichen Schließtag. An der berühmten Scaligerburg von Malcesine standen wir mittags vor verschlosse-

Astrologische Uhr in Brescia (Tour 8)

nen Toren, obwohl sie offiziell durchgehend geöffnet ist. Dafür konnten wir an einem schönen Tag Ende Oktober unverhofft den Aussichtsturm von Solferino besuchen, obwohl das Saisonende für Mitte Oktober angekündigt war. Öffnungszeiten von Sehenswürdigkeiten unterliegen zudem **saisonalen Schwankungen**. Manche Sehenswürdigkeiten sind nur in der Hochsaison von Ende Juni bis Anfang September täglich (außer Montag) geöffnet, von April bis Juni und im September und Oktober an Wochenenden und im Winter gar nicht. Dabei gelten auch noch unterschiedliche Tageszeiten.

Aus diesen Gründen haben wir in diesem Reiseführer weitgehend auf die Nennung von Öffnungszeiten verzichtet. Am besten informieren Sie sich kurzfristig im Internet oder per Telefon, bei der Touristinfo oder direkt vor Ort. Doch auf eines ist Verlass: **Montags sind** (fast alle) **Sehenswürdigkeiten und Museen geschlossen**.

Telefon

In Italien gilt für die Mobiltelefonie das kostenfreie Roaming der EU. Anrufe, Nachrichten und die mobile Datennutzung mit dem Handy sind ohne Aufpreis möglich.

Wenn Sie einen Stellplatz oder Campingplatz ohne Reservierung anfahren, empfiehlt sich ein vorheriger Anruf. Das gilt auch, wenn Sie einen Platz voraussichtlich später als angekündigt erreichen. In Italien wählen Sie nach der Landesvorwahl +39 die 0 der Ortsvorwahl mit. Italienische Handynummern beginnen mit einer 3.

Wenn Sie in die Heimat telefonieren, entfällt die 0 der Ortsvorwahl nach der Landesvorwahl (Deutschland: +49, Österreich: +43, Schweiz: +41).

Toiletten, Entsorgung, Wasser

Unser Reisegebiet grenzt an den Mittelmeerraum. Besonders in den südlichen Teilen finden wir auf einfachen Campingplätzen und Stellplätzen auch noch sogenannte **Mittelmeertoiletten** zum Stehen oder Hocken. Manche Parkplätze liegen an Parks oder Ausflugszielen, wo es **öffentliche Toiletten** gibt. Dort brauchen Sie meist 50-Cent-Münzen – und eine widerstandsfähige Nase.

Entsorgungsstationen von Stellplätzen können Sie gegen Entgelt auch ohne Übernachtung nutzen. Mancherorts gibt es in Italien öffentliche kostenlose Entsorgungsstationen, zum Beispiel an **Autobahnraststätten**, oder **Wohnmobilparkplätzen**.

Wasser ist in unserem Reisegebiet oft problemlos aus der Leitung genießbar und meist auch nicht mit Chlor versetzt. Zur Wasserversorgung können Sie **öffentliche kostenlose Brunnen** anfahren. Die gibt es meist an Picknickplätzen, und in Städten. Die App Maps.me zeigt Brunnen an. Wenn Sie auf Camping- und Stellplätzen Wasser im Wohnmobil nachfüllen, benutzen Sie nach Möglichkeit Ihren eigenen Schlauch. Zu oft ist zu beobachten, dass der vorgesehene Schlauch für die Chemietoilettenreinigung verwendet wird.

Entsorgungsstation an der Autobahn

Unfall

Sollten Sie in einen Unfall verwickelt sein, sind sie gut beraten, sich vor Ort direkt mit ihrem Versicherer oder dem ADAC in Verbindung zu setzen. Dort erhalten Sie weitere Anweisungen. Versuchen Sie die Polizei zu rufen. Das gilt vor allem, wenn Sie mit einem Miet-WOMO unterwegs sind.

In jedem Fall sollten Sie den Unfall ausführlich mit Fotos dokumentieren. Achten Sie darauf, dass der Ort, die Kennzeichen der beteiligten Autos und die Schäden deutlich zu sehen sind. Bitten Sie den Unfallgegner, seine Ausweis- und Fahrzeugpapiere fotografieren zu dürfen und fragen Sie nach seiner Autoversicherung. Fertigen Sie außerdem möglichst schnell ein Gedächtnisprotokoll über den Unfallhergang an.

Wenn Sie ADAC-Auslandsschutzbrief und Rechtschutz haben, sollte das genügen. In unserem Fall hat den Rest der ADAC erledigt. Ähnlich dürfte die Lage sein, wenn Sie bei Ihrer Versicherung einen Auslandsschutzbrief abgeschlossen haben. Bewährt hat sich auch der Europäische Unfallbericht. Der steht auf den Internetseiten des ADAC zum Download in verschiedenen Sprachen zur Verfügung.

Verkehr, Straßen, Maut, Öffentliche Verkehrsmittel

Höchstgeschwindigkeiten

In Italien gelten für Fahrzeuge bis 3,5 Tonnen folgende **Höchstgeschwindigkeiten**:

Autobahnen	130 km / h
Schnellstraßen	110 km / h
außerorts	90 km / h
innerorts	50 km / h

Für **Fahrzeuge über 3,5 Tonnen** sind auf Autobahnen 100 km / h, außerorts und auf Schnellstraßen 80 auf Autobahnen 100 km / h erlaubt. Wenn Sie Ihren Führerschein vor weniger als drei Jahren abgelegt haben, dürfen Sie auf Schnellstraßen maximal 90 km / h und auf Autobahnen nicht schneller als 100 km / h fahren. Auf einigen **Berg- und Passstraßen** des Trentino gilt für alle Fahrzeuge eine Grenze von maximal 60 km / h.

Die Fahrpraxis vieler italienischer Autofahrer hat mit diesen Vorschriften wenig zu tun. Krasse Geschwindigkeitsüberschreitungen sind trotz hoher Bußgelder an der Tagesordnung.

Weitere Vorschriften und Verbote

Anders als in Deutschland ist tagsüber Abblend- oder Tagfahrlicht vorgeschrieben. Linienbusse haben immer Vorfahrt. Auf engen Bergstraßen haben die bergauf Fahrenden Vorfahrt. Eine rot-weiß-gestreifte Warntafel ist Pflicht, sobald Ihr Fahrzeug hinten länger ist, als im Fahrzeugschein ein-

Dolomitenpässe wie am Sellajoch sind beliebte Panoramastrecken (Tour 1)

getragen, also zum Beispiel, wenn ein Fahrradträger montiert ist. Von 15. November bis 15. April sind Winterreifen Pflicht.

In Mautstationen sind Wenden, Rückwärtsfahren und Spurwechsel verboten. Verboten ist außerdem privates Abschleppen auf Autobahnen, das Mitführen und die Nutzung von Radarwarngeräten und Rauchen im Fahrzeug, wenn Kinder oder Jugendliche mitfahren. **Hohe Strafen** kann es geben, wenn Sie Gegenstände oder Müll aus dem Wohnmobil werfen.

Insgesamt sind die **Bußgelder** für Verkehrsdelikte merklich höher als in Deutschland. Wenn Sie in einer Stadt in eine verkehrsberuhigte Zone (ZTL) fahren, müssen Sie mit Bußgeldern bis 100 Euro rechnen.

Einige Verkehrsschilder und ihre Bedeutung

Zona Traffico Limitato (ZTL)	Verkehrsberuhigter Bereich (meist mit einem Zufahrtsverbotszeichen)
Dogana – Douane	Zoll
Alt – Stazione	Halt – Maut
Tutte le direzioni (blau)	Alle Richtungen
Rallentare (gelb)	Langsamfahren
Deviazione (gelb)	Umleitung

Straßen und Maut

Auf **Autobahnen** in Italien fällt eine Streckenmaut an. Der Tarif richtet sich nach der Anzahl der Achsen und der Höhe des Fahrzeugs. Die meisten Wohnmobile fallen daher in die Fahrzeugkategorie B. Eine Vignette ist nicht nötig. Im Normalfall ziehen Sie bei der Auffahrt auf die Autobahn ein Ticket, das Sie bei der Abfahrt bezahlen. Mit einem Telepass-Transponder (der auch in Frankreich, Spanien und Portugal gilt) oder einer Mautbox können Sie die Telepass-Spuren an den Mautstationen passieren ohne anzuhalten (z. B. adac-mautbox.de, telepass.com).

Schnellstraßen (z. B. von Affi nach Peschiera) sind meist mautfrei. Die Hauptstraßen durch die Täler des Trentino und rund um den Gardasee sind gut ausgebaut. In der Regel handelt es sich dabei um eine sogenannte Strada Statale (Abkürzung: SS) oder Strada Provinziale (SP).

Auch die bekannten **Gebirgspässe** ermöglichen zügiges Vorankommen, sofern nicht enge Kehren, extreme Steigungen oder starkes Gefälle zum Langsamfahren zwingen. Seien Sie so freundlich und lassen Sie in an Ausweichbuchten kleinere und schnellere Fahrzeuge überholen, wenn Sie hinter sich eine Schlange bemerken. Die Fahrer bedanken sich gern mit einem Hupen.

Auch im Winter bleiben die Passstraßen offen. Bei starkem Schneefall können sie jedoch gesperrt sein. Prüfen können Sie das zum Beispiel beim ACE (ace.de/reisen/laenderinfos/alpenpaesse).

Auf **Nebenstraßen** geht es oft eher langsam voran. Sie sind meist schmal und nicht immer im besten Zustand. **Ortsdurchfahrten** sind im gesamten Reisegebiet mitunter sehr eng.

Am Gardasee herrscht auf vielen Straßenabschnitten vor allem im Südosten und im Norden im Hochsommer **Stau**. Wir raten daher, das Wohnmobil stehen zu lassen und auf öffentliche Verkehrsmittel umzusteigen, sobald Sie ihren Camping- oder Stellplatz erreicht haben.

Öffentliche Verkehrsmittel

Im gesamten Reisegebiet bestehen gute Busverbindungen. Etschtal, Valsugana, Val di Non und Val di Sole sind zusätzlich mit Zügen verbunden. Am Gardasee und Idrosee ist das Schiff ein praktisches und zugleich schönes Verkehrsmittel. Zusätzlich zu den öffentlichen Bussen setzen einzelne Tourismusregionen in der Hochsaison Bus-Shuttles in Nebentäler und für den Fahrradtransport an Radwegen ein (*Bici-Bus*). Informationen gibt es bei den regionalen Tourismusagenturen.

Wanderungen

Zum Wandern bietet unser Reisegebiet fast **unbegrenzte Möglichkeiten**. Genusswanderer finden ebenso viele schöne Wege wie ehrgeizige Bergsteiger. Auch zum Klettern mangelt es nicht an Gelegenheiten. Auf manchen Wanderrouten im Hochgebirge wird beides kombiniert. Und schließlich laufen mehrere **Fernwanderwege** durch die Region. Einer der bekanntesten ist der 700 Kilometer lange *Sentiero della Pace* (Friedensweg) zwischen Stilfser Joch und Sextener Dolomiten.

Wandertouren in den Höhenlagen der Dolomiten sollten Sie nur mit **Bergerfahrung** oder Bergführer unternehmen. Gerölliges Gelände und plötzliche Wetterumschwünge können gefährlich werden. Beachten Sie bei Mehrtagestouren und in der Dämmerung auch, dass im Trentino eine nicht zu kleine **Bärenpopulation** lebt, und holen Sie sich vorab Verhaltenstipps für den Fall einer Bärenbegegnung. Die Tourismusorganisation des Trentino mahnt stets zu **Vorsicht in den Bergen** und gibt detaillierte Tipps zur Vorbereitung auf Bergwanderungen (visittrentino.info). Wer Bergluft schnuppern will, ohne sich der Einsamkeit der Berge auszusetzen, unternimmt **Kurzwanderungen** an den Bergstationen der diversen Liftanlagen. Schöne Wanderungen können Sie aber auch in den Flusstälern und an den Seen unternehmen.

Rund 30 Vorschläge finden Sie in diesem WOMO-Reiseführer. Wir haben absichtlich kurze Wanderrouten gewählt, die Sie teilweise aber erwei-

Wanderparadies Trentino

tern können. Die vorgeschlagenen Wanderungen haben wir für Sie getestet. Sie sind, soweit nicht anders angegeben, ohne große Schwierigkeiten auch mit durchschnittlicher Fitness und ohne Bergerfahrung zu bewältigen und meist **für die ganze Familie** geeignet. Weitere Tourenvorschläge bieten die Rother Wanderführer. *Sentiero della Pace, Gardaseeberge* und *Brenta-Dolomiten*. Zusätzlich gibt es einen Klettersteigführer für Dolomiten, Brenta und Gardasee. Eine Auswahl von 50 Wanderungen im gesamten Trentino und am Gardasee bietet das Rother Wanderbuch Trentino Gardasee.

Wanderungen und Spaziergänge

Fahrradtouren

Zu Fuß oder mit dem Fahrrad

Stichwortverzeichnis

Bildnachweis

Autorenfoto: Dorothee Bienert – Titelbild: mRGB / stock.adobe.com – S. 27: Vidor Camping – S. 44: icamp srl – S. 57 oben: Videonaria – S. 57 unten: Arte Sella estate – S.91 unten: Albatros-film – S. 108, S. 115, S. 116 oben: Trentino Wild – S. 150 oben: AndreaZanchiPhotography – S. 154 unten, S. 258: Vancanze col Cuore – S. 157 oben: Sportcamping Rio Vantone, Idro – S.162 oben: Fabio Caironi / stock.adobe.com – S.176 oben, S.183: APT Garda Dolomiti spa – S. 200 oben: Isabel Blume, S. 217 unten: Berg / stock.adobe.com – S. 227: Alexandra Schlaffer – S. 257 @dalprato / stock.adobe.com – S. 258: E. Amson / stock.adobe.com – S. 262: dudlajzov / stock.adobe.com – S. 269: aliberti / stock.adobe.com – S. 295: Roger de la Harpe / stock.adobe.com – S.316 saiko3p / stock.adobe.com, S. 328: SAndor / stock.adobe.com – S.330: Andrea Contrini / stock.adobe.com – S. 341 oben: studio v-zwölf / stock.adobe.com
Alle anderen Fotos: Angela Misslbeck

Der WOMO® Online-Service

Nutzen Sie auch das Angebot unseres Online-Shops!
Unter **www.womo.de** finden Sie nicht nur sämtliche Reiseführer, sondern weitere wertvolle Anregungen und Zusatzinformationen – von der Gesamtübersicht aller Touren eines WOMO-Reiseführers bis zu weiterführendem Material. Dazu gehören:

- die **besten Autokarten**, die garantiert die komplette Reiseroute abdecken
- und die **passenden Rother-Wanderführer** mit den schönsten Wanderregionen Ihres Reiselandes.

Einfach sicher unterwegs.

Sichern Sie Ihr Wohnmobil ab: mit unserer **exklusiven**, universellen und **sofort sichtbaren** Einbruchssperre. Sie wird **ganz einfach** in die beiden Tür-Armlehnen eingehängt, zusammengeschoben und abgeschlossen.

Der WOMO® Knackerschreck

- Passend für Ducato, Peugeot, Renault Master, MB Sprinter bis 2018 und VW (alle Typen)
- Krallen aus **10 mm massivem**, einbrennlackiertem, also nahezu unverwüstlichem Stahl

und nur bei **www.womo.de**

Alle WOMO® Reiseführer auf einen Blick

Albanien, Ulrike und Frank Staub
Allgäu, Heiner Newe
Andalusien, Christina und Christian Winkler
Baden-Württemberg, Heiner Newe
Baltikum, Stefanie Holtkamp und Andrea Bergmann Neu 2024
Bayern Der Nordosten, Heiner Newe
Bayern Der Südosten, Christina und Christian Winkler
Bayern Der Nordwesten, Heiner Newe
Belgien/Luxemburg, Ulrike und Frank Staub
Bretagne, Anette Scharla-Dey und Franz Peter Tschauner
Burgund, Ralf Gréus Neu 2024
Dänemark, Anke Globi
Elsass, Ralf Gréus
England Der Süden, Christina und Christian Winkler Neu 2024
England Der Norden, Christina und Christian Winkler
Finnland, Uwe und Annegret Rohland
Französische Alpen, Heiner Newe
Französischer Jura, Heiner Newe
Griechenland, Waltraud Roth-Schulz und Reinhard Schulz
Harz, Heiner Newe
Hessen Der Norden, Anette Scharla-Dey und Franz Peter Tschauner
Hessen Mitte und Süden, Anette Scharla-Dey und Franz Peter Tschauner
Hunsrück/Mosel/Eifel, Anette Scharla-Dey und Franz Peter Tschauner
Irland, Uwe und Annegret Rohland
Island, Jutta und Alexander Ramin
Katalonien, Ulrike und Frank Staub Neu 2024
Korsika, Stefanie Holtkamp und Andrea Bergmann Neu 2024
Kroatien und Montenegro, Anne und Michael Lindner Neu 2024
Languedoc-Roussillon, Ralf Gréus Neu 2024
Ligurien, Ralf Gréus
Lothringen, Friedrich Riehl
Lüneburger Heide, Heiner Newe
Marokko, Ulrike und Frank Staub
Mecklenburg-Vorpommern Teil 1, Stefanie Holtkamp und Andrea Bergmann
Mecklenburg-Vorpommern Teil 2, Stefanie Holtkamp und Andrea Bergmann
Münsterland, Regina Stockmann
Namibia, Ute Nast-Linke und Frank Linke
Neuseeland Nordinsel, Andrea Lossen und Dieter Giesen
Neuseeland Südinsel, Andrea Lossen und Dieter Giesen Neu 2024
Niederlande, Friedrich Riehl
Normandie, Anette Scharla-Dey und Franz Peter Tschauner Neu 2024
Norwegen Der Süden, Waltraud Roth-Schulz und Reinhard Schulz
Norwegen Der Norden, Waltraud Roth-Schulz und Reinhard Schulz
Österreich Der Osten, Christina und Christian Winkler
Österreich Der Westen, Christina und Christian Winkler
Ostfriesland, Heiner Newe

Weitere Infos unter **www.womo.de**

Pfalz, Ralf Gréus
Piemont und Aostatal, Ralf Gréus
Peloponnes, Waltraud Roth-Schulz und Reinhard Schulz
Polen Der Norden, Nicola Kluftinger
Portugal Der Norden, Stephanie Seufert Neu 2024
Portugal Der Süden, Stephanie Seufert Neu 2024
Provence Der Westen, Ralf Gréus
Provence Der Osten, Ralf Gréus
Pyrenäen, Stefanie Holtkamp und Andrea Bergmann
Rumänien, Christina und Christian Winkler
Sachsen, Anette Scharla-Dey und Franz Peter Tschauner
Sardinien, Waltraud Roth-Schulz und Reinhard Schulz
Schleswig-Holstein und Hamburg, Heiner Newe
Schottland, Anke Globi Neu 2024
Schwarzwald, Ralf Gréus
Schweden Der Norden, Uwe und Annegret Rohland
Schweden Der Süden, Anke Globi Neu 2024
Schweiz Der Osten, Stefanie Holtkamp und Andrea Bergmann
Schweiz Der Westen, Stefanie Holtkamp und Andrea Bergmann
Sizilien, Christina und Christian Winkler Neu 2024
Slowakei, Ulrike und Frank Staub
Slowenien, Silvia Sussmann und Peter Simm
Spanien Der Norden, Waltraud Roth-Schulz und Reinhard Schulz
Süditalien Der Osten, Waltraud Roth-Schulz und Reinhard Schulz
Süditalien Der Westen, Waltraud Roth-Schulz und Reinhard Schulz
Südafrika Krügernationalpark, Ute Nast-Linke und Frank Linke
Südwestfrankreich, Stefanie Holtkamp und Andrea Bergmann
Südtirol, Waltraud Roth-Schulz und Reinhard Schulz
Tal der Loire und Paris, Anette Scharla-Dey und Franz Peter Tschauner
Thüringen, Katja Eisenschmidt
Toskana und Elba, Ralf Gréus
Trentino und Gardasee, Angela Misslbeck Neu 2024
Umbrien und Marken, Ralf Gréus
Ungarn, Silvia Sussmann und Peter Simm
USA Südwesten mit Yellowstone, Regina Stockmann Neu 2024
Venetien und Friaul, Christina und Christian Winkler
Wales, Christina und Christian Winkler Neu 2024
Zentralspanien Der Osten, Ulrike und Frank Staub
Zentralspanien Der Westen, Ulrike und Frank Staub

Außerdem im Programm:
Die gordische Lüge – Reiseroman, Ralf Gréus
Allgemeines Wohnmobil Handbuch, Reinhard Schulz
Allgemeines Wohnmobil Kochbuch, Waltraud Roth-Schulz
Heitere Wohnmobil Geschichten, Silvia Sussmann und Peter Simm

Ihr WOMO® Stellplatz-Dienst

Wir führen Sie zu den **schönsten Orten**, die unsere erfahrenen Autoren **selbst besucht und getestet** haben. Die GPS-Daten ihrer Stell- und Campingplatz-Empfehlungen finden Sie im Online-Shop unter **www.womo.de**

Mehr erfahren. Mehr erleben.

womo.de ist der **Spezialist** für Ihren entspannten **Erlebnisurlaub auf vier Rädern**. Profitieren Sie für Ihre Reisevorbereitung und -planung von unserer **jahrzehntelangen Erfahrung**. Seit 2022 arbeiten wir daran, Bewährtes noch besser zu machen: Dazu gehört die **moderne Optik** unserer neu gestalteten und **neu aufgelegten** Reiseführer.

Selbstverständlich werden unsere WOMO-Reiseführer permanent auf einen **aktuellen inhaltlichen Stand** gebracht. Jeder einzelne bietet eine Fülle an Ideen, Inspiration und Information **für Ihren Erlebnisurlaub**.

Wenn Sie persönliche Anregungen oder **konkrete Fragen zu Ihrer Reiseplanung haben**, dann schreiben Sie uns gern unter: **verlag@womo.de**

Den kostenlosen Download-Link für die **GPS-Daten** zu diesem WOMO-Reiseführer finden Sie im Shop unter: **www.womo.de**
Ihr Passwort lautet: **Tr9sel**

WOMO®
Der Wohnmobil-Verlag
An der Liethe 4
36452 Kaltennordheim
Telefon: 036946 20691
www.womo.de